LUMINAIRE
光启

守望思想　　逐光启航

守望思想　　逐光启航

李文硕◎著

迈向全球城市

二战后纽约的转型与复兴

上海人民出版社　光启书局
LUMINAIRE BOOKS

目　录

绪论 20世纪美国城市的经济—空间结构转型

　　20世纪中期以后，发达经济体的中心城市普遍经历了经济结构和空间结构的双重转型——经济结构的去工业化（Deindustrialization），即服务业取代制造业成为城市经济的支柱；以及空间结构的大都市区化，即涵括中心城市与郊区的大都市区（Metropolitan）取代城市成为城市化的主要形式。在这一过程中，中心城市先是在经济、社会等多方面陷入困境，城市危机久治不愈，一度被学术界认为无可挽回；但中心城市在大都市区内的核心地位并未丧失，并且从20世纪80年代中期开始，在多方面呈现复兴势头，在经济、社会、文化等多个领域形成新的特征。中心城市的复兴并非一帆风顺，其负面效应也日益显现，主要表现为经济领域的不均衡发展和收入差异、社会领域的阶层分化以及政治领域的大都市区协同治理困境。

一、中心城市的经济—空间结构转型

尽管城市的历史可以追溯到古代近东文明，但城市化的历史却并不悠久，直到工业时代，城市化才成为工业国家的普遍现象。"城市化"的概念最早源于 1867 年西班牙工程师塞尔达的著作《城市化基本理论》，从不同角度和学科出发，城市化有不同的定义。人口学把城市化定义为农村人口转化为城镇人口的过程，地理学将城市化视作农村地区或者自然区域转变为城市地区的过程，经济学上从经济模式和生产方式的角度来定义城市化，生态学认为城市化过程就是生态系统的演变过程，社会学从社会关系与组织变迁的角度定义城市化——但这一概念普遍被用来描述乡村向城市演变的过程。学术界对其基本特征已形成共识，主要包括：人口和经济活动由农村向城市集中；城市规模由小到大，逐级递进；城市的空间布局以单核或单中心为主，从中心向边缘扩散的同心圆模式是城市空间的基本特征；城市周边地区发展迟缓，郊区发展（非城市地带）依附于城市。

研究者都承认，城市化的基本推动力量来自工业化。制造业、服务业与居住等功能在城市中心及其附近高度集中，带动相关产业发展和城市经济整体水平的提升，由此产生巨大的聚集经济效益，进一步吸引人口和产业向城市地区集中。简单地说，城市化使"城市体系的动态和特征方面产生了巨大的变化，在城镇之间，城市化引起土地利用模式的改变、社会生态的改变，建成环境（Built Environment）的改变和城市生活的本质变化，这些变化反过来又影响了拉动全面城市化进程的动力学机制"。[①] 作为世界上第一个城市化国家，工业化与城市化的相互推动在英国表现最为明显。据统计，1801年，英格兰和威尔士的城市人口只占总人口的20%，到1851年，这一比例上升至54%，1901年更高达80%，[②] 新兴工业城镇的增长尤其迅速。在北美，19世纪同样见证了工业化与城市化的密切关系。美国工业革命从东北部开始，这里成为美国第一个经济核心区和城市化地域。内战前后，美国城市化向西推进，尤其是19世纪中后期中西部的崛起，突出体现了工业化对城市化的促进作用。中西部90%以上的工业企业集中在城市，工业化水平直接决定了城市化水平。1900年人口普查所确定的185个工业联合体中，18个总部在芝加哥、16个在匹兹堡、6个在克利夫兰。[③] 这些都是全美排名前列的大城市。即便是此时并不发达的加拿大，城市也在工业推动下扩大规模。19世纪30年代，多伦多中心地区已经出现了多家小型加工企业，公共交通也随着人口增加而有所发展，

---

① ［美］保罗·诺克斯、［美］琳达·迈克卡西：《城市化》，顾朝林、杨兴柱、汤培源译，科学出版社2009年版，第9页。

② Virginia Schomp, *Life in Victorian England*: *The City*, New York: Marshall Cavendish, 2011, p. 10.

③ 王旭：《美国城市发展模式：从城市化到大都市区化》，清华大学出版社2006年版，第63—64页。

通过水陆交通网络与蒙特利尔以及美国东北部城市相连。不过，加拿大城市人口的增长速度直到 1871 年才超过农村人口增速，当年城市人口总数接近 370 万。尽管加拿大城市发展速度落后于美国，但两国在小城市数量和大城市人口占总人口之比等方面存在相似之处。①

（一）去工业化

20 世纪中期以后，发达经济体先后进入去工业化阶段。所谓去工业化，一般是指某国家或地区制造业在经济中比重下降、制造业就业人数减少的过程。②学术界对于去工业化的成因有多种分析，有代表性的包括雷蒙德·沃农的"产品生命周期理论"（Product Life Circle）和罗伯特·罗森基于马克思关于资本构成理论而做出的解释。前者认为，任何产业在发展过程中都会经历起源、发展、成熟和衰老四个阶段，制造业也不例外；③后者认为，制造业部门的技术进步推动资本有机构成增加，剩余价值下降，因此资本流向其他部

---

① Leo F. Schnore，Gene B. Petersen，"Urban and Metropolitan Development in the United States and Canada，" *The Annals of American Academy of Political and Social Science*，Vol. 136，March 1958，pp. 60–68.

② 在此需要指出的是，在探讨去工业化时着重关注的是"制造业"（Manufacturing）而非"工业"（Industry），这是因为：一方面，学术界关于去工业化的研究集中在制造业；另一方面，"工业"除了"制造业"外，一般还包括采矿业和建筑业，但两者在发达经济体经济中所占份额相对较小且就业波动历来相对较大。

③ Raymond Vernon，"The Product Cycle Hypothesis in a New International Environment，" *Oxford Bulletin of Economics and Statistics*，Vol. 41，No. 4（Nov. 1979），pp. 255–267.

门。[①] 在发达经济体中，去工业化开始时间早，表现更为明显，带来的影响也更加广泛。一般认为，去工业化在美国最早开始，20 世纪五六十年代即已出现，个别城市和行业甚至在第二次世界大战之前就已面临制造业衰退的挑战。1970—1990 年间，除希腊和土耳其外，经合组织（OECD）其他国家的制造业就业比例和制造业增加值在国内生产总值增加值中的比例均大幅下降，其中英国最为明显，制造业就业比例从 1970 年的 34.7% 下降到 20.7%；降幅最低的爱尔兰为 0.7%；[②] 西欧国家制造业就业占比在去工业化之前略高于30%，1994 年只有 20%；作为战后新兴发达经济体的日本，其制造业就业比例也从 1973 年的 27.4% 下降到 1994 年的 23%。[③] 相比之下，20 世纪 60 年代起，以中国香港、中国台湾、新加坡和韩国为代表的亚洲新兴国家和地区通过出口导向型政策接纳发达经济体的

[①] Robert E. Rowthorn, "Productivity and American Leadership," *Review of Income and Wealth*, Vol. 38, No. 4（Dec. 1992）, pp. 475-496. 此外，也有学者从发达经济体技术进步、贸易逆差、劳动力全球分工等角度探讨去工业化的动因。如 John R. Logan, Todd Swanstrom, *Beyond the City Limits: Urban Policy and Economic Restructuring in Comparative Perspective*, Philadelphia: Temple University Press, 1990; Paul Krugman, "Domestic Distortions and the Deindustrialization Hypothesis," NBER Working Papers, No. 5473; Cheol-Sung Lee, "International Migration, Deindustrialization and Union Decline in 16 Affluent OECD Countries, 1962-1997," *Social Force*, Vol. 84, No. 1（Sept. 2005）, pp. 71-88.

[②] Steven S. Saeger, "Globalization and Deindustrialization: Myth and Reality in the OECD," *Weltwirtschaftliches Archiv*, Vol. 133, No. 4（1997）, p. 581.

[③] Robert Rowthron, Ramana Ramaswamy, "Deindustrialization: Causes and Implications," IMF Working Papers, No. WP/97/42（Apr. 1997）, p. 7, https://www.imf.org/external/pubs/ft/wp/wp9742.pdf, 2017 年 5 月 11 日。

劳动力密集型和资源密集型企业而迅速发展，跻身发达国家和地区行列，但在 80 年代后也逐渐步入去工业化阶段，制造业向成本更低的中国内地和东南亚国家转移。韩国制造业就业在 1989 年达到顶峰，其占就业总量的比重为 28%，但在 2001 年降到 20% 以下；同一时期，无论是制造业增加值在国内生产总值增加值中的比重还是名义产出，韩国制造业均呈现持续下降的态势。[①] 新加坡的情况与之类似，制造业就业从 1980 年的 30% 下降到 1996 年的 23%，外国直接投资也大量流向服务业。[②] 近年来，这些新兴经济体和部分发展中国家和地区去工业化似乎初露端倪，引起广泛争议。[③]

去工业化对城市的影响既明显又深远，根据美国学者巴里·布鲁斯通和本内特·哈里森的研究，其影响主要体现在三个方面，即撤资导致就业岗位减少、工厂倒闭破坏社区生活和制造业失业率上升。[④]

[①] Hyunjoon Lim, "Is Korea Being Deindustrialized?" Bank of Korea Economic Papers, Vol. 7, No. 1, pp. 117−119.

[②] Monetary Authority of Singapore, "Singapore's Services Sector in Perspective: Trends and Outlook," MAS Occasional Paper, No. 5（May 1998）, p. 3, http://www.mas.gov.sg/~/media/MAS/Monetary%20Policy%20and%20Economics/Education%20and%20Research/Research/Economic%20Staff%20Papers/1998/MASOP005_ed.pdf，2017 年 7 月 17 日。

[③] Sukti, Dasgupta, Ajit Singh, "Manufacturing, Services and Premature Deindustrialization in Developing Countries: A Kaldorian Analysis," UNU-WIDER Working Paper, No. 2006/49, https://www.wider.unu.edu/sites/default/files/rp2006-49.pdf，2017 年 5 月 3 日；Dani Rodrik, "Premature Deindustrialization," IAS School of Social Science Working Paper, No. 107（Jan. 2015）, https://www.sss.ias.edu/files/papers/econpaper107.pdf，2017 年 6 月 17 日。

[④] Barry Bluestone, Bennet Harrison, *The Deindustrialization of America*, New York: Basic Books, 1984, pp. 25−107.

在北美，五大湖区曾经是制造业的心脏地带，但该区域从 20 世纪初即盛极而衰，二战后更是深陷萧条泥潭。到 20 世纪七八十年代，来自西欧、日本等地的竞争和能源危机等进一步加剧了北美制造业的衰退，去工业化已不可避免。在美国，"钢铁城"匹兹堡的制造业就业在 1953 年达到峰值后几乎一路下滑，1957—1960 年间，就业人数减少 1/10，1981—1988 年间更是急剧减少 48.1%，远高于同期全美制造业就业的平均下降水平。[1] 撤资现象同样十分明显。从 20 世纪 70 年代末开始，银行和金融机构即不再向匹兹堡制造业提供资金，导致有多家企业因资不抵债而破产。[2] 甚至本地的制造业巨头也纷纷向其他领域投资，例如亨利·希尔曼（Henry Hillman）逐渐撤走在钢铁、煤炭等传统行业的投资，转而涉足房地产业和为硅谷新企业提供风险资本，仅仙童半导体（Fairchild）就一次性获得其 400 万美元的注资。[3] 类似的情况也发生在纽约、芝加哥等综合性工业大都市。去工业化所导致的经济变化也深刻影响了城市社会，对工人社区造成的创伤同样既深且巨。[4]

---

[1]　Douglas Koritz, "Restructuring or Destructuring? Deindustrialization in Two Industrial Heartland Cities," *Urban Affairs Quarterly*, Vol. 26, No. 4（Jun. 1991）, p. 502.

[2]　Don Goldstein, "Uncertainty, Competition, and Speculative Finance in the Eighties," *Journal of Economic Issues*, Vol. 29, No. 3, pp. 719-746.

[3]　Martin Kenney, eds., *Understanding Silicon Valley*: *The Anatomy of an Entrepreneurial Region*, Stanford: Stanford University Press, 2000, p. 112.

[4]　Kimberly M. Jones, "Pittsburgh Ex-Steel Workers as Victims of Development: An Ethnographic Account of America's Deindustrialization," Ph. D. Dissertation of University of Pittsburgh, 2003.

去工业化在其他许多国家和地区同样存在，不仅造成经济萧条、失业率升高和贫困人口增加，同时制造业的搬离使原有工业区失去管理。一方面，工业污染得不到有效控制，环境风险大大增加；另一方面，贫困人口的增加加大了城市公共服务压力和经济不稳定性，贫民窟的扩大乃至新贫民窟的形成也破坏了城市形象。尽管欧美各国普遍采取了以清理城市"衰败地区"（Blighted Areas）并重新开发的方式进行城市更新，但效果并不显著，甚至某种程度上加剧了族群冲突等城市社会问题。[①] 20 世纪 70 年代石油危机后，西方国家普遍面临经济下行的压力，正如哈佛大学经济学教授罗伯特·里克（Robert Reich）所言，"目前的问题是，美国经济的结构性调整使全部经济政策无所适从"。[②]

城市化和工业化在推动经济社会高速发展的同时，也带来了严峻的问题和挑战，环境恶化、交通拥堵、生活成本高等都是典型的"城市病"。城市化在本质上是人、物与信息在空间层面的集聚，因此城市化的效益是集聚产生的效益，而城市化引发的问题，在本质上就是集聚效应的负面影响。集聚效应是建立在规模经济和网络外部性上的学说，指的是在一个地区之内，许多相同或不同类型的产业聚集后，会因为空间上的集中而获得好处。集聚效应对企业有明

---

① Christopher Klemek, *The Transatlantic Collapse of Urban Renewal: Postwar Urbanism from New York to Berlin*, Chicago: University of Chicago Press, 2011, pp. 79–173.

② Karen W. Arenson, "On the Frontier of a New Economics," *New York Times*, October 31, 1981.

确的正面影响，新古典经济学代表人物阿尔弗雷德·马歇尔（Alfred Marshall）通过对小企业的研究发现，集聚在一起的企业具有更高的生产效率。[①] 但随着集聚程度的提高，其负面影响也逐渐显现。保罗·克鲁格曼（Paul Krugman）和安东尼·维纳伯斯（Anthony J. Venables）经过进一步探究，发现过高的集聚程度会加剧集聚区域内围绕土地、劳动力等生产资料的竞争，进而提高生产成本。[②] 即便是从纯经济角度看，集聚区域内的小型制造业企业可能由于区域内同行业少数大公司的主导地位而难以获得集聚经济效益。[③] 对于城市而言，集聚效应的负面影响蔓延到经济、社会等多个领域。集聚带来的最直接的问题就是土地利用的密度快速增加，不同参与方对土地的竞争加剧，导致地价上涨。土地价格的上涨不仅会提高企业成本，而且会增加公共设施的成本，对于城市居民来说则意味着房价等刚需的成本上涨。集聚的另一个结果是城市规模的扩大，为了容纳更多的产业和人口，城市只得向外扩张，通过兼并周边乡村地区扩大

----

① Alfred Marshall, "Some aspects of competition," The Address of the President of Section F-Economic Science and Statistics-of the British Association, at the Sixtieth Meeting, held at Leeds, in September, 1890, *Journal of the Royal Statistical Society*, Vol. 53, No. 4（Dec. 1890）, pp. 612-643.

② Paul Krugman and Anthony J. Venables, "Globalization and the Inequality of Nations," *The Quarterly Journal of Economics*, Vol. 110, No. 4（Nov. 1995）, pp. 857-880.

③ Joshua Drucker and Edward Feser, "Regional Industrial Structure and Agglomeration Economies: An Analysis of Productivity in Three Manufacturing Industries," *Regional Science and Urban Economics*, Vol. 42, No. 1-2（Jan. 2012）, pp. 1-14.

自身规模。城市居民为了降低生活成本，也逐渐向城市外围地区转移，因此不但使用交通工具的人数增加了，而且交通工具的使用时间也延长了。环境问题随之恶化。企业聚集尤其是工业企业集中在城市中心，再加上人口的集中，使得污染物数量大规模上升，社会问题也日益尖锐。城市中各类群体混杂，社会冲突和矛盾频发，社会治安等问题层出不穷。种种问题集合在一起，使得集聚效应的负面效果大于正面影响，这就是种种"城市病"的由来。

随着上述问题的凸显，企业和居民对于城市生活越发不满，试图通过搬离城市，在乡村地区定居，因此可以说，去工业化在一定程度上是对"城市病"的回应。对于企业来说，城市的成本逐渐上升，为了降低成本，它们逐渐离开城市。尤其是制造业企业，20世纪以来新的生产技术和管理方法将企业活动的各个流程整合在一起，因此制造业企业追求横向扩展，即低密度扩大平面面积以满足流水线生产与管理的需要，面积巨大的厂房需要大片土地。而城市中往往集中了密集的高层建筑，平面空间有限，人口和经济活动只得纵向扩张，既不利于对横向空间要求比较高的新生产模式，也不利于生产原料和商品的储运。城市之外的乡村地区则不存在上述问题，不但有大片空闲土地，而且地价较低，无疑能够使企业大规模降低成本。居民同样如此。土地价格上涨必然导致房价上涨，使得生活成本上升、生活质量下降；交通条件恶劣，出行不便，增加了外出的时间成本。企业离开城市，进一步加快了居民离开城市的步伐，而随着越来越多的人口离开城市，商业、零售业在城市中的消费市场规模缩小，因此也搬离城市，前往人口较多的地区。原本高度集中、单一中心的城市逐渐向外层蔓延，城市化地域渐次越过城市的行政边界，或是与其他城市相连接，或是进入没有城市建制的县域辖区。这些蔓延地区通过交通设施与城市中心相连，城市化地域呈现大面积蔓延的态势。城市的这一变化曾被有些学者认定为"逆城市化"，该概念一度成为城市研究领域的热门理论，但近年来已被研究者所否定。① 其实质就是去工业化导致的产业和人口外迁，这一过程投射在城市空间上，就体现为城市地区的衰落和周边地区的发展。这种城市化地区由于蔓延而形成的地域范围扩大，在美国被称作"大都市区"。美国从1920年城市化完成并开始大都市区化，② 到1940年，"大都市区增加到140个，占全国人口比例为47.6%，即接近全国人口总数的一半……所以美国学术界一般称1940年以后为大都市区时代"。③ 因此可以说，大都市区的出现，是城市化进一步发展的结果。

（二）大都市区的概念变迁

对于何为"大都市区"，不同时期有不同定义。

---

① 孙群郎：《20世纪70年代美国的"逆城市化"及其实质》，《世界历史》2005年第1期。

② 这一新的城市化地域实体在不同国家有不同名称，如美国称为"大都市区"，加拿大称为"统计都市区"（Census Metropolitan Area），英国称为"大都市郡"（Metropolitan County），德国称为"城市区域"（City-Region），此外也有如"组合城市"（Conurbation）、"城市群"（Urban Agglomeration）等概念。为行文方便起见，本书统一使用"大都市区"，对于这一过程则统一称作"大都市区化"。

③ 王旭：《美国城市发展模式：从城市化到大都市区化》，第307页。

从 1910 年人口普查开始，美国人口普查局不再使用传统的城市作为空间概念，而是代之以大都市区。大都市区指的是人口在十万及以上的城市，以及周围十英里①范围内的郊区人口或与中心城市连绵不断、人口密度达 150 人每平方英里的地区，算作一个大都市区。具体统计以县为单位，标准的大都市区至少拥有一个县，规模较大的大都市区可以横跨几个县。1949 年，大都市区的正式名称改为标准大都市区概念。1959 年，美国人口普查局对大都市区概念做出修订，一个拥有五万及以上人口的中心城市，以及其周边拥有 75％以上非农业劳动力人口的县，可以作为一个大都市区，其正式名称为标准大都市统计区（Standard Metropolitan Statistical Area）。1980 年进一步补充：若某区域总人口达到或超过十万，并且有五万及以上人口居住在人口普查局所划定的城市化区域，即使没有中心城市，也可划定为大都市区。美国大都市区具体的确定过程基于县（County）级行政区进行，具体的操作过程是，首先确定中心县，即该县有超过 50％的人口聚集于人口数量大于一万的城市区域，或是该县有超过 5000 人位于人口超过一万的单一城市区域；其次，确定外围县，即与中心县的通勤率至少为 25％。2000 年，美国管理与预算总署提出了新的概念——核心基础统计区（Core Basic Statistical Area），其中包括大都市统计区和小都市统计区两类。核心基础统计区是一个拥有至少一个人口在一万及以上的城市区域或核心区，和与之有较

---

① 英制长度单位。1 英里 =1609.344 米。

高的经济和社会整合度的周边地区组成的地域实体。社会整合度的衡量标准是通勤联系。大都市区统计区和小都市统计区的区分在于核心区人口规模的不同，大都市统计区必须包括人口在五万及以上的城市化区域，小都市统计区必须包括人口在一万至五万的城市化区域。

与传统城市相比，大都市区具有明显不同的空间结构特征。

首先，城市空间结构从单中心向多中心过渡。中心城市的集聚和辐射效应仍然存在，但其在区域经济中的地位已有所下降。城市空间扩展不仅仅是扩大市辖区范围，而是城市和周边地区联动发展，形成分散化、多中心的大都市区，城乡一体化成为新的空间载体。

在传统城市化时期，城市往往通过兼并周边地区实现扩张，随着郊区实力的增长，对中心城市扩张的抵制也越发明显，双方只能以互动的方式谋求发展。凭借便捷的交通，中心城市与郊区逐渐在地域上融为一体，郊区构成了大都市区内的多个次中心，密集的高速公路网络和公共交通将中心城市与郊区连接起来，既没有孤立的城市，也没有纯粹的乡村地带。二战后的几乎所有美国城市，其增长无一不是低密度式的蔓延。

地域范围涵盖洛杉矶县、奥兰治县、圣贝纳迪诺县、里弗赛德县和文图拉县的洛杉矶大都市区（Los Angeles Metropolitan）可谓大都市区化的典型。坐落于美国西海岸的洛杉矶市（City of Los Angeles）起步于19世纪后半期，南加州的土地投机、农业和矿业开发以及与亚洲的贸易推动了这座城市的发展。洛杉矶原为西班牙传教士的定居点，1832 年人口约为 9 万，长期以来经济以农业为主。[①]直到 19 世纪后期，随着横贯大陆铁路的完工、南加州石油的发现和太平洋贸易的开展，洛杉矶才兴盛起来。二战后，中产阶级和富裕人群向郊区迁移的趋势更为明显，经济活动随之流出城市。两相比较，洛杉矶市区经济萧条、少数族裔人口比例高，而郊区财力雄厚、白人同质化程度高，因此郊区越来越抵制洛杉矶市的兼并要求。在这一背景下，洛杉矶大都市区内形成了许多独立于洛杉矶市的次中心。美国学者吉纳维芙·茱莉亚诺和肯尼斯·斯莫尔根据 1980 年美国人口普查局的数据，在洛杉矶大都市区内确认了洛杉矶市以及 31 个次中心，地域面积占整个大都市区的 3%，人口占 9%。通过分析发现，上述 32 个（次）中心在地域上集中在以洛杉矶市为中心的线性地带上，在产业上可以分成专业制造业（高技术产品）、混合产业（工业和服务业）、混合服务业（购物和贸易）、娱乐业（电影）和专业服务业（生产者服务业）。[②]由此可见，洛杉矶大都市区已成为由多个次中心构成的分散型、多元化经济空间。

其次，区域经济以大都市区为单位调整和重组。中心城市在空

---

① Robert M. Fogelson, *The Fragmented Metropolis*: *Los Angeles 1850-1930*, Berkeley: University of California Press, 1993, pp. 5-8.

② Genevieve Giuliano, Kenneth A. Small, "Subcenters in the Los Angeles Region," *Regional Science and Urban Economics*, Vol. 21, No. 2（Jul. 1991）, pp. 163-182.

间结构和功能等方面发生转型，不再是工业中心和商业中心，而是扮演着大都市区服务中心、信息中心和管理中心的新角色；而郊区空间广阔、税收较低、交通便捷，尤其适合战后制造业组织方式对横向空间的需求，因此成为制造业拓展的新空间。

传统城市化时期，郊区虽然已有所发展，但郊区大多功能单一，以居住型的"卧城"为主，依附于中心城市。随着大都市区化的进展，大量人口离开中心城市迁往郊区，经济活动随之流动，郊区功能逐渐多样化，构成了功能相对完整、独立性强的次中心。美国学者乔尔·加里尤提出了"边缘城市"（Edge City）的概念，即那些拥有至少 500 万平方英尺[①]办公空间、60 万平方英尺零售空间、就业数量多于居民数量、被当地人认同为单一区域并且至少30 年前还不是郊区的城市化地域，这些边缘城市也像中心城市一样拥有中心商务区甚至功能分区。加里尤眼中的美国边缘城市超过 200 个，在地域分布上横跨整个美国。[②] 这些"边缘城市"或次中心与中心城市在大都市区内形成新的分工，相互协作，优化资源配置。

作为制造业中心的北美五大湖地区尽管历史悠久、产业结构单一，但大都市区内的中心城市与郊区的功能调整已走上正轨。典型制造业城市匹兹堡的经历具有一定代表性。去工业化导致城市人

---

① 1 英尺 =0.3048 米。

② Joel Garreau，*Edge City：Life on the New Frontier*，New York：Anchor Books，1991，pp. 6~7，425~439.

口下降，1950—1990 年间，该市人口流失 45.3%，流失人口相当于 1950 年该市总人口的半数。但以匹兹堡为中心城市的匹兹堡大都市区则与之相反，人口呈上升趋势，同期人口增长 8.2%。[1] 与此同时，中心城市在大都市区中的功能和定位也在发生变化。匹兹堡曾长期是该大都市区的中心，在宾夕法尼亚州西部的制造业城市带中居于主导地位，来自匹兹堡的投资控制着该大都市区其他地区的主导性产业部门。[2] 但从 20 世纪 60 年代开始，大都市区内的许多郊区甚至抛开匹兹堡，转而与克利夫兰、扬斯敦等更远的城市合作。[3] 20 世纪 80 年代中期其商业活动也受到影响，在 20 世纪 60 年代是宾夕法尼亚州唯一一个零售业下滑的城市。[4] 郊区制造业开始崛起，大都市区内的阿姆斯特朗县（Armstrong County）建起了占地 925 英亩的多功能产业园，宣称"为二十四五岁的年轻人备好了就业岗位"。[5] 曾经的以制造业为主的郊区斯图本维尔（Steubenville）

---

① 王旭：《美国传统工业大州"去工业化"（1950—1990）：以宾夕法尼亚州为中心的考察》，《世界历史》2016 年第 4 期，第 8 页。

② Edward Muller, "Industrial Suburbs and the Growth of Metropolitan Pittsburgh, 1870-1920," *Journal of Historical Geography*, Vol. 27, No. 1（2001）, p. 68.

③ Allen Dieterich-Ward, "Mines, Mills and Malls: Regional Development in the Steel Valley," Ph. D. Dissertation, University of Michigan, 2006.

④ Mariel P. Isaacson, "Pittsburgh's Response to Deindustrialization: Renaissance, Renewal and Recovery," Ph. D. Dissertation, City University of New York, 2014, p. 168.

⑤ Andrew Needham, Allen Dieterich-Ward, "Beyond the Metropolis: Metropolitan Growth and Regional Transformation in Postwar America," *Journal of Urban History*, Vol. 35, No. 7, 2010, p. 954.

和惠灵（Wheeling）也迎来了新的发展机遇，沃尔玛区域物流枢纽和卡贝拉购物中心分别落户两地，带来了新的就业岗位和经济增长点。

美国学术界在 20 世纪末逐步意识到城市经济结构与空间结构的转变，城市研究洛杉矶学派（Los Angeles School）的崛起就是这一认识的体现。从 20 世纪 80 年代早期开始，加州大学洛杉矶分校（UCLA）和南加州大学（USC）的城市研究学者以一系列洛杉矶地区的具体案例开启了对城市转型进程的研究。在此之前，芝加哥学派（Chicago School）统领着对城市社会的研究。芝加哥学派是指 1915—1945 年期间由芝加哥大学的研究人员和研究生形成的研究团体，尤其是罗伯特·帕克和欧内斯特·伯吉斯及其学生的研究工作。这一小群社会学系全职研究人员人数最多时不超过 6 人，他们以芝加哥市作为社会实验室，开发了一种全新的理论模型和研究方法。在芝加哥学派看来，城市是由"可以触及但是不相互渗透的小世界构成的马赛克"，城市是由一个个同心圆套在一起的空间，最里面的同心圆是中心商务区，该中心区域被过渡区、工人区域、中产阶级住宅区和通勤区的同心区所包围。研究者的任务，就是"在这些体现和释放了人类全部热情和能量的大都市里，用显微镜研究人类文明"。①

芝加哥是 20 世纪工业城市的模型，而洛杉矶是 21 世纪后工业

---

① Robert Park，"Human Migration and the Marginal Man，"*American Journal of Sociology*，Vol. 33，No. 6，p. 890.

化城市的模型。洛杉矶学派依托城市经济地理学，从包括结构主义、马克思主义、新古典经济学在内的广泛理论中汲取养分。大卫·哈维在马克思主义启发下，认为发达资本主义城市通过重新集中资本和劳动力并排除其他不利要素等方式，帮助城市走出危机，同时推动部分企业前往发展中国家寻求廉价的、没有工会组织的劳动力，全球北部（Global North）城市的去工业化由此而来。[①]但与此同时，关键性职能（如管理、财务和创新）人才仍集中在先进发达国家的一些主要地区，造成这些地区的物质形态（中央商务区、科技园、新兴消费综合体等）和阶级结构发生深刻变化。这些企业采用全新的生产组织模式，致力于打造更灵活的生产体系，在这种体系中，中小企业构成了往来密切的网络集群。这样的变化提高了企业应对不确定性的能力，能够更有效地控制劳动力成本，并最大程度提高创新能力。在20世纪七八十年代，洛杉矶经历了上述变化，奥兰治县的高科技产业、好莱坞的娱乐产业、洛杉矶市中心的手工业以及威尔希尔走廊（Wilshire Corridor）的金融与保险业正是转型的典型。这些经济过程有助于整个城市化地区尤其是洛杉矶社会空间形式的重大变化，最具活力的经济部门的活动向整个大都市区的不同商业和工业区聚集。

大都市区化与次中心在世界其他国家和地区同样存在，正如城

---

① David Harvey, "From Managerialism to Entrepreneurialism: The Transformation in Urban Governance in Late Capitalism," *Geografiska Annaler. Series B*, *Human Geography*, Vol. 71, No. 1（1989）, pp. 3-17.

市规划大师彼得·霍尔所言，曾经属于英国、美国和澳大利亚独有现象的多中心大都市区，如今已成为世界性现象。[①] 大都市区化一方面使中心城市与郊区联动发展，在地域空间上形成城乡一体化的发展趋势；另一方面，中心城市与郊区发生功能转型和置换，中心城市不再是制造业中心，在与郊区的互动中寻求新的定位。

二、双重转型下的中心城市及其衰败与复苏

如前文所述，城市经济结构和空间结构的双重转型是一个制造业离开中心城市、郊区化快速发展、郊区与中心城市关系调整和重新形成新型城市化地域实体的阶段。在这一过程中，中心城市原有的核心地位和支配地位受到冲击，在大都市区内的功能和定位发生转变，从制造业中心转型为信息和管理中心；郊区则从依附于中心城市发展成为相对独立的地域实体，从功能单一的"卧城"转型为多功能的混合型郊区，成为大都市区的次中心。

在这一过程中，中心城市与郊区的关系并非"敌进我退"，而是从此消彼长到协同发展的螺旋形进程。从二战结束到20世纪80年代，大规模郊区化在发达经济体中展开，中产阶级和富裕人口离开城市、前往郊区，带动商业和就业流向郊区，这一阶段，中心

---

① Peter Hall，"World Cities，Mega-Cities and Global Mega-City-Regions，" http：//www.lboro.ac.uk/gawc/rb/al6.html.

城市作为"失血"方，郊区的发展正是建立在其损失之上；20 世纪 80 年代以来，发达经济体的中心城市逐步走向复兴，与郊区呈现齐头并进的趋势，甚至如腊斯克所言，只有那些郊区快速发展的大都市区即"弹性城市"（Elastic City），中心城市才呈现强劲复苏势头。①

在第一阶段，人口和经济活动的离心性流动导致了富裕人口和产业重心转向郊区，中心城市在经济、社会等多方面陷入困境，城市危机久治不愈，陷入积重难返的境地。在发达经济体中，美国的表现尤为明显。19 世纪后期，在公共交通尤其是有轨电车的带动下，美国郊区化进入快车道。20 世纪 20 年代以后，随着汽车的普及和公路设施的完善，郊区化更成为美国不可逆转的趋势。第二次世界大战以后，联邦政策的引导、城市经济的萧条、社会矛盾的加剧以及对田园生活的追求，使更多的美国人，尤其是白人中产阶级离开城市，到郊区安家。中心城市则被远远抛在了后面。

首先，在去工业化影响下，中心城市制造业衰退，郊区成为制造业新的增长点。尽管郊区制造业早在 19 世纪中期就已出现，但中心城市便利的交通条件、密集的人口、多样化的信息传播途径使其在 20 世纪中期之前一直是制造业的首选地点。② 值得注意的是，发

---

① David Rusk, *Cities without Suburbs: A Census 2010 Perspectives*, Washington D. C.: Woodrow Wilson Center Press, 2013, pp. 57-63.

② Robert Lewis, "Industry and the Suburbs," in Robert Lewis ed., *Manufacturing Suburbs: Building Work and Home on the Metropolitan Fringe*, Philadelphia: Temple University Press, 2004, pp. 1-15.

达经济体的去工业化并非将制造业完全推向发展中国家和地区，相反，相当一部分制造业留在了国内，只不过从中心城市迁往郊区。美国学者安妮特·斯坦安克尔研究了1977—1992年间美国四大区域内中心城市与郊区经济结构的变迁，发现中心城市的新企业增加速度低于郊区增速，也低于全美平均增速；不同区域的中心城市表现有所不同，南部和西部中心城市在20世纪70年代末即已走向繁荣，但中西部即曾经的制造业核心地带的中心城市却长期增长乏力；相比之下，郊区则始终保持强劲的发展势头，不仅南部和西部的郊区如此，中西部郊区表现更为抢眼。① 全国性的统计数据也证明了上述观点。20世纪60年代的十年中，中心城市制造业就业人数占总就业人口的比重从47.6％下降到35.6％，这一数字在郊区则从30.2％上升到36.1％，郊区居民中的制造业从业者从45.7％上升到54.6％。到1980年，郊区容纳了全美制造业就业的41.6％，中心城市只有25.2％。② 类似趋势在其他发达经济体也不难发现，由此可见，中心城市已丧失制造业优势，郊区成为制造业的新空间。

其次，制造业和人口流失导致中心城市收入锐减，公共服务水平下降。制造业和人口外迁，不仅吸引零售业流向郊区，进一步弱化城市经济基础，而且导致中心城市贫困人口比例上升，加剧城市

---

① Annette Steinacker, "Economic Restructuring of Cities, Suburbs, and Nonmetropolitan Areas, 1977-1992," *Urban Affairs Review*, Vol. 34, No. 2（1998）, pp. 212-240.

② John H. Mollenkopf, *The Contested City*, Princeton: Princeton University Press, 1983, p. 38.

的财政负担。贫困人口比例的增加对中心城市的影响则更为深远。占据重要地位的制造业的外迁，导致中心城市失业率快速上升，失业人口增多。1990 年，中心城市居民的平均收入远低于郊区，但失业率却高于后者 70%以上。[①] 一方面，在战后发达经济体福利国家建设的背景下，失业救济构成政府公共开支的重要组成部分，失业人口的增加加大了地方政府的财政负担；另一方面，地方政府出于政治考虑和选举需要，往往采取应急措施以求短期内缓解失业压力，这进一步加大了失业对城市的影响，并且从长远看不利于失业问题的解决。同时，人口和经济活动外迁也使得中心城市的财政收入相应减少。为了提供更好的公共服务吸引郊区人口回流，城市只得通过提高税率的方式增加收入，这进一步加剧了人口的外迁趋势，反过来加深了中心城市的困境。[②] 二战后，城市不乏因财政困境而宣布破产者，如美国加利福尼亚州的斯托克顿市和日本的夕张市，曾经风光无限的汽车城底特律也因负债超过 180 亿美元，在 2013 年正式申请破产保护。

第三，就业下降、贫困人口比重升高和财政危机导致中心城市

[①] Alan Altshuler, et al, eds., *Governance and Opportunity in Metropolitan America*, Washington D.C.: National Academy Press, 1999, p. 4.

[②] 中心城市税率往往高于郊区，例如，瑞士巴塞尔市的平均税率较其郊区高 40%，一个巴塞尔市中等收入家庭每年的纳税额是郊区中等收入家庭的 1.7 倍，富裕家庭可达到 2.2 倍。Nancy Pindus, Howard Wial, Harold Wolman（eds.），*Urban and Regional Policy and Its Effects*, Vol. 3, Washington D. C.: Brookings Institution Press, 2011, pp. 131-132. 这一现象同样存在于美国，尤其是东北部地区，见韩宇：《美国"冰雪带"现象成因探析》，《世界历史》2002 年第 5 期，第 17—24 页。

社会问题丛生，族群冲突更是发达经济体面临的严峻挑战。据统计，1940—1970年间，大约500万非洲裔美国人离开南部，迁往北部城市，[①] 其中75%进入纽约、波士顿、费城、巴尔的摩和芝加哥等12个大城市。[②] 但他们却无法融入白人社区，而是形成了人口拥挤、房屋破败、环境恶劣的隔都区（Ghetto），与白人在教育、居住、福利等许多方面差距悬殊。瑞典学者冈萨·米尔达提出了"底层阶级"（Underclass）的概念，用以指称去工业化造就的边缘群体，具备"失业、缺乏就业能力、就业不足"的特征。[③] 这一概念被芝加哥大学社会学家威廉·威尔逊用来描述"那些长期经历贫困和福利依赖的家庭……几乎完全聚居于城市黑人社区中生活条件最差的部分"，[④] 即以非洲裔美国人为主的中心城市隔都区居民。底层阶级难以摆脱贫困，由于缺乏必要的教育和技术，其后代也难以实现向上流动，阶级属性趋于固化。许多人由此失去信心和奋斗的动力，因此暴力犯罪、依赖福利救济、单亲家庭的比例远远高于白人。非洲裔美国人的被捕率持续增高，到1978年达到约10%，相比之下，白人只有3.5%；单亲家庭率同样居高不下，1990年，超过56%的

---

① Joe William Trotter Jr., *The Great Migration in Historical Perspective*: *New Dimensions of Race*, *Class*, *and Gender*, Bloomington: Indiana University Press, 1991, p. 32.

② National Advisory Commission on Civil Disorders, *The Kerner Report*, Princeton: Princeton University Press, 2016, p. 243.

③ Gunnar Myrdal, *Challenge to Affluence*, New York: Random House, 1967, p. 10.

④ William Julius Wilson, *The Truly Disadvantaged*: *The Inner City*, *the Underclass*, *and Public Policy*, Chicago: University of Chicago Press, 1987, p. 8.

家庭为单亲母亲家庭，而白人只有不到18%。[①] 与此同时，以非洲裔美国人为代表的少数族裔与白人的冲突几乎遍布每个大城市，尤其是1967年夏季，因为频繁爆发的种族冲突而被称为"漫长的夏天"。1965年洛杉矶瓦茨骚乱更是持续六天之久，成百上千的店铺被洗劫和烧毁，最终加州政府派遣国民警卫队才将此次种族冲突平息，洛杉矶损失超过4000万美元。

与传统中心城市—郊区构成的城市间关系网相比，一体化程度更强的大都市区，其优势更为明显。

其一，从经济角度看，与传统的城市体系相比，大都市区内部的城市之间的联系更为紧密。虽然看起来原本集中在单一中心城市的经济活动分散到了不同城市，但经济活动之间的联系反而加深了城市之间的联系。大都市区内的经济活动实际上是大范围内的集聚，这种新型联系的形成有利于促成新兴工业的产生和推动科技创新，增加产业门类和产品数量，并吸引更多的相关产业落户形成更加完整的产业链。

其二，从空间角度看，与传统的城市体系相比，在大都市区基础上形成的大都市连绵带规模巨大，各种社会经济和文化活动高度集中，有利于实现空间的集约利用。与非大都市区相比，大都市区有商品和服务的更大市场，更专业化的劳动力，更全面而复杂的基础设施网络和公共服务从统计数据看，大都市区企业数目和集中程

---

① 转引自胡锦山：《美国中心城市的"隔都化"与黑人社会问题》，《厦门大学学报（哲学社会科学版）》2007年第2期，第126页。

度远远超出非大都市区。

其三，大都市区不是传统的单核心城市化地域，其中内部构造是典型的多中心格局。这一格局本质上是中心城市和郊区的经济结构转型和角色的部分置换，许多单一功能的郊区逐渐发展成为新的次中心，与原有的中心城市构成新的复合型中心结构。一方面，这些次中心与原有的中心城市形成互补关系，中心城市的多种功能得以舒解；同时各个次中心也可以发挥比较优势，从而在整体上提高了大都市区经济运行效率，减缓因高度集聚带来的经济和社会问题。另一方面，郊区作为次中心大大减少了对中心城市的依赖，郊区之间的社会经济联系日益增强。

因此，随着大都市区的崛起，郊区次中心逐渐分解和承担了原本属于中心城市的部分功能，在中心城市中集聚的产业和经济活动分散到郊区次中心，中心城市的经济水平随之下降。而随着产业和经济活动的流散，人口也追随就业机会离开中心城市。从人口的角度看，中心城市成了因为贫困而难以离开的人口的集中地，高度依赖社会福利。这一切都加剧了中心城市的衰落。

然而从城市发展的长远来看，中心城市的衰败只是一种过渡性现象，在萧条中孕育着新生。在美国，尤其 20 世纪 80 年代以来，许多大城市重新走上复苏道路，而且此番复苏不是简单的历史的重复，而是在经济与空间结构上都发生了显著变化。从前者观之，复苏的中心城市往往不再以工业为其经济支柱，而以信息产业、高端服务业为代表的后工业经济成为主导；由后者观之，中心城市与郊区的关系在互动中重新界定，双方由此消彼长转变为共荣共生，城市内部不同街区之间的差异也十分明显。

首先，中心城市尽管经历萧条，但其在大都市区中的核心地位往往不容动摇。中心城市的首要功能是集聚，这也是城市的本质特征，尽管在经济结构和空间结构双重转型的影响下其集聚效应一度弱化，但当中心城市的集聚成本低于集聚效益后，人口和经济活动仍会重回中心城市。20世纪70年代以后经济全球化进程进一步加快，资源以全球为空间单位重新配置，出现了全球性的节点中心，这些中心往往由集聚性能强的中心城市担任，它们成为统一的中心进行指挥和控制，"新的通信技术使得经济活动在地理扩散的同时并未丧失其系统整合，同时也强化了企业和市场的中心控制功能和协调的重要性"。[1]

第二，随着经济结构的转型，中心城市在去工业化过程中尽管遭遇人口、就业和制造业逃离，但同时其经济结构也经历调整，从制造业中心转型成为信息中心、管理控制中心和高技术中心。中心城市的集聚作用、历史形成的文化氛围、与郊区迥然有别的生活方式使其对生产者服务业（Producer Service），特别是被称作FIRE的金融（Finance）、保险（Insurance）和房地产业（Real Estate）行业极具吸引力。[2]此外，医疗、教育等也成为中心城市经济结构

---

[1]　Saskia Sassen, *Cities in a World Economy*, London: Pine Forge Press, 2000, p. 107.

[2]　根据经合组织定义，生产者服务业是指那些促进企业间生产活动的中间部门，如FIRE和专业咨询，当然也包括很多低端服务业部门，https://stats.oecd.org/glossary/detail.asp?ID=2440，2017年7月19日。

的重要组成部分。[①] 凭借上述优势，中心城市成为企业总部和区域性管理机构落户的首选地，管理和指挥着其分支机构。值得注意的是，20世纪90年代以来，高技术产业也"发现"了中心城市的优势，尤其是发达经济体在进入21世纪后出现"再工业化"（Reindustrialization）势头，即传统制造业地区的制造业就业止跌回升，同时传统制造业与高技术产业相结合，打造出高端工业产业集群。在美国，联邦、州和地方政府通力合作，采取多种措施推进制造业复兴，提出了制造业高端化（High-end）的发展路径。在此过程中，中西部城市表现最为突出，许多大城市积极成立"城市创新区"（Urban Innovation Districts），旨在整合、创建地方性的经济、空间、社区财富综合体。与19世纪的工业区以及20世纪的技术研发园区不同，城市创新区既关注基础设施、城市规划设计和建筑物等物理环境，也重视社区环境的作用，提供不同收入水平人群均可承受、具有吸引力的住房选择，零售与服务行业，以及社会文化活动和节日庆典，提升城市吸引力。[②]

---

① 学术界对于中心城市新经济有较多研究，如理查德·佛罗里达的"创意阶层"即知识经济的从业人员，以及艾伦·斯科特的"智识—文化资本主义"等，尽管名目繁多，但在以服务业为主体的新经济崛起方面已形成共识。参见 Richard Florida, *The Flight of the Creative Class: The New Global Competition for Talent*, New York: Harper Collins, 2007; Allen J. Scott, *Social Economy of the Metropolis: Cognitive-Cultural Capitalism and the Global Resurgence of Cities*, New York: Oxford University Press, 2008。

② Bruce Katz, Julie Wagner, "The Rise of Innovation Districts: A New Geography of Innovation in America," https://www.brookings.edu/wp-content/uploads/2016/07/InnovationDistricts1.pdf, 2017年4月22日。

第三，中心城市经济结构转型推动中心城市社会结构变迁，服务业的发展和"再工业化"吸引年轻的创新创意人才定居中心城市，经济发展、就业机会的增加和由此而来的社会的整体复苏吸引中产阶级回流城市，人口郊区化的趋势出现减缓势头。学术界普遍意识到 20 世纪 70 年代以来西方社会的结构性变化，或称之为"后工业社会"（Post-Industrial Society），或称之为"程序化社会"（Programmed Society），[①] 虽然名目繁多，但无一否认以脑力劳动为主的白领或曰中产阶级正在成为城市人口的主要组成部分。[②] 社会结构的变化可以通过职业结构反映出来，荷兰兰斯塔德地区的数据显示，1981—1990 年间，经理（Managers）和专业人员（Specialists）增速最快，前者增加了 109%，后者增加 51%；相比之下，商业职员（Commercial Workers）增长 32%，体力劳动者（Manuel Workers）只增长了 2%。[③] 显然，在兰斯塔德，服务业的发展远远超过制造业，尤其是高端服务业。在美国，虽然埃里克·怀特曾宣称 20 世纪六七十年代将迎来无产阶级化（Proletarianization），但后来却推翻了自己的观点，承认有"证据表明，20 世纪 70 年代

---

① ［美］丹尼尔·贝尔：《后工业社会》，彭强编译，科学普及出版社 1985 年版；Alain Touraine, *The Post-Industrial Society*: *Tomorrow's Social History*, New York: Random House, 1971。

② 这里采用赖特·米尔斯关于中产阶级的定义，即他们不占有生产资料、以脑力劳动为主、依附于雇主而存在，消极生产、积极消费。［美］C. 赖特·米尔斯：《白领——美国的中产阶级》，杨小冬等译，浙江人民出版社 1987 年版。

③ Chris Hamnet, "Social Polarisation in Global Cities: Theory and Evidence," *Urban Studies*, Vol. 31, No. 3（1994），p. 409.

以来的美国各经济部门见证了管理阶层的扩张和'去无产阶级化'（Deproletarianization）"。[1] 戴维·利则把这一现象直接称为加拿大内城的"中产阶级化"（Embourgeoisement）。[2]

第四，中心城市在转型过程中塑造了新的文化风格，传统与现实相交融、本土与国际相渗透，孕育着多样的、有活力的生活方式，在地方政府推动下成为中心城市的新名片。新中产阶级数量增加、影响力增大，改变了城市的文化风格，塑造了年轻的、有创意的、专业化的文化风格。[3] 他们大多接受过良好的高等教育，"在商务、管理和学术界的地位催生了自尊，他们是美国社会的新阶层，没有可以利用的传统，只能建构一种新的生活方式来满足这种尊严和自尊，并消磨空闲时间"。[4] 相比于其他阶层，他们更注重城市文化设施，乐于享受高质量的服务和个性鲜明的文化活动，他们对20世纪流行的现代主义风格不感兴趣，而更欣赏体现城市文化特色和传统风貌的历史建筑。同时，全球化的推进加快了人口在世界范围内

---

[1]　Eric Olin Wright, Bill Martin, "The Transformation of the American Class Structure, 1960-1980," *American Journal of Sociology*, Vol. 93, No. 1（Jul. 1987）, pp. 1-29.

[2]　David Ley, *The New Middle Class and the Remaking of the Central City*, New York: Oxford University Press, 1996, pp. 8-11.

[3]　Claude S. Fischer, "Toward a Subcultural Theory of Urbanism," *American Journal of Sociology*, Vol. 80, No. 6, May 1975, pp. 1319-1341.

[4]　Joseph Bensman, Arthur J. Vidich, "Changes in the Life-Styles of American Classes," in Arthur J. Vidich（ed.）, *The New Middle Classes: Life-Styles, Status Claims and Political Orientations*, London: Macmillian Press, 1995, p. 250.

的流动，与郊区相比，中心城市在吸引国际移民方面更加具有优势。一方面，中心城市在历史上是移民登陆和聚居之地，移民聚居区如唐人街往往分布在城市中；另一方面，中心城市有大量低端服务业工作机会，这类工作门槛低、需求量大，对于初到此地的新移民尤其具有吸引力。同时，由于白人中产阶级和富裕人群在战后大量迁往郊区，中心城市的多样化不降反升，使得国际移民更易于融入其中。国际移民的大量涌入不仅改变了中心城市的人口结构，同样也带来了独具特色的异域文化，赋予城市文化鲜明的多样化特色，不仅体现在城市居民的交际圈中，也在饮食、服饰、节日庆典等城市生活的方方面面留下印记。当代国际大都市几乎无一不具备新的城市文化。在伦敦，亚裔和非洲裔人口几乎达到总人口的 20%，这使得当代伦敦不仅拥有浓厚的英国传统文化，而且是全球各民族文化的集中地。纽约更加明显，这里有来自世界各地的移民，带来了各自的生活方式。与此同时，地方政府为促进城市复兴，有意塑造和"营销"（Marketing）与郊区不同的城市文化。正如大卫·哈维所言，"各个城市和各个地方，似乎都下大力气来营造积极正面、高品质的城市形象……这一形象具有某些特定品质"。[①] 节日庆典、举办大事件（Mega-event）如世博会、修旧如旧的历史古迹维护等，都是城市用来更新形象的手段，也推动了新型城市文化的形成。例如英国传统制造业城市格拉斯哥在 20 世纪 80 年代积极鼓励艺术和文化活

---

① David Harvey, *The Condition of Postmodernity*: *An Inquiry into the Origins of Cultural Change*, London: Wiley-Blackwell, 1991, pp. 92–93.

动的发展，提升城市环境、开放新博物馆、举办文化节，于 1990 年被评为"欧洲文化之城"（European City of Culture）。格拉斯哥的努力不仅改善了陈旧灰暗的老工业城市的形象，而且促进了城市文化的发展。① 与郊区相比，城市文化由来自不同地区和历史传统的多种文化融合而成，构成五彩斑斓的文化生态。

总之，中心城市在经济转型（即去工业化）和空间转型（即大都市区化）的推动下逐渐走出萧条、走向复苏，并在经济、社会和政治等领域展示新的特征。中心城市尤其是大城市在国际竞争中仍具有优势，在郊区迅速发展的同时也没有完全丧失其核心地位。②

三、中心城市的适应与面临的挑战

当代中心城市的转型与复苏固然是全球经济结构调整的产物，并且为资源再分配注入动力，但与复苏相伴而生的挑战同样不容忽视。不难发现，上述经济、社会和政治领域的诸多挑战并非全新现象，收入不平等、阶层分化、居住隔离（Housing Segregation）和区域协同治理等问题早已存在，然而，其生成机制却并非同出一辙。

---

① Beatriz Garcia, "Deconstructing the City of Culture: The Long-term Cultural Legacies of Glasgow 1990," *Urban Studies*, Vol. 42, No. 5-6 (2005), pp. 841-868.

② Indermit S. Gill, Homi J. Kharas, *An East Asian Renaissance: Ideas for Economic Growth*, Washington D.C.: The World Bank, 2007.

如果说战后陷入萧条的中心城市所面临的类似困境其根源在于贫困，那么，当代中心城市的挑战则来源于转型与复苏，或者说来自财富。去工业化和大都市区化引起资源在大都市区内重新分配，由此带来中心城市的危机与复苏。实际上，无论是发达经济体还是发展中国家，都已或多或少地意识到上述问题的危害，并逐步采取应对措施。

在经济领域，如前所述，中心城市的收入差距受到产业结构不均衡的影响，而对于贫困者本人来说，教育水平成为决定其收入水平的重要因素，因此推进教育公平成为许多城市为缓解不平等而采取的措施。[①] 更重要的是，城市政府正在想方设法营销自己的城市，在改善城市形象、塑造城市活力的同时创造更多就业机会，假日市场（Festival Marketplace）就是其中之一。这种由美国地产商詹姆斯·罗斯（James Rouse）首创的商业开发模式在 20 世纪 50 年代波士顿废弃的河滨地带首先开始，以娱乐表演、休闲购物、街头小剧场等活动为主题。这种中心城市开发模式取得了很大成功，很快风靡全美并向其他国家扩散，纽约的南街港区（South Street Seaports）、伦敦码头区（Docklands）和悉尼的达令港（Darling Harbor）都是成功案例。假日市场以商业开发为主，主推欧式风格的建筑，鼓励精品店而非连锁店，创造了许多低端服务业工作岗位。

在社会领域，各国对于居住隔离的关注则更早，并由于生成

---

① Edward L. Glaeser，Matthew G. Resseger，Kristina Tobio，"Urban Inequality，" NBER Working Paper No. 14419（2008），pp. 28-30，http: //www.nber.org/papers/ w14419.pdf.

机制的不同而形成了不同的应对策略。相比之下，居住隔离在美国更多地作为种族歧视的表征呈现出来，以制订平权法案和最高法院进行司法判决的形式加以解决，限利开发（Limited-Dividend Housing）、公共住房（Public Housing）和合作式住房（Co-opts）也是重要手段；而欧洲的居住隔离则更多源自外国移民，其解决措施包括政府提供房租补贴、控制社区族裔比例和混合居住等方式。^① 在宏观层面，城市更加重视通过区域规划实现不同阶层的空间公平，对包括中心城市与郊区在内的整个大都市区进行总体部署。在中国香港，服务业的迅速发展改变了市中心尤其是新界地区的社会结构，不同阶层间的居住隔离日渐明显。香港从20世纪80年代起推行居住融合但成效并不明显，并且与中国内地在城市规划方面开展合作。21世纪以来，香港与珠三角大都市区一体化程度不断强化，区域规划的条件更加成熟。^②

在政治领域，大都市区协同治理的难题几乎与大都市区化同时出现。从20世纪60年代开始，欧美各界已逐渐意识到这一问题的必要性，区域主义（Regionalism）、公共选择学派（Public Choice）、新区域主义（New Regionalism）等学术流派纷纷登场，为构建协同机制献言献策；各级政府也通过建立大都市区政府、创建政府间协

---

① Gideon Bolt, "Combating Residential Segregation of Ethnic Minorities in European Cities," *Journal of Housing and the Built Environment*, Vol. 24（2009）, pp. 397-405.

② Paavo Monkkonen, "Deindustrialization and the Changing Spatial Structure of Hong Kong, China," *Inter Disciplina*, Vol. 2, No. 2（Jan.-Apr. 2014）, pp. 315-337.

调机制等尝试克服地方政府零碎化的危害。市县合并、大都市区政府、政府间议事会等体制机制创新都已付诸实践，然而直至今日，虽然大都市区经济一体化已达到一定程度，但政治一体化还有很长的路要走。

实际上 20 世纪以来，无论是缓解衰败还是迎接复兴的新挑战，中心城市已采取了一系列措施。平衡产业结构、促进空间整合和强化协同治理是其基本目标，总体看来，中心城市从走出衰败到应对挑战，其措施可概括为如下两个趋势：

其一，中心城市的复兴与调适措施从以物质环境的改造为主到物质、空间与人的综合性全面再开发。中心城市的困境早在两次世界大战之间就已显现并引起相关国家的注意。第二次世界大战后，欧美各国普遍开展了以大规模重建内城为主的再开发。在美国，遍及各大城市的城市更新（Urban Renewal）旨在清理内城贫民窟并在原址进行商业和住房开发；在欧洲，由于战争造成了巨大破坏，各国更倾向于重建和更新城市基础设施。但随着街头文化和社区生活更加为人所重视，物质环境的改造已不能满足居民需求，历史风貌街区维护、公平住房等空间改造渐渐成为主流。

其二，中心城市的复兴与调适渠道从以政府为主导到政府与企业、社会团体等非政府组织合作，后者在从规划到实施的再开发全过程中的参与程度不断提高。在美国，城市更新以地方政府为主导，由联邦政府资助；欧洲内城改造虽然更重视城市规划，但政府同样主导这一进程。然而 20 世纪 70 年代以来，参与式规划

（Participatory Plan）和群议式规划（Advisory Plan）等新理念的兴起改变了以政府为主的传统路径，社区组织、企业、民权团体等非政府组织也积极参与其中。

尽管如此，中心城市应对挑战的措施依然效果有限，收入差异、居住隔离和地方政府零碎化仍然是摆在社会各界面前的一道全球性难题。学术界为解决上述问题的研究成果和方案层出不穷，地方政府也不断尝试政策创新，但其解决乃至缓解依然前路漫漫。实际上，经济结构和空间结构的双重转型在推动中心城市向后工业过渡和大都市区内功能与地位调整的同时也带来了一系列新问题，有些已引起社会各界关注，许多国家和地方政府纷纷采取措施积极应对。

（一）经济领域的挑战：不均衡发展与收入鸿沟

如前所述，服务业已取代制造业成为当代中心城市的经济支柱，在经济总量和就业人口中所占比重呈上升趋势。在经济结构转型中，服务业和高技术产业尤其受到关注，地方政府纷纷采取措施，在税收减免、土地价格、产业孵化等方面提供优惠，对于传统的制造业则基本无意保留。例如在匹兹堡，理查德·卡里库尼（Richard Caliguiri）市长早在1977年就提出了"二次复兴"（Renaissance II）的口号，着力推动市中心改造和邻里复兴，发展旅游、文化产业和IT行业。州政府在匹兹堡转型中也发挥了重要作用。1982年，宾夕法尼亚州通过本·富兰克林伙伴关系计划（Ben Franklin Partnership）出资在全州建立四个先进技术中心（Advance Technology Center）以推动大学与企业合作，匹兹堡抓住这一时机，在琼斯—洛林钢铁厂原址兴建了匹兹堡技术中心，并鼓励匹兹堡大学和卡内基—梅隆大学将新技术商业化。① 其结果就是以匹兹堡大学医疗中心（University of Pittsburgh Medical Center）为代表的医疗产业的崛起，如今其市场价值已逾百亿美元。② 此外，教育、环保技术、通信产品等行业也位居地区经济前列。相比之下，制造业已不再是匹兹堡的宠儿，以美国钢铁公司为代表的工业巨头纷纷转型，或投资其他产业，或关闭本地工厂；食品工业巨头亨氏集团便撤出匹兹堡，将工厂迁往其他地区。③

与此同时，不均衡性也导致城市内部巨大的收入差距，生产者服务业中不仅包含 FIRE 等高端服务业，也包括餐饮、保洁等低端服务业；此外，还有为数不多的制造业。萨斯基亚·萨森将其按照收入分为三类：高端服务业的从业人员往往受过高等教育，拥有较高的职业技能，这意味着他们收入颇丰；低端服务业的从业者们恰恰相反，他们收入微薄，处于城市社会的底层；制造业中"加入工会者在减少，取而代之的是低工资的血汗工厂和手工作坊"。④

---

① Andrew T. Simpson，"Health and Renaissance：Academic Medicine and the Remaking of Modern Pittsburgh，" *Journal of Urban History*，Vol. 41，No. 1（Jan. 2014），p. 23.

② Don Lee，"Healthcare Jobs Fuel Revival in Pittsburgh，" *Los Angeles Times*，May 13，2012.

③ Nathaniel Popper，"Pittsburgh's Time of Transition，" *New York Times*，February 14，2013.

④ Saskia Sassen，*The Global City：New York，London，Tokyo*，Princeton：Princeton University Press，2001，p. 9.

发展的不均衡性也带来城市不同阶层在财富分配、社会地位等方面的巨大鸿沟。去工业化减少了城市中的制造业就业岗位，失业人数增加。对失业者来说，曾经在工会支持下的高收入一去不返，他们大多受教育水平较低，在经济结构转型中缺少必要的技能以重新获得较高收入的工作，只能在低端服务业中寻找工作机会，但即使如此，也面临激烈竞争，[①] 因此其收入较此前明显下降。相比之下，生产者服务业从业者的收入则呈持续走高趋势，两者差异日渐悬殊。[②] 统计数据也证实上述结论，美国国会预算办公室（CBO）在对 1979—2007 年间的收入分配进行比较分析后发现，美国收入差距在这近 30 年间不断拉大，工资性收入在总收入中所占比重呈下降态势，富裕阶层的财富增值只来自资本性收益。[③] 对于以工资为主要收入的低端服务业从业者来说，这意味着其收入水平位于美国社会

---

① 勒梅尔研究发现，去工业化导致美国对非技术工种的需求减少了超过 20%，见 Edward E. Leamer，"Trade，Wages and ReVolving Door Ideas，" NBER Working Paper No. 4716（Apr. 1994），http://www.nber.org/papers/w4716.pdf，2017 年 8 月 11 日。哈佛大学人类学家凯瑟琳·纽曼历时两年对纽约哈莱姆（Harlem）的调查同样揭示了城市底层阶级在就业、收入等方面的困境，见 Katherine S. Newman，*No Shame in My Game*：*The Working Poor in the Inner City*，New York：Vintage Books，1999，尤其是第 62—85 页。

② Xing Zhong，Terry N. Clark and Saskia Sassen，"Globalization，Producer Services and Income Inequality across US Metro Areas，" *International Review of Sociology*，Vol. 17，No. 3（2007），pp. 385−391.

③ Congressional Budget Office，"Trends in the Distribution of Household Income between 1979 and 2007，" October 2011，https://www.cbo.gov/sites/default/files/112th-congress-2011-2012/reports/10-25-householdincome0.pdf，2017 年 6 月 6 日。

底层，并且很难获得财富增加的机会。收入分配的差距并非美国的独特现象，以高福利著称的西欧同样如此。凡·维瑟普和凡·凯彭对荷兰兰斯塔德地区的研究发现，1979—1986年间，荷兰制造业岗位减少10万个，而同期服务业就业岗位则增加50万个；高收入岗位虽然增加迅速，但主要集中在生产者服务业，尤其是其中与知识密切相关的部门，而低端服务业从业者则收入微薄；更为严重的是，低端服务业中存在着不容忽视的长期失业现象，1975年，70%的男性劳工失业时间不足6个月，12%失业时间长于12个月，但1985年失业超过一年的男性劳工已达55%。因此，兰斯塔德地区的"劳动力市场呈现双重性，中端正在遭受挤压，低端已然被边缘化"。①

（二）社会领域的挑战：阶层分化与空间不平等

不均衡发展和收入鸿沟带来的直接结果，是社会极化（Social Polarization）的出现。约翰·弗里德曼和戈茨·伍尔夫发现，世界城市的社会结构普遍可以划分为六个族群（Cluster），分别是高端商务人士、商务服务提供者、国际旅游从业者、制造业从业者、公共服务提供者和非正式经济从业者，而"社会阶层的分化是世界城市（World City）的基本特征"。② 实际上，这种阶层分化是服务业就业

---

① J. Van Weesep, R. Van Kempen, "Economic Change, Income Differentiation and Housing: Urban Response in Netherlands," *Urban Studies*, Vol. 29, No. 6（1992）, p. 989.

② John Friedmann, Goetz Wolff, "World Class Formation: An Agenda for Research and Action," *International Journal of Urban and Regional Research*, Vol. 6, No. 3（Sept. 1982）, p. 322.

的双重性造成的，因此并不局限于世界城市，也是中心城市的普遍现象。

阶层分化并非只是社会结构的变化，在中心城市的空间组织形态上也呈现出来，最为明显的就是居住隔离。大量实证研究证明，当代中心城市在促进经济、社会和文化多样性的同时，也制造了新的不平等，并在城市景观上留下深刻的烙印，正如彼得·马库塞指出的那样，城市的种种区域都是以阶级、族裔、种族和生活方式来划分的，经济、文化和权力关系左右了城市分区。① 洛杉矶市的发展变迁足可证实马库塞的观点。在地理条件和开发模式的影响下，洛杉矶大都市区很早走向分散化发展模式，作为中心城市的洛杉矶市发育不足，反而是周边的圣莫妮卡（St. Monica）、长滩（Long Beach）等郊区次中心实力雄厚。但20世纪50年代以后，大都市区的经济结构从以航空工业为主的制造业向金融、贸易和高技术产业过渡，以影视制作为主导的娱乐产业和FIRE成为洛杉矶市的经济支柱，服务业创造的收入在1970—1990年间增加了2.1倍。② 在这一过程中，尤其是随着大量拉美移民的涌入，阶层分化在洛杉矶日趋严峻，彻底改变了城市的空间组织形态。这是麦克·戴维斯笔下的洛杉矶："西区住宅区那些精心修剪的草坪上

① Peter Marcuse, "Cities of Polarization and Marginalization," in Gary Bridge and Sophie Watson（eds.）, *A Companion to the City*, London: Wiley-Blackwell, 2000, pp. 271-272.

② Miles Finney, "L.A. Economy: A Short Review," *Cities*, Vol. 15, No. 3（1998）, pp. 149-153.

竖立着小小的警告牌，上面写着'擅入者将遭枪击'……那些更富有的人们也用一道道高墙大门把自己与外界隔离开来，还要雇来荷枪实弹的保安、装上技术先进的电子监控设备来保护自己。在洛杉矶市中心，政府资助的城市再开发制造了这个国家最大规模的集体堡垒（Corporate Citadel），凭借巨大的建筑缓冲区与贫困社区相隔离。"① 值得注意的是，居住隔离同样是发展中国家大城市的城市病之一，尤其是拉丁美洲。拉美大城市从20世纪90年代开始出现了两种倾向：一是城市中的上层阶级搬进了自我隔离的"门禁社区"（Gated Community），小区内的各种设施一应俱全，从而使他们能够与城市的其他部分隔离，并减少与其他社会集团的交集；二是经济上的弱势群体集中居住在城市中心环境恶化的地方或近郊地区。从发达国家到发展中国家，从纽约、伦敦到墨西哥城、圣保罗，门禁社区遍布几乎所有世界大城市，"决定性地将住宅区与其周边地区分割开来"。② 实际上，收入正在取代族裔成为居住隔离最主要的原因。③

绅士化（Gentrification）及其引发的社区过滤机制也是阶层分

---

① Mike Davis, *City of Quartz: Excavating the Future of Los Angeles*, New York: Verso, 2006, p. 223.

② Samer Bagaeen, Ola Uduku, eds., *Beyond Gated Communities*, London: Routledge, 2015, p. 31.

③ Douglas S. Massey, Jonathan Rothwell, Thurston Domina, "The Changing Bases of Segregation in the United States," *The Annals of American Academy of Political and Social Science*, Vol. 626 (Nov. 2009), pp. 74–90.

化在城市空间形态上的反映。中心城市中的高收入人群倾向于在
内城寻找合适的居所，这里靠近工作地点，街区虽然破败但却有
独特的历史韵味，符合其文化品位。这个中产阶级不断向中心城
市的内城衰败社区迁移并对这里的破败住房和街区环境进行改造
的过程被英国学者鲁斯·格拉斯（Ruth Glass）称作"绅士化"，这
些中产阶级被称作"绅士化者"（Gentrifier）。绅士化者在年龄、职
业和收入上具有明显特征：年龄在 40 岁以下者居多；收入普遍比
原有居民高并在中位收入之上；职业则是典型的高端服务业从业
者，以经理、专业人员、办公室白领为主。①绅士化者的迁入带来
物质条件的完善，曾经的衰败社区再度展现生机，商业复苏、环
境整洁；但与此同时，绅士化也形成强烈的过滤机制，房地产价
格和生活成本的上升迫使原有居民向其他街区转移。在伦敦，"许
多劳工阶层的居住区一个接一个地被中产阶级的上层或下层所侵
袭。当租期结束之时，劳工阶层居住的简陋破败的棚屋……便被收
回，然后被改造为体面昂贵的屋宇……一旦这一'绅士化'进程在
某一地区开始，它就会迅速地进行下去，直至最初的劳工阶层的
居民全部或大部分被迫迁居，以及整个街区的社会特征发生转变
为止"。②

---

① Neil Smith, Peter Williams, eds., *Gentrification of the City*, London: Routledge, 2007, pp. 181-183.

② Tim Butler, *Gentrification and the Middle Class*, Aldershot: Ashgate Publishing Ltd., 1997, pp. 36-37. 转引自孙群郎、常丹丹：《美国内城街区的绅士化运动与城市空间的重构》，《历史研究》2007 年第 2 期，第 136 页。

（三）政治领域的挑战：地方政府零碎化与大都市区协同治理困境

传统城市化时期，城市通过兼并周边地区实现扩张，同时郊区功能单一，在经济和政治上均依附于中心城市。然而随着大都市区化的推进，郊区人口增多、功能增强，从依附于中心城市的卫星城转型为混合型次中心，其独立性不断强化。与此同时，中心城市人口和经济活动流失、就业岗位减少、社会问题丛生，城市纷纷通过加税的方式增加收入、满足社会福利开支，这一切加大了郊区的离心倾向，因此大量中小城镇兴起于郊区或边缘地带，普遍存在名目繁多、功能各异的地方政府，拒绝被中心城市兼并。相应地，中心城市政治地位下降，不易统筹协调，成为大都市区政治议程中一个难以解决的问题。

由于其悠久的地方自治传统、联邦制的政治结构以及相对较低的城市建制要求，美国的地方政府零碎化更为严峻，大都市区治理问题远比欧洲复杂并且难以解决。加利福尼亚州的莱克伍德（Lakewood）堪称典型。莱克伍德是战后美国郊区化的产物，位于洛杉矶县南部，长滩市位于其南部 25 英里处。1950 年，当地开发商组建莱克伍德公司进行地产开发，三年后当地人口即已突破 10 万人，如此之大的人口规模势必要求相应的公共服务。临近的长滩市则希望兼并莱克伍德以扩大自己的税收基础，早在 1951 年就制定了名为"约翰·温茨方案"的兼并策略，主张把莱克伍德化整为零、逐个兼并。此方案最终部分成功，莱克伍德的几个街区被并入长滩市，但其他地区通过建制成市的方式获得了独立。为避免因自治而公共服务水平下降，莱克伍德与洛杉矶县合作，购买后者的服务。[①] 这一被称作"莱克伍德方案"（Lakewood Plan）的公共服务外包模式很快为其他郊区所效仿，目前仅加州就有 480 个城市采纳，达到全州城市总数的四分之一。尽管该模式保证了郊区居民在获得公共服务的同时避免了中心城市的过高税率，但却加剧了地方政府的零碎化和大都市区协同治理的难度。

在欧洲，地方政府零碎化和大都市区协同治理也已引起欧盟、各国政府和地方政府的共同关注，尽管其碎片化程度较美国更低，但大都市区内存在数量庞大的地方政府仍是一个不容忽视的事实。在英国，大伦敦地域范围内除伦敦城外还有 32 个地方政府实体；法国里昂大区（Communauté Urbaine de Lyon）包括 57 个自治市（Municipalities）；德国虽然没有世界性大城市，但其大都市区却十分发达，大斯图加特地区（Verband Region Stuttgart）的自治市多达 179 个；即便是在经济相对落后的南欧，西班牙巴塞罗那大都市区（Metropolitan Area of Barcelona）也涵盖 36 个自治市；在法兰克福大都市区，区域规划、垃圾处理和市政公园等事务甚至由多个政府部门负责，政出多门、推诿扯皮的现象屡见不鲜。[②] 更为复杂的

---

① 王旭：《"莱克伍德方案"与美国地方政府公共服务外包模式》，《吉林大学社会科学学报》2009 年第 6 期，第 118—125 页。

② European Metropolitan Authorities，"Metropolitan Governance in Europe：Challenges and Models，" February 2015，p. 7，Http：// www.ub.edu/grel/ca/descarregar?seccio=repositori&id=19，2017 年 8 月 16 日。

是，与美国不同，欧洲各国有不同的政治体制，城市主要官员的选举方式、权限和任期各不相同，使得大都市区之间的协调更为困难。

四、本书学术史回顾

全球城市是当代学术界的热点话题，尽管历史上不同时代都有研究者论及同时代的国际大都市，但这些概念大多聚焦历史上大城市的人口规模，或是经济、文化、宗教等多样化功能。而当代"全球城市"概念的前身，关注点在于其全球性的联系，强调全球城市在世界经济网络中的节点地位和指挥–控制功能，因此重点不是一座城市自身的庞大规模和复合功能，而是这座城市在全球性网络中的作用。从这个角度出发，"世界城市"概念是"全球城市"的前身。

1915 年，城市和区域研究的先行者帕特里克·格迪斯在其著作《进化中的城市》中最早提出了世界城市的概念，即那些主导着世界上大部分重要商业的城市。世界城市是国家政治和商业的中心，是以工商业为导向的区域性城市，虽然还不是全球城市、但可以说是全球城市的早期阶段或者雏形。[①] 在此基础上，伦敦大学城市规划学家彼得·霍尔进一步完善了"世界城市"理论。他认为，一方面，世界城市是国家政治权力的中心，国家和国际组织的决策和执行机

---

① Patrick Geddes, *Cities in Evolution: An Introduction to the Town Planning Movement and to the Study of Civics*, London: Williams and Norgate, 1915, p. 9.

构大多集中在世界城市中；另一方面，世界城市也是国际性商务中心，专业性国际组织、企业总部坐落于此，满足商务需求的基础设施包括巨大的港口、发达的高速公路和国际性机场是世界城市的标准配备。① 加拿大学者约翰·弗里德曼进一步完善了世界城市理论，提出了世界城市应当具备的五个特征：（1）世界城市是资本、劳动力、信息和商品等"流"的集聚中心；（2）世界城市是全球资本积累的空间节点；（3）世界城市是汇集经济、社会等多种复杂因素的大都市区；（4）世界城市处于全球城市体系的顶端，持续吸引国内外投资；（5）全球资本阶层聚居在世界城市，他们致力于全球资本积累体系的正常运转，塑造了全球性文化，拥有以消费为导向的意识形态。② 弗里德曼大大拓展了帕特里克·格迪斯和彼得·霍尔的界定——格迪斯和霍尔一样，他们对世界城市的描述和分析并没有真正融入 20 世纪 70 年代以来全球化的现实，这些"世界城市"只是工业化进程中的产物，而且其辐射范围主要在有密切经济往来的区域中。对世界城市的界定没有考虑全球化，因此这些城市的经济和空间结构既不是全球化和去工业化的产物，它们也不具备指挥和影响全球的功能。而弗里德曼改变了上述理解思路，不但把定义世界城市的空间范围扩展到全球，而且强调了流动因素对于理解世界城市的意义。不过，弗里德曼的研究以定性的概念研究为主，较少

---

① Peter Hall, *The World Cities*, New York: World University Press, 1967, p. 7.

② John Friedmann, "The World City Hypothesis," *Development and Change*, Vol. 17, No. 1（Jan. 1986）, pp. 69-83.

开展实证研究。

学术界将"全球城市"概念创造者的桂冠授予了美国学者萨斯基亚·萨森。她认为全球城市首先是在全球经济具有中心控制功能的城市，为了满足这种功能，大量的生产者服务业在全球城市中集聚，也就是企业总部越来越多，同时他们经常从高度专业化的服务性企业那里采购一部分具有中心功能的业务，包括会计、法律、公共关系和电信服务等。这些高密度的生产者服务业是全球城市独具优势之所在，将全球城市塑造为一个极其强烈的和稠密的信息环境。由于这些生产者服务业的客户中有许多是跨国公司，其业务遍及全球各地，因此专业服务公司必须提供全球性服务。生产者服务业的集聚改变了城市的人口结构，高级专业人员的数量不断增多，增强了城市的经济实力，但也加大了城市内部的不平等。[①]除萨森之外，其他研究者也都从全球网络的角度定义和解释了全球城市，认为其各种职能就像新经济的神经中枢，处于一个内部相互作用的复杂系统中，城市与公司必须迅速、灵活地接受与适应这些关系。随着信息化、城市化和大都市区化的加速发展，当前全球城市的发展越来越"扁平化"，城市之间的垂直型与水平型分工同时并行，区域越来越成为经济生产与科技创新的主体与单元，是全球城市发展与竞争的基础。艾伦·斯科特（Allan Scott）是全球城市区域研究的先行者，认为全球城市区域包括一个大都市的核心及其尚未充分发展的

---

① Saskia Sassen, *The Global City*, pp. 3-15.

腹地、空间重叠或趋同的城市地区及其腹地、一组地理上分散但密切合作的大中城市。^① 曼纽尔·卡斯特（Manuel Castells）从流动空间的角度解读全球城市区域，认为产业在全球城市区域中以"流"的形式存在和运动。^② 彼得·泰勒（Peter Taylor）则指出，全球城市区域的概念取代了以"地方""等级"等概念为基础的传统城市概念，全球城市区域内部不再是静态的、与外界隔离的自给自足的城镇，而是一种垂直与水平结构相互交织和融合的网络体系。^③

可以说，对全球城市的理解形成了以下共识：在经济结构上，生产者服务业等后工业经济是全球城市经济的基础，只有这样，全球城市才能成为各种"流"的集散地；在空间结构上，全球城市不再是一个行政界限明确的城市，而是中心城市及其周边腹地共同构成的城市化地域，通过这一城市化地域内部的分工协作，全球城市及其地域才能准备好符合全球经济网络需求的经济结构。用中国学者周振华的话说，"全球城市是全球化和信息化背景下，以全球城市网络化为基础形成与发展起来的那些具有广泛的经济、政治、科技和文化交流联系，在全球经济协调与组织中扮演超越国家界限的关

---

① Allen J. Scott, "Introduction," in Allen J. Scott（ed.）, *Global City-Regions: Trends, Theory, Policy*, Oxford: Oxford University Press, 2001, pp. 1–10.

② Manuel Castells, "Space of Flows, Space of Places: Materials for a Theory of Urbanism in the Information Age," in Richard T. LeGates and Frederic Stout（eds.）, The City Reader, New York: Routledge, 2011, pp. 572–582.

③ Peter J. Taylor, "City-States and Globalisation: A Reply to Sidaway," *Transactions of the Institute of British Geographers*, Vol. 33, No. 1（Jan. 2008）, pp. 152–153.

键角色的现代化国际大都市"。全球城市区域既不同于普通意义上的城市范畴，也不同于仅有地域联系形成的城市群或城市连绵区，而是在全球化高度发展的前提下，以经济联系为基础，由全球城市及其腹地内经济实力较为雄厚的二级大中城市扩展联合而形成的一种独特空间现象。①

无论研究者讨论的是历史上的国际大都市，还是世界城市和全球城市，都无法忽略纽约市，实际上萨森所界定的20世纪末的三个全球城市，其中之一就是纽约。弗里德曼在论证世界城市假说时，也将纽约市作为案例。对于历史上纽约市如何发展成为美国乃至全球经济中心的研究，更是不胜枚举。

纽约从来都是一个引起历史学家的兴趣的城市。为城市书写传记既是城市历史研究的传统方式，也是得到大众广泛认可的历史学门类，甚至早在19世纪初，美国作家华盛顿·欧文就为纽约写了一部传记。不过，与历史研究相比，城市传记更像文学作品，作者以作家和记者为主，其读者主要是大众而非专业研究者。特别是19世纪初，美国学术界致力于凸显美国与欧洲的不同，强化美国的独特性，对美国城市的传记式记载也带有同样目的。各式各样的关于纽约市的传记作品层出不穷，或者聚焦城市的整体历史，或者集中叙述特定时段和事件。随着史学职业化的进程，城市传记作为记述城市历史的载体渐次没落，但终究潜伏在历史写作潮流的深处。战后史

---

① 周振华：《崛起中的全球城市——理论框架及中国模式研究》，上海人民出版社2008年版，第6页。

学社会科学化的弊端逐渐显现出来，传记作为一种文学性较强的历史记述方式再度受到研究者的重视和读者的青睐。埃德温·伯罗与麦克·华莱士在1999年出版的《戈瑟姆：1898年前的纽约城市史》和麦克·华莱士在2017年出版的《大戈瑟姆：1898—1919年间的纽约城市史》是近期城市传记研究领域关于纽约历史的两部代表作。两位作者力图将纽约各种复杂的侧面串联起来，包括政商精英、经济基础、交通、地方政府、地理扩张和人口结构等，综合叙述这座大城市的历史。作者笔下的纽约市是一个具有个性的地方，他们并非致力于深入研究城市的各个侧面，而是将不同侧面综合为一个具备复杂社会现象的城市，这里拥有丰富的细节和叙事的趣味。①

　　但是，作为历史学的一个重要领域，城市史却是在20世纪40年代，当整个美国社会开始意识到城市在美国历史上的作用时，方才真正出现。这一新生领域开始研究城市的历史特点和城市化进程的历史作用。而纽约作为美国第一大城市，更是引起了城市史研究者的关注。在早期的美国城市史研究中，城市被当作一个整体。不过在20世纪六七十年代美国社会和学术界的变动中，传统的研究方法和趋势也难以为继，对城市历史的研究也发生了显著变化。导致这一变化的原因主要有两个，第一个是史学思潮的变化，第二个是城市史不再追求以城市的视角阐释美国历史，而是将目光转向内在。

---

①　Edwin G. Burrows and Mike Wallace, *Gotham: A History of New York City to 1898*, New York: Oxford University Press, 1999; Mike Wallace, *Greater Gotham: A History of New York City from 1898 to 1919*, New York: Oxford University Press, 2017.

长期以来政治史都是历史研究的主流，美国史学界也不例外。但 20
世纪五六十年代后，政治史正在经历着考验——黑人民权运动、青
年反主流文化运动、反战运动此起彼伏，激烈的社会动荡和种种新
思潮、特别是少数族裔作为重要政治力量在美国的崛起，促使史学
思潮的澎湃新生，社会史成为最引人瞩目的领域，族裔、阶级和性
别成为史学分析最重要的单元，如果不关注这其中的某个因素，几
乎就不是一本合格的历史著作。在这一时期的城市更新研究中，许
多学者尝试在政治史之外寻求研究主题，研究领域大为拓展，分析
手段不断革新，城市社会逐渐成为关注的焦点。城市史不再追求以
城市的视角阐释美国历史，而是将目光转向内在，"新城市史"引领
风潮。其内容聚焦于城市社会的多样性，注重经济结构、社会生活、
阶层分化和人口流动性等城市的结构性要素；在方法上依赖定量手
段，重视运用计算机技术处理统计资料。新城市史代表人物瑟恩斯
特罗姆以马萨诸塞州纽伯里波特的劳工为研究对象，通过分析人口
普查资料，证明了 19 世纪这里的社会流动性虽然比预期中的低，但
社会底层仍然有上升的渠道。①

  对纽约历史的研究也是如此。要给这座巨大的城市写一部通史，
并不是一件容易的事情。纽约学者乔治·兰克维奇的《纽约简史》
和法裔学者弗朗西斯·维耶的《纽约史》是近期的尝试。不同于城
市传记，这两部作品都是关于纽约市的通史著作，作者的目的不是

---

  ① Stephen Thernstrom, *Poverty and Progress: Social Mobility in a Nineteenth Century
City*, Cambridge, Mass.: Harvard University Press, 1964.

展示城市的各个侧面，不是凸显这座城市的个性，而是力求抓住城市发展的主线，将近 400 年来城市当中的重大历史事件和进程串联起来。相比之下，兰克维奇的线索是纽约社会结构的开放性，即社会流动性。处于主宰地位的工商界领袖，一直面临活跃的中产阶级的挑战，后者又转而意识到来自下层不断进取的压力。正是纽约社会为下层人民所提供的这种向上发展机会，使这座城市能够始终保持其特有的活力，也使平均主义意识很早就在纽约的政治生活中深入人心。[①]维耶则重视纽约的活力和创新，认为其根源在于社会和文化的多元，"纽约资本主义的蓬勃发展，离不开其居民在族裔与文化上的多样性"。[②]更多的研究还是聚焦专题展开，尤其是 20 世纪六七十年代之后。例如，理查德·普朗兹对纽约住房的研究，被公认是这一领域的权威之作。该书涉及各类住房，作者并没有局限于描述住房的类型、来由和功能，而是将其融入纽约市的政治、经济与社会变化之中。[③]社会阶层是新城市史的重点研究对象，对于纽约这座曾经的制造业重镇，许多研究者将目光投向了工业化带来的城市劳工阶层。罗伊·卢波夫对进步运动时期房屋改革的研究中，重点分析了劳工阶层的诉求和活动；罗纳德·劳森主编的关于租户

---

① ［美］乔治·兰克维奇：《纽约简史》，辛亨复译，上海人民出版社 2005 年版，第 3 页。

② Francois Weil, *A History of New York*, New York：Columbia University Press，2004，p. xv.

③ Roy Lubove, *Progressives and the Slums：Tenement House Reform in New York City，1890–1917*, Pittsburgh：University of Pittsburgh Press，1962.

运动的论文集，集中探讨了租客运动的发展情况，以及运动如何改变了纽约市面向中低收入者的住房政策；与之类似的是贾里德·戴对住房政策的研究，同样关注了阶层的对立和冲突，不过他将重点转向了房东和房地产集团，讨论了他们对城市政策的影响，以及对租户运动的反应。①

社会史主张自下而上地看历史，因此对种族的关注不但将"族裔"上升为城市史研究的重要维度，而且引起了公民参与、社区以及社区组织的重视。马西·雷文在研究纽约市库珀广场（Cooper Square）时指出，20 世纪 70 年代前期周边社区的激进活动使得城市社区规划委员会将社区居民的规划方案纳入考察范围；布莱恩·戈德斯坦则以东哈莱姆（East Harlem）为例揭示了社区组织对城市再开发的长期影响，自下而上的社区运动改变了自上而下的城市更新，在"黑人权力"（Black Power）等激进运动的影响下提出了全然不同的再开发方案；② 吉尔·琼尼斯对南布朗克斯这一衰败社区重建的研究，也强调了当地以少数族裔为主的社区组织和教会在再开发中的作用。在作者看来，政府主导的城市更新并没有改变南布

---

① Ronald Lawson（ed.），*The Tenant Movement in New York City，1904-1984*，New Brunswick，NJ：Rutgers University Press，1986；Jared N. Day，*Urban Castles：Tenement Housing and Landlord Activism in New York City，1890-1943*，New York：Columbia University Press，1999.

② Marci Reaven，"Citizen Participation in City Planning：New York City，1945-1975，" Ph. D. Dissertation，New York University，2009；Brian D. Goldstein，*The Roots of Urban Renaissance：Gentrification and the Struggle over Harlem*，Cambridge，Mass.：Harvard University Press，2017.

朗克斯衰变的命运，相反，社区组织的自我开发与重建实现了这一目标。①

作为顶尖全球城市，纽约如何成为全球城市引起了研究者的重视。不过，当下围绕全球城市开展的历史研究主要是一种"倒着写"的方法，也就是先确定全球城市的某些特征，然后从历史上寻找这些特征是如何形成的。例如阿布-卢哈德虽然指出在对全球城市的研究中"历史非常重要"，但她的历史研究也只是追溯纽约、洛杉矶等城市的某些当代特征的历史渊源，关注的是"与本书主题相关的、城市在最近一个发展周期的变化"。② 约翰·肖特虽然主张长时段地审视城市的发展，但他没有讨论历史上城市对于全球化的贡献。③目前，从全球城市角度对纽约历史的研究也遵循了上述研究方式。例如蒂里·诺伊尔用大量的数据证明了20世纪70年代至90年代间纽约金融业和商业的就业增长率明显高于其他行业。④ 保罗·诺克斯和彼得·泰勒在《世界城市网络下的世界城市》中比较了20世纪60年代至90年代纽约、芝加哥和洛杉矶的去工业化进程和生产者服务业的高增长率，发现纽约生产者服务业的速度远远快于后二

---

① Jill Jonnes, *South Bronx Rising*：*The Rise, Fall and Resurrection of an American City*, New York：City University of New York Press, 1991.

② Janet Abu-Lughod, *Before European Hegemony*：*The World System A.D. 1250–1350*, New York：Oxford University Press, 1989, p. 161.

③ John Rennie Short, *Global Metropolitan*：*Globalizing Cities in a Capitalist World*, London：Routledge, 2004.

④ Thierry Noyelle（ed.）, *New York's Financial Markets*：*The Challenges of Globalization*, New York：Routledge, 1989.

者，并且分析了导致这一差异的原因。^① 彼得·马库塞以纽约为例，认为纽约作为世界金融中心的地位在很早就已经确定了，生产者服务业也并非是一种新型的产业，而是在原有产业上的一种扩展，20世纪70年代后纽约所发生的产业结构变化，在几十年前就已经发生了。^② 马克·亚伯拉罕森主张通过跨国公司总部在城市中的集聚度来界定全球城市，分析了20世纪90年代世界500强企业总部在美国城市中分布的情况，他发现纽约市集中了大量500强企业总部。^③ 此外，还有学者专门分析了纽约的证券交易、外汇投资等与全球城市密切相关的经济活动。^④

除了经济领域，围绕全球城市在社会领域的变化，也有许多关于纽约的研究。很多研究者发现，全球城市的社会结构普遍存在着两极化的趋向，纽约也不例外。威廉·卢波夫从语言学的角度，阐述了20世纪纽约社会阶层变化。不过该书的重点是阐释社会语言学的研究方法，而不是讨论经济与社会变化间的关系。^⑤ 在约翰·莫

---

① Janet Abu-Lughod, "Comparing Chicago, New York, and Los Angeles: Testing Some World Cities Hypotheses," in Paul L. Knox and Peter J. Taylor（eds.）, *World Cities in a World System*, Cambridge, UK: Cambridge University Press, 1997, pp. 171-191.

② Peter Marcuse and Ronald van Kempen, "Introduction," in Peter Marcuse and Ronald van Kempen（eds.）, *Globalizing Cities: A New Spatial Order?* London: Blackwell Publishing Ltd, 2000, pp. 1-21.

③ Mark Abrahamson, *Global Cities*, New York: Oxford University Press, 2004.

④ Margaret E. Crahan, Alberto Vourvoulias-Bush, and Robert D. Hormats（eds.）, *The City and the World: New York's Global Future*, Council on Foreign Relations Press, 1997.

⑤ William Labov, *The Social Stratification of English in New York City*, Cambridge, Mass.: Cambridge University Press, 2006.

伦科夫与卡斯特主编的论文集中，多位作者从不同角度探讨了迈向全球城市的过程中，纽约经济与社会的变化，从劳动力市场、住房和收入等方面，介绍和分析了纽约向全球城市发展过程中，不平等如何将一个纽约分割成两个城市。"后工业转型创造的巨大财富和导致的巨大变革，只有19世纪的工业化可以与之相比，全球资本主义的基本变迁进一步加剧了这一变革……纽约就处于这一变革的中心位置"。① 文化领域的研究也是如此。米歇尔·拉戈里认为，全球化时代来自全世界的移民涌入纽约，不但为纽约全球城市发展提供了人力资源保障，而且增强了城市的异质性，塑造了纽约多元文化的产生。作者指出，在作为全球城市的纽约，来自世界各地的移民面临着文化方面的巨大挑战，那就是如何将本土文化与占据霸权地位的美国主流文化相融合，这一过程持续塑造了移民的日常生活。②

随着西方社会科学的"空间转向"，历史学也开始发现和关注空间对于纽约城市空间变化的研究也不鲜见。对空间改造最具影响力的批评者非简·雅各布斯莫属，从20世纪60年代起，她多次发表文章和专著抨击大规模城市重建，从根本上质疑自上而下的城市政策的意义，并身体力行地阻挡纽约曼哈顿下城传统街区的拆建。更重要的是，她从理论上否定了联邦城市再开发政策的必要性，被政

① John Mollenkopf and Manuel Castells, "Introduction," in John Mollenkopf and Manuel Castells（eds.）, *Dual City*：*Restructuring New York*, New York：Russell Sage Foundation, 1992, p. 6.

② Michael Laguerre, *Urban Multiculturalism and Globalization in New York City*：*An Analysis of Diasporic Temporalities*, New York：Palgrave Macmillan, 2003.

商精英视作贫民窟的中低收入者聚居区，在雅各布斯看来却是城市活力的源泉，孕育了安全和充满温情的城市生活。[①] 塞米斯·克龙诺普勒斯主编的《纽约市空间规划》，将种族、族裔、阶级和空间变迁相结合，探讨了包括城市更新在内的改造活动的影响。克龙诺普勒斯在序言中指出，空间改造并非简单地改造城市的建成环境，而是旨在通过改造建成环境来打造稳定的社会环境、维持社会秩序。[②] 空间改造背后的政治也引起了研究者的重视。乔尔·施瓦茨以纽约市为例，认为城市再开发能够在纽约大力推进是因为得到了新政式自由主义者的大力支持，而其没落也是因为后者意识到城市更新是对新政式自由主义的背叛。书中的自由主义者并没有严格定义，范围涵盖新政支持者、社会改革者、规划师、工会、记者和学者。正如作者所言："我解释了罗伯特·摩西（纽约城市更新的负责人——引者注）为何能够控制公共住房建设和城市再开发，以及为何那些常常被视作摩西反对者的人会有力地支持他。"[③]

实际上，城市空间的变化是走向全球城市之路的重要因素。亨利·列斐伏尔指出，城市不仅仅是资本主义的消费场所，城市本身就是资本主义的动力机制，城市空间与资本和技术一样都属于劳动

---

① Jane Jacobs, *The Death and Life of Great American Cities*, New York: Vintage Books, 1992.

② Themis Chronopoulos, *Spatial Regulation in New York City: From Urban Renewal to Zero Tolerance*, London: Routledge, 2013.

③ Joel Schwartz, *The New York Approach: Robert Moses, Urban Liberals, and Redevelopment of the Inner City*, Kent: Ohio State University Press, 1993, p. xxi.

力，晚期资本主义主导的生产方式不再是"空间中物的生产"，而是"空间本身的生产"。① 无论是经济还是社会的角度，城市的发展都离不开空间的准备。加利福尼亚大学的研究者在对墨西哥城的研究中证明，墨西哥城是地区性经济中心，对周边城市和地区产生着重要的影响。圣达菲商务区的建立吸引了大量的金融投资，使得后工业产业集聚在此地，实现了城市经济转型的夙愿。当然，与很多全球城市的经历一样，圣达菲商务区建设也带来了新的困惑，导致了空间隔离与阶级排斥等复杂的社会问题。② 有鉴于此，本项研究聚焦第二次世界大战后纽约城市空间的变化，尝试解释空间改造对经济转型的影响。

纽约是当代顶级全球城市之一，不但是美国的经济与金融中心，也是全球经济网络中的核心和关键节点。但纽约的竞争力、吸引力和创新力并非全部来自纽约市，而是依靠广大的腹地，即以纽约市为中心，以费城、波士顿、巴尔的摩等城市为支点，横跨三个州、涵盖14个县的纽约大都市区，人口超过2300万，地域面积若以大都市计算为1.74万平方公里，以联合大都市区计算则为3.45万平方公里，形成了产业链分工布局完善、城市功能分异明显、城市竞合运行有序的全球城市区域。2015年，美国人口普查局统计发现，按照大都市区计算，纽约的人口为2018万，按照联合大都市统计区计

---

① Henri Lefebvre, *The Production of Space*, Oxford, UK: Blackwell, 1991, p. 26.

② Maria Moreno Carranco, *The Socio/Spatial Production of the Global: Mexico City Reinvented through the Santa Fe Urban Megaproject*, VDM Verlag Dr. Müller, 2010.

算则为 2370 万。纽约大都市区依然稳坐全美人口最多的大都市区，并且与第二名的差距非常大。作为顶级全球城市，纽约市在全球经济中扮演着指挥中心的角色，纽约大都市区在贸易、科创、金融、娱乐、生物技术等方面雄踞全球前列。

纽约全球城市区域的一体化发展，从区域主义者倡导的大都市区政府、到公共选择学派的地方政府竞争理论、再到新区域主义者的政府与社区合作，经历了多次选择和不同方法，尝试了区域规划、组建专区政府以及州—市合作等路径，虽然有失败之处，但总体上取得了良好的效果。为了整合纽约大都市区，政府、企业与规划师进行了多次尝试，试图以空间改造的方式助推经济发展。规划组织纽约区域规划协会在 1929 年发布的第一份规划旨在通过组织土地使用与提供适当的交通选择，以一种更加合理的方式对该地区进行重新整合，总体规划面积约为 1.4 万平方公里，区域内人口约 897.9 万人，涉及县的数目为 22 个。规划认为，纽约大都市区必将经历快速的增长，而曼哈顿的增速将更为显著，为此从人口增长、道路通达、土地利用与建筑规模四个大方向对纽约都市区进行了较为细致的规划。第二次区域规划于 1968 年完成，这次规划的规划面积扩大为 3.3 万平方公里，涉及 31 个县、人口 1900 万。规划试图解决当时一系列热点问题，其中包括郊区蔓延、城市中心区的衰退、种族隔离与环境污染等。第三次规划于 1996 年提出，当时的纽约大都市区虽然在全球仍有着很强的经济实力，但在经历了 20 世纪 80 年代末至 90 年代初的经济下行以后，这里正面临着多年来的经济增长缓慢与发展前景的不确定性，因此这次规划将经济、环境与公平视作提升区域繁荣、区域活力与区域生活质量的基础，将重建方法划分为五项方略，即绿地方略、中心发展方略、区域通达方略、劳动力方略与治理方略。2017 年，纽约区域规划协会提出了第四次区域规划方案，在公共交通、可负担住房、大都市区滨海区域统一开发和环境保护等方面提出了倡议。[①] 除此之外，作为区域内的中心城市和全球城市，20 世纪的纽约市为应对经济结构的变化也采取了多种措施，既在城市的行政区划内改造旧空间和创建新空间，也尝试与区域内其他城市合作。本书将以时间为序，从美国城市化历程的大背景出发，聚焦 20 世纪尤其是第二次世界大战后纽约市的经济转型与空间转型，探讨和描述纽约市如何以空间改造应对经济变迁。

[①]　孟美霞、张学良、潘洲：《跨越行政边界的都市区规划实践——纽约大都市区四次总体规划及其对中国的启示》，《重庆大学学报（社会科学版）》2019 年第 4 期，第 22—37 页。

第一章　城市美国的崛起

1899 年 12 月 31 日深夜，银行家 J. P. 摩根坐在自己位于麦迪逊大道豪宅的藏书阁中，随着手上的雪茄渐渐变短，时钟的指针慢慢走向午夜。当钟声响起时，摩根低下头，看着壁炉中的木柴缓缓燃尽。这是 20 世纪的第一个深夜，却是美国资本主义的又一个正午。1900 年 1 月 1 日，《纽约时报》不无骄傲地告诉读者，"已经逝去的 1899 年可以载入史册，它标志着美国一段前所未有的商业繁荣。它开始了这个国家的一段新历史，注定充满生机、工业繁荣，注定在与世界的贸易中满怀信心，注定诞生许多富有活力的新事业"。而同一天，同样是《纽约时报》，纽约商会主席威廉·金的文章却喜忧参半："19 世纪 70 年代铺设了过多的铁路……这个国家花了好多年才达到了这些铁路的要求；今天，它们已经最大程度地得到使用……华尔街正向着与 70 年代的萧条相反的方向高歌猛进……但窃以为，许多工业企业容纳了过量资本，超过了它们目前的需要，在许多方面产生了躁动不安的情绪和不安全感。"①

当 20 世纪的钟声敲响时，几乎没有美国人会否认这样一个事实：城市的时代来临了。堪称 19 世纪后期全美最知名宗教人士的乔舒亚·斯特朗神父（Reverend Josiah Strong）坦言，"城市注定成为新式文明，城市也必然将是 20 世纪人类面临的大问题"；北美长老会（Northern Presbyterian Church）社会服务部监事查尔斯·斯泰尔兹勒（Charles Stelzle）也坦承，"如果城市将支配这个国家——必然如此——如果教会失去城市这个阵地，我们都知道这意味着什么"。②

第一节　19 世纪美国经济地理的变迁与城市崛起

19 世纪可谓世界历史上的工业化世纪，以西欧和北美为中心，工业化在大范围内迅速推进。工业化彻底改变了这些地区的经济结构和生活方式，工业城市崛起，成为新的经济中心，取代了中世纪的宗教城市和政治城市，在民族国家的政治经济中扮演着支配性角

---

① Edward Robb Ellis, *The Epic of New York City: A Narrative History*, New York: Basic Books, 1966, p. 456; "The United States the Envy of the World," *New York Times*, January 1, 1900; William F. King, "Business Outlook for 1900," *New York Times*, January 1, 1900.

② Kevin J. Christiano, *Religious Diversity and Social Change: American Cities, 1890–1906*, Cambridge, UK: Cambridge University Press, 2007, p. 13.

色。如果说，英国是工业革命的启动者和引领者，美国则是工业化推动城市化的典型。这不仅是因为美国建国后不久即开始了工业化进程，美国独特的地理条件和作为殖民地的历史，也决定了美国城市较少受到偶发和外部因素的制约，城市发展历程主要受到本土因素的影响。

1800 年的美国看上去和独立革命之前非常相似，除了 13 个殖民地变成合众国的 13 个州，几乎从内到外都没有明显变化。与独立建国前一样，美国 2/3 的人口仍然居住在距离大西洋不足 50 英里的地方，而且大部分人口居住在乡村或者小镇里。此时的合众国刚刚独立不足 20 年，领土集中在阿巴拉契亚山脉以东，主要的城市仍然集中在大西洋沿岸。波士顿、纽约、费城和查尔斯顿是英属殖民地时期的四大经济中心，既是北美产品的主要集散地，也是北美与欧洲经贸文化往来的枢纽，它们在美国贸易中的这一地位一直延续到 19 世纪初。

东北部是英属殖民地时期北美最为发达的地区，包括新英格兰（New England）和大西洋沿岸中部地区（Middle Atlantic）两个子区域。前者包括马萨诸塞、罗得岛、新罕布什尔和康涅狄格四个殖民地。新英格兰位于北美殖民地的最北端，气候寒冷，冬天长、夏天短，从地形上看，地势崎岖不平，山脉河流较多，缺少大片平整的土地，因此不适宜种植业的发展。但这一自然地理缺陷却为新英格兰制造业的较早起步创造了条件，利用本地区水资源和森林资源丰富的优势，新英格兰的伐木业和畜牧业在英属北美殖民地处于领先地位；沿海地区是冷暖洋流交汇之处，捕鱼业以及与之相关的加工业，为新英格兰带来大量财富，当地盛产鳕鱼的沿海地区也被称作鳕鱼角（Cape Cod）；新英格兰的制造业起步也比较早，尤其是日用品的生产，比如木工、毛皮、打铁、纺织等行业，其市场化也达到了相当程度，鞋类、鱼、木材和朗姆酒是主要的出口制成品。大西洋沿岸中部地区包括新泽西、特拉华、宾夕法尼亚和纽约4个殖民地，这里土地肥沃、树林茂密，是北美大西洋沿岸主要的平原地带，发展农业和商业的条件都很好。宾夕法尼亚小麦的产量很大，销售至新英格兰和西印度群岛；新泽西盛产水果；纽约出产的牛奶、啤酒和面粉在整个北美殖民地都很畅销。大西洋沿岸中部地区的贸易也很发达，尤其是与西印度群岛保持着密切的商业往来。

图1-1　19世纪初新英格兰的捕鱼业

相比之下，此时的中西部（Midwest）还近乎荒野，拓荒者们住着小木屋、喝着苹果酒，但美国人西进的脚步已经抵达这里。中西部是密西西比河以东、阿巴拉契亚山脉以西、五大湖以南和俄亥俄河以北的地区，在美国独立革命之前被称作老西北部（Old Northwest）。这一地区在殖民地时代没有得到开发，被英国殖民者视作蛮荒之地。对于生活在这里的大多数人来说，城市生活遥远而难以企及。直到19世纪初期，才有越来越多的美国人踏上了西行的脚步，从阿巴拉契亚山到密西西比河、从五大湖到墨西哥湾的地区出现了越来越多的定居点。尤其是1812年美英战争结束后，老西北部成为拓殖者的首要目标。1820年，定居在此的人口已超过100万，超过当时美国总人口的25%。亚伯拉罕·林肯向记者回忆自己在印第安纳州的童年时光时说道："那里是一片荒野，林间还有熊和不少野兽，我就是在这种环境里长大的。从18岁起直到20多岁，斧子几乎从没离开过我的手。"[1]拓殖者们在荒野谋生，打猎、伐木，预期寿命只有今天的一半。这位拓荒者直到19岁才有机会离开生活的村落，乘坐小木筏沿密西西比河南下，来到了当时为数不多的大城市——新奥尔良。

与新英格兰和中西部相比，19世纪前半期的南部是典型的农业经济带，这也是自殖民时代以来南部的基本经济形态。在英属殖民地时代，马里兰和弗吉尼亚殖民地围绕烟草种植形成了以奴隶劳动

---

[1]　Stephen J. Vicchio, *Abraham Lincoln's Religion: An Essay on One Man's Faith*, Eugene, OR: Wipf & Stock Publishers, 2018, p. 4.

为特征的种植园经济。在整个 18 世纪，切萨皮克地区的烟草产量
持续上升，价格高、销量好的烟草使这里成为英属北美最为富庶的
地区。再往南行，北卡罗来纳、南卡罗来纳和佐治亚同样如此，烟
草、水稻、靛蓝是殖民地时期这一地区最重要的物产，决定了南部
的基本经济制度、劳动形态和社会生活。随着轧棉机的发明、使用
和推广，棉花从 19 世纪初开始成为南部的经济基础，烟草和稻米则
退居其次。依靠奴隶劳作的棉花种植园成为南部的典型现象，遍布
南部各州的乡野。值得注意的是，19 世纪南部典型的棉花种植园并
非《乱世佳人》中斯嘉丽父亲所拥有的那种大型种植园，而是规模
小得多的小型种植园，只有少数奴隶劳作其间。美国历史学家伦道
夫·坎贝尔对得克萨斯州哈里森县的研究发现，直到 19 世纪中期，
只要拥有超过 20 个奴隶就被当地人称作大种植园，而大多数种植园
的奴隶数量只在 10 个左右。① 在这一经济形态的影响下，制造业在
南部发展缓慢、水平较低，城市主要是交换休闲和贸易中心，规模
不大、数量不多，南部城市的基本功能是为生活在腹地的居民提供
生产与生活的必需品，较大的城市也只是地区间的集散地或是为富
裕的种植园主提供休闲娱乐的场所。即便是殖民地四大经济中心之
一的查尔斯顿，其主要功能也停留在出口棉花、进口产品，以及作
为种植园主的休闲场所，因而无论其规模还是发展速度都远远落后

---

① Randolph B. Campbell，"Population Persistence and Social Change in Nineteenth Century Texas：Harrison County，1850-1880，" *Journal of Southern History*，Vol. 48，No. 2，pp. 185-204.

于其他三大城市，功能也更为单一。南部人口的绝大部分居住在乡村，1840 年美国人口普查显示，南部总人口约 1240 万，其中奴隶的数量高达 400 万，占总人口的三分之一。对于南部经济来说，城市几乎只停留在市场交换的规模上，南部文化也更热衷于宁静缓和的乡村生活。

19 世纪初的美国各地区不但仍然以农业经济为主，而且各地区间的交往极为不便。美国早期的交通面临最大的难题便是东西部之间缺乏可靠且廉价的交通联系。究其原因，主要是由阿巴拉契亚山脉造成的地理阻隔导致。时人如要前往五大湖和密西西比河流域，只有少数穿梭于崇山峻岭间的驮道，不但耗时长，而且成本极高。当时西部内陆地区的货物如要运往东部沿海地区市场，一般先经密西西比河顺流南抵新奥尔良，再从该港出发经海路绕过佛罗里达半岛北上，转运至东部地区的港口城市。交通的困难导致物价在沿海与内陆之间产生了巨大差异，纽约州内陆的面粉价格为 2 美元一磅，但运到纽约市后价格高达 10 美元。交通的阻隔也带来了政治上的隐忧。阿巴拉契亚山脉与密西西比河之间的西部地区在 1783 年美英签署《巴黎和约》后才被纳入美国的领土，这里既有来自东部的拓殖者也有土著印第安部落，还有英、法、西班牙等不同欧洲势力，因此联邦政府急需将这一地区整合进入新国家。1784 年华盛顿从西部考察归来后也对这种不利的地缘态势抱有忧虑："我们与西部有什么纽带联系呢？如果他们西边的西班牙人和北边的英国人不是像现在这样给他们设置障碍，而是通过贸易利益吸引他们并谋求某种联盟的话，西部与我们之间的关系将更疏远。"①1800 年，乘四轮马车从纽约到费城需要两天，到匹兹堡需要一周多。南北之间状况稍好，依赖于以密西西比河为中心的水路网络，得以较为便利地将广大内陆地区的产品、主要是农产品和初级加工产品经大西洋运到东部港口城市。落后的交通条件严重阻滞了区域间的人流物流，使得大规模城市尤其在内陆地区不可能出现——除了密西西比河、俄亥俄河等大河沿线，中西部内陆地区几乎没有大型城市，这也从侧面证明了交通状况的滞后制约了美国城市的发展。

然而到 1900 年，田园风光般的农业美国早已一去不返，大大小小的城市星罗棋布般分散在美国广袤的国土上。1820 年，绝大多数美国人都生活在农村中，但到 1900 年这一状况已彻底改变：1850 年，美国超过 10 万人口的城市只有 6 座，占美国总人口的比例尚不足 5%；1900 年人口超过 10 万的城市已达 38 座，其人口已占美国总人口的 19%。1850 年的芝加哥只是个拥有 3 万人口的城镇，1900 年人口已达 170 万。19 世纪下半期，纽约和圣路易斯的人口都增加了 7 倍，旧金山增长了 10 倍，底特律更是奇迹般地增长了 14 倍。尽管城市仍然主要分布在沿海地区和内陆大河沿线，但不少区域性中心城市已出现，并不完全依赖于自然的地理环境，例如位于落基山脉东侧的丹佛，因其沟通山脉东西两端的集散中心功能而崛起。

19 世纪前期的快速城市化直接得益于交通状况的改善，有些美

---

① "From George Washington to John Augustine Washington, 28 June-2 July 1755," https://founders.archives.gov/documents/Washington/02-01-02-0160，2019 年 4 月 23 日。

国学者甚至将 19 世纪上半期交通条件的进步称之为"交通革命"。交通的改善首先是从制度改革开始的。独立后从联邦政府到州和地方政府，普遍面临财政困难的窘境，没有足够的经费改善基础设施，尤其是公路这类投资巨大、回报缓慢的大型公共工程，因此各州纷纷授权个人或团体组建公路公司，政府将土地征收权、收费权、独家经营权等资质授予公司，后者则出资兴建交通设施。①19 世纪初的几十年中，新英格兰各州率先开始兴建收费公路（Turnpike）。最早的收费公路是连接费城与宾夕法尼亚州兰开斯特县的收费公路，建于 1794 年，建成后利润丰厚。到 1811 年，纽约已批准 137 家公司经营收费公路，新英格兰地区则有超过 200 家公司投入这一行业。最著名的收费公路是从波托马克河向西抵达俄亥俄河的坎伯兰大道（National Turnpike）。坎伯兰大道于 1811 年动工，起点在马里兰州坎伯兰市，向西穿越阿勒根尼山，达到弗吉尼亚西部的惠灵市（今西弗吉尼亚州境内）。随后这条公路又进行了延长，终点在伊利诺伊州的万达利亚市（Vandalia）。技术方面的进步对交通的改善更加明显。运河开凿在殖民地时代尚不普及，但 19 世纪初期美国进入"运河时代"。这一方面是因为工程技术水平的提升，更重要的是蒸汽轮船的发明及应用。1807 年，罗伯特·富尔顿设计制造的克莱蒙特号汽船试航成功，证明了蒸汽轮船的运输能力。1808 年，纽约州给富尔顿和他的投资人罗伯特·利文斯顿特许垄断权，规定未经富尔顿

---

① Lance E. Davis and Douglas C. North, *Institutional Change and American Economic Growth*, New York: Cambridge University Press, 1971, pp. 254–256.

和利文斯顿的允许，任何汽船都不得进入纽约州水域。1815—1854年间是修建运河的高潮期，被称之为运河时代。人们根据东北部河流众多的特点，修建运河连接主要河流与城市。至1840年，已开凿运河3000英里，不仅连接了大西洋沿岸城市，而且深入内陆，包括中西部的城镇。汽船的使用大大方便了美国人出行，增加了通勤距离，降低了成本。

相比汽船、运河和收费公路，铁路的使用价值更高。铁路不仅速度快，而且运量大，并且可以全年使用，而不像运河那样冬天不能使用。甚至还在运河建设的高峰时期，许多政治家和商人就意识到火车的价值。巴尔的摩商人首先建成美国第一条铁路，他们在1828年投资开始修建巴尔的摩至俄亥俄州的铁路。费城到宾夕法尼亚州东部煤炭产区、波士顿到新英格兰内陆地区的铁路也相继开通，到1840年，东部铁路总里程已达到2818英里。19世纪30年代后，铁路铺设速度也日益加快。铁路除了连接大西洋沿岸城市外，还呈放射状伸向内陆，并与运河结为一体，基本上完善了东北部的交通运输网。在1830年还很罕见的铁路，到1860年已将许多内陆小镇连接起来。全天候的铁路交通，又在很大程度上弥补了河运的不足。铁路特别适合于新英格兰地区的运输需要，因为那里城市之间的距离很短。19世纪后期才大量铺设长线铁路，铁路的作用得到充分发挥。1800—1840年间，美国的交通技术和运输状况都经历了革命性的改善，这种改善对于人口流动和经济发展都产生了巨大影响。

交通状况的改善，得益于运河尤其是铁路网，地方性的生产和分配网络逐渐连接成体，全国性经济体系和市场网络逐渐成型，这一过程被美国学者查尔斯·塞勒斯称为"市场革命"（Market Revolution）。塞勒斯认为，从美国独立革命到内战、特别是杰克逊时期，美国经济经历了一场巨大的革命，他将其称为市场革命。这场市场革命首先是一种经济转型，由小农场、小手工工场构成的自给自足性的农业经济，逐渐让位于一种新型的商业经济。在这种新型经济中，农民、制造商进行生产是为了在日益扩大的全国市场中出售并获得财富。其次，塞勒斯强调市场革命也逐渐改变了人们根深蒂固的农业思想和生产方式，从而引起了深刻的社会、文化和政治变革。与农业经济相适应的社会关系则在政治、制度、思想和文化等方面发生重大变革，与新的商业经济相适应。在塞勒斯看来，美国一直存在市场和土地两种不同的发展方向。市场是指沿海城镇地区，那里维持着与欧洲的贸易联系，代表着市场文化。土地则指内地，那里主要从事自给自足性的农业生产，代表着自给自足文化。[①]塞勒斯认为，第一批殖民地移民，由于居住在大西洋沿岸地区或一些河谷的下游地区，与欧洲市场联系比较紧密，商业化程度也较深。18世纪的人口膨胀打破了市场与土地间的平衡。移民纷纷涌进内地，但由于内地交通不畅切断了与市场的联系，过着一种与之前商业化地区完全不同的自给自足的生活。然而到19世纪前期，

---

① Charles Sellers, *The Market Revolution: Jacksonian America, 1815—1846*, New York: Oxford University Press, 1992, pp. 1-33.

在交通条件改善等各种因素的影响下，这种自给自足性的生产生活方式开始逐渐瓦解，农民、种植园主、商人等都被纳入了全国性、甚至是国际性的市场体系中。市场革命加快了人员、物资与信息的流动，带动了贸易集市、货栈和贸易线路的发展，在此基础上出现了越来越多的城市。

无论是交通革命还是市场革命，其背后更深刻的力量都是工业化的迅速推进。习惯上，学术界一般把 1790 年作为美国工业化开始的年份。在这一年的 1 月，织工塞缪尔·斯莱特（Samuel Slater）突破英国的移民限制到达罗得岛州的普罗维登斯，并在布朗家族的支持下建立起北美历史上第一家阿克莱特式水力纺纱厂。以斯莱特棉纺纱厂的建立为标志，不仅英国的纺织技术迅速在美国传播开来，而且在棉纺织工业的带动下，其他行业也纷纷转向工业生产，从而引起整个北美经济的巨大变革。工业化不仅推动了技术的革新，创造出种种以化石燃料为动力的机械式工具，提高了生产力；更改变了社会生活的方方面面，自给自足的生活被抛弃，工厂成为社会生产的新型组织方式。对于城市发展更为直接的影响是，工厂创造了众多就业岗位，吸引大量人口集聚，成为工业城市。这些人口不仅来自传统的乡村地区，也来自世界各地尤其是欧洲西部。美国第一波移民潮始于 19 世纪 20 年代，在 30 年代大幅提速。1831 年，移民数量约 2 万人，到 1854 年已达 43 万。这一时期的移民主要来自爱尔兰和德国。1845—1849 年爱尔兰发生灾难性的土豆饥荒，大量爱尔兰人前往世界各地谋生，其中三分之一来到北美，成为最早进入美国的大型难民团体。1821—1850 年间有 400 多万爱尔兰人移民美国，仅 1845—1855 年十年间就达 125 万。到 19 世纪中叶，爱尔兰移民成为美国人数最多的移民团体，达到外国出生人口的 40%。① 大量人口涌入工业地带，塑造了一个又一个城市。新城市如雨后春笋般出现，老城市的规模也持续扩大。从 1790 年到 1830 年，美国人口增长了大约 230%，而在人口数量超过 2500 人的城市中，人口增长了几乎 460%。这一时期是美国城市化高速发展的时期，尤其是 1840 年后，城市人口增长速度逐步超过全国总人口的增长速度。1840 年时，1 万人以上的城市只有 12 个，10 万人口以上的城市只有 2 个；到 1860 年，1 万人以上城市达到 101 个，10 万人口以上城市有 8 个，纽约人口更是突破百万大关。

在传统的城市化水平较高的地带如东北部，交通革命、市场革命和工业化进一步加快了城市发展步伐。港口城市受到地区经济发展的带动，发展最为迅速。到 1830 年，东北部有 4 个人口突破 5 万的城市，许多远离海岸线的内陆城市，如奥尔巴尼（Albany）、特洛伊（Troy）、斯普林菲尔德（Springfield），成长为活跃繁荣的地区性中心和专业性城市。从性质上看，东北部城市不仅继续发挥着沟通美国与欧洲的进出口中心的作用，而且成为带动区域经济发展的工商业中心，大宗农产品的批发贸易和某些制造业产品都受这些

---

① 原祖杰：《1840—1850 年天主教爱尔兰移民及其在美国的政治参与》，《世界历史》2007 年第 4 期，第 66 页。

中心的市场汇率和价格左右。根据 1860 年的统计，在 15 个人口最密集的城市区域中，在制造业就业的人口比重已达 20％以上，表明城市的增长主要动力已不再仅仅是商业，而是开始向工业城市化过渡。

由于得天独厚的地理条件，工业化对中西部地区的影响更为强烈，其城市发展呈现跳跃式特征，尤其是内战结束后，更是成为美国最密集的城市带地区，一个个工业大都会交相辉映。中西部城市发展集中体现了城市化与工业化的相互影响和互动关系。19 世纪下半期，中西部进入工业化和城市发展的快车道，凭借其重工业的发展成为美国制造业的心脏地带，与东北部形成了互相竞争又互为补充的关系。将中西部和东北部放在一起观察，可以发现在此时形成了一个城市体系，以纽约、芝加哥这两个综合性工业城市为首，巴尔的摩、辛辛那提、圣路易斯等地方性专业城市构成了体系的第二层，其下则是大急流城（Grand Rapids）、托莱多（Toledo）、伊丽莎白（Elizabeth）等专业性城市，此外还有初步兴起的郊区城镇如加里（Gary）。中西部的城市化和工业化构成了 19 世纪后半期美国经济高速发展的最重要推动力。

辛辛那提位于俄亥俄河畔，在俄亥俄州的西南部。1789 年1 月，新泽西商人组建的约翰·希姆斯公司在俄亥俄河的两个支流——大迈阿密河和小迈阿密河之间购买了 200 英里土地，在这里建造小木屋，有 11 户人家和 12 个单身汉定居在这里。几个月后，联邦政府在这里建起一座要塞，西北领地总督阿瑟·克莱尔将其命名为辛辛那提，以纪念辛辛那提协会。辛辛那提协会由一批大陆军军官于 1783 年发起，主张在美国建立独裁政权，名称来自古罗马独裁者辛辛那乌斯。1795 年，美军彻底击败了附近的印第安人，辛辛那提迎来了更好的发展机遇，成为移民西进途中的物资基地，农产品甚至远销至 1500 公里外的新奥尔良，1817 年合众国银行还在这里建立了分行。工业革命深深影响了辛辛那提，1840 年的辛辛那提以超过四万人口成为美国第三大工业城市，生产机器、五金工具和家具的制造商们开始运用机械化手段，增加了产量，提高了效率。但与之相似的一些部门，如铁匠、箍桶匠等，他们依然在小作坊里工作。在 19 世纪上半期的辛辛那提，新旧生产方式同时存在，这种状况也存在于其他制造业地带。在这座城市里，工厂大小、工作性质、技术要求和奖励标准还没有统一。1850 年，大多数辛辛那提工人在小型或中等规模的工厂中劳作，在大型工厂工作的人大约占全部劳动人口的 20%。辛辛那提是西部农产品沿密西西比河向南运输的必经之地，但在前往新奥尔良的 1500 公里的旅途上，随时可能发生不测，从新奥尔良返回时要逆流而上，耗时接近 100 天。汽船的使用进一步推动了辛辛那提的发展。1818 年，辛辛那提建造了一艘载重量 176 吨的汽船——华盛顿号，这艘船从新奥尔良返航，只需 25 天就到达辛辛那提。1832 年，辛辛那提通过运河与伊利湖连接起来，1855 年又通过铁路与圣路易斯和巴尔的摩相连，其物资可以直达大西洋沿岸。辛辛那提是西部农产品物资的中转站，这一地位促使其肉类以及相关产品的加工生产发展起来，因此辛辛那提不仅因为其繁华而被称作"皇后之城"（The Queen City），也因其产业结构被称为"猪肉之都"（Porkopolis）。

西部城市发展历程与中西部和东北部相比起步较晚。西部地区的开发，经过采矿业和铁路铺设阶段及农业垦殖的相继展开，到19世纪末已告一段落。西部地区可以依托已经处于较高发展水平的东北部和中西部城市体系，尤其是横贯大陆铁路贯通后，西部与东部的往来更为便捷，物资、人员和信息的交流更为通畅。西海岸尤其是加利福尼亚州的城市发展迅速，内陆地区则发展缓慢。在19世纪，旧金山一直是西部当之无愧的首位城市，其辐射面达于整个西部，是西部经济体系的中心点。此后直至20世纪初年，旧金山在全国大城市的工业产量和产值方面始终居第九位。在旧金山之下，分别形成了各自的地区性中心城市：（1）丹佛是落基山区的中心城市。19世纪80年代后丹佛附近发现大量煤田，铁路的贯通使其优势地位进一步加强。丹佛位于落基山侧，这样的地理位置使其成为东部与西部往来的枢纽，铁路使其枢纽地位得到增强。丹佛的冶炼业实力雄厚，当地制造业发展速度相当快，1870—1890年的20年间，其产值便由25万美元增长到5000万美元以上。丹佛的经济辐射能力可达到落基山区绝大部分地区，山区其他城市在人口数量、城市功能、辐射范围等方面都难以与丹佛相比。（2）洛杉矶是南加州的中心城市。铁路来到南加州后，使这里蕴积已久的潜力骤然爆发，地产业兴隆一时，众多中小城镇纷纷拔地而起，推动了洛杉矶的崛起，其人口在 19 世纪 80 年代后几次翻番，19 世纪末石油的发现促成洛杉矶的又一次飞跃，原本以柑橘等水果种植为主的经济结构彻底更新，进而带动了整个南部地区的繁荣。① （3）太平洋沿岸西北部则听从西雅图的号令。西雅图本是一个加工木材的小镇，19 世纪 80 年代初，它主动铺设铁路与北太平洋铁路贯通，在战胜了竞争对手塔科马后，又及时地开拓多样化经济。1897 年阿拉斯加淘金热进一步强化了西雅图的经济实力。而且西雅图地理位置优越，扼守天然良港，内陆地区的农业和林业兴旺，使它迅速成为一大贸易进出口中心，在西部仅次于旧金山。

相比之下，美国南部的城市化进程不但启动晚，而且速度慢。1861 年内战爆发前，农业是南部经济的绝对支柱，大奴隶主是南部各州的政治经济的主导性力量。尽管与全国的步调不一致，南部在 19 世纪初也迎来了城市快速发展期。城市发展以老的港口城市查尔斯顿、萨凡纳和从法国人手中得到的新奥尔良为中心，马里兰州的巴尔的摩因为扼守切萨皮克湾的入海口，人口在 1790 年到 1830 年间增长了近五倍。但整体看来，南部城市无论规模还是经济产出以及功能的多样性，都无法与同期的东北部城市相比。查尔斯顿尽管曾位列殖民地四大经济中心，但 19 世纪后其发展很快被波士顿、纽约、费城等东北部城市甩在后面。查尔斯顿可谓南部城市的代表，

---

① 李晶：《美国南太平洋铁路与南加州房地产开发》，《社会科学战线》2015 年第 10 期。

主要以休闲和贸易为主，生产性功能极其微弱。南部内陆地区的城市亦然，主要因为区域性贸易中心而发展起来。用南部史专家莱奥纳德·柯里的话说，内战前南部城市主要分布在边缘地带，南部腹地没有大城市。[①] 到内战爆发时，南部城市人口占总人口的比例刚刚达到 1820 年全国的比例。[②] 内战摧毁了奴隶制种植园经济，但并未彻底改变南部经济文化落后的现状，农业尤其是棉花种植仍然在很大程度上主导着南部经济，人均收入低、贫困率高、收入增长缓慢是南部的突出特点。据统计，1880—1900 年间的南部人均收入几乎处于停滞状态，20 年间只增长了 51%。[③] 大多数南部劳动力长期被锁定在低效率的农业生产中，远离城市生活。不过，奴隶制的废除毕竟有助于北部生产方式、资本和技术向南部扩张，原本在南部难以扩展的铁路网在内战后向南部腹地渗透，钢铁、冶炼、加工等工厂在伯明翰、莫比尔等城市拔地而起，在战争中遭受重创的亚特兰大、查尔斯顿等也得以重建。在煤铁资源丰富的阿拉巴马州，钢铁大王安德鲁·卡内基（Andrew Carnegie）投下重金建造钢铁企业，很快使该州冶炼行业兴隆一时，尤其是伯明翰，几年之间从棉田上的城市变身为钢厂中的城市，被时人称为"南部的匹兹堡"。

[①] Leonard P. Curry, "Urbanization and Urbanism in the Old South: A Comparative View," *Journal of Southern History*, Vol. 4, No. 1（Feb. 1974）, pp. 43-60.

[②] Diana Klebanow, *Urban Legacy: The Story of America's Cities*, New York: New American Library, 1977, p. 37.

[③] Gavin Wright, *Old South, New South: Revolutions in the Southern Economy since the Civil War*, New York: Basic Books, 1986, p. 201.

第二节　经济结构：工业时代的工业城市

不难发现，无论是东北部、中西部、西部还是南部，工业化是 19 世纪美国城市发展的最重要推动力。很多城市完全是在工厂的基础上发展起来的，例如东北部波士顿附近的工业小镇洛厄尔（Lowell），这是在纺织业创新的基础上形成的新型工业城市。

斯莱特的工厂虽然标志着美国工业革命的开始，但斯莱特式的纺纱厂并没有实现生产和技术上的突破，仍然采取合伙公司的形式，实行家庭雇佣制，大量使用童工且成本也比英国高。[①] 从 1790 年到 1804 年，只有四家棉纺纱厂建成；到 1808 年，总共也只有 17 家。在 1807 年美国实行禁运后，由于预计到市场需求的增大，又有 27 家纺纱厂在两年内建成。但直到 1810 年，纺纱厂所生产的棉布仍然没有占领美国的棉布市场。相比之下，1814 年洛厄尔建成的纺织厂对美国工业化的推进意义更大。弗朗

图 1-2　弗朗西斯·洛厄尔

① Barbara M. Tucker, "The Merchant, the Manufacturer, and the Factory Manager: The Cale of Samuel Slater." *Business History Review*, Vol. 55, No. 3, Autumn 1981, pp. 297–313.

西斯·洛厄尔（Francis Lowell）是马萨诸塞州商人，他利用在英国养病的机会到曼彻斯特考察英国的工厂，夜里躲在旅馆里绘制工厂和机器的图样，并把图纸偷偷带到美国。回国后，他与人合作改进了英国纺纱机，并发明了动力织布机，这样一来，纺织业的整个流程都能在同一个工厂中完成。洛厄尔发起成立了波士顿制造公司，1814 年在波士顿附近的沃尔瑟姆建立工厂，这是世界上第一家真正意义上的现代工厂，把多个生产流程集中到一个工厂内，并利用机器完成。从沃尔瑟姆的工厂开始，纺、织、染等生产程序集于一体，此外还建立了机器工厂，实现了在厂内对机器的设计、制造和维修，从而迈出了机械化工厂制生产的第一步。在生产方式方面，沃尔瑟姆的工厂所雇用的工人不再是流行于英国而后被斯莱特所沿用的那种依靠附近农村童工兼职的家庭雇佣制，而是从新英格兰各地招募来的全职女工。这些女工大多年龄在 15—35 岁之间，以单身为主，每周工作 80 个小时左右。工厂除了为单身雇工提供宿舍外，还提供家庭住房和其他服务。工人们按照严格的时间进行作息，每月固定发放工资。

工业化使各生产部门迅速机械化，生产效率成倍提高，生产规模迅速扩大，洛厄尔纺织厂所代表的工厂制很快在全行业推广，改变了美国经济的面貌。1850 年以后，工厂已成为美国工业生产的主要形式，马萨诸塞州的林恩（Lynn）在 18 世纪后期就是殖民地著名的制鞋中心，依靠家庭外包制生产方式，当地在 1800 年的鞋产量已达到 40 万双，足可满足美国 20% 人口所需。19 世纪初的林恩大约有数百家小型作坊，依然沿用传统的师徒制组织生产。随着市场需求量的增加，制鞋开始了专业化生产，19世纪30年代以后，市场需求的进一步改变了林恩制鞋业的组织方式，工厂制取代师徒制并逐渐采用机械化生产。19世纪70年代，林恩的制鞋业完成了从分散生产到机械化工厂制生产的转变。① 工厂制需要大量资本、人员、物资和信息的汇聚，吸引人口向工厂附近集聚；工厂的大规模生产也创造了市场和资源，为周边地区服务；工厂进一步吸引了同类或者相关产业的林恩集聚。由此工业城市就迅速发展起来了，工业成为美国城市经济的主导性力量，城市经济则借助工业化成为美国经济的主体。

内战前的美国城市规模一般都不大，10万人口以上的城市数量不多，城市主要是商业贸易中心。波士顿、纽约、费城、巴尔的摩、新奥尔良是早期美国较为繁盛的港口城市，其繁荣都来自欧洲市场与内陆各地的市场贸易。为数不多的内陆城市大多也是贸易型城市，在联系内陆乡村腹地和港口城市中发挥中介作用——匹兹堡控制了俄亥俄河流域的贸易，辛辛那提则是肯塔基州和俄亥俄州富饶的农业地区进出商品的节点。但19世纪中后期，工业成为大多数美国城市的支柱性产业，即便是大西洋和太平洋沿岸的港口贸易城市，工业同样是其经济结构中的重要组成部分。工业化与城市化的同步性、工业化对城市的塑造力量，在中西部和东北部尤为明显。

---

① 付成双:《试论美国工业化的起源》,《世界历史》2011年第1期，第44—55页。

芝加哥是中西部规模最大的城市，也是一座典型的工业城市。该市地处密歇根湖南端，是芝加哥河进入五大湖的入口，恰好位于东北部核心经济区与待开发的西部的边界线上。实际上，芝加哥的自然地理条件可谓令人喜忧参半，本身处于一片沼泽湿地之中，但芝加哥同样有两项优势：一方面，尽管地势低洼泥泞，这里却是从密歇根的圣约瑟夫到威斯康星的密尔沃基之间、密歇根湖南岸通达性最高的地区；另一方面，芝加哥河几乎是从密西西比河到五大湖之间唯一通航条件好的天然河流。[①]

芝加哥所在的五大湖南部地区在 18 世纪是法属北美殖民地，经过七年战争和美国独立战争后美英签订的《杰伊条约》，芝加哥以及整个中西部地区成为美国的领土。美国购买路易斯安那之后，芝加哥的重要性凸显出来，美国军队在 1803 年建立了迪尔伯恩要塞，这标志着芝加哥地区出现了永久性建筑物。美国建国初期与印第安部落龃龉不断，包括迪尔伯恩要塞在内的边疆要塞反复易手。1816 年，美军最终战胜了当地的印第安部落后在原址重建迪尔伯恩要塞，稳定的局面吸引了拓荒者和商人的到来。尤其是 1832 年以后，整个中西部的印第安部落几乎都被美国政府强制迁走，伊利运河（Erie Canal）已经将中西部与东北部紧密连接在一起，芝加哥开始了第一个发展高峰。芝加哥本地的运河开凿也在此时提上议事日程，1836 年，争议良久的伊利诺伊—密歇根运河（Illinois-Michigan

---

① William Cronon, *Nature's Metropolitan*: *Chicago and the Great West*, New York: W. W. Norton and Company, 1992, p. 33.

Canal）正式破土动工并于 1848 年完工通航。为了最大化利用这条运河，芝加哥开始港口改造计划。芝加哥的天然港口因水流平缓而多泥沙沉积，1832 年当地商人力争建成一座灯塔，两年后又成功获得国会 2.5 万美元拨款用于河口处的河道取直。经过改造，五大湖上的船只可以直入芝加哥河道，而运河的建成也使五大湖区和密西西比河上的船只可以直接往来。① 伊利诺伊—密歇根运河大大改善了芝加哥的水上交通状况，使其成为中西部地区沟通密西西比河、五大湖与东北部的枢纽，不仅吸引了拓荒者和商人，也获得了众多地产投资商的青睐，在当时东部大城市的广告中，时常可见关于芝加哥是"西部大城"的广告。早在 1814 年，当时风靡商界的《尼尔斯周刊》就发文预测，在芝加哥开凿运河将使"伊利诺伊成为宏大商业网络的中心，成为全国性商品集散地的中心"。② 曾到访芝加哥的纽约地产投资商查尔斯·巴特勒（Charles Butler）最终决定在这里投资，购买了芝加哥河北侧的 1000 个地块（City Lots），到 1835 年他的妹夫威廉·奥格登（William Ogden）来到芝加哥时，后者已不敢相信这里土地价格的猛涨。③ 芝加哥本地工业在 19 世纪 30 年代以后发展起来，尤其是芝加哥河北岸迅速成为工业活动集中的地区。在开发当地丰富的农牧业和森林资源基础上，芝加哥很快

---

① Harold Mayer and Richard Wade, *Chicago: Growth of a Metropolis*, Chicago: University of Chicago Press, 1973, p. 20.

② *Niles Weekly Register*, Aug. 6, 1814.

③ William Cronon, *Nature's Metropolitan*, p. 33.

成为农产品加工业重镇，面粉、肉类加工、罐头和木材加工等工业很快成为城市经济的关键部门。另外，家用器皿、服装、马车、船具、农用机械设备、建材以及印刷业等早期制造业也发展起来。19世纪中期，芝加哥进一步调整经济发展战略，制造业成为城市发展的重点。1847年，塞勒斯·麦考密克（Cyrus McCormick）以芝加哥为总部成立了农用机械公司即国际收割机公司（The International Harvester Company）的前身。到内战爆发前夕，芝加哥人口增长了25倍。

图1-3　19世纪50年代的芝加哥

铁路对芝加哥的影响更为重要。芝加哥首先提出了加利那—芝加哥联合铁路方案（Galena and Chicago Union Railroad），计划穿越伊利诺北部的草原到达密西西比河上的加利那。在商业资本推动下，1848年首条铁路接通芝加哥，将西部的小麦运到这里。随着铁路建设热潮在19世纪50年代的到来，芝加哥也迎来了自己的铁路时代。

芝加哥—阿尔顿铁路通向西南方，经过 250 英里后抵达圣路易斯对岸的阿尔顿（Alton）；1856 年完工的芝加哥—洛克岛铁路穿越密西西比河向西，1860 年延伸到德斯梅因斯（Des Moines）；向东的铁路通向密歇根州和印第安纳州，并成为南北向的伊利诺伊州中央铁路的终点。1850 年芝加哥只有一条铁路，1856 年已是十条干线铁路的枢纽，铁路里程近乎 3000 英里，每天有 58 列客运火车和 38 列货运火车进出城市。[①] 十年不到的时间内，芝加哥已崛起为中西部铁路网的中心城市，《剑桥美国经济史》的作者甚至用"绝无仅有"来评论此时芝加哥的铁路枢纽地位。[②] 与中西部传统的枢纽城市辛辛那提和圣路易斯相比，铁路中心的地位使芝加哥更具竞争力、发展更为迅速全面。1878 年，进入芝加哥市场的谷物、牛、猪、木材分别达到圣路易斯市场价格的 2.5—6 倍。[③]

多条全国性铁路以芝加哥为起点或终点，使得全国各地所产生的物资都可以运抵芝加哥，在这一基础上，芝加哥的粮食工业、肉类加工和农机制造业迅速崛起。最初众多小家畜场分散在城市各处，周边分布着利用肉类加工剩下的材料进行生产的各种小手工艺店铺。19 世纪 60 年代，城市内部无法解决牲畜带来的运输、饲养和管理问题，分散的牲畜场逐步外迁，在城市外围建立著名的"联合

---

① Harold Mayer and Richard Wade, *Chicago: Growth of a Metropolis*, p. 38.

② Stanley L. Engerman and Robert E. Gallman（eds.）, *The Cambridge Economic History of the United States*, Vol. II, Cambridge, UK: Cambridge University Press, 2000, p. 576.

③ 王旭：《美国城市化的历史解读》，岳麓书院 2003 年版，第 59 页。

畜牧场"（Union Stock Yards），并在堪萨斯、奥马哈等地开设分支机构，取得了全国肉类加工业的领导权。19 世纪 70 年代冷藏技术的使用大大加强了芝加哥肉类加工的地位，著名的牛肉托拉斯（Beef Trust）在 19 世纪形成，使芝加哥成为世界上最大、最繁忙的牲畜场和肉类资产的中心。钢铁制造是 19 世纪后期美国制造业的支柱部门之一，以中西部为中心形成了钢铁带，芝加哥是钢铁行业不容忽视的城市。五大湖地区煤铁资源丰富，铁路铺设对钢铁形成了巨大需求，这都是芝加哥钢铁行业迅速发展的诱因。1865 年美国第一根钢轨在芝加哥锻造成型，十年后芝加哥钢轨产量名列全美第一名。芝加哥制造业以产业多元、规模庞大而著称。牛肉托拉斯、普尔曼车厢制造厂等大型企业动辄雇佣成千上万名工人，企业为了方便管理如此庞大的工人队伍，甚至建立起工厂城（Company Town），不仅提供大量统一管理的住房，而且配有商店、教堂、学校等服务设施。普尔曼工厂的老板乔治·普尔曼（George Pullman）在 1880 年 4 月末宣布，将在工厂附近建造一座城镇供工人使用，不但方便管理，而且据他估计，工厂城的投资回报率可达 6%。普尔曼在芝加哥以南 23 公里处建造了工厂城，1881 年 1 月 1 日，这座名为普尔曼的小城迎来了自己的第一批居民。城里建有不同类型的住房以满足不同家庭规模的工人，既有租屋，也有独户住宅。到 1884 年，普尔曼小城的居民已超过 1400 人，次年又超过了 8600 人。[①] 工业改变了

---

① Carl Smith, *Urban Disorder and the Shape of Belief*, Chicago：University of Chicago Press，2007，pp. 180–181.

芝加哥的经济结构，工业超过贸易成为城市就业的主要来源，芝加哥最终实现了由旧式贸易型城市向新型工业性城市的转变。可以说在美国城市中，"芝加哥才是美国工业化的主要象征"。[①]

图 1-4   讽刺芝加哥牛肉托拉斯的漫画，帽子旁的文字为"罐装毒药"、"化学腌制玉米和牛肉"

芝加哥人口在 1880 年达到 50 万，此后 20 年里，芝加哥人口随经济繁荣而急剧膨胀，1890 年跨过百万大关，1900 年又跨过 200 万，一跃成为美国第二大城市，在当时世界各大城市中也雄居第五位。[②]芝加哥以其多样化的经济和庞大的人口成功征服了中西部地区，成为美国仅次于纽约的地区性中心城市。

繁荣的工业景象绝非芝加哥所独有。由法国建造的要塞匹兹

---

① 何顺果：《美国边疆史：西部开发模式研究》，北京大学出版社 1992 年版，第293 页。

② 丁则民主编：《美国通史第 3 卷：美国内战与镀金时代》，人民出版社 2002 年版，第 298 页。

堡，在 19 世纪从一个军事重镇和地区性商业中心转变为一个重要的工业城市，钢铁、玻璃、纺织、金属锻造等制造业在匹兹堡发展很快。1810 年，一位当地人称匹兹堡为"一个大车间"。到 1815 年，钢铁制品在匹兹堡产品中的比重已达到 25%。[①]匹兹堡不仅交通便捷、地理位置优越，而且所在的宾夕法尼亚州西部地区蕴藏丰富的煤铁资源。匹兹堡以大湖区运进的铁砂为原料，利用附近的煤，成为典型的"煤钢复合体"式工业城市。尤其是 19 世纪后期，当安德鲁·卡内基以贝氏转炉为技术缔造了其庞大的钢铁工业集团后，匹兹堡更是成为世界钢铁之都。东北部的费城是殖民地时代的四大城市之一，始终是美国最重要的贸易港口城市，但 19 世纪中期以后，工业也成为费城的重要产业部门。费城利用进口原料的优势形成以纺织、钢铁冶炼、机械制造为代表的产业结构，人口在 1900 年达到 150 万。1876 年为纪念建国 100 周年，费城举办了盛况空前的国际博览会，展出的除草机、收割机、缝纫机、打字机及车床等反映了美国飞速发展的工业技术水平。费城诺里斯机车厂的产品不仅用于西部的铁路，还远销欧洲和俄国。新型城市也不甘落后。位于伊利湖南岸的克利夫兰（Cleveland）在 1851 年铁路开通后发展迅速，凭借石油资源丰富的自然地理条件很快成为石油重镇，约翰·洛克菲勒的石油帝国即由此出发走向世界。可以说，工业化彻底改变了美国经济结构，也彻底改变了美国城市的经济结构和功能，19 世纪中

---

① Richard C. Wade, *The Urban Frontier: The Rise of Western Cities, 1790–1830*, Cambridge, Mass.: Harvard University Press, 1959, p. 65.

后期到 20 世纪初是美国工业城市的"黄金时代",工业城市的兴旺发达正是美国这一时期所取得的经济成就的象征和集中体现。

第三节　空间结构：从步行城市到郊区化浪潮

19 世纪的美国城市化不仅仅是城市规模扩大、城市人口增多和城市功能转换,同时也伴随着城市空间结构的变迁。城市空间结构的变迁在城市内外两个层面都有所反应。从内部看,城市土地利用模式不断调整,不同地段的功能持续分化,出现了中心商业区、工业区和居住区等不同功能分区,到 20 世纪初,少数大城市的政府启动区划法规来规范土地利用的基本原则和方式;从外部看,富裕人群尤其是白人中上层不断向城市边缘地带乃至城市行政区划之外的乡村地区迁移,形成了以居住为主的郊区,混合功能的卫星城也逐渐出现,中心城市的人口结构逐渐变化。

集聚是城市最基本的特征。殖民地时代的城市以商业贸易为主,无论是大西洋沿岸的欧美贸易枢纽,还是内陆的地区性贸易中心,由于功能单一、基本上只提供市场和交换类服务,人口较少、布局紧凑,无须向外拓展空间。当时,纽约、费城和波士顿等较大城市的活动半径不过是从城市中心向外两英里,也就是一般人步行半小时可以抵达的地区,因此历史学家将其称作"步行城市"（Walking City）。技术水平也制约了城市的空间规模,尤其是公共交通的落后。实际上正是交通条件的制约使得大多数人只能依靠步行在城市中活动，这也是"步行城市"名称的由来。在公共交通大规模推广之前，只有城市中的富有人群才能拥有和使用交通工具——四轮马车对大多数居民都很昂贵。

19世纪中期以来交通技术的革命性变化，彻底改变了美国人的出行和生活方式，也打破了步行城市的空间格局。1825年以前，出租马车是市内的主要交通设施，但运量小、往来距离短，价格也不算低，主要是富人和中产阶级使用。一辆两匹马拉的公共马车大约每次能坐12个乘客，但司机常常超载。乘坐公共马车的感觉非常不好，夏天热冬天冷，路面颠簸，而且市民也常常抱怨马车撞人。铁路的建设激发了人们将轨道用于马车的设想。1832年，一个叫约翰·梅森的商人在曼哈顿首先为自己的公共马车铺设轨道。到1834年，曼哈顿的轨道已有四英里。1852年后，随着轨道技术的进展，有轨马车在城市中大量增加。1855年，纽约主要街道上的公共马车都已被有轨马车取代，巴尔的摩、费城、波士顿、匹兹堡等大型城市在19世纪60年代也基本完成了有轨马车建设。与公共马车相比，有轨马车的速度几乎是公共马车的两倍，达到每小时6—8英里；运载量更大，每车可搭载30—40名乘客；价格更低，单程票价在10美分左右；乘坐的感觉也更舒适。有轨马车有了固定的路线和行车时间表，这样城市居民可以更有规律地安排自己的工作和生活。几乎与有轨马车的推广同时，短途火车开始成为城市间以及城乡间通勤的先进工具。这类铁路往往长短途兼有，票价更高，普通市民难

图 1-5　纽约市的高架铁路，1878 年

以负担。19 世纪中期以后，铁路开始进入城市内部。1867 年，纽约市架设了第一条高架铁路，这种火车大多由一个小型蒸汽机车牵引四五节车厢，沿格林威治街而行，长 0.25 英里。1871 年纽约高架铁路公司成立，在高架铁路上应用了多项技术创新，并增加了火车的停靠站点。电力技术广泛应用后，电力机车取代了蒸汽机车，从1900—1904 年，纽约的高架铁路基本完成了电气化。但高架铁路也有明显弊端，包括噪音大、污染重、对行人造成危险、短途造价高等。在有轨电车普及后，许多城市放弃了高架铁路，或将蒸汽火车换成电气化轨道。19 世纪后期，电力开始应用于城市生活，照明、交通工具都开始将电力作为动力。1888 年，一个名叫弗兰克·斯普拉格（Frank Sprague）的工程师在弗吉尼亚州里士满率先应用有轨电车。这种有轨电车在成本造价、安全系数、运行速度和运载能力等方面都有优势，因此很快推广到其他城市。1890 年，全美有大约

50 个城市使用有轨电车，五年后，全美有轨电车线路总长达到一万英里。在 20 世纪初，有轨电车完全取代了有轨马车和部分城市中出现的缆车，成为最重要的市内公共交通工具。与其他交通工具类似，有轨电车的使用也带来了巨大利润，同时引发了激烈竞争。19 世纪七八十年代，几乎所有美国大城市都给予电车公司特许经营权。从 19 世纪 70 年代到 20 世纪初，有轨电车公司迎来了合并高潮，费城有超过 50 家有轨电车公司被兼并，马萨诸塞州也有近 100 家公司消失。亨利·亨廷顿是加利福尼亚州著名的有轨电车大亨，在洛杉矶建立起自己的有轨电车帝国。他从 1900 年开始铺设有轨电车轨道，到 1913 年他的电车网络已延伸到洛杉矶 35 英里之外的地区，连接了 40 个多建制市镇。更重要的是，有轨电车在亨廷顿的商业帝国里只是手段，他真正的目的是投资地产——亨廷顿事先买下许多地块，在自己经营的有轨电车到达这里后再将其出售或自行开发，获取前后的差价。交通技术进步的结果是，市民出行更加方便，而且技术的进步降低了成本，竞争的加剧促使企业降低票价，使得更多的美国人可以方便、频繁地利用公共交通出行，对于生活和就业的地点，其选择更加多样也更加灵活。多种交通工具的使用结束了步行城市时代，推动了郊区的发展。城市居民可以搭乘多种交通工具前往郊区，与郊区的通勤更为便捷。一方面，大多数重要的经济活动仍然以城市为中心，使其保持着相对周边地区的区位优势，通勤者乘坐交通工具每天进入城市中心购物或工作；另一方面，交通工具把人们带到边缘地区，同时把经济活动带到郊区，催生了兴盛的新市镇。

1850 年，波士顿的郊区指的是老商业区两英里以外的区域，到 1900
年郊区已经是指十英里以外的地方。这样，交通工具的改善把一些
企业和人口带离中心城市，同时也把新的区域纳入城市发展轨道。①

图 1-6　华盛顿特区附近一个以有轨电车为主要通勤方式的郊区

　　城市人口结构的变化与空间结构变化互相推动。在内战前，除
少数大城市外，北部工业城市的人口以白人为主。在 19 世纪 40 年
代的美国历史上第一次移民潮中，以爱尔兰移民为主的欧洲移民大
量进入北部工业城市，满足了工业化对劳动力的需求。与此同时，
非洲裔美国人仍被束缚在南部的种植园中，尽管 19 世纪初期他们
就已在纽约、费城、波士顿等少数北部大城市中出现，甚至在与南

---

　　① 技术对于城市空间结构尤其是美国郊区化的影响，最为明显的反映在有轨电
车上。在私家车于 20 世纪 20 年代大规模普及前，这种相对廉价、便捷、运营简
单又安全舒适的交通工具使得大部分中等收入者也能够在郊区与中心城市间方便
地往来。关于技术与郊区化的关系，可参见 Sam Bass Warner Jr., *Streetcar Suburbs：
The Process of Growth in Boston，1870–1900*，Cambridge，Mass.：Harvard University
Press，1978。

部有密切经贸往来的城市如密西西比河沿岸的城市中已形成一定规
模，但从整体上看，非洲裔美国人在北部的总量有限，而且在奴隶
制政治的影响下，自由黑人受到越来越多的限制和歧视。[①] 但内战
后，北部城市的人口结构却急剧变化，在人口总量持续增加的同时，
族裔结构复杂化，城市人口分布从"盐与胡椒粉"变成了"黑白糖
块"。[②] 内战以及内战后的重建虽然从制度上废除了奴隶制，但对非
洲裔美国人的歧视和约束依然无处不在。从生产关系的角度看，内
战虽然是北部资本主义战胜了南部的奴隶制种植园经济，但内战并
未给南部创造出资本主义的自由劳动制度，尤其是在农业生产领域，
租佃制取代种植园制度成为主流。南部租佃制主要分为三类，即分
成雇农制、分成佃农制和租金制。分成雇农一无所有，租种农场主
（大多为原种植园主）的一小块土地，收成的一半交给农场主，此外
每周在种植园主自留的土地上劳动一定的天数；分成佃农拥有少量
生产资料，通常租种20—50英亩的土地，其地租以实物缴纳，通常

---

① 密西西比河因充当了西部农产品向南运输并进而经海运到达欧洲和美国东海岸
的枢纽，早在 19 世纪初期就出现了若干规模较大的城市。尽管从地理位置上看，
这些城市主要位于北部，但由于与南部密切的经贸往来，其"南方化"相对明显，
尤其是高比例的非洲裔美国人人口，其中相当部分是奴隶。可参见 Jeffery S. Adler,
Yankee Merchants and the Making of the Urban West: *The Rise and Fall of Antebellum St.
Louis*, Cambridge: Cambridge University Press, 2002。

② 该比喻出自美国学者托马斯·汉切特对 20 世纪北卡罗来纳州夏洛特市
（Charlotte）的研究，见 Thomas W. Hanchett, *Sorting Out the New South City*: *Race,
Class and Urban Development in Charlotte*, *1875-1975*, Chapel Hill: University of
North Carolina Press, 1998。

为全部收成的四分之一到三分之一。相对而言,租金农享有更大自由,完全独立地经营所租佃的土地,通常以固定的比例缴纳货币地租,有时也以一部分收成支付租金。[①]因此前奴隶们虽然得到了名义上的"自由",但却被深深束缚到租佃制农业中,依然无法摆脱贫困和受剥削的命运。而北部资本虽然涌入南部,但南部因受制于经济体制、劳动力技术水平、历史传统、文化氛围和基础设施等因素,工业化进展缓慢,城市化在内战后勉强起步。南部城市分布呈现明显的马蹄状,即城市主要分布在靠近北部和西部的南部边缘,而广大腹地——也就是奴隶制种植园曾经最为发达的地区——却很少有大型城市。这不但使得南部工业经济发展缓慢,而且南部非洲裔美国人难以进入本地工厂以获得更高收入。因此,从 19 世纪后期开始,南部非洲裔美国人大量离开南部以求改善生活,北部工业城市是其主要目的地,那里蓬勃发展的工业创造了大量就业机会。在此之前,美国历史上第二次移民高潮已将来自东南欧的移民送入北部。如同三四十年前的爱尔兰移民一样,城市也是他们的目标。第一次世界大战时期,由于美国在战争初期并未参战,而是为协约国提供军工产品以满足后者战争机器的需求,因此工业经济迎来又一波高速发展期,对劳动力的需求进一步加大。战火燃烧的欧洲已无法再为美国经济提供人口,青壮年被征召入伍,在一次次战役中命丧黄泉。这却为南部非洲裔美国人北上提供了前所未有的良机。此时已

---

① 孟海泉:《内战以后美国南部租佃制的形成》,《世界历史》2009 年第 1 期,第 55—62 页。

深入南部腹地的铁路网将那些在农场中卖命的人拉到北部，据估计，20世纪头十年间，有超过20万南部非洲裔美国人迁往北部，这一趋势在一战期间加快并一直持续到20世纪20年代。到1930年，估计有超过130万非洲裔美国人离开南部、定居他乡，这一时期的北部城市见证了非洲裔美国人口的爆炸式增长。①

人口结构的变化给美国城市的空间结构带来了两方面的影响。首先是以白人为主的中产阶级和富裕人群加快离开城市的步伐，大规模迁居郊区。非洲裔美国人数量的增长激化了城市的种族矛盾，再加上技术进步、部分企业迁到郊区等因素，白人的郊区化进一步加速。其次则是城市中黑人隔都区的出现。非洲裔美国人在歧视性政策的影响下聚居在城市的某些街区中，这里的白人几乎全部迁离。政府有意无意地忽视了这些地区的公共服务，导致隔都区普遍面临环境恶化、社会服务供应不足、基础设施年久失修等问题。贫困隔都区在城市中集中分布，成为城市空间的组成部分。

19世纪末20世纪初，经济繁荣和人口膨胀刺激着美国大城市的发展，房地产业空前繁荣，吸引投资者蜂拥而至。一方面，城市中心区的土地价格飙升，开发商为了获利，过度利用城市空间，城市中不断出现规模大、标准低的建筑，条件十分恶劣。另一方面，

---

① James N. Gregory，"The Second Great Migration：An Historical Overview," in Joe W. Trotter Jr. and Kenneth L. Kusmer（eds.），*African American Urban History*：*The Dynamics of Race*，*Class and Gender since World War II*，Chicago：University of Chicago Press，2009，p. 22.

移民不断涌入城市，住房短缺成为各大城市普遍面临的难题，甚至引起联邦政府的重视。城市改革者们除了呼吁进行公共卫生和住房领域的改革之外，也着眼于城市空间，希望通过规划等手段避免城市问题，促进城市良性发展。在世纪之交，美国的规划师和建筑师们多数根据用地性质划分土地控制开发密度和建筑外观，以保证建筑内部可以享受充足的采光和通风。1916年，纽约市推出了《区划法》(The Zoning Act of 1916)，这是美国第一个城市区划法案。区划法按照用途、高度和场地3个类型对土地开发利用进行约束。用途是将城市土地分为居住区、商业区和无限制区3种，目的是规范和限制各类合法用地功能，包括各类住房建筑以及与居住生活密切相关的教堂、学校、图书馆、医院等设施。高度是对区域内建筑的高度设定标准，确定建筑高度与街道宽度之间的比值。场地则是对建筑物覆盖地块的比例进行了规范，分成了5个等级，每个等级内院落空间的尺度与建筑高度成相应的比例，越是高建筑，越要在低层留下更大的开放空间。作为美国第一部综合性区划条例，1916年纽约的区划法很快被其他城市所借鉴，并且在全国范围内得到推行。[1]

不过城市空间结构改变的根本性力量，在于城市从商业贸易型城市转型为工业城市，即城市经济结构的变化彻底改变了其空间结构。如上文所言，工业城市的经济结构以制造业为主，工厂制是其

---

[1] 洪文迁:《纽约大都市规划百年：新城市化时期的探索与创新》，厦门大学出版社2010年版，第88—102页。

最主要的生产组织形式。工厂规模庞大，占地面积广阔，不但提供了大量服务，更创造了从原料到消费等多方面的需求，吸引了大量人口。显然，步行城市的规模已无法满足工业城市的需求，城市不断突破原有界线。同时，工业和人口向城市集中，导致城市环境恶化、地价上升，再加上技术进步使得交通更为便捷，越来越多的中产阶级和富裕人群离开城市，来到城市以外的乡村地区寻找新的居所，既可以靠通勤来到城市上班，又能够享受乡村宁静的氛围和良好优美的环境。

本章小结

如果说 19 世纪初的美国还是"农村美国"，那么 19 世纪末站在世界舞台上的已经是"城市美国"（Urban America）了。这一转变，不仅仅是更多的人口从农村进入城市，而且是美国经济、政治与社会的革命性变化——城市居民的政治影响力增大了，美国社会的多元异质性增强了，工业经济成为美国经济的主体，美国社会的价值观与此前全然不同。

美国城市化历程在 19 世纪展开，在地理上呈现由东向西的态势，东北部、中西部和西部依次经历了城市快速发展期。东北部地区经济基础好、开发时间早，早在殖民时代就形成了联系密切的经贸网络，并且有较好的工业基础，也是美国工业革命开始的地区，因此在 19 世纪前期就开始了城市化。在东北部的支持下，中西部地区在内战后也迎来了城市化高潮，以钢铁化工为代表的重工业成为其快速城市化的支柱。随着西进运动的开展，西部得到开发，城市在西部开发中扮演了桥头堡和供应站的角色，太平洋沿岸更是凭借便利的贸易条件而率先发展出大型城市。相比之下，南部由于高度依赖种植园经济，其城市发展明显滞后，在内战前仅在南部边缘地区出现了少数城市，呈马蹄状分布在南部周边，其最重要的功能在于开展贸易。直到内战尤其是重建后，随着南部工业化的开展，城市化才艰难起步。在性质上，19 世纪的城市逐步从商业—贸易城市转变为工业城市，城市最重要的功能不再是商品集散，而是产品制造。在结构上，邻近的城市间逐渐建立起经济上的互通和互补关系，在东北部和中西部都形成了以大型城市如纽约、芝加哥为主导的城市体系，大城市与专业化生产的中小城市形成了联系密切的经济网络。在这一过程中，不但城市的经济结构，其空间结构与人口结构也发生了显著的变化——步行城市的藩篱被突破，城市向外围地区扩张，围绕城市出现了以单一功能为主的郊区；经历了两次移民高潮和南部非洲裔美国人的大迁徙，城市人口结构更为复杂，以阶级为主的结构向以阶级—族裔为主的结构转变，城市部分地区成为单一族裔占主体的聚居区，在人口众多的大城市尤为明显。

19 世纪同样是纽约市快速发展的时期。在内战前成为美国的首位性城市后，纽约市在 19 世纪后期又成为美国最大的工业城市，在全球经济中跻身第一行列，与伦敦、巴黎等欧洲老牌大都市一争短长。凭借伊利运河，纽约成为中西部产品运销世界各地的首要出海口；凭借与欧洲的贸易网络，纽约又成为南部种植园所产棉花出口欧洲最重要的集散地。工业的发展则使得纽约不仅仅是重要的商业枢纽，而且成为制造业重镇，在成衣制造、五金产品和印刷出版等行业建立起了自己的霸权地位。19 世纪初的纽约市，人口和产业集中在曼哈顿岛南端，随着城市人口增多和经济起飞，曼哈顿中部和北部得到开发，铁路更是加快了城市扩张的步伐，轮渡则将曼哈顿与一河之隔的布鲁克林紧密相连。19 世纪末的纽约已不再是那个步行城市，1811 年委员会规划早已从图纸变为现实。在 20 世纪的门槛上，纽约已经准备要大展宏图，世界金融中心已来到这里。

第二章 "大纽约"的形成
及其城市空间的塑造

1899 年 12 月 31 日,《纽约时报》刊登了一篇分析德国工业迅速发展的文章,认为德国的商业模式、工资水平和专利制度是其在短短几十年间赶超英国的重要原因。文章最后呼吁美国社会向德国学习,作者詹姆斯·莫纳汉是美国驻德国开姆尼茨总领事,他相信"德国的资源远不如我们丰富",因此美国"在新的一年中将继续前进"。[①]

经历了 19 世纪的狂飙突进,尤其是内战后工业化和城市化的加速发展,这一时期的纽约与内战前那个脱胎于 18 世纪殖民时代的大西洋海港城市判然有别,人口大为增加,工业经济成为主导,新的经济和社会问题摆在纽约人的面前。纽约市的进一步发展,既需要更为广大的空间,也需要缓解社会矛盾,而这两者又是紧密结合在一起的。

[①] James C. Monaghan, "The Story of Germany's Industrial Progress," *New York Times*, December 31, 1899.

第一节 随梁启超走进"大纽约"

如同狄更斯笔下的伦敦，这是纽约最好的时代，也是最坏的时代。希望和失望交织，财富和权力上演着一幕幕烛影斧声。1903 年，梁启超远赴重洋来到加拿大和美国，对这个博通中西的东方文人来说，他看到了什么？梁启超看到的纽约已经是"大纽约"，那么哪里是"大纽约"？

19 世纪末以前，所谓的纽约市实际上只是今天的曼哈顿，并不包括其他地区。在今天纽约市的其他四区中，布鲁克林是发展较早也较快的区。早在荷兰殖民时代，布鲁克林就是荷属新尼德兰殖民地的一部分，辖区内分布着六个农业小镇。随着英荷争霸战的进行，这里成为英国殖民地，并于 1683 年设立了国王县（Kings County）。早期的布鲁克林发展缓慢，长期保持着浓郁的荷兰风情。然而，与曼哈顿隔东河相望的地理位置注定不会让国王县沉默下去。随着 19 世纪曼哈顿即纽约市的快速发展，国王县靠近东河的渡口迅速兴旺起来，渡口所在的布鲁克林镇也迎来了蓬勃发展期，店铺、市场相继出现。1814 年，布鲁克林与纽约的定期轮渡开通，许多在纽约工作的人选择定居布鲁克林，以避开纽约高昂的房价和密集的人口。渡口每天早上拥挤的人群成为 19 世纪美国城市化的脚注，布鲁克林也被城市史学家肯尼斯·杰克逊视作美国的第一个郊区和郊区化开始的地方。①19世纪中期以后，纽约富人纷纷避居布鲁克林，他们集中在风景优美的布鲁克林高地（Brooklyn Heights），建造了大量褐色砂石建筑。这些建筑虽然一度衰败，但如今已成为布鲁克林最受欢迎的住房。1834年，布鲁克林镇建制为城市，并在19世纪中期以后再次迎来快速发展的高潮。铁路将布鲁克林与纽约连为一体，不少纽约的企业为降低成本纷纷搬迁到布鲁克林。到1860年，布鲁克林已成为美国第三大城市，仅次于纽约和费城。如同纽约一样，这里的居民中许多是来自欧洲的移民，爱尔兰人、意大利人、德意志人比邻而居。19世纪80年代，布鲁克林工业规模位居全美第四位，东河岸线上布满了码头和工厂。布鲁克林不断扩张自己的版图，

图2-1 1642年2月22日，荷兰殖民者与印第安人在布朗克家中签署和平条约，戴帽子的中坐者为布朗克

---

① Kenneth T. Jackson, *Crabgrass Frontier: The Suburbanization of the United States*, New York: Oxford University Press, 1985, pp. 21-22.

最终将整个国王县并入城市辖区。

相比之下，其他三区在 19 世纪的发展较为缓慢，甚至大多没有摆脱农业经济。曼哈顿北部的布朗克斯（Bronx），其名称来自瑞典移民乔纳斯·布朗克（Jonas Bronck）。布朗克 1639 年来到荷属新尼德兰殖民地，致力于协调移民与当地印第安人的关系，然而布朗克本人却死于一次印第安人的袭击。为了纪念他对这一地区的贡献，故而以其命名这片土地。1683 年英国殖民者重新调整殖民地，将这里划为韦斯特切斯特县（Westchester County）。

长期以来，韦斯特切斯特县始终未能摆脱农业经济的主导地位，大片土地掌握在荷兰殖民者大家族的手中，直到 19 世纪初工业化才逐渐在这里落地。也许是因为这里的落后状态，韦斯特切斯特县积极主张融入纽约市，这与布鲁克林市的游移态度全然不同——直到 19 世纪末，布鲁克林市民仍然对并入纽约争论不休，兼并之所以成功，很大程度上是因为布鲁克林市的财政状况越发不容乐观。相比之下，韦斯特切斯特县早已认识到并入纽约市的必然性。1874 年，布朗克斯河以西的几个镇区率先并入纽约市，1895 年全县并入，成为布朗克斯区。

昆斯即 1683 年英国殖民者划定的皇后县（Queens County），后来又从其中划出了拿骚县（Nassau County）。昆斯的发展较为缓慢，始终未能形成独立的经济体系，高度依赖纽约市和布鲁克林区。19 世纪上半期，昆斯成为纽约的郊区，高架铁路将两地相连，直到今天这段铁路仍在。1898 年并入纽约市时，昆斯县成为昆斯区，拿骚县则没有并入。斯塔滕岛远离纽约市，在 1683 年连同附近几个岛屿被划为里士满县。19世纪在纽约市和布鲁克林发展的影响下，斯塔滕岛也迎来了发展期。由于靠近新泽西州，斯塔滕岛与新泽西州的联系比它与纽约市的联系还要紧密。斯塔滕岛率先通过铁路、桥梁与新泽西州连接起来，但长期以来，斯塔滕岛只能靠轮渡与纽约保持联系，直到20世纪60年代韦拉扎诺海峡大桥的落成，才与纽约市建立起直接的交通往来。与其他三区相比，这里的发展最为缓慢，直到今天仍然保留着浓厚的乡村氛围。

今天的纽约市或曰"大纽约"是逐渐形成的，从1874年布朗克斯河以西的韦斯特切斯特县县域土地成为纽约市第23、24区开始，到1898年斯塔滕岛全域并入纽约市，"大纽约"正式形成。在此之前，曼哈顿与其他地区已经通过桥梁和铁路紧密联系起来，布鲁克林大桥、华盛顿大桥和威廉斯堡大桥在19世纪末相继落成，对于曼哈顿的经济实力和可能带来的经济利益，各地领导人心知肚明，但可能导致的族裔和社会问题则使他们忧心忡忡。"大纽约"的形成离不开安德鲁·哈斯维尔·格林（Andrew Haswell Green）和托马斯·普拉特（Thomas Collier Platt）的推动。格林是执业律师，熟悉法律事务，热心市政改革，在商界和财界拥有广泛人脉。1868年，格林首次提出了将纽约港附近各市、县、区合并的动议，虽然得到纽约商会和时任市长阿布拉姆·赫维特（Abram Hewitt）的支持，但却被纽约州议会否决。合并方案得到了纽约州共和党"老板"托马斯·普拉特的肯定。普拉特曾先后担任国会众议员和参议员，在纽约州拥有强大影响力，他去世时《纽约时报》评价称"在美国国会中，没有人比他的影响力还小；但在纽约州，没有人比他的影响力还大"。① 在普拉特运作下，州议会的障碍被消除。1896 年，州议会授权成立了一个专门委员会负责起草"大纽约"的《城市宪章》，由格林担任委员会主席。次年宪章完成，并举行了首次选举。1898 年 1 月 1 日，新的纽约市正式成立，包括曼哈顿、布鲁克林、昆斯、布朗克斯和斯塔滕岛五区。②

这场兼并堪称 19 世纪美国城市扩张的典型，但 20 世纪，尤其是第二次世界大战以后，依靠兼并来扩张城市辖区的方式在东北部和中西部的传统城市中几乎绝迹，只有少数"阳光带"城市曾采用这一方式。19 世纪的郊区以"卧城"为主，居民大多数仍在城市就业，且郊区公共服务不够完善；而大城市占地面积广阔，容纳了更多企业，收入高、服务也更完善。因此郊区往往乐于被大城市兼并，兼并也成了大城市扩张的传统做法。除了纽约，费城、匹兹堡等大城市也都不断通过兼并周边郊区来扩大城市辖区范围。但进入 20 世纪后，大城市兼并的步伐却慢了下来，郊区对兼并的抵制越发强烈。在匹兹堡，1920 年后反对兼并的呼声日益高涨，在此后的 20 年间，匹兹堡市的兼并与郊区城镇的反兼并僵持不下。越来越多的郊区意识到，兼并并非保护自身利益的唯一途径，而大城市渐渐出现的社会混乱、税收高企等问题更使郊区居民望而却步。人们越来越认识到，小规模的政府

① "Progress and Fall of Platt, Early Boss," *New York Times*, June 7, 1910.

② 今日所谓"大纽约"（Greater New York）一般指的是纽约大都市区，合并后的纽约市仍然称为纽约市，为方便行文，笔者下文仍采用后一种说法。

方便监督与控制，而大型城市政府则容易滋生腐败。而且，大的城市政府与郊区居民缺乏近距离的接触，会偏袒中心城市而歧视郊区。因此，兼并的步伐明显缓慢下来，郊区纷纷建制成为城市，二战后中心城市与郊区更是尝试以合作的方式提升大都市区的治理水平。

1903 年 4 月 16 日，梁启超自加拿大抵达纽约，开始了他在这里两个月的生活。20 世纪初是美国历史的转折时期，工业化和城市化带来的矛盾扭曲了整个美国社会。繁荣与萧条交替出现，波诡云谲的国际局势使美国再难独善其身。城市化在 20 世纪前 30 年中进入快车道，波士顿、费城等大西洋沿岸的老城市经过经济结构调整成为制造业、金融业和商贸中心，纽约更是成为世界性城市，逐步赶超伦敦。梁启超写道："（纽约）迨 19 世纪之中叶，骤进致 70 余万。至今 20 世纪之初，更骤进至 350 余万，为全世界中第二之大都会。以此增进速率之比例，不及十年，必驾伦敦而上之。"[①] 这一时期纽约人口规模迅速膨胀，1880 年的曼哈顿人口达到 120 万，人口密度为每英亩 82.9 人，整个 42 街以南的地区已布满各色建筑物。随着人口的继续增加，42 街以北的地区也逐渐得到开发，人口密度达到每英亩 131.8 人，[②] 这其中外来移民发挥了很大作用。在 1880 年，曼哈顿和布鲁克林共有 13411 名意大利移民，有 4760 名俄国移民；十年后，意大利移民达到五万人，俄国移民的数量则已超过

① 梁启超：《新大陆游记》，社会科学文献出版社 2007 年版，第 32—33 页。

② Priam Saywack，"New York City Demographics，" http://www.fordham.edu/academics/colleges_graduate_s/undergraduate_colleg/fordham_college_at_l/special_programs/honors_program/hudsonfulton_celebra/homepage/the_basics_of_nyc/index.asp.

图 2-2 今日曼哈顿的意大利裔聚居区"小意大利"

五万；到 1900 年，这两个数字分别增加了两倍。① 1881 年拉开了犹太人移民潮的序幕，从 1881 年到 1905 年，85 万犹太人为躲避迫害、歧视和贫困涌入纽约，充斥在纽约的制衣工厂里。他们大多居住在下东区，那里的人口在 1910 年达到 54.2 万。②

从 1900 年到 1930 年，纽约人口翻了一番，与此同时，纽约的商业也迎来了发展高峰。曼哈顿聚集了美国顶尖的企业财团，商铺云集的华尔街掌控着美国经济的命脉，那里"已不仅仅是条街道，而是一个全国性的机构。华尔街对美国商界，就如同华盛顿特区对美国政界一样……影响力遍及全美各个角落"，③ 即梁氏所

① Kenneth T. Jackson, ed., *The Encyclopedia of New York City*, New Haven: Yale University Press, 2005, pp. 584-585.

② Janet L. Abu-Lughod, *New York, Chicago, Los Angeles: America's Global Cities*, Chicago: University of Minnesota Press, 2000, p. 77.

③ Joanne Reitano, *The Restless City: A Short History of New York from Colonial Time to the Present*, New York: Routledge, 2010, p. 106.

言"生计上之集结……而纽约尤为纯粹之生产机关"。^① 在 1860—1910 年的半个世纪中，纽约制造业产值从 1.59 亿美元增加到 15 亿美元，这一增长主要是在 20 世纪的前十年中实现的。^② 建筑业也处于蓬勃发展中，高层商业建筑在 20 世纪前 30 年如雨后春笋般崛起，即使是饱受大萧条摧残的 20 世纪 30 年代也见证了摩天大楼的逆势生长，无怪乎任公感言，纽约与伦敦、巴黎、维也纳等经济政治中心不同，这里"惟商业之中心点而已"。^③ 从 20 世纪初到一战爆发，得益于工业和商业实力以及金融体系的完善，纽约迎来了新一轮经济繁荣。纽约是全球第二大城市，仅次于伦敦，人口数量超过仅次于它的芝加哥、费城和圣路易斯的人口之和。^④ 工业化和人口增长推动了城市空间结构的转型更新。一方面，城市在横向上扩大地域范围由曼哈顿变成"大纽约"。另一方面，城市在纵向上寻找更多空间，曼哈顿中城的摩天大楼商业区就在此时初具规模。

经济繁荣难以掩盖社会生活的丑恶面。外来移民聚集在纽约的多个贫民窟中，生活赤贫、环境恶劣；血汗工厂条件简陋，难免祝融之灾；财富分化在慢慢加剧着越来越尖锐的阶层矛盾。但总体而言，20 世纪前 30 年中，纽约呈现出蒸蒸日上的活力，人口迅速增

---

①③　梁启超：《新大陆游记》，第 33 页。

②　Edward Ewing Pratt, *Industrial Causes of Congestion of Population in New York City*, New York：Columbia University，Green & Company Agents，1911，p. 27.

④　United State Census Bureau，"Population of the Largest 75 Cities：1900 to 2000，" https：//www.census.gov/statab/hist/HS-07.pdf.

加，不仅是曼哈顿，纽约五大区乃至纽约大都市区郊区地带的人口都在增加。制造业和人口向外扩散虽然在世纪之初规模有限，但却在潜滋暗长，预示着新的城市发展路径、人口分布模式和通勤方向。地铁沟通南北，桥梁连接东西，城市交通正在奋力赶上纽约人的步伐。睹而思之，梁氏不禁提笔写下："街上车、空中车、隧道车、马车、自驾电车、自由车，终日殷殷于顶上，砰砰于足下，辚辚于左，彭彭于右，隆隆于前，丁丁于后，神气为昏，魂胆为摇。"①

为了解决城市化带来的社会问题，从 19 世纪中期开始，纽约市采取种种措施加以应对，建设公园和绿地、开发廉价租屋等空间整饬的手段被采纳，通过改变城市空间结构来解决城市化的诸多挑战。进入 20 世纪后，随着经济结构的去工业化，新型经济形态逐渐崛起，空间改造既是纽约市应对城市问题的重要途径，也是促进新经济发展的工具，为经济发展和居民生活提供更多拓展的空间。

第二节 兴建公共休闲娱乐设施

对于寸土寸金的大都会纽约市，建设休闲娱乐设施所费不赀，但人口密度高、工业发达的纽约市又急需休闲娱乐空间来改善城市

---

① 梁启超：《新大陆游记》，第 50 页。

环境。从 20 世纪中后期开始，随着社会经济的变化，纽约市逐渐意识到建设公共休闲娱乐空间的意义，逐渐采取措施在人口密集的城市中建设公园、游泳池等设施，不但提升了纽约市民的生活质量，也创造了就业机会、改善了城市形象和环境。

在 20 世纪初，纽约市在公共休闲娱乐设施方面并非一无所为。1906 年，市政府在西区建成了第一座市政游泳池，方便住在附近的爱尔兰移民。两年后下东区也出现了一座公共游泳池，为临近的居民提供服务。这些游泳池与以往的不同，都装有淋浴装置，游泳者在进入泳池之前必须先淋浴。尽管如此，公共游泳池所能容纳的人数毕竟有限，在泳池游泳也不如在天然水域中自在，直接跳入河中当然要方便得多，而且在许多移民和劳工社区并没有合适的泳池。因此，每当纽约的夏季来临，仍有不少人选择在东河、哈德逊河和哈莱姆河游泳以解暑热。"这些纽约小屁孩儿是多喜欢在河水中玩闹啊！在纽约南部的水边，有数不尽的码头、仓库和游船，胆儿肥的孩子在码头间来回游动，一只眼不忘盯着岸上看有没有警察，一看见巡警和码头工人就大叫一声、立刻游走……在哈德逊河边，在泥泞的哈莱姆河边，一群群小孩儿赤条条地在水中打闹，享受着水的幸福。"《纽约时报》的这篇报道可谓传神地展示给今天的读者 20 世纪初纽约夏日水边的景色。[①] 但这幅跃动的风情画背后却隐藏着危险。一位纽约市民回忆道："114 街有条下水道直接将污水排入

① "City's Swimming Schools," *New York Times*, September 23, 1900.

东河，每隔一段时间，废水连同垃圾就会从那个排水口涌出来，我们在河里游泳的时候只好把垃圾尽力拨开，不然就被它们埋进水里了。"[1] 为此，纽约市在 1907 年时曾打算在布鲁克林购置 365 英亩的土地并将其改造为海滩公园，但此计划最终搁浅，很可能是因为大部分曼哈顿居民去那里不方便。[2] 这样，到了 1909 年，纽约市议长约翰·米切尔再度提议修建公共游泳池以便为市民提供服务，避免他们在天然水域中游泳遇到风险。这一次米切尔看中了中央公园北部的一片土地，希望在这里建造一个占地面积广大的综合性运动休闲中心，包括两个游泳池、一个运动场和几个小型体育场。[3]

但米切尔的计划一经提出，立刻遭到来自不同方面的反对。中央公园建于 19 世纪中期，是设计师弗雷德里克·劳·奥姆斯特德（Frederic Law Olmsted）的杰作，也是纽约市的代表，象征着休闲安逸的生活方式，能够乘马车游览中央公园在很长时间内是纽约上流社会和中产阶级炫耀财富和地位的手段。[4] 因此，富有的纽约人极力反对米切尔的计划，深恐一旦此事成真，中央公园的宁静悠闲将一去不返，它所象征的身份地位也会不复存在。《纽约时报》也是

---

① Jeff Kisseloff, *You Must Remember This*: *An Oral History of Manhattan from the 1890's to World War II*, New York: Harcourt, 1989, p. 350.

② "Divergent Views of Seaside Park," *New York Times*, December 3, 1909.

③ "Plans Drawn for Great Park Changes," *New York Times*, July 1, 1910.

④ Sven Beckert, *The Monied Metropolis*: *New York City and the Consolidation of the American Bourgeoisie, 1850–1896*, Cambridge, U.K.: Cambridge University Press, 2001, p. 211.

米切尔的反对者，这家颇具影响力的报纸关注游泳池可能造成的对公共卫生的危害。1910 年 7 月，《纽约时报》刊发文章称，"即使在最好的条件下……中央公园的游泳池也是不卫生的，"① 次日再次发文称游泳池是"滋生病魔的温床"。② 进步运动的改革者们也没有站在米切尔这边，他们主张将游泳池等娱乐设施就近建在劳工阶层的聚居区旁边，以方便后者，反对在中央公园建设大型设施。因为在这些改革者们看来，劳工阶层的生活方式需要改进、需要效仿中产阶级的生活，而在中央公园建设大型娱乐设施无异于将前者不健康的生活方式传播到这附近，影响更多的人。在多方反对下，米切尔的计划彻底流产了，甚至公共游泳池建设也因为担心传播疾病而几乎中断，从 1910 年到 1915 年，纽约市只修造了两座室内公共游泳池，而不是室外游泳池。③ 或许是作为补偿，1911 年，纽约市在布鲁克林的大型娱乐场科尼岛建造了海滩公园，那里安装了室外游泳设施。④ 但科尼岛毕竟与作为纽约市中心的曼哈顿距离遥远，对于最需要公共游泳池放松身心的劳工阶层来说，以 20 世纪初的交通条件，到达那里并不是件容易的事情。

虽然游泳池的建设进展缓慢，但公众对公共空间的需求仍然旺盛不已，而 20 世纪 20 年代的经济繁荣进一步刺激了人们对休闲娱

---

① "Confusion about Central Park," *New York Times*, July 8, 1910.

② "Protecting the Park," *New York Times*, July 9, 1910.

③ Marilyn T. Williams, *Washing "the Great Unwashed": Public Baths in Urban America, 1840–1920*, Kent: Ohio State University Press, 1991, p. 57.

④ "City Baths Ready Aug. 1," *New York Times*, July 23, 1911.

乐活动的热情。20 世纪 20 年代的公共娱乐设施建设热潮，是与其繁荣的经济、进步的技术和人们更多的休闲时间分不开的。新的流水线生产方式提高了企业的效率，在增加产量的同时也减少了工人的劳动时间。随着企业利润的增加，工人工资也逐渐上升。福特公司率先提高了最低工资，并为工人提供带薪假期，这种做法很快被其他企业所效仿，从而在整体上提高了美国工人的收入水平。繁荣的经济和更高的收入刺激了美国人的消费能力，这使得 20 世纪 20 年代成为大众消费的开端。在美国史学家威廉·洛克腾堡看来，20 世纪 20 年代美国人的实际收入也就是购买力经历了惊人的增长，越来越多人有钱购买汽车和其他耐用消费品；经济繁荣也体现在建筑热潮上，这是一个摩天大楼鳞次栉比、公路建设热潮涌动的时代；这是美国的"第二个工业革命时代"。[1] 与经济繁荣相伴的是城市居民空闲时间的增加。中产阶级的暑期休闲从内战后逐渐出现，到 20 世纪 20 年代为期一周的带薪假期已成为大部分白领工作福利的标配。普通劳工虽然没有暑假，但在节日，尤其是劳动节可以休假，在夏天的周六还可额外享受半天的休息。从 1900 年到 1914 年，工人每周的工作时间从 60 小时下降到 55 小时，到 20 世纪 20 年代进一步减少到 48 小时。[2] 体育运动和休闲娱乐成为享受空闲时间的好

---

[1]　William Leuchtenburg, *Perils of Prosperity, 1914–1932*, Chicago: The University of Chicago Press, 1958, pp. 178–203.

[2]　Daniel T. Rodgers, *The Work Ethic in Industrial America, 1850–1920*, Chicago: The University of Chicago Press, 1974, p. 106.

方法。

公众对于纽约的城市公园的热情，似乎自 1926 年詹姆斯·沃克（James John Walker）就任纽约市长起迎来了新一轮高潮。1929 年纽约市财政预算决定为购买新建公园用地拨款 100 万美元，次年市议会又同意斥资 60 万美元用于已建成游乐场和公园的更新。到 1930 年 7 月，纽约市新增公园用地 2900 英亩，并新建了 25 个游乐场。① 之所以如此，少不了纽约城市娱乐委员会（City Recreation Committee，简称 CRC）在幕后的筹划。该委员会成立于 1922 年，由热衷于公园、游乐场和体育场馆的城市公共娱乐设施爱好者组成，致力于推动城市休闲娱乐设施的建设，尤为重要的是，委员会往往根据城市预算修改自己的建议，使其更具可操作性。媒体也是建设公园的积极支持者，针对沃克成立的调查纽约公园的委员会以及用于公园建设的 3000 万美元的债券，《纽约时报》在一篇报道中称赞道："公园带来的益处远远长于债券的期限，这笔债券将给予这个城市的几代人以热情、欢乐和健康"；② 在另一篇文章中，也将这笔债券称作"1930 年对城市休闲娱乐的杰出贡献"。③ 尽管如此，纽约市公共娱乐设施的状况仍不容乐观。1930 年，波士顿休闲娱乐用地占

---

① Judith Anne Davidson, "The Federal Government and the Democratization of Public Recreational Sport: New York City, 1933-43," Ph. D. Dissertation, University of Massachusetts, 2005, pp. 47-48.

② "Millions for Parks," *New York Times*, February 27, 1930.

③ "Lauds City Park Program: Recreation Conference Speaker Hails 30,000,000$ Appropriation," *New York Times*, October 15, 1930.

城市土地总面积的 13%，平均每 219 人拥有一英亩的休闲用地，而纽约的数字分别为 7% 和每 498 人占用一英亩。①

繁荣年代的娱乐需求却在萧条时刻梦想成真。在 20 世纪 30 年代的痛苦与迷惘中，人们需要休闲娱乐活动来放松身心，直面惨淡的时代；政府需要休闲娱乐设施来扩大就业、振兴经济，减少经济压力带来的社会问题。据统计，联邦政府在大萧条时期为公共娱乐设施投入了大笔资金，其中公共工程管理局资助兴建了 770 个游泳池和 5898 个运动场地，从 1934 年到 1936 年，全美共有 2190 个城市支持建造公共娱乐设施，同期美国用于建设公共娱乐设施的资金支出也从 2700 万上升到 4200 万美元，到 1940 年进一步攀升到 5700 万美元。② 还在联邦政府开展救济工作之前，纽约市的慈善组织就已经开始通过建造公园等休闲场所缓解就业压力。如果社会团体自发的活动还只是个开始的话，伴随罗斯福政府而来的种种新政举措无疑拓宽了这条道路。

为了缓解经济危机的冲击，纽约市除了开展福利救济以外，也着手通过多种渠道增加就业，而纽约的慈善机构先于市政府开始为失业者提供工作机会。③ 正如前文所述，纽约人对公园等公共休闲

---

① "New Parks for the Teeming City and Near-by Areas," *New York Times*, August 3, 1930.

② Robert S. McElvaine（ed.）, *Encyclopedia of the Great Depression*, Vol. 2, Thomas Gale Group, 2004, p. 929.

③ Barbara Blumberg, *The New Deal and the Unemployed: The View from New York City*, Lewisburg, Pa.: Bucknell University Press, 1979, p. 19.

娱乐设施的呼吁从未停止，尤其是下东区和哈德逊河沿岸的上西区，在大萧条的冲击下更行破败，亟待整修，纽约人对此早有怨言，即便是科尼岛这个休闲胜地也脏乱不堪、人满为患。[①] 因此，在公共休闲娱乐部门创造新的就业岗位以解决失业者的生计自然成了纽约慈善机构的选择。

1930 年 8 月，纽约改善穷人状况协会（Association of Improving the Condition of the Poor，AICP）与慈善团体联合会（Charity Organization Society）共同发起成立了应急就业委员会（Emergency Employment Committee，EEC），为失业者提供就业机会。在纽约市的公园中创造就业机会是 EEC 的主要工作之一，相比其他城市，纽约人更为欢迎在这一领域开创工作岗位，他们相信公园、游乐场等休闲娱乐场所可以降低随失业而来的犯罪和精神抑郁等问题，并且可以让人们保持健康的体魄。[②] 慈善团体联合会会长助理安娜·肯普歇尔（Anna Kempshall）宣布，联合会计划为纽约公园局提供 3000 到 5000 名工人，在曼哈顿、布鲁克林和布朗克斯的公园中工作。[③] 到 1930 年 10 月底，EEC 已安排了 951 名已婚男子在城市公园中工作。[④] 此外，

---

① Robert A. Caro，*The Power Broker：Robert Moses and the Fall of New York City*，New York：Alfred Knopf，1975，pp. 331–335.

② Judith Anne Davidson，"The Federal Government and the Democratization of Public Recreational Sport：New York City，1933–43，" pp. 88–89.

③ "Financiers to Raise 150,000$ Each Week to Give Jobs to Idle，" *New York Times*，October 16，1930.

④ "City Votes 347,000$ to Widen Aid to Idle，" *New York Times*，October 29，1930.

应急就业委员会也通过与美国休闲娱乐协会（National Recreation Association）的合作缓解失业压力，通过为公园提供专业人士解决白领阶层的就业问题。1934 年 1 月，菲奥雷洛·拉瓜迪亚（Fiorello Henry La Guardia）履新纽约市长。这位新市长曾在 1916—1918 年、1922—1930 年担任共和党国会众议员，虽然在 1929 年的纽约市长选举中败给了坦慕尼协会支持的詹姆斯·沃克，但 1933 年他再度出马时，已经深得城市改革者和新政支持者的信任，并连任至 1945 年。拉瓜迪亚就任市长后，列出了执政期间的五个基本目标，其中就包括增加联邦政府救济和改善公园等城市基础设施。[①]大萧条虽然重创纽约经济，却为纽约城市建设提供了契机。

1934 年 1 月 19 日，拉瓜迪亚提名的罗伯特·摩西正式走马上任纽约市公园局局长。媒体对这位新科局长报以赞美的呼声，《纽约时报》在社论中称："那些见识过以往纽约公园部门三心二意、漏洞百出、各自为政的人都知道摩西的到来意味着什么。"[②]从第二天起，摩西就全力投入公园局的工作中，并首先将目标瞄准了提高公园局的工作效率。在 1934 年摩西履新前，民政工程管理局（Civil Works Administration）在纽约市雇用了 6.8 万名工人从事公园建设和维护工作，但其中很多人只是把这份工作当作养家糊口的手段，并没有全力投入。摩西派出的调查员发现，在布鲁克林海滨公园工作

---

① Thomas Kessner, *Fiorello. H. La Guardia and the Making of Modern New York*, New York: Penguin Books, 1989, pp. 8-9.

② "Commissioner Moses." *New York Times*, January 20, 1934.

的 5000 名民政工程管理局员工中的绝大部分是在消磨时日，整个工作毫无章法和目标。而且他们缺少工具，在寒冷的冬日里只能围着篝火取暖。摩西以此为理由，抨击以往纽约市的公园工作"毫无规划、毫无训练、毫无技术"，并宣布五区公园局长及助手和全部团队一起下课，随后从长岛带来了自己的僚属，并将公园局的办公室直接安置在中央公园内。① 这是摩西履新纽约市公园局后的第一个重大举措。此外，摩西还十分重视对公园局的工程项目进行专业规划，为此他不惜与民政工程管理局正面冲撞。这一机构的目的是为尽可能多的失业者提供就业岗位，以帮助他们度过 1933—1934 年的冬天。而且，民政工程管理局自创立伊始便受到商界的阻挠，后者担心民政工程管理局的工程项目会成为自己的有力竞争对手，因而极力要求压低民政工程管理局工人的工资。而民政工程管理局的主要支持者来自工会，呼吁民政工程管理局雇用更多的失业工人。② 因此，民政工程管理局的首选是工资少、需要人数多的就业岗位以便容纳更多的失业者，得到安置的主要是非技术工人。但摩西需要为公园局招募职业工程师和规划师，他相信不如此则无法建造好的公园，也无法提高工作效率，因此一上任就要求民政工程管理局为公园局雇用新的专业人士提供经费。1 月 27 日，公园局发出了 1300

---

① Thomas Kessner, *Fiorello. H. La Guardia and the Making of Modern New York*, p. 301.

② James T. Patterson, "A Conservative Coalition Forms in Congress, 1933‒1939," *Journal of American History*, Vol. 52, No. 4（Mar. 1966）, pp. 757‒772.

多封电报，给那些早已选好的工程师和规划师，告诉他们如果感兴趣，就可以来公园局上班了。①

图 2-3 罗伯特·摩西

利用手中的权力，摩西开始大规模更新纽约的公园，尤其是历史悠久的中央公园。摩西刚一进驻中央公园，就派出工人开展施工。"让中央公园附近公寓里的居民惊奇的是，这些敲敲打打的声音（指工人在中央公园中工作的声音——引者注）直到早上五点也不会停。每到黄昏，又有几千人来到公园中接替干了一天活儿的人。当公寓里的旁观者们晚上要休息时……还能看到鹤嘴锄在挥舞。"② 在这个曾被纽约中上层社会视作休闲场所的公园内，摩西修建了许多体育设施，他将部分草地变成了板球场，并且建立了室内溜冰场。不但如此，在摩西担任纽约市公园局长之前，中央公园内

---

① Cleveland Rodgers, *Robert Moses：Builder for Democracy*, New York：Holt, 1952, p. 84.

② Robert A. Caro, *The Power Broker*, p. 371.

只有一个运动场，由富豪奥古斯特·赫克舍捐建，远远不能满足需要。摩西上任一年半后，中央公园新建了 19 个运动场，均带有供儿童玩耍的沙坑；他还拆除了詹姆斯·沃克任市长时期授权自己的密友在中央公园内开设的赌场兼高档夜总会，将其改建为玛丽·哈里曼·拉姆齐运动场（Mary Harriman Rumsey Playground）。[1] 到 5 月中旬，中央公园中已经完成了 1700 项改善工程，令人惊讶不已，"几代纽约人坚信，中央公园中的长凳只能是绿色的，像草地一样的颜色，但游客这几天却能看到，如今那里的长凳更像知更鸟，被涂上了卡其色"。[2] 在威廉·谢里丹公园（William E. Sheriden Park）、卡尔·舒尔茨公园（Carl Schurz Park）等地同样建起了许多运动场。

摩西在为纽约市建造公园的同时，也建设了许多游泳池，许多位于公园内。不但如此，公园局还在 1934 年发起了"学会游泳"活动，这一极受欢迎的项目不仅得到了公共事业振兴局（Works Progress Administration）的支持，也深受纽约市民喜爱，成千上万的儿童利用该项目学会了游泳。[3] 纽约的游泳池建设同样利用了新政期间联邦政府的大规模援助，尤其是从公共事业振兴局获得了许多资金。公共事业振兴局的所有雇员中，有四分之三从事公共工程，

---

[1] "The Landscapes of Robert Moses," *Site Lines*, Vol. 3, No. 1 (Fall 2007), pp. 3–17.

[2] "Topics of the Times," *New York Times*, May 19, 1934.

[3] Victor Jenkins, "Learn-to-Swim Campaign Opened for City Children," *New York Times*, June 11, 1939.

超过半数参与高速公路或街道的修建维护，大约三分之一服务于公园和游泳池等休闲设施。[①]摩西和拉瓜迪亚以极快的速度制定了建设计划，向公共事业振兴局申请资助，其中包括修建50个游泳池的方案，摩西提交给市长的书面计划的纸张有8英尺厚。[②]与此同时，摩西努力与公共事业振兴局在纽约市的分支机构维持着良好关系，这使他能够"建立起美国首屈一指的公园和休闲娱乐系统"。[③]纽约游泳池建设采用了标准化和统一规划的模式，加快了规划和建设速度。所谓标准化，指的是摩西建成的游泳池在设施和细节之处有着共同特征。这些泳池大多呈方形，入口设在中央，两侧分别为男女更衣室；整个游泳池包括三个独立的户外泳池，一大二小；建筑均采用简约的现代化建筑风格。[④]所谓统一规划，指的是所有设计方案均由摩西的团队策划，从第一个投入使用的汉密尔顿鱼市公园（Hamilton Fish Park）游泳池到最后一个完成的红钩公园（Red Hook Park）游泳池，都是如此。

由于纽约市恶劣的财政状况，公共事业振兴局几乎全部承担了在纽约的各项工程的费用，例如为布朗克斯克洛特纳公园（Crotona

[①] Federal Works Agency, *Final Report of the WPA Program*, *1935–1943*, Washington, D.C.: Government Printing Office, 1946, pp. 47–54.

[②] Judith Anne Davidson, "The Federal Government and the Democratization of Public Recreational Sport: New York City, 1933–43," p. 167.

[③] John D. Millet, *The Works Progress Administration in New York City*, p. 38.

[④] Marta Gutman, "Race, Place and Play: Robert Moses and the WPA Swimming Pools in New York City," *Journal of the Society of Architectural Historians*, Vol. 67, No. 4（Dec. 2008）, pp. 532–561.

图 2-4　今日汉密尔顿鱼市公园游泳池

Park）中的游泳池提供了 120 万美元。① 到 1936 年劳动节（9 月份的第一个星期一），公园局已投入使用的新建和扩建的大型游泳池有 11 个，其中最先运行的汉密尔顿鱼市公园（Hamilton Fish Park）中的游泳池在 1936 年 6 月 24 日向公众开放，耗资超过百万美元。② 经摩西规定，纽约市游泳池夏季的开放时间为 10 点到 22 点 30 分，14 岁以下儿童在工作日的上午可以免费游泳，后来拉瓜迪亚又将开放时间延长至午夜。③ 据估计，1936 年夏天纽约的游泳池共接待了165 万客人。④

在美国学者朱迪斯·戴维森看来，此时纽约市公共休闲娱乐

---

① Judith Anne Davidson, "The Federal Government and the Democratization of Public Recreational Sport: New York City, 1933-43," p. 165.

② "$1,000,000 City Pool Opens Wednesday," *New York Times*, June 21, 1936.

③ "Parks Kept Open at Night by Mayor," *New York Times*, July 10, 1936.

④ Hilary Ballon, Kenneth T. Jackson（eds.）, *Robert Moses and the Modern City*, p. 135.

设施建设遵循三条基本原则。①首先是为尽可能多的人提供尽可能好的休闲场所，因而摩西掌管下的公园局在修建公园的同时，也注意建造游乐场和体育场馆；既修缮距离贫穷居民较远的中央公园，也就近整饬贫民窟的休闲场地。社区居民不仅需要如诗如画的自然景观，更需要能够满足全家休闲放松的娱乐设施。其次是保证公园等公共设施面向全体市民，与商业娱乐场所不同，后者主要通过游乐设施向消费者提供娱乐，如科尼岛就建有旋转木马和过山车。第三，公共娱乐设施不能停留在建成公园上，还应该建设道路俾使市民方便享用，因此公园局也建造了许多连接公园的园林大道（Parkways）。笔者也认同戴维森的这三条原则。不过，有一点戴氏没有提及，即提前做好规划也是其中的一条原则。无论是民政工程管理局还是联邦政府后来的其他救济机构，都要求地方政府预先准备好方案，再由前者提供资金。摩西利用公园局雇用的庞大的工程师和规划师队伍，得以迅速甚至提前做好规划，当联邦政府的资助要求出台时，可以很快向联邦政府提出申请，这是摩西为纽约市争取到大笔联邦资金的重要原因。然而，或许也是因为摩西每每预先做好规划，他所主持建设的公园往往风格统一乃至千篇一律。在这些公园里，大多都有运动场、游泳池和滑梯，并且铺设了供儿童嬉闹的沙坑。

城市的公共休闲娱乐设施是城市公共空间中不可或缺的一部分，

---

① Judith Anne Davidson, "The Federal Government and the Democratization of Public Recreational Sport: New York City, 1933-43," pp. 131-133.

也是城市人文情怀之所在。在全球城市化进程加快的今天，越来越多的人口定居在城市里享受着城市生活，城市应该为现代人提供何种休闲的空间？城市如何确保不同阶层、不同文化背景的人平等地共享公共设施？在今天的城市中，在这个生活节奏加快、公共危机突发和社会文化多元的时代中，探索城市与人类生活的关系仍然有很长的路要走。

第三节　打造便捷的城市交通系统

19 世纪以来，纽约的市内交通发生了翻天覆地的变化。十字交叉的道路网络在并不整齐的曼哈顿岛内虽然不免方枘圆凿，但无疑方便了车辆通行。1826 年公共马车第一次在巴黎出现，1827 年就被引入纽约，一直运行到 1917 年。相比公共马车，对 19 世纪公共交通影响更大的是蒸汽火车，而应用到市内交通的则是高架铁路（Elevated Railway）。高架铁路出现于 19 世纪后半期的纽约市，是美国最早的城市快速交通。1867 年，查尔斯·哈维（Charles Harvey）沿格林威治街修建了长 0.25 英里的高架铁路。1871 年纽约高架铁路公司（New York Elevated Railway Company）成立后，高架铁路进入快速发展时期，使用蒸汽火车头拉动车厢，增加了停靠站点，应用了多项技术创新，并将沿路向南延伸到城南渡口（South Ferry），向北扩展到第 61 街。随着电力的应用，速度慢、耗能大、污染重的蒸汽机车头最终被电力车头所取代，1900—1904 年，曼哈顿铁路公司完成了其设备的电气化，并开始与区间快速轨道公司（Interborough Rapid Transit，简称 IRT）合作，将高架铁路线路与后者铺设的地铁连接起来，而布鲁克林和布朗克斯的高架铁路也大约在同一时期完成设备更新。[①] 在高架铁路盛行的年代，新的交通工具逐渐出现。1885 年，在阿姆斯特丹大道上开始试行缆车（Cable Car），时速固定在九英里，但由于成本较高，只运行了几个月便销声匿迹了。有轨电车（Streetcar）是取而代之的新的地面公共交通工具，1886 年首次出现在弗吉尼亚州的里士满，旋即被纽约采用。20 世纪初，纽约有轨电车数量众多，"触目皆百足之虫，其市街电车也"。[②]1919 年，纽约有轨电车网络绵延 1344 英里，为其历史最高值，运载乘客数量甚至超过地铁和高架铁路的总和。[③] 但进入 20 世纪 20 年代后，随着私人小汽车和公共汽车、地铁的崛起，有轨电车走向末路。

成为今日纽约最重要公共交通工具的地铁在 19 世纪末蹒跚起步。突如其来的 1888 年暴雪是纽约交通史上的一场灾难，不仅导致有轨电车和高架铁路瘫痪，而且造成了至少 400 人死亡，[④] 地下交通的重要性在这场自然灾害面前显现无遗。次年，纽约州通过《快速轨道交通法》（Rapid Transit Act），将建设地铁的责任交给市政府，

---

① Kenneth T. Jackson（ed.），*The Encyclopedia of New York City*，p. 406.

② 梁启超：《新大陆游记》，第 50 页。

③ Kenneth T. Jackson（ed.），*The Encyclopedia of New York City*，p. 1250.

④ Marsha Ackermann，"Buried Alive! New York City in the Blizzard of 1888," *New York History*，Vol. 74，No. 3（1993），pp. 253−276.

而建成后有私人企业以租借的形式经营，这样纽约市的地铁建设才走上正轨，1898 年纽约兼并其他四区进一步凸显了地铁的重要意义。[①] 随后更多的地铁破土而出，仅仅四年后纽约地铁系统成为世界上第一条双复线的地铁线路。

图 2-5　建设中的纽约地铁市政厅站，约 1904 年

20 世纪前期，技术水平、运营成本和舒适度在一定程度上困扰着纽约地铁，但真正构成挑战的只有一个，即汽车的崛起。没有人会质疑汽车对于美国城市乃至文化的影响。尽管汽车诞生在德国，尽管日本汽车在 20 世纪 80 年代曾一度夺占北美市场，尽管几年前的经济危机曾让美国汽车工业巨头难逃破产命运，但美国却受汽车影响最深，彻底改变了汽车行业和汽车文化。美国汽车工业诞生于中西部，1896 年 6 月 4 日，亨利·福特开动了他的第一辆汽

---

① Ronald Reis, *The New York City Subway System*, New York: Chelsea House, 2009, p. 28.

车，1908 年福特的 T 型车问世，宣告美国汽车时代的来临，不过两年间，美国汽车保有量即从 8000 辆增长到 46.9 万辆。① 纽约人也不例外，对汽车投入了极大的兴趣。还在 1895 年，也就是福特的第一辆汽车开下生产线之前，纽约梅西百货就在店中展出了从德国进口的奔驰汽车，以吸引顾客眼球。②1900 年，纽约市共有六家汽车生产商，雇有工人不足 500 人。最大的汽车制造企业是位于城市之外的电动车辆公司，生产电力汽车，主要用作出租车。③ 尽管如此，纽约的汽车数量增长却很迅速，1917 年其数量超过马车，1920 年纽约大都市区共有汽车 54 万辆，到 1926 年时已达 130 万辆。④1912 年，已经有大约 2800 辆出租车在纽约市内运行，1918 年增至 6346 辆，四年后进一步增加到 13449 辆。到 1924 年时，仅仅黄色出租车公司一家便拥有 1704 辆车。⑤ 其次，纽约汽车的繁荣还推动了郊区的迅速发展。相比高架铁路、有轨电车和地铁，汽车更为灵活方便、能够到达更远的地方，也方便私人使用。汽车催生的郊区与以往的郊区相比也有很大不同，住房密度更低、距离中心城市的距离更远，由此而带来的就业分散化也更为明显。许多遥远地区在汽车的影响下得以开发，布鲁克林区东南部的平地（Flatlands）就是这样，这

---

① Jane Holtz Kay, *Asphalt Nation: How the Automobile Took Over America and How We Can Take It Back*, Berkeley: University of California Press, 1997, p. 142.

② Henry Ford, *My Life and Work*, New York: Doubleday, 1922, p. 33.

③ Kenneth T. Jackson (ed.), *The Encyclopedia of New York City*, p. 77.

④ Matthew Gandy, *Concrete and Clay: Reworking Nature in New York City*, Cambridge, Mass.: The MIT Press, 2003, p. 123.

⑤ Ibid, p. 20.

里从来没有开通快速轨道交通系统，因而一直未得到开发，直到 20
世纪 20 年代汽车大量使用后才迎来发展时期。①

　　总体看来，拥挤不堪的交通是困扰纽约的慢性病，还在 19 世
纪 50 年代，纽约人就不断抱怨曼哈顿的交通拥堵，尤其是百老汇大
道。② 随着城市的扩张和交通技术的进步，通勤火车成为纽约与郊
区联系的重要工具，在 1890 年的人口统计中，每天进出纽约市的通
勤火车数量高达 1588 辆，几乎为费城和芝加哥火车数量的总和。③

　　汽车的大规模应用为交通系统的创新提供了契机，纽约市布朗克
斯河园林大道（Bronx River Parkway）是世界上第一条针对汽车而设
计的公路，可以说是现代高速公路的前身。这条公路于 1906 年设计，
经过七年与沿线房地产所有人的协商，1913 年破土动工。整条园林大
道全长 15.5 英里，耗资超过 160 万美元，因沿布朗克斯河而得名，南
起纽约的布朗克斯公园，向北抵达韦斯特切斯特县。整个园林大道工
程占地 1155 英亩，包括 20 英里长的煤渣路和 37 座钢石结构的桥梁。
一战期间，道路修建曾一度停工，1922 年第一段交付使用，次年因为
纽约市经费紧张而再度中断，直到 1925 年才最终完成。与一般道路
不同，这条园林大道对所经路段的景观进行了仔细规划，道路两旁人

---

① Kenneth T. Jackson, *Crabgrass Frontier*, p. 181.

② Elizabeth Weinstein, "The Congestion Evil: Perceptions of Traffic Congestion in Boston in the 1890s and 1920s," Ph. D. Dissertation of University of California, Berkeley, 2002, p. 9.

③ United States Census Office, *Report on the Social Statistics of Cities in the United States at the Eleventh Census: 1890*, Washington, D.C.: Government Printing Office, 1895, p. 50.

工栽种的树木超过 3000 株，道路中央建有绿化隔离带，是美国第一条穿过公园的大道，成为后来公园大道的先行者。①

作为景观通行道，园林大道主要应用于连接纽约市区与郊区如长岛各县，纽约市内的交通还是要依赖传统公路或者快速路（Expressway）。从 20 世纪 20 年代开始，纽约州和纽约市效仿布朗克斯河园林大道，联合修建了多条园林大道，以方便纽约市民乘汽车前往郊区，尤其是位于长岛的北州大道和长岛快速路。然而对于纽约市民来说，市内交通同样重要。在大萧条期间，纽约市为缓解交通压力，提出了新建环道系统的构想。

表 2-1　纽约市主要园林大道一览表

名　　　　称	开通时间
南州大道（Southern State Parkway）	1927 年
瓦塔哈园林大道（Wantagh State Parkway）	1929 年
区间园林大道（Interborough Parkway）	1935 年
大中央园林大道（Grand Central Parkway）	1936 年
跨岛园林大道（Cross Island Parkway）	1940 年
海岸园林大道（Shore/Belt Parkway）	1941 年
范威克快速路（Van Wyck Parkway）	1950 年
远景快速路（Prospect Parkway）	1955 年
布鲁克林—昆斯快速路（Brooklyn-Queens Expressway）	1964 年

资料来源：Joann P. Krieg, *Robert Moses：Single-Minded Genius*；Robert A. Caro, *Power Broker*；Kenneth T. Jackson, *Encyclopedia of New York City*；Hilary Ballon, Kenneth T. Jackson, *Robert Moses and the Modern City*.

---

① "Built to Meander, Parkway Fights to Keep Measured Pace," *New York Times*, June 6, 1995.

　　1930 年 2 月 25 日晚，海军准将酒店的大宴会厅里灯火通明，近 500 位纽约各界精英聚集于此，出席公园协会举办的年度晚宴。觥筹交错间罗伯特·摩西身着黑色燕尾服走上讲席，随行下属随即将一幅巨大的纽约市地图挂在他身后的墙上。一条粗重的红线从布鲁克林大桥出发，经过西部和南部的海岸线，绕过杰梅卡湾（Jamaica Bay），沿纽约东部边界超越昆斯后再向北折去，经菲利伯特—白石大桥（Ferry Point-Whitestone Bridge，后改名为布朗克斯—白石大桥，Bronx-Whitestone Bridge）连接哈钦森河园林大道，向北直通布朗克斯和韦斯特切斯特县。另一条红线向南穿过韦拉扎诺海峡，连接起布鲁克林和斯塔滕岛，并贯穿该岛直达新泽西。这样，从新英格兰到新泽西，旅客不必再几进几出拥堵的曼哈顿了。惊喜而又错愕的听众们已来不及饮尽杯中之酒，视线随着摩西来到了昆斯东部的大中央园林大道，他们再一次吃惊地发现，这条公路已经向西北延伸到了地狱之门 ①，并且经过因大萧条而停工的三区大桥进入布朗克斯。随后，地图上的一系列密集红线让他们明白，在这里，可以通过各个方向的道路连接布朗克斯和曼哈顿。一条向西的红线沿哈德逊河向南抵达滨河公园的南部界线第 72 街，如果这条路在南部接上西部高架公路，并向北经亨利·哈德逊大桥（Henry Hudson Bridge）进入哈莱姆，摩西告诉听众，那么只需三英里就可连接锯

---

　　① 地狱之门（Hell Gate）是纽约市东河上的一段狭窄水道，位于曼哈顿、昆斯和布朗克斯之间，是哈莱姆河与东河的交汇处。

木厂河园林大道。他把这段路称作亨利·哈德逊园林大道（Henry Hudson Parkway）。[①] 这样，摩西沿纽约市的界线规划了一条带状公路，称之为城市环道（Marginal Boulevard，后改称 Belt Parkway），顺着他的规划看去，天堑已是通途，纽约交通仿佛顺畅无比。这一条条红线，是宴会厅中人们的梦想，也是摩西运筹良久、必欲为之的宏大规划。这一时期，打造城市交通系统的措施主要集中在以下几个方面。

（一）建设三区大桥

随着纽约市的发展和扩张，尤其是五区合并之后，人口在各区之间的流动更加便捷。相对于曼哈顿和布鲁克林密集的人口，其他各区的人口相对分散，大纽约的形成客观上促进了人口和经济在五区之间的再分配。"站在哈莱姆眺望东河对岸，一定会惊讶于两岸之间鲜明的对比。曼哈顿街道拥挤，而昆斯则有大片的空地……工程师们认为，连接曼哈顿、布朗克斯和昆斯，将缓解三地高速公路的拥堵。"[②] 而实际上，昆斯与曼哈顿长期以来的直接交通只有渡轮，从博登街或富尔顿街到达 34 街或 92 街，直到 1909 年昆斯区大桥建成才有了直接的陆路联系。随后又相继建起了昆斯区地铁和地狱之门铁路大桥（Hell Gate Bridge），并开通了几条铁路线连接两地。昆

---

① Robert A. Caro, *The Power Broker*, pp. 341–342.

② "How Triborough Bridge Would Ease Traffic Jam," *New York Times*, December 7, 1924.

图 2-6　地狱之门铁路大桥

斯和布朗克斯之间则完全没有直接的陆路联系。

　　早在 1910 年，城市官员、商会和工程师就已经提出了沟通三区的交通规划，建议在地狱之门铺设地铁，后来改为大桥。尽管得到多方支持，但直到詹姆斯·沃克就任纽约市市长后，三区大桥工程才逐渐有了眉目，然而大萧条的来临再次中断了建设计划。1933 年 4 月 3 日，纽约州州长莱曼签署了州议会关于成立三区大桥管理局（Triborough Bridge Authority，简称 TBA）的法案，由三名成员组成的管理局正式成立，委员任期六年，专门负责大桥的建设。[①]1934 年拉瓜迪亚就任市长后任命摩西担任合并后的纽约市公园局局长，

---

　　①　"Bridge Authority Voted at Albany," *New York Times*, April 4, 1933.

负责市内公园以及园林大道建设，同时改组管理局人事，换上了自己的人马。新团队对原设计方案进行了调整，双层的桥梁设计改为单层，花岗岩桥体改为钢架结构，双向十六车道改为八车道，但单个车道的宽度有所加大。这样一来，预计耗资 5100 万美元的三区大桥只需 4100 万即可。①

在昆斯，桥头与已经建好的大中央快速路（Grand Central Parkway）之间有四英里的距离，需要穿过阿斯托利亚（Astoria）。这里是昆斯区的北部，濒临地狱之门，19 世纪中期起逐渐由纽约的富人聚居区转变为工业城镇，吸引了许多德裔移民。1853 年，海因里希·施坦威格在曼哈顿创办了施坦威父子钢琴公司（Steinway & Sons），不久工厂迁至阿斯托利亚，并建立了工厂城，为工人提供住房和学校。管理局采取了填河造路的办法，从法拉盛湾和罗卡威运来沙石沿着海岸线填埋出一片空地，这样连接道就可以沿着这里绕过阿斯托利亚了。曼哈顿的桥头在 125 街，第一大道虽然直通 125 街，但与桥头距离太近，因此需要重新规划一条。为此，市政府通过与联合爱迪生公司谈判买下了后者的一段路权，还在老档案里找到了一份材料，证明此地有 60 英尺②的土地始终是政府的土地。此外，还在有些地段架设高架桥，拓宽桥面宽度，这样并不需要多征地同样可以达到拓宽路面的目的。

1936 年 7 月，三区大桥主体建筑正式建成通车，这项历时长达

① "Triborough Bridge to Cost \$41,258,000," *New York Times*, April 4, 1934.

② 1 英尺 =0.3048 米。

七年的工程耗资高达 6300 万美元；10 月，沿东河河滨的连接道也宣告完工。实际上，三区大桥并非一座桥，而是包括四座高架桥，把曼哈顿、布朗克斯、昆斯连同兰德斯岛和沃兹岛连接起来。沟通曼哈顿和沃兹岛的桥跨过哈莱姆河，是世界上最大的垂直升降桥，为双向六车道，另外建有人行道和中央隔离带，钢制桥面重达 2200 吨。① 连接布朗克斯和兰德斯岛的高架桥更宽，为双向八车道。从兰德斯岛到昆斯的大桥高达 135 英尺，是全世界最大的拉索桥之一。三区大桥的收费站设在兰德斯岛和沃兹岛之间的连接桥上，采用自动设备，过往司机只需交付现金再按动按钮就可以。

三区大桥不仅位于曼哈顿、布朗克斯和昆斯三区的枢纽位置，而且位于整个大纽约的地理中心，将东河和哈莱姆河两岸的纽约市连接在一起。它加强了三区之间的联系，一定程度上缓解了交通压力，加快了纽约人口流动的速度和纽约人的生活节奏，原本 45 分钟的车程如今只需 16 分钟。② 在摩西的整个环道系统中，三区大桥是极为重要的一环，便捷的公路通过这里与昆斯、布鲁克林和曼哈顿的道路相连，这样，从长岛前往新泽西就不必再绕行拥堵的曼哈顿了，而此前摩西在长岛建立的多个州立公园，也可以更方便地为纽约各地区的居民享用。三区大桥已经超过了单纯的道路交通设施而成为一个庞大的系统工程，不仅有高架桥，还有连接道方便地进入

① Victor H. Bernstein, "A New Triumph of Engineering," *New York Times*, July 5, 1936.

② "Triborough Bridge Cuts Travel Time," *New York Times*, July 10, 1936.

图 2-7 俯瞰三区大桥

三区，并且兰德尔斯岛和沃兹岛的公园也是其构成部分，为纽约人创造了新的休闲娱乐空间。

（二）西区改进计划

西区改进计划（West Side Improvement）主要集中在曼哈顿的上西区（Upper West Side），即中央公园与哈德逊河之间、从西 59 街到西 110 街的这片区域。上西区的哈德逊河畔自 19 世纪起就是繁忙的码头区，也是连接纽约与新泽西的交通和工业走廊。19 世纪 40 年代，哈德逊河铁路公司（Hudson River Railroad）在这里修建了复线的铁路，南起钱伯斯街，北抵纽约州首府奥尔巴尼，沿河而建，直到 20 世纪 20 年代仍在运行。1867 年该公司与纽约中央铁路公司合并，这条线路也更名为西区货运专线。得益于哈德逊河发达的航运，该铁路线运行繁忙，往来车辆不断，但这也造成了恶劣的居住环境，不但事故频发，而且污染严重，常有市民呼吁政府出资改善其交通条件。工业污染是铁路带来的另一个负面效应，尽管沿铁路线分布的滨河公园在 1872 年破土动工，且由大名鼎鼎的弗雷德里克·劳·奥姆斯特德设计规划，但却并未阻挡上西区环境的恶化。当地居民和开发商早在 1884 年就呼吁改进西区环境，并自发成立了西区改进市民委员会，要求市政府拨款。市民呼吁整修滨河公园，以便提升附近地产价值和居民生活质量。尽管市政府对此做出回应，但却并没有采取实际行动。① 这是因为上西区的交通和环境问题，实际上来自铁路的所有者纽约中央铁路公司。该公司拥有西区货运专线所占土地的通行权，而且财力雄厚、人脉广布，市政府不得不谨慎行事。中央铁路公司是唯一一家在曼哈顿拥有货运铁路枢纽的公司，其他铁路公司都以一河之隔的新泽西港口作为终点站。因此，对纽约市而言，哈德逊河铁路的经济意义是不言而喻的。由于经济利益和政治纠葛，上西区的改造直到 20 世纪 20 年代实际上效果仍然十分有限。而反观其他美国大城市，滨水地带的开发早已提上议事日程。

　　1927 年，纽约市与纽约中央铁路公司达成最终协议，市政府将第 13 街滨河地带的码头区赠予铁路公司，而后者则将其穿越滨河公园直至第 11 街的铁路占地权交给市政府，并且由双方共同出资建设

---

　　① "Riverside Park Improvements," *New York Times*, February 18, 1886.

从曼哈顿南段向北至第72街的西区高架公路，其中包括铁路公司出资500万美元用于高架公路建设、320万美元用于在穿过滨河公园的铁路上方修建步行道。[①] 但直到1929年大萧条爆发之时，这项工程仍未取得明显进展。经济危机对市政府财政和铁路公司收入都造成了很大冲击，双方均无法按照协议规定提供所需经费，因此如何募集所需资金成了摆在市政府面前最大的难题。主持其事的摩西分别向州政府、联邦政府和商界筹集资金。

纽约州的"清除道路平面交叉专项基金"（Grade-Crossing Elimination Fund）有高达3亿美元的经费，摩西希望州政府能从中支出700万美元用作给铁路公司的贷款。[②] 根据规定，这项基金专门用于清除路面的平面交叉，特别是用于修建跨过铁路的高架公路，并且利息只有2%，远远低于银行的贷款利率。尽管原本由中央铁路公司提供的资金并非只用于修建高架公路，但毕竟这是其中的重要内容，因此摩西决定向州政府申请使用该项基金。在州议会中，摩西承诺中央铁路公司将以税收为担保，较为顺利地促使议会同意这项贷款。而为了说服莱曼州长同意贷款，摩西则利用自己与报界的关系，向州长保证纽约新闻界会支持这一举动。这样，摩西从这项基金中为中央铁路公司争取到1350万美元的低息贷款，而铁路公司在收到这笔经费后立即将其按照1927年协议的规定投入于建设高架公路和搭建遮雨棚。

[①] Robert A. Caro, *The Power Broker*, p. 527.

[②] "State Loan Proposed for Express Highway," *New York Times*, March 30, 1934.

为了给整个西区改进计划筹集资金，摩西找到了联邦政府这个更大的金主。他敦促下属和与公园局合作的设计公司在西区规划一座立交桥，并且要尽快拿出设计图纸。该方案选中了第 79 街，在其滨河地带修建了高架转盘，周围有低矮的断层石砌作为护墙，南北分别到达第 76 街和第 81 街，有地下通道沟通东西。连接干线公路的匝道各有三车道，中间有绿化带隔开。高架桥下面的河岸地带建有餐馆、码头和步行道，高架桥中央的天井中建有喷泉，行人可以沿这座高架桥欣赏沿河风景，也可以停车用餐休息。最终，公共工程管理局（Public Works Administration，简称 PWA）同意提供 177 万美元用于购买建筑材料，民政工程管理局也在摩西劝说下支付了 300 多万美元用于工人工资，而市长交给摩西 15 万美元用于建设船坞。[1]

随后，摩西将目光投向了纽约商界，希望能从银行募集投资。为此，摩西成立了亨利·哈德逊园林大道管理局，以即将修建的、连接曼哈顿与布朗克斯的亨利·哈德逊大桥的过路费为保证来发行债券。然而在大萧条中损失惨重的纽约金融家们却疑虑重重，他们并不看好这座大桥，不相信纽约人会花钱走这么远的一条路。1934 年夏，摩西派遣助手一方面统计经百老汇大道前往布朗克斯的汽车数量，另一方面计算行驶在西区道路上的车辆数量。尽管数据显示可能会有三分之一的车辆被未来的亨利·哈德逊大桥分流，但纽约银行家们仍然畏葸不前，不敢大笔投资。最终在摩西的劝说下，纽

---

① Robert A. Caro, *The Power Broker*, p. 531.

约金融界只同意购买价值300万美元的大桥债券。①

　　除此之外，摩西通过利用西区高架公路开凿过程中产生的石料，将其运往滨河公园围河造田，节省了大约400万美元；他通过在滨河公园的船坞上加装承溜口向一家慈善机构募集了10万美元；他把亨利·哈德逊河大道与通往新泽西州的乔治·华盛顿大桥相连，争取到了联邦政府对跨州公路的经费支持，并以拆掉西区的老建筑为名，从联邦政府手里拿到了一笔住房经费，两笔资助共计1200万美元；进入哈莱姆地区后，黑人居民越来越多，出于对非洲裔美国人的偏见，摩西对滨河公园的改造也越来越简单，这样一来又省下了一大笔钱，将近2900万美元。1934年底，摩西的助手从华盛顿带来消息说国会已经批准，在下一个财政年度中给PWA高达四亿美元的拨款，因此摩西又找到莱曼州长，说服他答应从PWA给纽约州的配套拨款中拿出一部分用于购买布朗克斯区滨河的里弗戴尔（Riverdale）的土地，并且以此成功地使拉瓜迪亚市长做出承诺，同意为他解决亨利·哈德逊园林大道经过斯派登·戴维尔地区（Spuyten Duyvil）的路面拓宽问题。② 除此之外，摩西还重新设计了亨利·哈德逊大桥，原本这座单层六车道的跨河大桥变成了双层四车道，而且摩西打算先建第一层，这样就把费用从500多万美元减少到300万美元。③ 大桥的第二层于1938年通车，也是由管理局发

---

① "$3,000,000 Paid in for New Highway," *New York Times*, April 20, 1935.

② Robert A. Caro, *The Power Broker*, pp. 533–539.

③ "Moses Revising West Side Plan," *New York Times*, December 16, 1934.

行债券筹集资金而建成。

1937 年，亨利·哈德逊园林大道通车，整条道路南起第 72 街，北抵布朗克斯与韦斯特切斯特县的交界处，从曼哈顿直至扬克斯市，是纽约 9A 号公路的一部分，并在乔治·华盛顿大桥处与 95 号州际高速公路相连。亨利·哈德逊大道在曼哈顿的路段临近哈德逊河，荷兰殖民者曾在亨利·哈德逊的率领下在河岸停泊下船。同时，这条园林大道也具备休闲娱乐功能，沿途穿过滨河公园、特赖恩堡公园、因伍德希尔公园和范·科特兰公园，与布朗克斯河园林大道一样具有交通与消闲的双重功能。倘若驾车从炮台公园出发，穿过西区高架公路，当到达第 72 街时，就进入了亨利·哈德逊园林大道，滨河公园在汽车脚下向北蔓延开来。沿着这条六车道的大道到达第 79 街时，就到了摩西说服 PWA 投资的高架桥上，若是驾车绕过转盘，就能进入东西向的 79 街上，继续向北，从第 83 街起，园林大道向西偏转，距离哈德逊河更近。从第 86 街到第 92 街，大道几乎临河而行，绿化带也转移到了其东侧、与滨河公路之间的部分。在滨河公园内，1927 年协定中用于遮盖铁轨的步行道在 1936—1937 年间完工，公园局在道路两侧安装了长椅，并且修建了楼梯连接地面的球场，在 101 街和 102 街之间，行人可以经由多个楼梯来到下面的足球场。①

饱受争议的亨利·哈德逊大桥横跨哈莱姆河，是曼哈顿和布朗

---

① "Historic American Engineering Record: Henry Hudson Parkway, HAER No. NY-334," p. 14.

克斯的分界线，1936 年第一层建成时，是当时世界上最长的固定板拱桥，两年后大桥的第二层也建成通车，两层桥面各连接南北方向的车辆，两个方向的收费站均坐落于曼哈顿一侧。驾车经过上层桥面时，可以看见亨利·哈德逊的雕像。这座雕塑的建造开工于 1909 年，但直到 1938 年才在亨利·哈德逊大道管理局的催促下完工。[①] 驾车经过哈德逊大桥后，这条园林大道进入布朗克斯，从这里开始，大道逐渐远离河岸，向东北方向的内陆延伸。随着它驶进纽约郊区，两侧的辅道也越来越多，将稀疏的居住区的道路接入这条园林大道上。布朗克斯境内的亨利·哈德逊大道是在原来的斯派登·戴维尔园林大道基础上扩建而成，贯穿里弗戴尔，驾车者向右望去，就是帕里塞斯公园了。到第 252 街时大道再次大幅度向东偏转，经过百老汇后就进入范·科特兰公园，随后转向北后与锯木厂河园林大道连为一体，继续北行就是韦斯特切斯特县了。"这条六车道的亨利·哈德逊园林大道承载着数不尽的汽车进出纽约……这条大道贯穿公园和河流，却对公园和河流的美景丝毫无损。"[②]

　　整个西区改进计划包括 1927 年协定中的西区高架公路（从炮台公园到第 72 街）、滨河公园的更新重建、72 街向北的亨利·哈德逊园林大道、连接曼哈顿和布朗克斯的亨利·哈德逊大桥以及布

---

① "Hudson Statue Mounted on Memorial Park Base," *New York Times*, January 7, 1938.

② Paul Goldberger, "Discovering the Pleasures of City's Great Boulevard," *New York Times*, October 3, 1980.

朗克斯境内园林大道的扩建。《纽约时报》感慨道："铁路、垃圾场和煤堆这些哈德逊河畔的不雅之物都被清走或是彻底掩埋了。"[1]公路局也曾称赞亨利·哈德逊大道是一项勇敢的尝试。无论是滨河公园、亨利·哈德逊园林大道还是哈德逊大桥，直到今天仍在使用，也仍然是进出纽约的大动脉。2005 年，纽约大都市区交通委员会同意投资发起一个综合性的改建计划，以促进其入选纽约州景观大道（New York State Scenic Byway）。

通过三区大桥和西区改进计划，纽约市基本建成了交通环道系统。这样，从曼哈顿南端的炮台公园出发，环绕纽约市一周的交通线路已基本完工。驾车沿东河边的快速路到达地狱之门，经三区大桥既可以向东进入昆斯、然后进入布鲁克林和长岛，也可以向北穿过哈莱姆和布朗克斯园林大道直达韦斯特切斯特县。从哈莱姆也可以向南，经上西区向南回到曼哈顿南端。

第四节　治理贫民窟

直到今天为止，住房都是纽约市面临的棘手问题。一方面，城市面对大量的中低收入群体，长期以来无法为他们提供充足的、体面的、可以负担的住房；另一方面，大量街区衰败成为贫民窟，不

---

[1]　Victor H. Bernstein, "West Side Highway to Open," *New York Times*, October 10, 1937.

但缺少必要的公共服务，而且治安状况恶劣。这些问题的历史几乎与纽约市的历史一样长。早在 19 世纪 40 年代，来自宗教界、商界和公共卫生等领域的改革者们相信，城市中的贫民窟威胁着美国人的身体和心灵，伴随工业化进程不断恶化的贫民的生活环境和不断拉大的贫富差距促使精英阶层进一步思考城市社会问题的影响和危害，他们意识到美国已无法退回农业社会，而殖民时代遗留下来的社区精神也无法应用到工业和城市的美国。[①] 查尔斯·洛林·布雷斯（Charles Loring Brace）等人代表了改革城市贫民窟的早期努力。布雷斯生于 1826 年，一生经历了美国工业化最激烈的时期，他热爱殖民时代新英格兰的社区生活，并以此为出发点抨击 19 世纪中期的美国城市缺乏凝聚力，认为城市人按照居住位置、阶层和对自身的定位等分化成不同集团，穷人和富人生活在完全不同的两个世界。[②] 布雷斯的出发点在于抵消贫民窟对居民的负面影响，试图通过改善人的品质来消解城市，尤其是城市贫民窟对美国社会的威胁。因此，布雷斯的改革着眼于贫民窟的居民尤其是儿童，希望培育"新人"，他继承了杰克逊时代美国社会挽救贫民儿童的做法，重点扶助和救济无家可归或走上犯罪道路的少年。从 1853 年开始，布雷斯发起了"孤儿列车运动"（Orphan Train Movement），该运动一直

① Sam Bass Warner Jr., "If All the World Were Philadelphia: A Scaffolding for Urban History, 1774-1930," *The American Historical Review*, Vol. 74, No. 1（Oct. 1968）, pp. 26-43.

② Thomas Bender, *Toward an Urban Vision: Ideas and Institutes in 19ᵗʰ Century America*, Baltimore: The Johns Hopkins University Press, 1982, p. 132.

持续到 1929 年，超过 25 万东部大城市的孤儿被西部和中西部的家庭领养，并间接影响了天主教发起的"儿童列车"（Baby Trains）。[1]到 19 世纪后期，自英国跨海而来的社区改良运动者继承了前人的改革梦想，他们一方面通过在社区中建立各式各样的会所，为贫困居民提供日托、健康咨询和免费教育等服务，希望改良贫民窟中的人；同时也敦促城市政府制订住房在卫生、设施等领域的最低标准，鼓励新的住房设计，以便直接改善贫民窟的生活设施，并呼吁房东降低房租。进入 20 世纪后，越来越多的规划师、生态学家和人口学家等专业人士加入城市改革者的行列，他们将关注的焦点转移到贫民窟本身，他们相信城市社会问题源于工业的冲击，认为只有从规划入手才能彻底解决贫民窟问题。在这方面，劳伦斯·维勒（Lawrence Veiller）是一个绕不开的人物。维勒发表了一系列文章，揭示纽约的住房问题，并组织了 1899 年的租屋展览，展出了新的住房样式和社区环境，展览结束后维勒还组织出版了一套两卷本的纽约租屋问题的报告。[2]同时，维勒也是《纽约州租屋法案》的发起人之一，主张改善整个社区而非单个楼房的环境，被称作"现代住房改革之父"。[3]进入 20 世纪后，贫民窟问题并未得到缓解，反

① Dianne Creagh, "The Baby Trains: Catholic Foster Care and Western Migration, 1873–1929," *Journal of Social History*, Vol. 46, No. 1（Fall 2012）, pp. 197–218.

② Robert W. DeForest, Lawrence Veiller（eds.）, *The Tenement House Problem*, New York: Macmillan Company, 1903.

③ John F. Bauman, Roger Biles and Kristin M. Szylian（eds.）, *From Tenements House to the Taylor Homes: In Search of an Urban Housing Policy in Twentieth Century America*, University Park, Pennsylvania: Pennsylvania State University Press, 2000, pp. 21–42.

而有愈演愈烈之势。据梁启超观察，"以外观论，其所居固重楼叠阁也，然一座楼中，傺居者数十家，其不透光不透空气者过半，燃煤灯昼夜不息，入其门秽臭之气扑鼻"。[①] 一方面，居住空间日渐狭小。"1910 年一个公寓委员会对纽约曼哈顿东区的居住情况做过调查，所有的房间中，三分之一住着两个人，其余三分之二则住有三人以上。"[②] 尽管住房开工量在 20 世纪 20 年代不断攀升，但低收入者的住房需求并没有得到妥善解决，相反，1926 年投资高峰过后，房地产公司破产、抵押贷款被赎回和地产冻结等危机频传，进一步恶化了低收入者的购房环境。另一方面，种族冲突和隔离日趋严重。一战期间南方黑人北迁，从 1910—1920 的 20 年中，超过 55.4 万黑人搬离南部 11 个州，20 世纪 20 年代这一数字进一步上升到90.2 万。[③] 他们大量涌入北方城市，激化了当地的种族矛盾，并给住房市场带来很大压力。以费城为例，1922 年和 1923 年，多个机构开展了针对黑人居住条件的调查，1924 年，宾夕法尼亚州召开了主题为"宾夕法尼亚州黑人需求"的会议，州长亲自到会发言。据调查，到 1930 年时，费城黑人的居住隔离率较前些年有所上升，高于俄裔移民和犹太人。[④] 20 世纪 20 年代后汽车的普及推广和郊区

---

① 梁启超：《新大陆游记》，第 51 页。

② 李庆余、周桂银等：《美国现代化道路》，人民出版社 1994 年版，第 103 页。

③ William Vickery，"The Economics of Negro Migration，1900-1960，" Ph. D Dissertation，University of Chicago，1969，p. 15.

④ Fredric Miller，"The Black Migration to Philadelphia：A 1924 Profile，" *The Pennsylvania Magazine of History and Biography*，Vol. 108，No. 3（Jul. 1984），pp. 315-350.

的横向扩展使贫民窟问题进一步恶化。汽车的灵活性使人口逐渐远离中心城市。有学者认为，1910—1970 年，美国郊区的发展是与汽车的普及同步的，尤其是 1940—1970 年这 30 年间，汽车价格以及汽车与搭乘公共交通的相对价格的下降对郊区化的发展起了尤为重要的推动作用，美国居民实际收入的增长和汽车价格走低是郊区化的主要动因。① 也许作者过于强调了汽车的单一作用，但汽车促使更多美国人离开中心城市到郊区买房置地却是不争的事实。据调查，1920—1950 年间，美国大都市区人口增长最快的地区并非中心城市，而是距离中心城市五至十公里之间的环状地带。② 人口统计也证明了郊区人口的迅速增长。1920 年，大都市区中 75.4% 的人口居住在中心城市，到 1950 年，这一数字下降到 58.5%。③ 也许中心城市与郊区的人口增长率更能说明前者面临的危机和后者的迅猛势头，1920—1930 年间，大都市区内中心城市人口的年平均增长率为 19.6%，郊区为 35.6%；下一个十年由于战争的影响，两者的增长都有所下降，分别为 5% 和 14.1%；1940—1950 年这十年间，中心城市人口年均增长率为 13%，甚至低于全国平均增长率 0.5 个

---

① Karen A. Kopecky, Richard M. H. Suen, "A Quantitative Analysis of Suburbanization and the Diffusion of Automobile," *International Economic Review*, Vol. 51, No. 4（Nov. 2010), pp. 1003-1037.

② Howard P. Chudacoff（ed.）, *Major Problems in American Urban History*, Lexington: D. C. Heath, 1993, p. 305.

③ John F. Long, *Population Decentralization in the United States: Special Demographic Analysis*, Washington, D.C.: U.S. Government Printing Office, 1981, p. 65.

图 2-8　19 世纪后期纽约的廉价住房

百分点，更是远低于郊区的 30.4%。[①] 富裕人口外迁，留在中心城市的大多是无力负担郊区住房和通勤费用的低收入者。他们收入低，加上城市整体的社会经济环境不断恶化，房地产价值下降。在美国，城市政府的财政收入主要来自房地产税，房地产价值下降导致城市收入不断下降。而囊中羞涩的城市政府无法提供更好的公共服务，这导致中心城市的进一步衰败，从而进入了"衰败——税基缩减——进一步衰败"的恶性循环，中心城市的贫民窟问题进一步突出。

美国地方政府与贫民窟的战斗进行了很久。在这方面，纽约州和纽约市都走在了美国各地的前列。1866 年，纽约州政府责成租屋委员会筹备立法工作，次年推出了《1867 年租屋法》(Tenement

---

① 　John F. Long, *Population Decentralization in the United States*: *Special Demographic Analysis*, Washington, D.C.: U.S. Government Printing Office, 1981, p. 67.

House Act of 1867），这是美国第一部综合性住房法案，标志着"对廉价住房进行公共干预的开始"。[1] 该法案规定租屋中至少每 20 人拥有一个卫生间、走廊必须直接采光，而且每栋租屋都要配备消防楼梯。1879 年颁布的《纽约住房法》（New York Housing Act of 1879）对租屋的硬件标准做了进一步规定，要求每个房间都要有自然采光，并增加了卫生间的比例。1894 年，纽约州议会成立了租屋住房委员会，展开了对纽约租屋的调查，共评估了 8441 栋租屋，完成了关于纽约住房改革的研究报告。[2] 美国学者威廉·卡林认为，纽约从殖民时代到 20 世纪 30 年代，对住房的立法分为三个阶段：从 1647 年到 1929 年是第一阶段，主要管理方法是通过立法规定住房的硬件标准；第二阶段从 1929 年到 1933 年，利用私人开发商为低收入者建设廉价住房；从 1934 年开始，纽约的立法进入第三阶段，在新政的影响下，纽约开始将为低收入者提供廉价住房和整治贫民窟视作一项公共责任。[3] 其他地区的管理也与之类似。除此之外，纽约市还采取了其他规范土地使用的方法，并在 1916 年出台了《区划法》，按照用途、高度和场地三个标准划分和管理土地使用。这是美国第一部综合性区划条例，规范了纽约成衣工厂的分布，推出了摩天大楼的退

---

① Richard Plunz, *A History of Housing in New York City*, New York：Columbia University Press，2016，p. 22.

② 洪文迁：《纽约大都市规划百年：新城市化时期的探索与创新》，厦门大学出版社 2010 年版，第 76 页。

③ William Karlin, "New York Slum Clearance and the Law," *Political Science Quarterly*, Vol. 52, No. 2（Jun. 1937），pp. 241-258.

台型（Set-Backs）结构，并限制了工业区进占住宅区。[1] 舆论认为，该条例是激进的，但对于曼哈顿的土地管理和利用却是必需的。[2]

除了颁布住房法案，建造限利住房和激励开发商建设廉价住房也是纽约市为整治贫民窟而采取的手段，即主要以税收激励为工具，通过公共资源来引导开发商和非营利性机构新建或修缮老旧住房并将租金或售价保持在较低水平，纽约州和纽约市都有相关政策。由于价格和利润率较低，开发商对于建造面向中低收入群体的住房兴趣不大，此类政策的基本思路在于，通过让利来激励开发商投入该领域，并抑制房价使其低于市场价格。1920 年纽约州颁布法案为建造公寓住房的开发商提供为期十年的税收减免，两年后又允许人寿保险公司投资公寓住房。在此刺激下，大都会人寿保险公司很快在布鲁克林开发了大型住宅区西班牙花园（Spanish Gardens），包括 2125 套住房。纽约市在 1942 年出台了自己的税收激励型政策，建设中等收入和中低收入群体住房的开发商从中所得的利润率不得超过 6%，但可享有不超过 25 年的税收冻结即新地产仍维持原有税费；在项目投入使用后的前五年间，大都会人寿将月租金固定在每个房间 14 美元。[3]1943 年，纽约城市规划委员会与大都会人寿保险公司

---

[1]　Norman Williams, Jr., "The Evolution of Zoning," *American Journal of Economics and Sociology*, Vol. 15, No. 3（Apr. 1956）, pp. 253−264.

[2]　"Radical Changes in Building Operations by Zone Act and Recent Court Decision," *New York Times*, August 27, 1916.

[3]　Samuel Zipp, *Manhattan Projects: The Rise and Fall of Urban Renewal in New York*, New York: Oxford University Press, 2010, pp. 80−81.

达成协议，后者出资在下东区建造了横跨 18 个街区的施泰因文森特城（Stuyvesant Town），享受长达 25 年的税收冻结，即房产税不随房价上涨而上涨。与之类似的还有纽约市晨边花园合作式住房项目（Morningside Gardens），该项目得到了洛克菲勒家族的资金支持，旨在成为多种族融合的可负担住房社区，同样享受大额税收减免。

此外，建造公共住房是美国联邦政府为低收入者提供可负担住房的手段，在某种意义上也是遏制和清理贫民窟的努力。1892 年，联邦政府开展了针对大城市贫民窟状况的调查，是联邦政府首次干预这一问题。一战爆发后，造船和船运行业集中了大批劳工，如何为他们解决居住问题成了棘手的现实问题，为此国会在 1918 年夏批准成立了两个负责战时劳工住房的建设机构，即紧急舰队公司（Emergency Fleet Corporation）和美国住房公司（United States Housing Corporation），后者为美国各家船运公司下属的房地产企业建造住房提供贷款，而前者有权直接建造住房。尽管存在的时间并不长，美国住房公司共筹备了 128 个建设项目，在被撤销前有 40 个项目已经开工，27 个已经完成，建成了 6000 个家庭用房和 7000 个单身公寓；[1] 紧急舰队公司则为 2.8 万名已婚和未婚工人提供了住房。[2] 虽然一战期间的公共住房建设对缓解战时劳工的住房需求起了一定作

①　Lawrence J. Vale, *From the Puritans to the Projects*: *Public Housing and Public Neighborhoods*, Cambridge, Mass.: Harvard University Press, 2000, p. 134.

②　John L. Tierney, "II War Housing: The Emergency Fleet Corporation Experience," *The Journal of Land & Public Utility Economics*, Vol. 17, No. 3（Aug. 1941）, pp. 303-312.

用，但由于时间短而且匆忙出台，其影响依然十分有限。相对于一战期间的应急策略，1937 年国会通过的《美国住房法》（United State Housing Act）标志着联邦政府在更深层次上参与到公共住房建设中来，"这是一部直接针对解决低收入居民住房问题的法案，也是美国第一部关于公共住房的法案"。① 该法案授权成立了美国公共住房管理局，为其提供资金 100 万美元，并允许其借贷五亿美元。管理局将联邦政府的资金以贷款的形式提供给地方政府，作为后者清理贫民窟和建造低租金住房所用。法案还对"低收入者"做了大概界定，并规定利用公共住房管理局资金所建成的住房只能向低收入者即收入最低的三分之一人口提供。此外，法案还要求联邦政府对公共住房确定统一的建筑成本和建设标准。与其他大城市相比，纽约市的公共住房政策不但先于全国，而且数量多、投入大。早在 1934 年，纽约市就成立了住房管理局（New York City Housing Authority）负责公共住房的建设和管理。在《1937 年住房法》（Housing Act of 1937）出台前，纽约市已建造 2330 套公共住房，到 1941 年美国正式参加二战前夕，又有 10648 套公共住房完工。② 这一数字不仅远远超出同期其他美国城市，而且也大大超过纽约市住房管理局在同期建造和翻新的其他类型住房。大萧条和二战期间，纽约市主要利用联邦拨

---

① 李莉：《美国公共住房政策的演变》，厦门大学博士学位论文，2007 年，第 47 页。

② Peter Marcuse，"The Beginnings of Public Housing in New York City，" *Journal of Urban History*，Vol. 12，No. 4（Aug. 1986），pp. 353−390.

款推进贫民窟清理和建造公共住房，1936 年完工的第一住宅（First House）是其首个项目。其规划方案一经公布便得到多方肯定，下东区的施泰因文森特公寓（Stuyvesant Estate）等老旧街区的居民甚至主动要求住房管理局在这里开发新的公共住房项目。[①] 该项目将新建与旧法案租屋的改造相结合，按照每三幢住房拆除一幢的标准在原有的高密度街区中形成了大片空地，作为居民活动的开放空间。[②]1944 年纽约市住房管理局进一步宣布，将在战争结束三年内解决 3.6 万个低收入家庭的住房问题，为此向联邦政府提出了建设 16 个公共住房社区的方案，经费总额高达 2.6 亿美元。[③]

图 2-9　今日的第一住宅

---

① "Astor Would Sell Tenements to City," *New York Times*, March 15, 1934.

② 旧法案租屋（Old Law Tenement）指的是在《1879 年租屋法》和《1901 年纽约州租屋法》之间建造的住房，因其年代久远而缺乏供热、供水甚至室内卫生间等必备设施。

③ "Post-War Houses for 36000 New Yorkers," *New York Herald Tribune*, December 31, 1944.

20世纪上半期，纽约在改善贫民窟、为中低收入群体建造可负担住房方面最具代表性的举措是兴建施泰因文森特城（Stuyvesant Town）。

1942年春天，当《芝加哥商业月刊》（*Chicago Journal of Commerce*）的记者柯克帕特里克来到大都会人寿保险公司600英尺高的大楼顶部时，他可以看到在不远处的第20大街附近，一排排老旧的工厂、住宅和仓库向南延伸，这个被曼哈顿人叫作下东区的地方拥挤而破败、凌乱而肮脏。然而不过一年后，柯克帕特里克在一篇文章中告诉读者："大都会人寿日前刚刚宣布了另一项房地产开发计划，这不仅是前景光明的投资，而且是解决当前社会需求的好方法。"①

大都会人寿的这个好方法，就是兴建施泰因文森特城。该项目位于曼哈顿下东区，自1943年动工，至1947年完工，是政府资助与私人资本合作进行贫民窟清理和再开发的典范。从建设伊始，施泰因文森特城就引起了各方关注，几乎是纽约城市史研究者无法回避的话题。施泰因文森特城的建设和使用，是在住房紧缺和城市危机背景下纽约市的一次创新之举，在某种程度上缓解了住房压力，但同时也引发了很多问题，城市开发者、政府官员、市民从各自立场出发围绕这一住房工程展开了多个维度的博弈，值得深思。时至今日，关于这一房地产开发项目的论述仍时常见诸报端。

---

① Samuel Zipp, *Manhattan Projects*, p. 73.

施泰因文森特城的筹划建设,首先来自纽约市政府清除城市贫民窟的构想。在新政推动下,纽约市利用联邦拨款资助私人开发商进行贫民窟清理和住房开发,地产巨头弗雷德·弗伦奇在东河岸边开发了尼克博克村(Knickerbocker Village),是纽约市最早的大规模城市再开发项目。纽约市政府也在 1934 年组建了纽约市住房管理局主管公共住房建设。被选来用作开发的下东区,几乎是贫民窟的代名词。其地理范围大概涵盖艾伦大街和埃塞克斯大街以东以及东休斯敦街以南,东侧和南侧毗邻东河,连接曼哈顿和布鲁克林的威廉斯堡大桥的连接道恰好穿过下东区中部。提起下东区,进入人们脑海的首先是破败的房屋、肮脏的街道和躲在街角处吸食大麻的流浪汉。

19 世纪后期,纽约工业发展进入快车道,制衣、冶铁和印刷是这座城市最重要的三个制造业部门,在 1900 年其产值分别达到 2.9 亿美元、9.4 亿美元和 9.5 亿美元,[①] 从业工人大多是居住在下东区的移民,其中尤以制衣业为最。得益于移民的涌入,下东区人口从 19 世纪后期开始增长迅速,1855 年时有居民 19.9 万,1905 年已高达 51.8 万,人口密度为每英亩 518.8 人。[②] 20 世纪 20 年代是纽约制造

---

① Patricia E. Malon, "The Growth of Manufacturing in Manhattan, 1860–1900: An Analysis of Factoral Changes and Urban Structure," Ph. D. Dissertation, Columbia University, 1981, p. 394.

② Jan Chen Lin, "The Changing Economy of the Lower East Side," in Janet L. Abu-Lughod (ed.), *From Urban Village to East Village: The Battle for New York's Lower East Side*, Cambridge, Mass.: Blackwell Ltd., 1994, p. 54.

业的黄金时代，自动化生产、流水线作业改变了工厂设备的垂直分布，同时随着交通条件的改善，制造业纷纷前往地价和税率较低的郊区，竖向的企业布局转变为横向布局。[①]生产模式的转变和工厂迁出中心城市预示着纽约市制造业的衰落，这无疑打击了下东区的经济社会结构。下东区的人口在 1910 年达到 54.2 万的高峰后逐渐减少，十年后减少到 41.6 万人，1930 年进一步下降到 24.9 万人。[②]

下东区是纽约乃至美国最著名的贫民窟。当针对租屋居住条件的社会调查在 19 世纪后期日益受到学界、政府和公众重视的时候，几乎每一个纽约市的租屋调查都不会遗漏下东区。1854 年的第一个租屋调查选择的就是第 11 区，位于下东区的范围内，当时发现这里共居住着 5.3 万人，分布在 2218 栋住房里，其中 263 座是独户住宅，有 889 栋住房容纳了二到四个家庭，720 栋住房容纳了五到十个家庭。[③]尽管不断有社会调查展开，纽约也出台了多部立法规范租屋建设和管理，但下东区的住房条件并未好转，反而愈加恶劣。1900 年的调查中特别选择了下东区为个案，因为这里的租屋分布最为密集，问题也最为严重。同年，下东区的部分街区人口密度甚至高达每英亩 700 人，几乎是全世界人口最密集的地区。在 17 区，调查发现有

---

① Edgar M. Hoover, Raymond Vernon, *Anatomy of a Metropolis: The Changing Distribution of People and Jobs within the New York Metropolitan Region*, Cambridge, Mass.: Harvard University Press, 1959, p. 27.

② Jan Chen Lin, "The Changing Economy of the Lower East Side," p. 54.

③ Robert DeForest, Lawrence Veiller（eds.）, *The Tenement House Problems*, Vol. 1, pp. 84-85.

2877 栋租屋，入住了 2.8 万个家庭，共 11.4 万人，其中 1.3 万是五岁以下的儿童，人口密度高于此前的调查。1910 年后，下东区人口开始减少，许多租屋也被拆除，据统计，从 1909—1940 年间，住房数量减少了 34%。[①] 工业外迁带来了严重的失业问题，1940 年，下东区失业率高达 25%，而同期纽约市平均失业率为 15%。[②] 尽管同一时期内人口也有所减少，但这并未带来下东区居住条件的改善。1942 年 1 月，拉瓜迪亚向纽约公众公布了对全市范围内住房火灾隐患的调查报告，将下东区、哈莱姆和地狱厨房（Hell's Kitchen）列为最危险的地区。[③] 新政期间，房主贷款公司的巡查员将下东区整个划入 D 等级，意味着这里不适合居住和投资。随着人口的减少和住房条件的恶化，下东区的房租也逐渐下降。20 世纪 30 年代，90% 的房租每月不足 30 美元，每个房间的平均租金只有 5.9 美元。[④] 低房租意味着房东会更倾向于将房产变卖以获利。

与此同时，投资清理贫民窟和再开发也是许多大企业觊觎的目标。大都会人寿保险公司成立于 1868 年 3 月 24 日，其前身是成立于 1863 年的美国联盟人寿保险公司，这是纽约市几个富商集资 100 万美元组建的保险公司，起初专门针对士兵和水手开展业务。19 世

---

① Richard Plunz, Janet Abu-Lughod, "The Tenement as a Built Form," in Janet L. Abu-Lughod（ed.）, *From Urban Village to East Village*, p. 74.

② Samuel Zipp, *Manhattan Projects*, p. 85.

③ 地狱厨房位于曼哈顿中城，是 34 街以北、59 街以南、第八大道向西直至哈德逊河的地区，因其在 19 世纪中期是爱尔兰匪帮活动之地而得名。

④ Samuel Zipp, *Manhattan Projects*, p. 88.

图 2-10 改造前的施泰因文森特城地区，1938 年

纪 70 年代，公司率先将对劳工的保险项目引入美国，此举极大地推动了公司的业务发展，到 1880 年，大都会人寿保险公司每年的保金收入高达 100 万美元，1909 年成为美国最大的保险公司。① 大萧条也没有阻挡公司的发展，1930 年，美国和加拿大每五人中就有一人是大都会人寿保险的客户，并且公司在 20 世纪 30 年代将业务由保险业向外拓展，开始为农场和个人购房者提供贷款，资产总额在 1942 年底达到 60 亿美元，成为全美价值最高的私人企业。②

随着资产的增加，大都会人寿保险逐渐开始探索新的投资方

---

① Timothy J. Botti, *Envy of the World: A History of the U.S. Economy and Big Business*, New York: Algora Publishing, 2006, p. 140.

② "Supporting Country and Community," https://www.metlife.com/about/corporate-profile/metlife-history/supporting-country-and-community/index.html.

向，在 20 世纪初期进入住房行业，弗雷德里克·埃克就任公司主席后，进一步推动公司投资住房，用历史学家托马斯·科克伦（Thomas Cochran）的话说，公司很早就意识到"美国人的身体健康（Physical Welfare）与大都会人寿的资本收益（Financial Welfare）息息相关"。① 大公司参与住房行业并非大都会人寿的独创，在 19 世纪末，许多财阀和大企业已经开始向住房建设投资，其中不乏安德鲁·卡内基、乔治·普尔曼这样的工业巨头。美国实业家们相信，新型的、经过规划的可负担住房不是慈善事业，而是有利可图的商业投资。② 对于埃克来说，大都会人寿卷入住房业，前提就是要确保投资有所回报。与普尔曼机车制造厂这样的工业企业不同，大都会人寿不需要通过建造工厂城为其员工提供住房，以便培养他们对企业的情感、激发其劳动生产率，作为一家金融企业的老板，大都会人寿的目的是建造大型住宅区并在房地产市场上获利。1939 年，大都会人寿在布朗克斯开工建设帕克切斯特住宅区（Parkchester），这是当时美国规模最大的住宅开发项目，占地 129 英亩，也是同年举办的纽约世界博览会的示范工程。③ 20 世纪 30 年代，已经有些中心城市的商人意识到可以从清理和重建贫民窟中获利。④ 在历史

---

① Samuel Zipp, *Manhattan Projects*, p. 78.

② Gwendolyn Wright, *Building the Dream: A Social History of Housing in America*, Cambridge, Mass.: The MIT Press, 1983, p. 182.

③ "Model of Housing Displayed at Fair," *New York Times*, May 5, 1939.

④ Robert M. Fogelson, *Downtown: Its Rise and Fall, 1880-1950*, New Heaven: Yale University Press, 2001, p. 341.

学家乔尔·施瓦茨看来，从 1934 年起，纽约商人中有少数开始投资清理贫民窟，首先从布鲁克林开始，部分投资人相信建造针对中产阶级的公寓可以收取高额租金。[①] 埃克就是其中之一，这一次他选择了下东区的一片土地作为施泰因文森特城的地址。帕克切斯特地处郊区的开放空地上、位于地铁线的终点，而施泰因文森特城在寸土寸金的曼哈顿，买下一大片土地清理和重建是不菲的投入，即使对财大气粗的大都会人寿也是难以承受之重。尽管大萧条降低了土地价值，但大面积购买土地仍是一笔巨额开支，而且进入 20 世纪 40 年代后，纽约土地价格逐渐回升，如 1945 年，摩西在一篇呼吁建设高速公路的文章中说，之所以绕开纽约市中心，是因为那里地价太高。[②] 投入巨资购买这片土地不但会给公司带来巨大的财务压力和投资风险，而且也难以得到董事会的批准。高成本还不是大都会人寿面临的唯一难题，由公司出面解决土地所有权几乎是不可能完成的任务。城市中的土地所有权极为复杂，分散在许多人手中，而此时法院对由于城市再开发而出现的土地所有权纠纷尚无明确支持，因此土地所有权变更是一个难以解决的问题。[③] 除此之外，施泰因文森特城选址在下东区，这里是破败的贫民窟，住房条件恶劣、居民生活贫困，收取租金的房主不希望失去生财之道，贫困居民的

---

① Joel Schwartz, *The New York Approach*, pp. 34-37.

② Robert Moses, "New Highways for a Better New York," *New York Times*, November 11, 1945.

③ 高建伟：《美国土地征收中的"公共利益"》,《美国研究》2011 年第 3 期，第 130 页。

再安置也是困扰开发者的难题。^① 凡此种种，决定了大都会人寿不敢轻易涉足，而且需要政府提供资助。

二战的战争形势影响着整个美国，同时也左右了纽约的政治力量。1941 年德军进攻苏联后，纽约租户委员会（City-Wide Tenants Council）等自由派政治势力改变了此前对战争的看法，支持美国政府积极投入战争，同意暂缓公共住房建设，全面投入战争准备。同时，他们也改变了在为少数族裔提供廉价住房等问题上的强硬立场，愿意与拉瓜迪亚政府在住房建设领域开展合作。纽约的切尔撒—克林顿租户联盟发布公告表示，"放弃为建设公共住房争取原材料是令人失望的，但我们的租户们已决定做出牺牲"。^② 但住房毕竟是刚性需求，因此纽约市政府不可能完全撤出住房领域，相反要在公共住房之外采取其他措施。据摩西回忆，在 1941 年 10 月，"应拉瓜迪亚市长之请，我调查了全市的住房建设情况，并建议市政府采用一个全市通行的居民再安置方案"，^③ 而同年拉瓜迪亚在第三次就任纽约市市长后任命摩西进入城市规划委员会，后者已经准备好在住房领域一展拳脚。随后，摩西派遣下属前往纽约各区，协助制订再开发方案，并积极沟通纽约州与纽约市在这一问题上的联系。1942 年，摩西与纽约市政府法律顾问保罗·温德尔斯、保险业监督专员路易

---

① "Metropolitan's Parkchester: Private Enterprise Builds a City for 42,000 People, Trades Modern Living for Low Rents, Crooks a Finger at Idle Investment Millions," *Architecture Forum*, December 1939, pp. 412–422.

② Joel Schwartz, *The New York Approach*, p. 85.

③ Robert Moses, *Public Works: A Dangerous Trade*, New York: McGraw-Hill, 1970, pp. 433–434.

斯·平克和纽约州住房委员会成员爱德华·温菲尔德联合起草了一部法案，经州长莱曼签署后生效，即《1942 年再开发公司法》。法案允许储蓄银行和人寿保险公司等金融机构直接投资建设限利住房，市政府可以给予开发项目不超过 20 年的税收减免；开发商负责拆迁居民的再安置，由城市规划委员会和财政预算委员会负责监督。[①] 法案通过后，摩西开始寻找愿意在曼哈顿投资清理和重建贫民窟的私人企业。也许是受到大萧条的冲击，尽管有些商人愿意出资清理和重建贫民窟，但更多的人对此敬而远之。他们或是担心投资亏损，或是反对联邦政府为此而拥有更大的权力。全国房地产商联合会主席沃尔特·施密特在参议院作证时说，要想推动私人企业投资清理和重建贫民窟，联邦政府至少要负担 500 亿—600 亿美元的资金，这是远远超过其承担能力的。而且施密特相信，拆除贫民窟效果有限，因为"制造贫民窟的是人，而不是房子"。[②] 与施密特观点类似的不在少数，而大都会人寿却是为数不多的愿意投资的企业之一，因此 1942 年摩西与埃克商谈后，两人一拍即合。这样，摩西一方面与埃克谈判，同时也利用自己在州里的关系影响立法，以便吸引更多的企业参与清理和重建贫民窟。

1943 年春，摩西指派助手提出《1942 年再开发公司法》的修订意见，删去了法案中规定的开发商承担居民再安置的规定，将税收减免延长至 25 年，并允许开发商提高租金，这实际上增大了开发

---

① Joel Schwartz, *The New York Approach*, p. 91.

② Robert M. Fogelson, *Downtown*, p. 342.

商的获利空间。尽管经过修订的法案引起了自由派政治人物的反对，但摩西利用自己在州里的人脉关系发起一场游说，宣称如果修订案被否决，将不会有私人企业投资清理和重建贫民窟，最终州议会通过修订案，经新州长托马斯·杜威（Thomas Dewey）签署后生效，即《1943 年再开发公司法》。实际上，《1943 年再开发公司法》与后来联邦政府的几个住房法案有诸多相似之处，授权私人公司清理贫民窟，并按照自己的意愿进行再开发，后者只是进一步规定了联邦政府的资金支持和住房建设比例。与此同时，摩西与大都会人寿的谈判也有了进展。1943 年 2 月 1 日，摩西与埃克在拉瓜迪亚见证下签署协议，大都会人寿承诺将最大限度地出资购买土地，无法购买的土地由市政府使用征地权征得后转售给公司；施泰因文森特城项目范围内的街道的土地由市政府赠予大都会人寿，而项目建成后的街道则由公司赠予市政府；市政府对项目的税收，按照开发前的市场价格征收，并保持 25 年不变；市政府出资在施泰因文森特城附近建设一所新的学校，以取代被拆除的旧学校；在项目投入使用后的前五年间，租金固定在每个房间 14 美元。[1] 这样，建设施泰因文森特城的规划已经完成。5 月，双方对协议做出修订，为满足预期中战后大量退伍军人的住房需求，大都会人寿同意二战老兵享有优先租用权，政府则允许公司有权筛选和挑选租户。[2]6 月 3 日，财政预算委员会以 11∶5 投票批准了协议，两天后《纽约时报》刊发社论

---

[1] Samuel Zipp, *Manhattan Projects*, pp. 80-81.

[2] "Hearing Advance Big Housing Plan," *New York Times*, May 6, 1943.

称"如果有人相信私人企业将在城市再开发这盘大棋中出局，而且未来属于政府，那么标志着大型保险公司进入该领域的施泰因文森特城就具有突出的重要性了。"[①]

在大都会人寿和埃克看来，施泰因文森特城可谓一箭双雕之举，既可以从中获取利润，又可以实现企业的社会价值，在改善城市形象之余，遏制愈演愈烈的郊区化潮流。对于摩西，他相信引导私人企业投资清理和重建贫民窟是维护纽约市利益的绝佳方式，施泰因文森特城正是企业投资的典范。对于拉瓜迪亚，贫民窟既有损纽约形象，也削弱了城市的税收基础，因此兴建施泰因文森特城是必要之举，也符合其力主建造更多住房的一贯观点。从更为宏观的角度看，该项目也是中心城市的商业利益团体为捍卫中心城市的繁荣、避免城市去中心化而采取的措施，因此与后来的城市更新运动是一脉相承的。1943年4月18日，拉瓜迪亚在埃克陪同下在市政府发表演说，宣布市政府和大都会人寿保险公司将共同开发下东区的施泰因文森特城。市长告诉媒体，"占地横跨18个街区的施泰因文森特城将为三万人提供住房……那里将是位于市中心的'郊区'"。[②]整个项目计划容纳2.4万个中产阶级家庭，将彻底改变燃气站地区（Gas House District）的社会经济结构，背后的政府—企业合作模式也冲击着其他私人企业对投资清理和重建贫民窟的观望态度，同时

---

① "Topic of Times，" *New York Times*，June 5，1943.

② "East Side 'Suburb in City' to House 30，000 after War，" *New York Times*，April 19，1943.

这也是纽约市政府尝试改造内城街区的试水之作。

那么，兴建施泰因文森特城带来怎样的利与弊呢？

清理贫民窟和城市再开发是美国历史上一个争论不休的话题，而施泰因文森特城是当时美国规模最大的贫民窟清理和重建项目，其影响力和争议可想而知。该项目获得批准的消息一经公布，立刻引起全美国的关注，在给美国人以新奇感之余，也引发了前所未有的争议，直到项目落成也没有尘埃落定。不同利益集团围绕项目从建设到居民入住等各个环节表达自己的意见和观点，笔者认为有必要结合围绕施泰因文森特城的引发的争议探讨其利与弊，以便更好地理解该项目的意义和影响。

第一，施泰因文森特城的确改善了下东区的环境，为中产阶级提供了较好的居住条件。施泰因文森特城坐落于下东区的燃气站地区，这里位于第 14 街以北、第五大道以东，是下曼哈顿地区主要的油气储存地，涵盖 18 个街区，建有工厂、住房、教堂和学校，有大约 3100 个家庭住在这里，还有 500 个商店和小型工厂。燃气站始建于 1842 年，到 19 世纪末，随着新增油气储存设施的建立而得名。[①]燃气站在历史上曾多次发生泄漏，严重破坏了附近的环境，降低了房租，工业设施和附近的住房萧条破败，而且因为燃气使用和储运的缘故尤其肮脏，可谓贫民窟中的贫民窟。[②]住在附近住房里的大

---

① "Huge Gas Tank Collapses," *New York Times*, December 14, 1898.

② 雅各布·里斯对这里的破败状况有诸多描述，见 Jacob Riis, *How the Other Half Lives*, New York: Penguin Books, 1997, p. 112。

多是没有技术、从事体力劳动的贫穷移民，起初是爱尔兰人，随后渐渐涌入犹太人、斯拉夫人以及亚美尼亚人。[1] 与贫困和萧条相伴而生的是治安混乱，臭名昭著的燃气站匪帮在这里称王称霸。该组织成立于19世纪90年代，是纽约有组织犯罪中的一支，尤其热衷于武装抢劫。1905年9月6日凌晨，一个叫作帕特里克·摩根的酒保在纽约街头被该组织枪杀，[2] 此案在纽约城轰动一时；1909年2月，燃气站匪帮又枪杀了一名纽约警探。[3]

而施泰因文森特城的设计风格和居住条件彻底改变了燃气站地区的面貌。施泰因文森特城的住房风格简洁，外墙以普通红砖砌成，每栋住宅之间的间距不小于60英尺。住宅区内配有运动场，铺有甬道，椭圆形中心为小型公园，中间安装有大型喷泉。尽管这样的建筑风格招来了部分规划专家的批评，如知名建筑学家刘易斯·芒福德在《纽约客》的专栏中点评道，施泰因文森特城单调的建筑风格会让居民感到枯燥乏味，尽管绿树成荫的街道带来了轻松和愉快，但水泥铺就的运动场却涂抹上一丝冰冷，而所有住房皆由红砖砌成且外墙毫无装饰，这样的风格难免会使居民感到压抑；纽约市议员斯坦利·伊萨克斯也称其为"围城"；[4] 但相比此前的街道环境，施泰因文森特城无疑是巨大的进步。正如历史学家理查德·普伦茨所

---

[1]　The Federal Writers' Project, *The WPA Guide to New York City*, p. 187.

[2]　"Shot by a Member of 'Gas House Gang'," *New York Times*, September 6, 1905.

[3]　"Detective Killed by a Policy Dealer," *New York Times*, February 20, 1909.

[4]　"Housing Plan Seen as a 'Walled City'," *New York Times*, May 20, 1943.

言，左右对称、由中心向四方辐射的布局考虑到了社区的安全，整个住宅区的保安集中在椭圆形中心，每栋住宅以放射状向四周排布，方便了从中心观察各处。① 至于施泰因文森特城的人口密度，根据纽约市民住房委员会（Citizens Housing Council）1943 年的调查，在将街道面积计算在内后，这里的人口密度为每平方英亩 397 人；而如果扣除街道面积，每平方英亩为 594 人。尽管这一数字超过城市规划委员会制订的标准，但相比之前，人口密度无疑有了很大下降，而根据纽约市政府的设想，当整个城市房源充足后，这里的人口将进一步下降。

第二，施泰因文森特城的不公平性是其一大弊端。为了保证利润，大都会人寿对住户选择做了明确规定，通过硬性规定和租金杠杆筛选居民。因此，尽管施泰因文森特城的巨大规模为纽约市民提供了大量居住机会，但私人资本的逐利特性却使其公平性大打折扣。

首先，该项目在租户选择中存在着明显而严厉的种族歧视。大都会人寿因为担心黑人入住会引发白人租户的恐慌和逃离，从而影响这一住房项目的市场竞争力，所以禁止黑人搬入，也严禁租客将住房转租给黑人居民。这一规定在城市规划委员会以 5∶1 通过。② 李·洛奇的故事或许从一个侧面展示出大都会人寿在种族融合方面的固执和保守。已过鲐背之年的洛奇如今居住在加拿大多伦多，60 年前曾是施泰因文森特城的租客。那时他是纽约城市大学的一名教

① Richard Plunz, *A History of Housing in New York City*, p. 255.

② "New Housing Unit Is Approved," *New York Times*, May 21, 1943.

授，得知大都会人寿禁止非洲裔美国人入住后，组织支持者多次抗议这一规定，结果学校在大都会人寿的压力下将其解职。洛奇随后被宾夕法尼亚州立大学聘用，他悄悄地将自己的住房出租给了一户非洲裔美国人家庭，没想到大都会人寿得知此事后又对洛奇的新东家施压，迫使他再次失业，只得离开纽约另谋生路。① 这种种族歧视的态度在中产阶级中间较为普遍，在拉瓜迪亚政府中也存在，甚至埃克在 1943 年曾明确地告诉记者，"黑人和白人不能混居在一起"。② 巧合的是，此时正值反对种族歧视的斗争风行全美之时，同年在底特律和哈莱姆爆发了严重的种族冲突。1942 年 11 月，南部黑人青年大会举行第五次年会，一致决议，赢得对轴心国的胜利和获得充分公民权是不可分割的两个目标。③ 战后，美国黑人尤其是退伍军人对未来更为乐观，政治参与热情高涨，深信战争已经打碎了白人不可战胜的神话。④ 在这样的背景下，这一明显带有种族歧视色彩的规定立刻引起了纽约黑人团体及其白人同盟者的反对。著名住房问题专家劳拉·拉斯克告诉《纽约时报》的读者，"任何居民，无论其种族、信仰或是肤色，都可以享受政府资助项目的好处，

---

① Charles V. Bagli, "A New Light on a Fight to Integrate Stuyvesant Town," *New York Times*, November 21, 2010.

② "$5.4 Billion Bid Wins Complexes in New York Deal," *New York Times*, October 18, 2006.

③ 谢国荣：《民权运动的前奏——杜鲁门当政时期美国黑人民权问题研究》，人民出版社 2010 年版，第 51 页。

④ Richard M. Dalfiume, "The 'Forgotten Years' of the Negro Revolution," *The Journal of American History*, Vol. 55, No. 1（Jun. 1968），p. 97.

这早已被纽约州认可"。[①] 斯坦利·伊萨克斯将施泰因文森特城的种族歧视规定称作是"全球范围内不平等的标志",是"一部分美国人不民主地对待另一部分美国人"。[②]1947 年，三名黑人退伍老兵起诉大都会人寿保险公司禁止其入住的规定违法。案件最终逐级上诉至纽约州高等法院，法官判定施泰因文森特城并非政府项目，不属于公共住房的范畴，因而不必恪守非种族歧视的规定，判决该项规定合法有效。[③]1949 年 7 月 19 日，纽约州上诉法院支持州法院的判决。1950 年，联邦最高法院面对上诉请求，做出了拒绝审议的裁决。1960 年，施泰因文森特城共有居民 2.2 万人，其中黑人只有 47人，占总数的 0.2%。大都会人寿在同一时期投资的其他住房项目，如哈莱姆的里弗顿住宅区（Riverton Houses），同样严格执行种族隔离。

其次，施泰因文森特城的不公平性还体现在对原有贫民窟居民的再安置上。一方面，难以找到合适的住房用于再安置。尽管大都会人寿出于维护形象的考虑，愿意承担一部分再安置工作，但却未能妥善处理好这个棘手问题。公司在第 14 街开设了租户再安置办公室，收集和发布租房市场动态，为有需要的居民提供房屋租赁信息。到 1945 年 2 月，该办公室找到了 6000 套公寓可供出租，其中 36%

---

① Loula Lasker, "Housing Plan Disapproved," *New York Times*, June 1, 1943.

② Martha Biondi, *To Stand and Fight: The Struggle for Civil Rights in Postwar New York City*, Cambridge, Mass: Harvard University Press, 2006, p. 132.

③ "Race Housing Plea Quashed by Court," *New York Times*, July 29, 1947.

有供暖设施。然而，这些住房要么设施不足，要么价格过高，很难满足拆迁居民的需要。到 1945 年 3 月，只有 550 人通过该办公室找到了合适的新居所。随着工程建设的推进，本地居民只得尽快迁出，到 10 月份有 2322 个家庭搬走，绝大部分只得自行安排出路。[①] 另一方面，施泰因文森特城的目标租户是中高等收入的中产阶级，因此租金高达每个房间每月 14 美元，相比之下，被拆除住房的月租金只有 5 美元，原有居民几乎无法负担。[②] 据调查，原居民中只有不超过 3% 有能力承担施泰因文森特城的房租，只有 22% 的人满足公共住房租户的要求，剩下的 75% 只得另谋出路。[③] 再安置是施泰因文森特城的一个败笔，缺乏针对低收入群体的配套住房设施，清理和重建贫民窟的结果很可能是贫困问题的搬家和新贫民窟的形成。市民住房委员会认为，施泰因文森特城式的公私合作模式无法扭转原居民的再安置困局，其结果就是产生新的衰败社区和贫民窟。[④]

第三，施泰因文森特城所采用的政府与私人资本合作开发的模式，是战后美国清理贫民窟、住房建设和城市再开发最重要的模式，但这一模式却是一柄"双刃剑"。一方面，通过吸引私人资本投资，既通过私人资本有效地推动了贫民窟清理和再开发，同时也开辟了

---

① Samuel Zipp, *Manhattan Projects*, p. 99.

② "Rent and Readers," *New York Times*, April 20, 1943.

③ "Uprooted Thousands Starting Trek from Site of Stuyvesant Town," *New York Times*, March 3, 1945.

④ "Rent Limit of 8$ a Room Monthly Set in La Guardia Tenement Repair Plan," *New York Times*, December 21, 1944.

私人资本获利的新途径。在施泰因文森特城项目中，纽约市政府动用征地权来支持大都会人寿获取项目所需的完整土地，将项目所涵盖的街道土地赠予大都会人寿保险公司，并出资建设学校，同时给予长达 25 年的税收减免，极大地节省了大都会人寿的成本。另一方面，这种合作模式也在一定程度上牺牲了公共利益。查尔斯·艾布拉姆斯（Charles Abrahams）多次批评施泰因文森特城式的清理和重建贫民窟的开发模式。艾布拉姆斯是纽约著名的住房改革专家和城市问题专家，是纽约市住房管理局的创始人之一。他一身多任，是大学教授、律师，也曾担任政府官员；他热衷于探讨和传播关于住房改革的知识，是笔耕不辍的专栏作家，在《国家》《新领袖》和《纽约时报》等报刊上不断发表文章、回应评论；他支持种族平等，相信政府有责任为低收入者提供舒适的住房，是自由派的公共知识分子。艾布拉姆斯对城市、社区和住房有着自己的研究和理解，在他看来，每个社区都有其存在的理由，这种理由来自其内在的有机性，因此社区居民、即使是贫民窟的居民也不希望自己的家园被强制拆除，"他们的社区意识在面临外部危机时会迅速觉醒，随后他们会立刻意识到社区的价值并投身到保护社区的种种努力中去"。[1] 他并不反对清理贫民窟并建设住房，但却反对以维护投资企业利益为名扼杀少数族裔和低收入者的权益，因此，艾布拉姆斯多次批评施泰因文森特城式的清理和重建贫民窟的开发模式。根据他的计算，纽约市将从施泰因

---

[1]　Charles Abrams, "What Makes or Destroys a Neighborhood?" *American Journal of Economics and Sociology*, Vol. 19, No. 3（Apr. 1960）, p. 230.

文森特城的税收减免中损失 2500 万美元，而根据协议出售给大都会人寿的土地只给政府增收 1400 万美元，这样一来，市政府实际损失了 1100 万美元。他认为，法案中如此之长的税收减免损害了政府的利益，纽约市更好的做法是将土地赠予大都会人寿，而不给予其税收减免。[1] 艾布拉姆斯极为重视政府为鼓励住房建设而提供的补贴措施，认为"政府的补贴形式不仅影响着住房建设本身"，并且在政府引入私人资本清理和重建贫民窟之时，"补贴形式显得尤为重要"。他为政府的补贴方式制订了五条标准，其包括：（1）补贴应当满足公共利益。艾布拉姆斯认为，"让私人资本享用政府的钱和权力无异于打开了滥权和腐败的大门……要使补贴满足公共利益，首先应使其增进公民的健康和安全"，若以这样的标准衡量，税收补贴无疑不能满足公共利益。（2）由公共部门管理接受补贴的组织或个人。他认为，在由私人资本开发贫民窟这个问题上，政府应当用严格的法规监督和约束开发商，应当特别注意使后者遵守区划法规的规定。（3）补贴应当明确。（4）补贴应当尽量不给纳税人增加负担。这样看来，施泰因文森特城长达 25 年的税收减免带给纽约市政府的财政损失就是不恰当的补贴了。（5）对补贴的管理应当具有可操作性。他认为，合适的补贴形式应当方便政府的监督和管理，而不必增加政府的负担。[2] 更

---

① A. Scott Henderson, *Housing and the Democratic Idea*: *The Life and Thought of Charles Abrams*, New York: Columbia University Press, 2000, p. 131.

② Charles Abrams, "The Subsidy and Housing," *The Journal of Land & Public Utility Economics*, Vol. 22, No. 2（May 1946）, pp. 131-134.

重要的是，这种开发模式的弊端远不止于补贴对公共利益造成的损害。他将施泰因文森特城视作一系列以税收优惠和征地权刺激私人资本投入城市再开发的政策的顶峰，并呼吁公众警惕这种发展趋势。在美国历史上，政府利用政策性优惠推动经济发展的实例数见不鲜，铁路建设、镇址投机莫不兴起于此，19世纪末的大型垄断财团也或多或少得益于政府的政策性扶持。艾布拉姆斯担心的并非私人资本的强大，而是公共权力被不计后果地交到私人资本手中，从而危害公共利益。①

总之，施泰因文森特城的建设，因应了贫民窟清理的需求，并在一定程度上改善了所在区域的整体环境，实现了城市再开发的目标。该项目所采用的政府与私人资本合作的模式虽然推动了工程进展，但损害了公平性，将低收入者和少数族裔拒之门外。

作为纽约市中心的大型住宅项目，施泰因文森特城给纽约人带来的是惊喜和争议，吸引了整个美国的瞩目。尽管从建筑风格、租户规定和开发模式引发了不同利益集团的激烈争论，并多次走上法庭，但并没有任何一方质疑施泰因文森特城的必要性，各方争议的焦点在于其方式和形态。这一规模巨大的贫民窟清理和重建项目让城市问题专家、住房改革者、政府官员和私人资本意识到了公私合作进行城市再开发的能量和意义，也意识到了再开发带来的利与弊。实际上，如果把施泰因文森特城放在美国历史的坐标中向前追溯，

---

① Samuel Zipp，*Manhattan Projects*，p. 99.

可以发现施泰因文森特城是美国政府以政策性优惠来刺激私人资本投入公共事业的一个环节和延伸。在此之前，联邦政府先后有联邦住房管理局、房主贷款公司等机构支持银行业为购房者提供贷款，虽然解决了很多美国人的住房需求，但也带来了城市横向蔓延的弊端。如同这些政策一样，为吸引大都会人寿保险公司投资清理和重建贫民窟，公共利益做出让步恐怕也是不得已之举。如果说放松监管和税收减免只是纽约市的损失，那么容忍种族歧视和风格单调的高层超级街区就是整个美国为其支付的社会成本。私人资本的逐利冲动最终塑造了施泰因文森特城的外在风格面貌和内在社会结构。如果向后延伸，施泰因文森特城与 1949 年之后席卷美国各大城市的城市更新运动有诸多相似之处，可谓一脉相承。两者都是以公私合作的方式实施城市再开发，其目标也都是清理和重建贫民窟。因此，透过施泰因文森特城这一案例，或许可以看出美国城市再开发的些许共性与特点。

一方面，施泰因文森特城式的城市再开发改变了贫民窟所在地区的街区面貌，更新了城市形象，为中产阶级及富有居民提供了舒适得体的住房。一战后，退伍军人回国和婴儿潮的到来增加了对住房的需求，而建筑业却受战争影响长期低迷，资金投入由 1928 年的 110 亿美元骤降至 1933 年的 30 亿美元，住房开工量下降了 95%，[①]导致房荒现象严重。1949 年 1 月 5 日，杜鲁门总统在提交国会的国

---

① Michael E. Stone, *Shelter Poverty*: *New Ideas on Housing Affordability*, Philadelphia: Temple University Press, 1993, p. 92.

情咨文中声称："美国的住房短缺愈发严重……如今，美国政府已经进入了一场新的战争中，要发动建筑业的所有部门投入廉价住房的建设中。"① 为了应对房荒，同时也为了清理贫民窟，在后来的城市更新中，各大城市纷纷利用政府资助建设施泰因文森特城式的中产阶级住房。在纽约，地产商莫顿·伍尔夫在市政府的资助下在华盛顿广场东南侧开发了针对中产阶级的住宅区；芝加哥卢普区北侧的卡尔·桑德堡住宅区也是类似的住房。施泰因文森特城式的住房项目规模庞大，环境优雅，既可以清理贫民窟，又可以提供大量住房，正是其被迅速推广的重要原因。

另一方面，种族歧视和贫民窟居民的再安置困境等不公平性也在相当程度上被战后的城市更新所延续。首先，种族歧视是美国住房市场的顽疾，尽管在 20 世纪 40 年代末因种族原因而拒绝出售或出租房产被判定为非法，但种族歧视在实际的市场交易中仍屡见不鲜。② 根据美国学者约翰·凯恩和约翰·奎格利在 20 世纪 60 年代针对圣路易斯的调查，黑人在城市中购买住房的价格较之白人高 5%—10%。③ 对 20 世纪 60 年代末芝加哥不同族裔住宅区的研究也

---

① Harry S. Truman, *Annual Message to the Congress on the State of the Union*, January 5, 1949, http://www.presidency.ucsb.edu/ws/index.php?pid=13293.

② Christopher Silver, "The Racial Origins of Zoning in American Cities," in June Manning Thomas, Marsha Ritzdorf（eds.）, *Urban Planning and the African American Community: In the Shadows*, Thousand Oaks, C.A.: SAGE Publications, 1997, pp. 23–42.

③ John F. Kain, John M. Quigley, "Housing Market Discrimination, Homeownership, and Savings Behavior," *The American Economic Review*, Vol. 62, No. 3（Jun. 1972）, p. 263.

得出了类似结论，黑人愿意付出更多的价钱搬入白人居住区，而白人则表现出对种族混合社区的强烈反感。① 其次，如何安置搬迁居民也成为长期困扰美国住房开发的慢性病。公共住房是美国政府为低收入者建造和维护的住房，政府只收取较低租金，起源于 20 世纪 30 年代。公共住房本可以用作贫民窟居民再安置的住所，但由于数量不足和自身弊病，难以容纳拆迁居民。《1949 年住房法》是战后美国城市更新的基础文件，该法案要求六年内建成 81 万套公共住房，但这一目标迟至将近 20 年后才得以实现。而公共住房在效率与公平上的不足，也使其往往演变成新的贫民窟，无法妥善解决低收入居民的再安置。②

施泰因文森特城式的政府与私人资本合作的开发模式成为战后城市更新乃至推动经济发展的基本模式。二战结束后，新政式的福利国家随着美国经济复苏渐渐让位于新的发展模式，民主党人和支持新政的政治力量在战后结成了新的增长机器（Growth Machine），即以公私合作的方式促进发展。支持者相信，这是民主社会的最佳方式，是捍卫个人自由、增进公共福利的最有效手段。美国学者哈维·莫洛特克认为，增长机器由控制和支配城市再开发进程的房地产商、银行家、政府官员以及不同的族裔集团组成，尽管他们会在

① Brian J. L. Perry, "Ghetto Expansion and Single-Family Housing Price: Chicago, 1968-1972," *Journal of Urban Economics*, Vol. 3, No. 4（Oct. 1976）, p. 401.

② 李莉：《罗伯特·泰勒之家：美国战后高层公共住房发展史的典型个案》,《史学理论研究》2013 年第 2 期，第 90—94 页。

某些具体问题上存在分歧，但都支持城市的发展；① 阿诺德·弗莱什曼和乔·费金对比了休斯敦和密尔沃基这两个分别位于南部阳光带和中西部老工业地区的城市的发展联盟，认为随着时间的变迁，城市发展联盟的构成、结构和目标是有所不同的；② 德利昂对旧金山的研究则突出了发展联盟在政策和结果上的连续性；③ 从这些研究中可以发现，地区政治和对发展的追求充满了争执，城市精英在关于公共资金的使用、优惠政策的实施以及政府扮演的角色等多个方面存在冲突。美国以选举制度和市场经济维持其政治和经济的日常运转，这决定了尽管社会各阶层都可以参与政治经济生活，但真正起主导作用的却是富有的中上阶层，大型私人资本和利益集团一定程度上决定着美国政策的基本走向。正如施泰因文森特城引发的争议，这种合作模式的确吸引了私人资本投资并给予其相当的利润，但同时也牺牲了公共利益来满足中产阶级和富有人群的需求，具有内在的不公平性，这是由美国的核心制度决定的。也许艾布拉姆斯的说法更有说明性，施泰因文森特城式的开发模式代表着一个"商业利益国家"（Business Welfare State）的崛起，"政府的钱被投入

---

① Harvey Molotch, "The City as A Growth Machine: Toward A Political Economy of Place," *American Journal of Sociology*, Vol. 82, No. 2（Sep. 1976）, pp. 309–332.

② Arnold Fleischmann, Joe R. Feagin, "The Politics of Growth-Oriented Urban Alliance: Comparing Old Industrial and New Sunbelt Cities," *Urban Affairs Review*, Vol. 23, No. 2（Dec. 1987）, pp. 207–232.

③ Richard E. DeLeon, "The Urban Antiregime: Progressive Politics in San Francisco," *Urban Affairs Review*, Vol. 27, No. 4（Jun. 1992）, pp. 555–579.

到获准开发的项目中，投入到私人资本的怀抱里"，这个商业利益国家允许私人资本投入到城市再开发中攫取利益，[①] 没有人能够阻挡得了。

尽管存在诸多争议，但这并没有阻挡施泰因文森特城在住房市场上的火爆。1946 年 6 月大都会人寿首次张贴房屋出租广告后，第二天就收到 325 封求租信，一天之后又收到大约 7000 封。前来参观住房的人络绎不绝，大都会人寿甚至不得不雇用保安，全天 24 小时执勤维护秩序。

面对复杂棘手的贫民窟治理难题，纽约市在 20 世纪前期采取了诸多措施，既有自己的独创，也有州政府和联邦政府政策的具体实施。纽约市对于贫民窟的改造虽然并没有全面彻底地解决这一问题，但纽约市无疑走在了美国大城市的前列。此外，贫民窟治理并非只是满足人的需求，同时也是提振城市经济、改造城市空间的尝试。面对大量人口和产业离开纽约市迁往郊区，纽约市亟须通过创造新的空间将它们留在城市中。同时，面对人口和产业外迁这一现实，纽约市也不得不变换思路，尝试用新的方法将其周边郊区与中心城区紧密连接起来，因此从 20 世纪初开始，纽约市逐步走上了区域整合的道路，以此来强化自身的影响力，将郊区化的负面影响尽力降到最低。

---

① Samuel Zipp, *Manhattan Projects*, p. 112.

第五节　区域整合的初步尝试

在汽车普及和高速公路建设的影响下，越来越多的人口离开纽约市，迁往长岛、纽约州北部乃至哈德逊河对岸的新泽西州。企业尤其是制造业也因郊区相对廉价的土地而离开城市，就业机会带动人口进一步离开纽约市，人口外迁则引起商业活动外迁。去工业化、人口和商业的逃离相互强化，这样，城市化地域逐渐扩大，纽约市与周边地区的人口和经济往来也日益密切。20 世纪 20 年代纽约的高速路建设将城市的可达范围向外推出了 1.7 万英亩。在这样的背景下，如何整合纽约市所在的区域、如何发挥纽约市在区域中的作用就成了政界与学界共同关心的话题。长期以来，纽约市和新泽西州围绕纽约港经济利益的纠葛，成为打响区域整合的先声和探索。

（一）纽约—新泽西港务局的建立

哈德逊河连接纽约州北部和大西洋，并通过伊利运河以及多条铁路与中西部地区相连，自 19 世纪以来就是中西部产品出海的重要节点。哈德逊河也是纽约州与新泽西州的天然分界线，但也使得两州之间、主要是新泽西州与纽约市之间围绕港口航运的经济利益纷争不已。为了争夺更多的利益，哈德逊河两岸出现了大量码头和港口设施，不但存在恶性竞争，关于水域管理的矛盾也不断增多。

早在 19 世纪初，两个州就经常因为水域管理问题多有争议，其中最著名且影响较大的当属汽船垄断案件。富尔顿的蒸汽动力船"克莱门特"号试航成功后，他的投资人罗伯特·利文斯顿在 1801 年利用自己在纽约州政坛的人脉关系，说服纽约州议会通过法律，给予他和富尔顿在纽约州的水域垄断汽船运输的特权。此举不但引起纽约州其他商人的不满，更让新泽西州政府气愤不已，因为哈德逊河作为两州界河，其管理权理应由两州共享。于是，新泽西州议会通过了对纽约州的报复性法律，授权该州公民，如果他们的汽船被利文斯顿和富尔顿扣压，他们也可以扣压任何一艘在该州水域的纽约州船只。此后争端逐步升级，一直闹到最高法院。1834 年，两州签订州际协议，纽约州继续保持对整个纽约水域的管辖权，新泽西州负责自身领域内所有水下的土地以及对码头等河滨地区的改善和发展。这一协议使双方的竞争保持稳定长达 75 年，促进了哈德逊河两边商业和贸易的发展繁荣。19 世纪末 20 世纪初，纽约一跃成为国际性大都市，纽约港的国际和国内贸易在纽约经济中扮演了重要角色。1914 年巴拿马运河开通后，美国国际贸易数量迅猛增加，其中的近半数经由纽约港进出，大量航运公司和铁路线路聚集在哈德逊河两岸。繁忙的陆路和水路运输为纽约州和新泽西州提供了数以千计的工作岗位，但双方却因为各自利益的冲突而导致争夺愈演愈烈。冲突主要集中在 4 个方面。

首先是新基础设施的建设。新泽西州计划在纽瓦克建造大型港口设施，纽约商人也主张港口设备的更新升级。

其次是横跨哈德逊河的交通。新泽西州主张建造跨河大桥，纽约州则坚持开凿隧道。

再次是港口的污染问题，双方都指责来自对方的废弃物是港口污染的主要来源。

最后是双方管理办法的差异。纽约港的东侧完全集中在曼哈顿，并不涉及纽约市和纽约州的其他地区，而西侧则涉及新泽西州的多个城市，因此东侧的管理更为简便快捷，对企业来说成本也更低。相比之下，曼哈顿由于地价高昂，导致铁路公司更乐于在新泽西州建立货运设施，所以呈现出港口集中在东岸、铁路集中在西岸的局面。

这些竞争与矛盾对双方都有所伤害。1916—1917年间，纽约州与新泽西州联合调查港口的污染问题，虽然未能就污染物来源达成一致，但双方在此过程中逐步意识到合作的必要性。1916年，纽约州商会的法律顾问朱利叶斯·科恩（Julius H. Cohen）提议成立一个共同委员会，通过促进两州的合作来共同管理和维护纽约港。1917年美国正式参与第一次世界大战后，大量军士和物资经由纽约港出发前往欧洲，两州在管理和维护方面的龃龉进一步显现出来，拥堵状况空前严峻。伍德罗·威尔逊总统亲自干预，在白宫召集两州负责港口的官员和商会代表，促进双方合作。当年，纽约州州长查尔斯·惠特曼、新泽西州州长沃尔特·艾奇和纽约市市长约翰·米切尔共同宣布成立纽约—新泽西海港发展委员会（New York-New

图 2-11　20 世纪前期的纽约港

Jersey Port and Harbor Development Commission），负责调查整个纽约港的历史、地理和经济社会状况，并负责提交合作管理纽约港的方案。

1921 年 1 月，经过三年的深入研究和分析，纽约—新泽西港区发展委员会在其最后提交的报告中明确指出：为了更好地在港区实行统一的规划和管理，应该成立常设的两州联合机构，借鉴伦敦港务局的模式组建区域性的港务局。4 月 30 日，在两州政坛高官和商界大亨的共同见证下，纽约港务局（The Port of New York Authority）成立。协约签订后被提交到了国会，总统沃伦·哈定于 6 月 23 日签署通过。

按照协议规定，新成立的纽约港包括以自由女神像为中心的大约 3900 平方公里的土地和水域，覆盖了国际大都市纽约、新泽西州人口超过 30 万的泽西城和纽瓦克，而且还包含 300 多个小城市和乡镇。据官方统计，1920 年这片区域的人口总数已经超过 800 万，在航运、铁路以及商贸等很多方面都处于美国领先地位，并且国际市场的份额也占到全国 40% 以上。①

凭借巨大的权力，港务局在成立后有效推动了整个纽约港地区的开发。为了应对汽车的快速增长，港务局的重要任务就是建立区域内的综合交通系统。1926 年，港务局宣布将建设曼哈顿连通新泽西州和斯塔滕岛的桥梁，这就是 1928 年完工的奥特布里奇桥和高堡桥，这是港务局成立以后第一批卓有成效的州际工程项目。1931 年港务局接手管理霍兰隧道（Holland Tunnel），1937 年又开通了林肯隧道（Lincoln Tunnel）。四通八达的交通将纽约与新泽西州紧密地联系起来，也便捷了纽约市内各区之间的联系。曼哈顿的核心地位得以强化，新泽西州的伯根县（Bergen County）等偏远地区也得到发展，成为富裕人群和中产阶级新的定居地。

纽约—新泽西港务局不仅享有私营企业在管理上的灵活性优势，而且超越了党派的限制，一定程度上实现了企业化管理和财政自给，提高了决策和管理的科学水平。它既是美国"公共管理局"② 的首次

---

① Jameson W. Doig, *Empire on the Hudson: Entrepreneurial Vision and Political Power at the Port of New York Authority*, New York: Columbia University Press, 2001, p. 69.

② 公共管理局（Public Authority）是一种准政府机构，既有独立公司的身份，又完全属于政府。公共管理局一般由州议会或地方政府根据州法律创设，大多行使一种或有限几种职能，实体由委员会管理，委员会成员必须由民选产生或由民选官员任命，拥有独立于普通政府县、自治体或镇区的行政和财政自主权。

尝试，也是政府间合作推进区域协同治理的有效手段。港务局的运营管理不仅为后世此类公共管理局的发展树立了典范，也为政府改革和大都市区治理开辟了新的路径，被美国学者评为"半个世纪内纽约地区最有影响力的公共机构"。①

（二）第一次区域规划

如果说纽约—新泽西港务局是区域治理在微观层面的具体实践，那么进行区域规划则是在宏观层面上治理整个区域的尝试。

19世纪的美国没有统一的城市规划法规，城市规划在各州授权下由城市政府根据不同的条件施行。与欧洲不同，美国城市规划强调发挥市场的基础性作用，政府并不介入私人土地的开发，开发商拥有较大的自主权。城市政府的规划职能并不突出，即使提出了规划方案，也缺乏保证规划实施的手段。城市规划更多地出现在市场无法调节、开发商有意回避的领域，这也被有的学者称作"补救性"特征。② 更重要的是，美国城市规划"运行的基础是建立在联邦整体制度上的，地方自治与通则式是这一体系的最大特色"。③ 因此，美国城市规划呈现出明显的地方多元性，地方政府根据自身的状况制订具体的规划方案，既没有联邦或州级政府的协调，相互之间也

---

① Michael N. Danielson and Jameson W. Doig，*New York*：*The Politics of Urban Regional Development*，University of California Press，1983，p. 40.

② 张京祥：《西方城市规划思想史纲》，东南大学出版社2005年版，第87页。

③ 洪文迁：《纽约大都市规划百年：新城市化时期的探索与创新》，第6页。

无须沟通，因此不同城市的规划很可能存在矛盾和冲突。

进入 20 世纪后，美国大城市普遍出现了人口密集、交通拥堵、贫民窟集中和环境污染等问题，规划界开始尝试从规划入手试图改善城市居民的生活。为迎接 1895 年世界博览会，芝加哥以规划师丹尼尔·伯纳姆为主建造了新古典主义风格的白城作为主展区，1909 年制订了《芝加哥规划》。作为美国首位城市的纽约市自然不落人后，在 1907 年颁布总体规划，1916 年出台《区划法》等规划条文。区域规划也成为美国规划界热议的话题。1923 年 4 月 18 日，著名规划师克拉伦斯·斯坦、本顿·麦凯、亨利·赖特和刘易斯·芒福德等人联合发起成立了美国区域规划协会（Regional Planning Association of America）。这是一个非政府、非营利性质的组织，规模小且内部结构松散，没有明确的职位分层和部门分类。协会主张区域主义，致力于通过规划建设区域城市，质疑美国城市化过程中建设大城市的主流发展趋势，认为城市扩张并不是城市发展逻辑的必然选择和结果，应该制定基于综合考虑区域特征的整体性规划，以此来改变这种城市发展模式，由此保证大都市区协调发展。但美国区域规划协会成立后，其工作重心在于具体的、个案式的社区规划，例如昆斯区的阳光花园社区——计划建设 1200 栋住房，包括独立式住房和多层公寓——就由斯坦和赖特主持规划，对于以大都市区为单位的规划则较少涉及。

在当时美国的大都会中，纽约在区域规划方面走在了前列。这是因为纽约的发展已经超越了市区的界限，而周边多个城市的发展，以及郊区的持续膨胀，使纽约较早意识到区域协调发展的必要性。1914 年，《芝加哥规划》的作者之一查尔斯·诺顿（Charles D. Norton）出任纽约城市规划委员会主席，提出成立一个准政府机构推动纽约大都市区规划的设想。这一设想虽然没有被纽约市政府采纳，却得到了拉塞尔·塞奇基金会的支持。1921 年，基金会成立了纽约区域规划委员会，拨款 30 万美元并由诺顿担任主席。

在诺顿的主持下，委员会对纽约市及其周边地区的社会经济状况、有关城市规划的法律法规、住房条件以及物质环境进行了调查，在 1929 年发布了《纽约及其周边地区区域规划》。这次规划的重点在于整合协调区域范围内的交通设施和道路网络。方案首先界定了纽约大都市区的区域范围，即以纽约市为中心，包括纽约州内临近的县市以及康涅狄格州的费尔菲尔德县和新泽西州临近纽约州的地区，涵盖 22 个县，规划面积 1.4 万平方公里，区域内人口约 898 万。方案提出了环形放射状高速公路网络，主张分散制造业企业，强化纽约市尤其是曼哈顿的金融功能，在区域内增设开放空间和休闲娱乐用地。规划描述了纽约大都市区引人注目的未来发展前景，并从人口增长、道路通达、土地利用与建筑规模四个大方向对纽约大都市区进行了较为细致的规划。规划认为，纽约大都市区必将经历快速的增长，而曼哈顿的增速将更为显著。① 第一次区域规划中

---

① 孟美霞、张学良、潘洲:《跨越行政边界的都市区规划实践——纽约大都市区四次总体规划及其对中国的启示》,《重庆大学学报（社会科学版）》2019 年第 4 期，第 22—37 页。

的一些具体提议，最后都成为现实，其中包括修建高速公路和桥梁、建设公园和公园绿岛，以及对郊区的建设。这些建议的实现提高了纽约大都市区的发展效率与人们的生活质量。

不过，《纽约及其周边地区区域规划》毕竟是民间规划组织的自发行为，并未得到政府的支持和认可，因此要真正推动方案中的具体要求可谓困难重重。从 1932 年到 1942 年，纽约区域规划委员会在此方案基础上陆续发布多个报告，分别设计公路、公园和开发空间等不同规划要素。尽管纽约市政府没有正式采纳《纽约及其周边地区区域规划》，但方案却得到了时任纽约州州长富兰克林·罗斯福的认可。随着罗斯福就任美国总统以及在新政期间出台干预社会经济事务和地方事务的政策，方案的部分措施也得以实施。事后看来，《纽约及其周边地区区域规划》关于交通基础设施的规划很多落到了实处。此后至今，纽约区域规划委员会分别在 1968 年、1996年和 2017 年进行了三次区域规划，对不同时期的问题提出了解决的思路。

本章小结

19 世纪初，纽约还是大西洋西岸的贸易港口城市，美国内陆所生产的农产品从这里起航前往欧洲，欧洲的制成品抵达这里，继而分散到美国各地；20 世纪初，纽约已是隆隆作响的工业重镇，轻重工业产品从这里走向全球，来自世界各地的移民经由埃利斯岛登上美国本土，许多人选择了留在纽约。19世纪初，纽约还是美国东海岸众多步行城市中较大的一个，曼哈顿与隔东河而望的布鲁克林通过定期轮渡往来，今日人口密集的哈莱姆还是人迹罕至之处；20世纪初，道路、桥梁、隧道将曼哈顿与周围地区连在一起，曼哈顿、布朗克斯、布鲁克林、昆斯和斯塔滕岛五区合而为一，成为"大纽约"。19世纪初，曼哈顿沿着1811年委员会规划留下的简洁朴素的棋盘状网格布局慢慢向北扩张，大教堂的尖顶定义了城市天际线；20世纪初，曼哈顿中心商务区挤满了高楼大厦，巨大的阴影甚至笼罩了几个街区，公路、桥梁和隧道不但连接了"大纽约"，更将纽约市与周边县市连在一起，大都市区已初具规模。正如威廉·迪恩·豪威尔斯在《新财富的危害》（*A Hazard of New Fortunes*）一书中写到的那样：纽约市不属于任何一州，它属于整个美利坚。

但城市的快速发展不可避免地带来了危机和挑战。去工业化在20世纪20年代初露端倪，曼哈顿的制造业企业开始迁往纽约周边地区，去工业化带来的挑战也逐步浮现。一方面，大量移民涌入纽约寻找工作机会，纽约人口大量增加，超过了现有城市空间的容纳力，贫困居民只得蜗居在衰败街区中；另一方面，去工业化将工作机会带离城市，虽然许多居民前往郊区，但大多是中产阶级和富裕人群，中低收入居民限于搬家成本仍然生活在城市中，而且新来的移民大多属于中低收入阶层，无法迁往郊区。人口大量增加加剧了环境负担，不但人与资源的矛盾突出，而且各色人等汇聚也带来了城市社会问题。原本就已存在的城市问题在去工业化冲击下更加严峻。纽约市试图通过改造城市空间来应对种种问题，既调整城市内部空间，也打通纽约市与周边的联系，来遏制城市问题、引导良性发展。大萧条虽然沉重打击了纽约城市经济，但罗斯福新政也带来了机遇，联邦政府的资助和以工代赈政策促使纽约市政府启动大规模城市建设与改造，在全市范围内建设游泳池和公共空间。同时，汽车的大量应用对现有交通体系带来了严峻挑战，纽约市以打造环道系统来应对。针对城市贫民窟的恶化和蔓延，纽约市则尝试引入私人资本为中等和中低收入者提供负担得起的住房，将衰败街区清理一空。在城市的外部空间方面，面对纽约大都市区的现实，纽约精英也开始尝试区域规划，为城市间协同良性发展奠定基础。纽约市与新泽西州在港口问题上长期龃龉不断，港口货物吞吐量的增加既加剧了双方的矛盾，也为进一步合作提供了契机，最终使得双方合作成立了跨州的纽约港务局。另一个区域一体化尝试则是对纽约大都市区的区域规划，虽然规划方案在当时没有被纽约市政府接受，但其举措却逐步落到实处。20世纪上半期应对双重转型的措施主要来自纽约市政府、企业以及非营利性组织，所取得的成果并不显著，第二次世界大战也中断了城市正常发展的进程。虽然战争一度刺激了工业的发展，但战争结束后，纽约面临着更为严峻的去工业化挑战，无论内部还是外部城市空间，也都亟须改造。

第三章　纽约城市更新及其影响

　　1945 年的美国城市一片断壁残垣。在大萧条和战争的 15 年中，公用设施、住房甚至商业性房地产开发受到极大抑制。数以百万人居住条件恶劣，甚至没有中央供暖和室内卫生间。与此同时，郊区的发展几乎超过了所有城市，削弱了城市的税收基础。在中心商务区，大量汽车使街道拥堵，20 世纪 20 年代后期新建的许多高楼大厦仍然处于闲置状态。与之相反的是，郊区的大型购物中心开始挑战中心商务区的传统购物区。战争期间，联邦政府鼓励去中心化，许多大型国防设施坐落在城市边缘。战时投入军事基地、港口和国防工业的开支主要流向了南部和西部的城市，后者增长迅速，足够的基础设施为其日益增长的人口提供服务。

　　在战争年代里，三股政治力量推动了战后联邦政策的形成。新政支持者、社会福利支持者和人道主义者要求联邦政府重启公共住房计划，并将其与贫民窟清理相联系。城市和区域规划师则认为，战后城市规划和区域规划应当有专门的机构对接全部联邦资助，以便与大都市区的发展相协调，全盘考虑交通、工业区位和住房。房地产利益集团是第三股力量，包括地产所有人和经理人、地产掮客、银行家、保险公司和下城零售商，影响力巨大的全美地产商联合会（National Association of Real Estate Boards）是其代言人。他们用"衰败"这一词语来指称破败社区。联合会宣称，集中大片土地的高额成本和法律困境阻挠了对衰败地区的清理和重建，开发商需要政府对其提供补贴，并行使土地征购权（Eminent Domain）。房地产行业和建筑业坚持要求所有的开发项目必须由地方政府控制，联邦政府只负责提供资金。此外，他们激烈地反对公共住房，视其为社会主义的产物。战后，他们仍然影响着杜鲁门政府的城市政策。

第一节 《1949 年住房法》

《1949 年住房法》和城市更新运动在某种程度上是此前美国整治贫民窟的继续，并且继承了《1937 年住房法》的遗产。由于得到了来自反贫困的改革者和城市规划师两个领域的支持，因此与以往类似法案不同的是，《1949 年住房法》将清理贫民窟与建设廉价住房结合起来，并立足于大规模的社区开发，[①] 这与《1937 年住房法》

---

① D. Bradford Hunt, *Blueprint for Disaster: The Unraveling of Chicago Public Housing*, Chicago: The University of Chicago Press, 2009, pp. 15-16.

如出一辙。尽管《1937 年住房法》迈出了很大一步，但该法的实施并不顺利。住房管理局局长内森·施特劳斯与国会反对派议员不和，而且为人颇为激进，因此每每受到掣肘，于 1942 年挂冠而去。随着国会内反新政力量的不断强大，给予公共住房建设的经费也在不断减少。美国卷入二战后，国会准许为战时工人提供住房，却不愿为针对低收入者的公共住房拨款，从此直到《1949 年住房法》颁布实施，国会没有批准任何公共住房项目。①

《1949 年住房法》的通过，最重要的原因是住房紧张成为牵动美国社会各界的最为重要的问题。在纽约、芝加哥、费城、巴尔的摩这样的工业大都市，从 19 世纪后期开始，住房市场就处于饱和的状态，住房紧张是城市生活的常态。随着人口涌入城市，集聚带来的负面效应越来越明显，不但城市环境持续恶化，而且人口与土地和资源间的矛盾日益突出，这种矛盾集中体现在城市中范围不断扩大、条件益发严峻的贫民窟中。甚至几乎从来不干预城市事务的联邦政府，也在 19 世纪末发起了针对大城市贫民窟的社会调查。相较而言，州和地方政府、商界和城市改革者走在贫民窟治理的前列。为了应对城市衰败，美国各界纷纷献言献策、采取措施。进步主义改革者试图通过调查研究和社区改良运动根除这一城市病，② 州和地

① Alexander von Hoffman, "A Study in Contradictions: The Origins and Legacy of the Housing Act of 1949," *Housing Policy Debate*, Vol. 11, No. 2, pp. 299–326.

② David Ward, "The Progressives and the Urban Question: British and American Response to the Inner City Slums, 1880–1920," *Transactions of the Institute of British Geographers*, Vol. 9, No. 3（1984）, pp. 299–314.

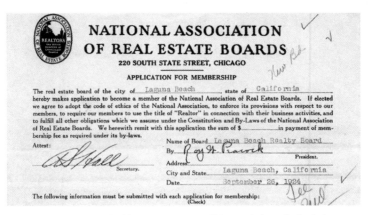

图 3-1　1924 年的一份 NAREB 芝加哥分会入会申请书

方政府也出台相关法律，规定住房标准、推动可负担住房的开发。①
私人开发商更是积极奔走。

从 20 世纪 30 年代中期开始，全美房地产商联合会为提出一项全
国性的城市再开发政策展开调查，到 20 世纪 40 年代中期，已经对美
国主要城市的住房和衰败情况做了综合考察。联合会代表了美国大型
房地产公司的利益，1932 年曾呼吁政府简化建筑业法规来促进城市
复兴。1936 年，其下属的住房委员会建议，"地方政府出资购买贫民
窟土地并负责拆除，然后将其出售或出租给私人开发商来建设住房或
商业设施。如果地方政府主持建设住宅区或商业区，或是负责运营，
则是一个不利的选择"，并坦率地说明，"如果城市政府需要资金用
于拆除和清理贫民窟，我们建议联邦政府为其提供贷款或资助"。②

---

① 　William Karlin, "New York Slum Clearance and the Law," pp. 241–258.

② 　Kevin Fox Gotham, "A City without Slums: Urban Renewal, Public Housing,
and Downtown Revitalization in Kansas City, Missouri," *The American Journal of
Economics and Sociology*, Vol. 60, No. 1（Jan. 2001）, pp. 285–316.

1940年，原本属于联合会的城市土地研究所（Urban Land Institute）重组为一家独立研究机构，随后与联合会以及多家产业巨头，对全美221个城市的房地产价值进行全面调查，研究大都市区去中心化的危害及应对策略。这份调查报告认为，导致大都市区去中心化的原因是多种多样的，重点列出了中心商业区交通拥堵、过高的土地价格、不良区划和规划、约束性的建筑规定、环境不佳的学校（主要是临近酒吧等娱乐场所的学校）、环境污染和交通危险等16个因素。[①] 随后，城市土地研究所又在两年内出版了针对波士顿、辛辛那提、底特律、路易斯维尔、密尔沃基、纽约和费城的分析报告。[②] 在这些报告的基础上，城市土地研究所与联合会共同提出了关于城市再开发的建议，呼吁联邦政府用长期稳定的低息贷款为城市购买和清理贫民窟土地提供资助，然后根据城市的整体规划出售给私人开发商进行再开发，认为联邦政府至少应提供400亿美元的拨款。[③] 联合会的理由是，既然联邦政府可以出资帮助农村地区适应工业化时代的需要（国会曾立法资助农村地区的公路建设——引者注），自然应当为城市提供资金以帮助其顺利进入汽车时代，而且美国城市人口已超过半数，这种资助

---

① Urban Land Institute, *Decentralization*: *What Is It Doing to Our Cities*, 1940, http://babel.hathitrust.org/cgi/pt?id=mdp.39015020371608; view=1up; seq=3.

② Marc A. Weiss, "The Origins and Legacy of Urban Renewal," in J. Paul Mitchell（ed.）, *Federal Housing Policy and Programs*: *Past and Present*, CUPR Press, 1985, pp. 258–259.

③ Kenneth Fox, *Metropolitan America*: *Urban Life and Urban Policy in the United States*, *1940–1980*, Houndmill: Macmillan, 1985, p. 95.

就更有必要了。联合会相信，联邦政府、城市政府和私人开发商合作进行城市再开发，是美国城市得以复兴的不二途径。① 在这场没有硝烟的游说战争中，联合会并不孤单，从 20 世纪 30 年代开始，即使没有加入联合会的房地产商也在不断影响联邦政府，希望后者能够出台政策方便私人开发商获得贫民窟土地。② 房地产开发商的建议和研究报告对联邦政府在这一问题上的决策产生了很大影响，与联合会关系密切的联邦住房管理局（Federal Housing Administration，简称 FHA）首先做出反应，于 1941 年发布《美国城市再开发手册》，建议联邦政府授予城市政府贷款和土地征用权，以使其有能力征购和清理贫民窟土地，并出售给私人开发商用于再开发。③ 联邦住房管理局的成立得到了全美房地产商联合会的支持，其地方分支机构的许多官员与大型房地产开发商有着密切联系，④ 因此成为联合会游说联邦政府的有力跳板。一年之后，城市土地研究所在年会上提出，应当建立联邦土地委员会负责清理贫民窟，该委员会有权力也有资金购买贫民窟土地，并将其出售给私人开发商；1944 年联合会建议州政府在其境内成立城

---

① Mark L. Gelfand, *A Nation of Cities: The Federal Government and Urban America, 1933-1965*, New York: Oxford University Press, 1975, p. 116.

② Pearl Janet Davies, *Real Estate in American History*, Washington D.C.: Public Affairs Press, 1958, pp. 182-185.

③ Federal Housing Administration, *A Handbook on Urban Redevelopment for Cities in the United States*, 1941, http: //babel.hathitrust.org/cgi/pt?id=mdp.39015027869802; view=1up; seq=7.

④ Marc A. Weiss, "The Origins and Legacy of Urban Renewal," p. 259.

市再开发管理局，有土地征用权和发行债券的权力。^① 这两个建议进一步提出了专门机构负责贫民窟的清理和再开发。在这一系列游说活动的影响下，从 1943 年开始，相关法案进入制定和审议程序。4 月，犹他州参议员艾尔伯特·托马斯向国会提交了《联邦城市再开发法案》，由全美房地产商联合会、城市土地研究所和著名规划专家阿尔弗雷德·贝特曼联合撰稿。^② 国会在 1945 年的《战后住房》(*Postwar Housing*) 报告中也做出了与开发商类似的建议，"（联邦政府应当）为城市政府提供新的帮助，使其摆脱不健康的住房条件并促成衰败地区的再开发"。^③ 不难看出，联合会和城市土地研究所的各种方案已经十分接近《1949 年住房法》了，他们试图通过开发贫民窟土地获利以及建构的政府与私人开发商合作的城市再开发模式正是这部法案和城市更新运动的核心内容。

州和地方政府也是住房法的积极支持者。对于城市官员来说，避免城市衰败就必须清除和避免贫民窟，而要清理贫民窟，也必然需要联邦政府的资金扶助。从 20 世纪 30 年代以来，越来越多的城市官员纷纷开始制订方案试图遏制去中心化和城市衰败的负面影响，许多地方政府比联邦政府更积极地采纳了联合会和城市土地

---

① 　Kevin Fox Gotham, "A City without Slums: Urban Renewal, Public Housing, and Downtown Revitalization in Kansas City, Missouri," pp. 285-316.

② 　Mark L. Gelfand, *A Nation of Cities*, p. 127.

③ 　HUD, *Housing in the Seventies: A Report of the National Housing Policy Review*, 1974, p. 10, http://www.huduser.org/portal/publications/affhsg/hsg_seventies_1974.html.

研究所的建议。针对贫民窟等城市问题，纽约市政府和改革者早在 20 世纪初就已尝试探索解决之道。进步主义改革者们试图通过调查研究和社区改良运动加以解决，教会为贫困移民子女开办免费学校，规划师、生态学家和人口学家等专业人士相信城市社会问题源于工业的冲击，认为只有从规划入手才能彻底根除，因此不断设计新的城市规划方案，并督促城市在住房、区划等方面采取行动。纽约市政府则通过立法的方式应对城市问题，从《1879 年纽约住房法》(New York Housing Act of 1879) 到 1916 年《区划法》再到 1926 年《限利住房公司法》(Limited Dividend Housing Companies Law)，纽约市解决贫民窟等社会问题的方法正在从规范住房设施向系统性规划转变。《纽约再开发公司法》就是其中之一，在该法案支持下，大都会人寿保险公司在 1943 年开始了在施泰因文森特城地区的再开发活动，将这片纽约市下东区的贫民窟改造成中产阶级住宅区，直到今天仍在使用。在 1949 年之前，推进城市再开发的努力在许多地区付诸实施，1941—1948 年间有 25 个州立法机构通过了相关法案。[①] 密苏里州堪萨斯城的做法更为典型，1935—1945 年间，城市房地产价值下降 0.5％，而中心商务区的下降却高达 6％。当地首屈一指的房地产商 J. C. 尼克尔斯认为，中心商务区是城市的生命线；城市经理佩里·库金曼也

---

① Alexander von Hoffman，"A Study in Contradictions：The Origins and Legacy of the Housing Act of 1949，" pp. 299–326.

相信，中心商务区是城市和大都市区的核心；因此，在双方合作下，堪萨斯市政府印刷局和密苏里州房地产商委员会出版了许多小册子宣传中心商务区萧条的不良影响，呼吁对贫民窟展开清理活动。①

在如何解决贫民窟这一顽疾上各方却存在持续的争议。尽管《1949 年住房法》将清理贫民窟与建设公共住房联系在一起，但其两个支持阵营之间的张力和矛盾却始终未曾消弭。致力于反贫困的改革者以玛丽·金斯伯里·西姆克霍维奇（Mary Kingsbury Simkhovitch）为首——她是纽约市格林威治改良会所（Greenwich House）的创始人，② 也是前纽约州州长、民主党大佬阿尔弗雷德·史密斯的政治盟友，并且与摩西保持着良好关系——他们认为公共住房是改善低收入者生活水平的最重要方式，而清除贫民窟的目的正是为了建设廉价的公共住房，因此呼吁清理贫民窟。③ 凯瑟琳·鲍尔（Catherine Bauer）是《1937 年住房法》的起草人之一，她是刘易斯·芒福德的门徒，后者在 1938 年出版的《城市文化》（*Culture of Cities*）一书中抨击大都市是 19 世纪的产物，在 20 世纪必将死去，因而反对复兴大城市的努力，这一观点被鲍尔引为

① Kevin Fox Gotham, "A City without Slums: Urban Renewal, Public Housing, and Downtown Revitalization in Kansas City, Missouri," pp. 285-316.

② "Mrs. Simkhovitch Lauded," *New York Times*, May 27, 1937.

③ Alexander von Hoffman, "A Study in Contradictions: The Origins and Legacy of the Housing Act of 1949," pp. 299-326.

至理。① 她曾在巴黎与欧洲城市规划界有多年交往并深受后者影响，接受了埃比尼泽·霍华德的花园城市理念，主张政府提供资金援助、由劳工群体或工会组织成立限利或非营利机构，在城市边缘地带建设以人为核心的、富有活力的社区，以为低收入者提供廉价、体面的住宅。鲍尔和斯托诺罗夫代表了城市规划师的立场，他们的出发点在于现代派建筑和区域规划，认为清理贫民窟不但会破坏原有的城市有机体，而且将进一步加剧住房短缺。相比之下，前一种观点赢得了更多支持。首先，清理贫民窟、建设公共住房更容易得到民众支持，因此得到了国会的认可。② 其次，深受贫民窟困扰的城市官员、觊觎贫民窟土地的房地产开发商倾向于发起清理贫民窟的行动，而城市问题专家也不断撰文揭示贫民窟对城市财政的负面影响。③ 第三，在 20 世纪 30 年代关于城市走向衰败的论调中，贫民窟已成为中心话题，并且在城市中不断扩散。在纽约州的布法罗市，1930 年贫民窟已占据了全市 9% 的居住区，而阿拉巴马州的伯明翰市，贫民窟居民达到城市总人口的 22%。④ 城市委员会在 1937 年声明，"城市分崩离析最显著的标志就是贫民窟"。⑤ 因此在《1949 年

---

① ［美］刘易斯·芒福德：《城市文化》，宋俊岭、李翔宁、周鸣浩译，郑时龄校，中国建筑工业出版社 2009 年版，第 263—338 页。

② D. Bradford Hunt, *Blueprint for Disaster*, p. 16.

③ Alexander von Hoffman, "A Study in Contradictions: The Origins and Legacy of the Housing Act of 1949," pp. 299–326.

④ Robert A. Beauregard, *Voices of Decline: The Postwar Fate of U.S. Cities*, New York: Routledge, 2003, p. 57.

⑤ Mark Gelfand, *A Nation of Cities*, p. 106.

住房法》中有了对清理贫民窟的明确规定，这也成为城市更新运动的主要内容。

除了清理和重建贫民窟，《1949 年住房法》对建设公共住房也做出了相应规定，其第二款准许联邦住房管理局为更多的购房者提供贷款担保；[①] 第三款规定在六年内新建 81 万套公共住房，这一数字据估计是全美住房总量的十分之一；第四款则授权相关机构开展调查，研究住房建设对美国经济的影响；第五款授权农业部发起改善农民住房的项目，增加对农民购买或翻新独户住房的贷款。[②] 如前所述，尽管清理贫民窟得到了更多政治支持，但城市规划者们依然不断呼吁建设廉价公共住房的重要意义。凯瑟琳·鲍尔等人呼吁大众应当意识到，如果不能为低收入者，尤其是被从贫民窟迁走的低收入者提供住房，城市再开发将是毫无意义的；而且作为一种手段，他们宣称，倘若不能为低收入者提供住房，那么无异于制造新的贫民窟。[③] 他们的呼吁影响了法案制定者的态度。此外，现实中的房荒使得住房问题突然成为新的政治热点。二战结束后，返回美国的退伍军人高达 1600 万，而随着战争结束后结婚人数的迅速上

---

① Committee on Banking and Currency，United States Senate，*Summary of Provisions of the National Housing Act of 1949*，https: //bulk.resource.org/gao.gov/81-171/00002FD7.pdf.

② Alexander von Hoffman，"A Study in Contradictions：The Origins and Legacy of the Housing Act of 1949," pp. 299–326.

③ Alexander von Hoffman，"A Study in Contradictions：The Origins and Legacy of the Housing Act of 1949," pp. 299–326.

升，出生人口也迎来了又一轮高峰，仅 1946 年一年就诞生了 340 万新生婴儿。[1]与之相应地，住房市场面临严重压力，住房空缺预计高达 300 万套。[2]1947 年国会就出台新的住房法案召开听证会，许多人在作证时谈到了自己面临的住房困境。一名叫安德鲁·伍里奇的人说，三年来自己一家和岳父一家共九人挤在一起，当听证会主席问他有什么需要时，伍里奇简单地答道，"急需住处"；作证的雷蒙德·伯克夫人说，丈夫退伍后一家人与母亲住在一起，然后又搬到丈夫的妹妹家，之后搬去与自己的姑姑同住，九口人住在一起，但现在这套住房要卖掉，自己一家面临着无家可归的窘境。[3]美国新建住房数量自从 1925 年达到 93.7 万套之后，20 年间始终未能达到这一水平。[4]1949 年 1 月 5 日，杜鲁门总统在提交国会的国情咨文中声称："美国的住房短缺愈发严重，作为应急之法，国会应当致力于提供低租金的公共住房、贫民窟清理，开展我多年来始终要求的住房研究。在未来的七年中，低租金公共住房至少应该增加 100 万套，甚至这样也不足以满足美国人对新增住房的需求……如今，美国政府已经进入了一场新的战争中，要发动建筑业的所有部门

① 王旭：《美国城市化的历史解读》，岳麓书院 2003 年版，第 93 页。

② Mann Library，Cornell University，"Fast and Affordable：A Century of Prefab Housing，"http：//exhibits.mannlib.cornell.edu/prefabhousing/prefab.php?content=seven.

③ The U.S. Survey Course on the Web，http：//historymatters.gmu.edu/d/6908/.

④ U.S. Bureau of Census，*Historical Statistics of the United States*：*From Colonial Times to 1970s*，p. 640.

投入到廉价住房的建设中。"① 从中不难看出房荒之深重。而与此同时，房地产价格也在不断上涨，以致美国学者爱德华·格雷泽指出，1945—1960 年是上演房地产泡沫的绝佳舞台，② 上涨的房价剥夺了更多人拥有属于自己的房子的机会。

早在 1945 年，共和党议员威廉·塔夫脱与民主党议员罗伯特·瓦格纳和艾伦·艾伦德发起一项住房法案，一方面要求联邦政府加大投资力度，增加对清理贫民窟的资金投入；另一方面要求四年内建设 50 万套公共住房。但该法案一直受到控制国会的共和党保守派的阻挠而未能通过。到了大选年的 1948 年，为了击败共和党候选人、广受推崇的托马斯·杜威（Thomas Dewey），杜鲁门以解决美国人的住房问题作为竞选纲领的核心，并在 1948 年 8 月召集国会特别会议商议遏制通货膨胀和解决住房危机。成功连任后，住房问题立刻成为新政府急需解决的问题，同年，民主党控制了国会两院，促进了住房立法的通过。实际上，杜鲁门执政期间十分在意政府能够为经济发展做出哪些服务，开展交通建设、为建造廉价住房和清理贫民窟提供联邦资助以及扶持教育和科研都是杜鲁门关注的重点。③

---

① Harry S. Truman, *Annual Message to the Congress on the State of the Union*, January 5, 1949, http://www.presidency.ucsb.edu/ws/index.php?pid=13293.

② Edward L. Glaeser, "A Nation of Gamblers: Real Estate Speculation and American History," NBER Working Paper Series, p. 31, http://www.nber.org/papers/w18825.pdf?new_window=1.

③ Michael J. Lacey（ed.）, *The Truman Presidency*, Cambridge, UK: Cambridge University Press, 1989, p. 6.

1949 年 7 月 15 日，杜鲁门总统正式签署《1949 年住房法》。在签字仪式上，杜鲁门发表演讲，赞扬国会批准该法案生效，认为法案"是摆在联邦政府、地方政府以及房地产行业和劳工面前的巨大挑战，尽管法案给予我们一定年限实现目标，但在目前急需大量廉价住房和急需清理贫民窟之际，我们要将开始这些项目的时间压缩到最短"。[①] 在房利美基金会 2000 年关于影响美国住房十大因素的调查中，《1949 年住房法》出现了两次。[②] 该法案的主要内容包括公共住房建设和清理重建贫民窟两方面，其关于公共住房的规定继承了《1937 年住房法》的精神，并且在原有规定的基础上增加了对数量的要求。然而，尽管法案要求在六年内新增公共住房 81 万套，但实际情况是，美国用了 20 年才达到这一目标。[③] 各地房地产商是公共住房建设的主要反对者，他们联合美国储蓄与贷款联盟（U.S. Savings and Loan League）在各地抵制公共住房项目，拒绝购买政府为建设公共住房而发行的债券。1950 年 2 月，多家大型房地产开发商在芝加哥召开会议，制定了合作抵制公共住房建设的联合计划，宣称将在地方上阻挠公共住房；美国储蓄与贷款联盟也在 1952 年的年会上要求全国 2000 多个银行经理联合起来共同阻挡公共住房项

[①] Harry S. Truman, "Statement by the President Upon Signing the Housing Act of 1949," July 15, 1949, http://www.presidency.ucsb.edu/ws/?pid=13246.

[②] Robert E. Lang, Rebecca R. Sohmer, "Legacy of the Housing Act of 1949: The Past, Present, and Future of Federal Housing and Urban Policy," *Housing Policy Debate*, Vol. 11, No. 2, pp. 291-298.

[③] Howard P. Chudacoff (ed.), *The EVolution of American Urban Society*, p. 359.

目。20 世纪 50 年代初经济形势的动荡也延滞了需要大笔政府资金的公共住房项目，1952 年原本计划建设投入 8500 万美元，但实际只投入了 3895 万美元，不足计划的一半。[①] 当然，《1949 年住房法》毕竟对公共住房做出了规定，这也是国会首次在一项全国性住房政策中宣称"将尽快以多种方式为全体美国家庭提供舒适、优雅的居住环境"。有学者认为，今天之所以大部分美国人能够拥有属于自己的住房，正是得益于《1949 年住房法》，从 1949 年起，超过一半的美国人告别租房生活，正式成为房主。[②]

法案第一款关于清理贫民窟的规定是本法案的新规定，并且与城市更新运动关系最为密切。在纽约城市史专家希拉里·巴伦看来，《1949 年住房法》第一款有三个基本要素：第一，大规模清理贫民窟。巴伦认为，法案的制定者相信，贫民窟是城市的癌症，改造单个建筑无法阻挡贫民窟的扩散，必须在整个社区的基础上予以拆除和重建。第二，重新设计和规划街区和住房，建造包含几个街区和高层住宅楼的超级街区（Superblocks）。为此，该法案要求城市政府预先准备整体规划方案，贫民窟的清理和重建必须与此方案相一致，而在城市更新运动盛行的 20 世纪五六十年代，这样的整体规划往往以更新城市建筑为主要目标，包括私人开发土地

---

① Peter Kihss，"Economy Slashes City Housing Plans，"*New York Times*，July 9，1952.

② Sylvia C. Martinez，"The Housing Act of 1949：Its Place in the Realization of the American Dream of Homeownership，"*Housing Policy Debate*，Vol. 11，No. 2，pp. 467–487.

和建设公共服务设施。① 第三，依赖市场和私人开发商，此举是为了满足建筑业和房地产开发商的需求、尽量减少法案通过阻力而制定。② 虽然法案关于公共住房建设的规定没有足量执行，但第一款关于清理贫民窟和重建的要求却很快在全国展开。1950 年 2 月，美国政府已经开始支付用于清理贫民窟的费用，十个城市得到了总额 1600 万美元的资助；③ 2 月 28 日，联邦政府支付给密尔沃基市清理贫民窟的经费 249 万美元；3 月初，又为四个城市提供了经费，其中费城得到了最大份额，为 630 万美元。

图 3-2　20 世纪 60 年代纽约的一处超级街区

① Edward J. Kaiser, David R. Godschalk, "Twentieth Century Land Use Planning," in Jay M. Stein (ed.), *Classic Readings in Urban Planning*: *An Introduction*, New York: McGraw-Hill, 1995, p. 128.

② Hilary Ballon, Kenneth T. Jackson (eds.), *Robert Moses and the Modern City*: *The Transformation of New York*, New York: W. W. Norton & Company, 2008, pp. 96–97.

③ "City Gets Slum Funds," *New York Times*, February 11, 1950.

　　总体看来，《1949 年住房法》采纳了全美房地产商等房地产开发商的意见，授权联邦政府出资为城市清理贫民窟所用，建立起联邦、地方与私人开发商合作改造城市贫民窟的模式，刺激了私人开发商的投资热情。[①] 首先，该法案明确规定了城市政府的土地征购权，城市可以征购连片的贫民窟，清理后出售给私人开发商，从而吸引了后者投资。在美国，土地由私人所有，受到法律的严格保护，因此在土地开发中如果遭遇钉子户，开发商很可能束手无策；在城市中心，土地所有权极为分散，如果没有土地征购权的保护，开发商几乎寸步难行。其次，该法案取消了此前住房法中的等量清除原则，即每拆除一处贫民窟，就要建设相应的公共住房，打消了开发商的顾虑，进一步刺激了私人投资，而且对于公共住房建设做出明确规定，尽管其目标最终并未达成，但体现了美国政府为低收入群体提供良好住房的愿望和决心。尽管《1949 年住房法》深刻影响了美国的住房政策和城市政策，但该法案却存在诸多模糊的灰色地带，许多概念都难以得到清晰的界定。城市衰败（Urban Blight）是法案中非常重要的概念，但究竟何为衰败却很难做出定量的回答。有的学者认为，衰败地区（Blighted Area）与贫民窟（Slum）是两个完全不同的概念，前者指的是房地产价值偏低的地区，并且主要是商业区和工业区；后者指的是破败的居住条件及相应的社会问题。在衰败地区，住房条件可能是良好的，只是这片地产的价值很低；而

---

　　① Samuel E. Trotter, "A Study of Public Housing in the United States," *The Journal of Finance*, Vol. 13, No. 3（Sep. 1958）, pp. 429–430.

在贫民窟，尽管居住条件恶劣，但其地产价值却可能很高。[1] 也有学者认为，"衰败地区"可以是商业区和工业区，也可以是居住区，如果一个地区拥有大量破败的建筑物，就可以说那里是衰败地区；而且衰败地区可以在中心城市，也可以在郊区，但尤以在东部和中西部的大型工业城市中居多。在柯林斯在线词典上，衰败地区是指由于长期被忽视而陷入萧条的地区，贫民窟则是贫困、破败而且人口密集的城市地区。近些年来，学者对贫民窟的定义越来越强调其人口密度，而衰败地区则突出其物理环境（Physical Environment）。2007 年出版的《美国城市史百科全书》认为贫民窟是一个被忽略的、破败的、人口密集的区域或邻里；[2] 堪萨斯大学一份针对威奇托市（Wichita）城市衰败的分析报告中将衰败定义为由长时间被人为忽视而导致的破败的环境，通常出现在贫困或缺乏经济机会的地区。[3] 由于缺乏明确定义，许多在开发商看来是贫民窟的地区，在当地居民眼中却是和谐的社区，只是外观破败而已，这种认识上的冲突在城市更新运动中并不鲜见。

《1949 年住房法》通过后，紧随而来的朝鲜战争和 20 世纪 50 年代初的经济波动重创美国财政，法案的规定，尤其是公共住房建设只能完成一小部分，在这样的背景下，1953 年执政的新总统艾森豪威尔很快开始对住房法案做出调整。1953 年 12 月，艾氏

---

[1] Mark I. Gelfand, *A Nation of Cities*, p. 109.

[2] David Goldfield, ed., *Encyclopedia of American Urban History*, Thousand Oaks, CA: SAGE Publications, 2006, p. 728.

[3] http://wichita.kumc.edu/care/fact-sheets/Urban-Blight-and-Sprawl.pdf.

批准成立政府住房政策和计划咨询委员会（Advisory Committee on Government Housing Policies and Programs），次年批准了新的住房法，即《1954 年住房法》（Housing Act of 1954），重点内容在于城市重建，并首次出现了"城市更新"这一术语。艾森豪威尔政府认为，纯粹的住宅建设会减弱开发商进行城市再开发的热情，只有商业开发才能促使他们投入到城市更新中来，从而加快整个城市的整体改造。[①] 正是基于这样的动机，法案对城市更新的目标做了调整，把清理贫民窟和中心城市的全面再开发结合起来，并将拨款额提高到两年内四亿美元，还允许联邦拨款的 10％ 用于商业等非住房建设。此外，法案放宽了 FHA 对再开发区域内私人住房开发进行抵押贷款担保的限制，并将公共住房建设计划减少到每年五万套。1959 年，国会再一次对住房法做出调整，允许再开发项目中非住房开发的比例上涨到 20％，1961 年提高到 30％，1965 年又将这一比例上升到 35％。[②] 相比之下，《1949 年住房法》规定，清理和重建贫民窟必须以住宅建设为主，但实际上也没有明确的约束。法案规定，再开发必须保证住房占据绝对多数（Predominantly residential），而被选择用来清理的贫民窟或衰败地区也必须是住房占据绝对多数，只不过这一规定并未发生实效。一方面，何为住房占据绝对多数是一个难以具体化和衡量的标准；另一方面，《1949 年住房法》针对住房占

[①]　B. T. McGraw, "The Housing Act of 1954 and Implications for Minorities," *Phylon* (*1940–1956*), Vol. 16, No. 2（2nd Qtr., 1955）, pp. 171–182.

[②]　Kenneth Fox, *Metropolitan America*, p. 98.

据绝对多数没有做出细致的规定，既没有明确说明贫民窟清理之后的重建究竟是建设住宅区还是建设针对中低收入者的廉价住房，也没有要求开发商必须选择其他地区建设廉价住房以供贫民窟原居民所用。① 第一款得以通过，是因为得到了房地产开发商和公共住房支持者的共同支持，但二者的目的并不相同：前者希望通过政府资助清理和重建贫民窟并从中得利，而后者则希望在这一过程中建设廉价的公共住房，为低收入者提供良好的居住条件。从前文可以看出，在制定新住房法案的过程中，双方的力量是不平等的，开发商的影响力明显大于公共住房支持者，或许正是因为建设公共住房也被纳入《1949 年住房法》中，所以力量弱小的公共住房支持者在法案制定过程中并没有坚持要求对住房占据绝对多数做出明确而具体的规定。② 而且为了给予私人房地产开发商更多的自由度，换个角度看，住房占据绝对多数实际上并不要求再开发必须全部是住房，而是允许进行非住房开发，并同意 FHA 为其提供抵押贷款担保。这样看来，战后一系列住房法案从一开始就倾向于满足私人开发商的利益，希望通过他们促进中心城市的整体开发和重建，因此对再开发项目中非住房工程所占的比例一再提高。

《1949 年住房法》通过后，从阿拉斯加到夏威夷，美国大城市纷纷开动推土机，汲汲于铲平破败的社区，截至 1960 年已有 838 个

---

① Marc A. Weiss, "The Origins and Legacy of Urban Renewal," p. 263.

② Alexander von Hoffman, "A Study in Contradictions: The Origins and Legacy of the Housing Act of 1949," pp. 299-326.

贫民窟清理项目破土动工。①

第二节　纽约城市更新

1945 年 8 月 14 日，庞大的游行队伍走过纽约时代广场，一名水手将一位身穿白色制服的护士揽入怀中，这一刻被摄影师阿尔弗雷德·艾森斯塔德（Alfred Eistenstaedt）记录下来，发表在《生活》杂志上，成为日本投降日的经典留念。正如马歇尔·伯曼所言："水手、护士、人群和时代广场，是 20 世纪美国和美国人永恒的形象。"② 9 月 2 日，拉瓜迪亚批准 10—15 日在科尼岛举办盛大的焰火表演，庆祝二战胜利。③ 纽约，就这样伴随着欢乐和庆典走进战后的新时代。这不仅是纽约的新时代，也是美国的新时代，是城市美国的新时代。

然而战后纽约市的命运却不似焰火般美好，去工业化在 20 世纪中期以后成为美国城市的普遍遭遇，即使是纽约这座美国首位城市也不例外。纽约市在 19 世纪后半期的工业化浪潮中崛起为制造业城市，但贫民窟等复杂的城市问题久难治愈。在 1860—1910 年的半个世纪中，纽约制造业产值从 1.59 亿美元增加到 15 亿美元，成为无

---

① Hilary Ballon, Kenneth T. Jackson（eds.）, *Robert Moses and the Modern City*, p. 94.

② Marshall Berman, *On the Town*: *One Hundred Years of Spectacle in Times Square*, New York: Verso, 2006, pp. 45–50.

③ "Coney Salutes Victory," *New York Times*, September 2, 1945.

图 3-3　二战结束的经典照片"胜利之吻"，拍摄于纽约时报广场

可置疑的工业重镇。[①]1900 年曼哈顿的工业产值已超过美国绝大多数州，其工业产出占全美工业总产出的 10%。[②]1890 年，纽约意大利移民已达五万人，俄国移民的数量则已超过五万，到 1900 年，这两个数字分别增加了两倍。[③]

　　但工业化带来的并非只有经济快速发展的红利，经济结构变迁改变了城市面貌，大量人口涌入则超过了城市的容纳和管理能力。

　　[①]　Janet L. Abu-Lughod, *New York*, *Chicago*, *Los Angeles*: *America's Global Cities*, p. 79.

　　[②]　Patricia E. Malon, "The Growth of Manufacturing in Manhattan, 1860-1900: An Analysis of Factoral Changes and Urban Structure," Ph.D Dissertation, Columbia University, 1981, pp. 288, 379.

　　[③]　Kenneth T. Jackson（ed.）, *The Encyclopedia of New York City*, pp. 584-585.

在下东区，这里的人口从 19 世纪后期开始迅猛增长，主要居民为低技能、低收入的外来移民，他们主要靠在曼哈顿的小型制造业企业中打工谋生。去工业化则使贫民窟等城市问题更为严峻。在下东区，工业外迁带来了严重的失业问题，1940 年，下东区失业率高达 25％，而同期纽约市平均失业率为 15％。[①] 尽管同一时期内人口也有所减少，但这并未带来下东区居住条件的改善。在苏荷区，企业数量在 20 世纪 60 年代极具减少，大批统楼房或就此闲置，或沦为仓库、年久失修、乏人问津。类似现象普遍出现在全美各地，尤其是东北部和中西部老工业区。因此，纽约城市危机不仅是工业化的结果，同时也受到去工业化的影响。如果说 19 世纪后期工业化使人口急剧增加从而超过纽约城市空间的容纳能力而产生贫民窟；那么，去工业化则使制造业逃离纽约，一方面，由此导致的城市经济萧条使原有的城市问题日益恶化并且使纽约市更难以应对危机，另一方面，经济结构转型对城市空间提出了新要求，从城市内部看是工业时代形成的传统空间结构不适应去工业化以及随之而来的经济结构调整，从城市外部看是纽约市及其郊区间的关系发生变化，经济转型与传统空间结构的矛盾使城市危机更为复杂。因此适应经济转型以及对空间做出相应的改造成为城市能否走出危机的关键。

虽然从 20 世纪初开始，纽约的中产阶级改革者和左翼激进组织就致力于缓解住房紧张的状况，但房荒问题始终没有得到解决。两

---

① Samuel Zipp, *Manhattan Projects*, p. 85.

次世界大战期间，为了保障国内局势稳定，联邦政府两度下令冻结大城市的房租，其中就包括纽约市。第二次世界大战期间，为了保障军需供应，联邦政府对民用产业实施战时管制，建筑行业受到极大制约，新房开工率降至历史最低点。战争结束后，大量美军军人退役回国，对住房的需求大大增加了，使得住房市场更为紧张。海军上校沃尔特·曼斯菲尔德在 1945 年秋天告诉记者，"和平就是地狱……在中国的丛林里埋伏一个狙击手，也比在纽约找到一套公寓容易得多"。① 统计数据显示，到 1950 年，纽约市至少需要新增 47 万套住房才能满足市场需求。② 1904 年租客的有组织抗议运动首次出现，在战后初期风云再起。在左翼政治组织的影响下，纽约许多社区的租客组织起来，一方面发起诉讼，指控房东过快提高房租或缺少住房维护等基本服务；另一方面向市政府施加压力，要求政府加大对租金的调控。虽然租客组织的抗议取得了一定的成效，但无法从根本上改变住房市场紧张的状况。而纽约市早在一战以后就开始了衰败社区清理和重建，城市更新自然受到欢迎。

　　与学术界对城市更新的整体性看法一致，关于纽约城市更新的研究同样以批评为主。珍妮·洛认为，纽约市城市更新完全受制于市场，是以"开发房地产的方式开展社区重建"；③ 乔尔·施瓦茨认

---

① "Peace Is Hell to Hero Who Can't Find Home after 2 Years Killing Japanese behind Lines," *New York Times*, November 29, 1945.

② Richard Plunz, *A History of Housing in New York City*, p. 274.

③ Jeanne R. Lowe, *Cities in a Race with Time*, New York: Random House, 1961, p. 48.

为，"纽约城市更新失去了整体目标，只有对分散地块的零星改造，虽然使用了大笔联邦经费，但只是为了开发而开发"；[①] 罗伯特·卡罗则认为，纽约城市更新的主持者罗伯特·摩西丧失了为公共服务的理想，他支配下的城市再开发只是为了满足自己的一己私欲。[②] 简而言之，纽约城市更新缺乏整体规划和清晰目标。

　　然而，仔细梳理纽约城市更新项目不难发现，上述观点不乏偏颇。开发项目主要分布在曼哈顿，且商业开发项目并不多。这些项目集中在三个方向，即中产阶级住房、高等教育机构和大型文化设施，这对于纽约经济复苏和结构转型无疑具有积极意义。

（一）中产阶级住房建设

　　如前所述，战后的纽约快速向大都市区时代迈进，中产阶级和富裕人口迁往郊区，留在中心城市的大多是收入较低的少数族裔居民。据统计，1940 年美国东北部的 12 个大都市区中，有 8 个郊区住房的平均租金高于中心城市，其中克利夫兰大都市区的郊区住房平均租金甚至比中心城市高出 78％。[③] 纽约大都市区也不例外，纽约市富裕人口的外迁严重削弱了城市收入，也破坏了纽约市的景观和形象。如何让中产阶级和富裕人口留在城市中成为纽约市政府面临的巨大挑战。在《1949 年住房法》颁布之前，纽约市已经开始探

① Joel Schwartz, *The New York Approach*, p. 301.

② Robert A. Caro, *The Power Broker*, pp. 499–920.

③ 苏宁：《美国房地产开发商与中心城市改造》，第 39 页。

索城市再开发的方案，为此，主持城市再开发的罗伯特·摩西也开始寻求引入私人资本清理和重建贫民窟，并得到了多家企业的支持。前文所述大都会人寿保险公司开发的施泰因文森特城就是当时住房开发的典型案例。城市更新启动后，纽约市城市更新由罗伯特·摩西全面负责，为中产阶级提供住房仍然是摩西的追求，也成为纽约市城市更新的重要内容。下面通过几个案例来分析城市更新及其对纽约经济—空间转型的影响。

1. 华盛顿广场东南侧开发项目

华盛顿广场（Washington Square）位于曼哈顿格林威治村，是纽约市最著名的公共广场之一，占地 9.75 英亩，常有文化活动在此举办。① 广场中心是一座仿巴黎凯旋门的纪念拱门，原是 1889 年为纪念乔治·华盛顿总统在纽约发表就职演说 100 周年之际，市政府出资搭建的一座木制拱门，两年后被石质纪念拱门所取代，一直保存至今。这座拱门由斯坦福·怀特设计建造，高 77 英尺，1918 年又在北侧树立起两尊华盛顿雕像。②

1934 年摩西就任纽约市公园局局长后，就曾对华盛顿广场做过改造，将拱门前的喷泉加以扩大。1939 年，摩西打算全面重建华盛顿广场，却遭到附近纽约大学学生的强烈反对。1946 年，希望开

---

① "Washington Square Park，" http://www.nycgovparks.org/parks/M098/history.

② Joan H. Geismar, "Washington Square Park: Phase IA Archaeological Assessment，" http://www.nycgovparks.org/download/download.php?downloadFile=WSP_EAS/appendix_3.pdf.

发广场附近房产的华盛顿广场协会曾制订过一项规划，以缓解附近的交通压力。1946 年规划建议将附近的休斯敦街拓宽，并在两侧各保留 200 英尺的退台，以保证居民安全；同时拆除破旧住宅，建设面向中产阶级住户的中高档住房。建筑师罗伯特·温伯格认为，"（1946 年规划）为华盛顿广场和休斯敦街一带的衰败社区引入了大面积清理和重建"。[①]1953 年，成为纽约市建设总监和贫民窟清理委员会主席的摩西再次将改造的焦点集中到这里，他在这一年提交了一份规划，将华盛顿东南侧、西休斯敦街以北、莫瑟尔街以西的九个街区拆除，建起新的高层超级街区，融合住房和商用设施。整个规划有四部分：北侧是为纽约大学提供新的校舍，中部和南部是面向中产阶级的高层住宅楼，另外还包括一条穿过华盛顿广场的公路。

　　摩西的计划耗资约 2890 万美元，总共拆除 191 栋建筑，其中 175 栋是商业或工业设施，只有 16 栋是住宅，[②]相对而言，受影响的居民并不多。根据《1949 年住房法》的规定，政府无须对因清理贫民窟而受到影响的工业和商业做出赔偿，因此摩西的规划一经公布，立刻遭到当地商人的反对，他们与当地居民、社会工作者和房东一起在城市规划委员会举行的听证会上发起强烈抗议。包括艾布拉姆斯在内的许多城市改革者也站出来反对，抨击计划建设的高

---

① Joel Schwartz, *The New York Approach*, pp. 146-150.

② Hilary Ballon, Kenneth T. Jackson（eds.）, *Robert Moses and the Modern City*, p. 245.

层住宅楼破坏了华盛顿广场的整体风貌。但在这里建有校区的纽约大学和地区商会都支持摩西的计划，因此，1954 年 1 月，城市规划委员会和财政预算委员会相继批准了这一规划。《纽约时报》发表社论称："如果我们一定要等受贫民窟清理影响的大部分或所有人都同意，那么纽约将在重建衰败社区方面寸步难行。有担当的官员应当把眼光放长远，看到清理和重建贫民窟符合大多数人的最高利益，也看到反对者的批评。"① 1954 年 11 月，财政预算委员会获得了待开发地区土地的所有权，共 17.68 英亩，但实际上，阻挠华盛顿广场东南侧开发项目的努力并未就此结束，旨在保护该地原貌的华盛顿广场邻里组织（Washington Square Neighbors）副主席理查德·斯特里克兰告诉媒体，他们将采取其他措施阻挡市政府的开发。② 反对者中不乏抨击贫民窟清理和重建政策的房地产销售商，也有普通纳税人状告纽约市政府，甚至有批评者呼吁国会制止纽约市的开发行为。反对修建公路的呼声是其中最强烈者。

尽管如此，摩西的开发工作并没有丝毫停滞，他找到了房地产开发商莫顿·伍尔夫作为投资人。伍尔夫是斯宾塞—泰勒公司创始人，在纽约拥有多处地产，经营着规模庞大的酒店业帝国，掌控着彼得·库珀酒店、五月花酒店等众多产业，并且投资匹兹堡的金三角（Golden Triangle）再开发项目。伍尔夫聘请保罗·维纳出任房

---

① "A Slum Clearance Victory," *New York Times*, January 30, 1954.

② "Slum Project Attacked," *New York Times*, November 25, 1954.

产开发的设计师，此人是意大利移民，深谙欧洲现代主义建筑风格，曾为美国多个南方城市设计公寓住宅，经验丰富。[①] 维纳设计了三栋高层住宅楼，每栋长 580 英尺，横跨三个街区，17—20 层高，其中两栋分别位于西三街和布里克街沿街，中间的空地是花园和地下停车场，并建有供儿童玩耍的游乐场，伍斯特街和格林街从楼下穿过；第三栋位于布里克街与西休斯敦街之间，南北沿街分布着商铺。前两栋于 1959 年完工，共有 1292 间住房，租金相对较高，每个房间的月租金在 75—100 美元之间。为了增加收益，开发商将第三栋楼增高至 20 层，并扩大了沿街商业设施的经营面积，根据住房与家庭财政署（Housing and Home Finance Agency）的预测[②]，这将为开发商带来 40 万美元的额外收入。

在摩西的规划中，整个华盛顿广场东南侧项目还包括广场以南、西休斯敦街和斯普林街之间的一个改造工程，即南村项目。整个工程占地 50 英亩，位于格林威治村中心，摩西计划在这里建造六栋高层住宅，高 15—20 层，围绕着中心的方形绿地展开；由于格林威治村是纽约的文化圣地，因此在规划中，特意要在这里建立画廊，并为艺术家设计工作室，出于经济考虑，在西休斯敦街临街处规划了

---

① "Paul Lester Wiener, Architect and City Planner, Is Dead at 72," *New York Times*, November 18, 1967.

② 住房与家庭财政署是根据《再组织法》于 1947 年新成立的联邦机构，整合了美国住房管理局、房主贷款公司、美国住房公司以及联邦储蓄与贷款保险公司等多家机构，下辖家庭贷款银行委员会、联邦住房管理局和公共住房管理局三个机构，并在 1950 年时将房利美（Fannie Mae）纳入麾下。

商用建筑。但这一项目遭到当地居民的强烈反对，活动在这里的艺术家们也不满自己的生活环境被破坏，因此，市长文森特·因佩利泽里（Vincent R. Impellitteri）宣布该项目暂缓执行，最终摩西也宣布放弃开发计划。[①] 后来纽约市住房管理局也曾试图在此建设公共住房，但同样因为当地居民的反对而只能作罢。[②]

在投入使用后，媒体对华盛顿广场东南侧项目并非总是一片溢美之词，高房租是对其批评的焦点。摩西自己也承认，这里的房租相对过高，但他解释说，这些高层住宅的建设目的并非给低收入者使用。他认为，《1949 年住房法》清理和重建贫民窟的目标不是解决低收入者的住房问题，也没有明确规定开发方式，媒体之所以批评这一项目的高房租，是因为他们混淆了城市更新运动与公共住房建设。[③] 尽管摩西的这番话有为自己推卸责任之嫌，但的确可以从中看出他对城市更新的认识，即吸引中产阶级和富有人群入住城市，这才是更新城市的有效方式。

2. 哈莱姆和北哈莱姆项目

哈莱姆项目和北哈莱姆项目是哈莱姆地区在摩西主持下的城市更新项目，前者位于西 132 街和西 135 街之间，东西分别以第五大道和雷诺克斯大道（Lenox Avenue）为界；后者与之距离不远，在

[①]　Hilary Ballon, Kenneth T. Jackson（eds.），*Robert Moses and the Modern City*, p. 249.

[②]　Ira Henry Freedmant，"Bohemian Flair Fades in Village," *New York Times*, December 8, 1957.

[③]　Robert Moses, *Public Works: A Dangerous Trade*, p. 454.

西 139 街到西 141 街之间，建筑分布在 L 形的地块上。

哈莱姆项目是 1951 年摩西首次提交的七个贫民窟开发项目之一，于 1952 年得到财政预算委员会的批准而生效，整个工程被命名为雷诺克斯小区（Lenox Terrace），占地 12 英亩。在该工程选中的地区原本有许多公共设施，是哈莱姆地区的文化中心。在西 135 街与雷诺克斯大道交汇处是 1905 年安德鲁·卡内基投资建设的哈莱姆公共图书馆，[①] 后来扩张成尚伯格黑人文化研究中心（Schomburg Center for Research in Black Culture），是哈莱姆文艺复兴的中心圣地。附近还有一所公立学校，而跨过第五大道，是纽约市住房管理局建设的公共住房项目，旁边就是大都会人寿保险公司 1949 年建成的里弗顿住宅区——一个中产阶级社区。

1952 年 7 月，项目刚一经过批准，摩西首先与开发商罗伯特·奥尔尼克（Robert S. Olnick）达成协议，由后者负责开发。奥尔尼克毕业于哥伦比亚大学法学院，是美国地产业巨头，掌控着建造帝国大厦的斯塔雷特房产公司，不过在 1952 年，37 岁的奥尔尼克还只是刚刚涉水地产开发的新手，此前只在波基普西为国防工人建造住房。[②] 意识到联邦政府为城市更新提供了巨额资金，奥尔尼克果断地抓住了雷诺克斯小区的开发机会。实际上，奥尔尼克此时并没有足够的资金，根据《1949 年住房法》的规定，城市更新中的

---

① "Library's West 135th Street Branch Will Mark 25th Anniversary Tuesday," *New York Amsterdam News*, July 30, 1930.

② "Robert S. Olnick, 74, Real-Estate Developer," *New York Times*, July 5, 1986.

新建项目必须足够大，以便自成风格，而不至于因为规模小而与所处的整个环境不协调。但雷诺克斯小区的规模并不大，因此联邦住房管理局拒绝为其提供贷款担保，因此，奥尔尼克也很难从商业银行融资。为了确保工程进展，摩西亲自同银行协商，并且说服曼哈顿区长赫兰·杰克（Hulan Jack）帮忙。1957 年 3 月，奥尔尼克获得了银行 600 万美元的贷款，贫民窟清理工作可以开始了。①杰克也不断呼吁曼哈顿财团为奥尔尼克注资，1958 年 10 月，在一次纽约商界的宴会上，赫兰·杰克发表演讲时说，"支持雷诺克斯小区的人打破了银行长期以来不愿给哈莱姆的住房项目投资的藩篱"，②以此来鼓励更多的资助。从立项到开工，雷诺克斯小区延误了六年时间，最大的原因就是奥尔尼克缺乏资金开工建设。按照《1949 年住房法》的规定，贫民窟清理和重建的开发商需要公开投标，目的是保证开发商有能力如其完工，但摩西在雷诺克斯小区项目上显然没有这样做。漫长的等待甚至引来了联邦政府的批评，两名联邦政府官员在国会的一次听证会上指责摩西拖延贫民窟清理和重建的时间。③

根据规划，整个雷诺克斯小区地跨三个街区，共有六栋高层住宅楼，高度在 16—20 层。小区保留了儿童救助协会管理的儿童活动

---

① "Builder to Start Harlem Project," *New York Times*, March 25, 1957.

② Charles Grutzner, "Luxury Housing Opens in Harlem," *New York Times*, October 17, 1958.

③ Charles Grutzner, "2 U.S. Aides Blame City and Builders for Housing Lags," *New York Times*, October 8, 1955.

中心和游乐场，也保留了街角的配电站。1957 年 4 月，雷诺克斯小区项目破土动工，到 1958 年 10 月时完成了前三栋住宅楼的建设，到 1960 年整个工程全部完工，原计划建设 1105 个居住单元，实际建成 1716 个。[①]雷诺克斯小区是破旧的哈莱姆区首个中高档社区，提供 24 小时昼夜安保服务，住房内部配有空调和现代厨房，阳台宽大明亮，投入使用后的第一年每个房间的月租金为 40 美元。《纽约时报》评论道，"雷诺克斯小区是哈莱姆最吸引人的住宅"。[②]根据 1965 年的调查，社区居民包括法官、公务员，也有教师和医生，收入水平相对较高，甚至有 30％的居民是从长岛、韦斯特切斯特等郊区回迁而来。[③]一位居民告诉记者："对我来说，这里是哈莱姆的绿洲……当我把地址告诉我的一位客户时，他惊奇地说，'天哪，是雷诺克斯！这里远超过哈莱姆的任何一栋住宅。"[④]

哈莱姆项目向北经过四个街区就是北哈莱姆项目，位于雷诺克斯大道北端，包括 3 个街区（实际用地 2.5 个街区，有 0.5 个街区保留了原来的公立学校和运动场）。根据纽约《区划条例》的规定，这里原本是工业和商业用地，建有货栈、商铺和工厂，还有一所防疫

---

① Hilary Ballon，Kenneth T. Jackson（eds.），*Robert Moses and the Modern City*，p. 256.

② Charles Grutzner，"Luxury Housing Opens in Harlem，" *New York Times*，October 17，1958.

③ Hilary Ballon，Kenneth T. Jackson（eds.），*Robert Moses and the Modern City*，p. 256.

④ Ernest Dunbar，"The View from Lenox Terrace，" *New York Times*，March 3，1968.

站。相比哈莱姆项目的选址，这里的环境无疑更糟糕，不仅景观破败，而且工业污染严重，很难吸引私人投资。摩西意识到，这里是进行城市更新的上好选择，因为工业和商业用地涉及的居民搬迁费用低——根据纽约市贫民窟清理委员会的调查，这 12 英亩的土地上只居住着 920 户人家——政府出资也可以吸引私人资本投资，而且城市更新运动对这里而言是一场再开发，将破败的工业商业用地转变为居住用地，增加了整个哈莱姆区的住房供给。①

北哈莱姆项目同样是 1952 年批准的首批贫民窟清理项目之一，摩西在投标会之前就已经同意将此项目交给查尔斯·阿克塞尔罗德（Charles Axelrod）负责。阿氏不久前刚刚开发了里弗戴尔的住宅区，但只是纽约地产界的小人物，② 摩西选择他，或许是看中了小公司易于合作。1959 年，阿克塞尔罗德曾向记者回忆他与摩西会面的情景，"很快他们叫我到兰德尔岛上贫民窟清理委员会的办公室去，摩西先生递给我一张地图，上面标出了各个贫民窟，问我想要哪一个"。③ 阿克塞尔罗德选择了北哈莱姆，并将其开发项目命名为德拉诺村（Delano Village）。与奥尔尼克类似，阿氏也缺乏资金，摩西同样扮演了中间人的角色，呼吁银行为其提供贷款。同时，阿氏借

---

① Hilary Ballon, Kenneth T. Jackson（eds.）, *Robert Moses and the Modern City*, p. 256.

② "Charles Axelrod, Riverdale Builder and Investor, Dies," *New York Times*, March 11, 1966.

③ Emanuel Perlmutter, "Inquiry Ordered on Title I Award," *New York Times*, July 1, 1959.

鉴了合作式住房的开发模式，预先从租户手里收取租金，以此投入项目建设。《1954 年住房法》放宽了联邦住房管理局提供贷款担保的要求，这也使德拉诺村项目从中受益。1956 年 6 月，阿氏从银行和租户获得了足够的资金，德拉诺村正式开工，预计次年春天建成980 个住房单元。[①] 整个项目包括七栋 16 层高的住宅楼，包括 1800个居住单元，另外还有少量商业用地。1957 年 9 月，首批三栋住宅完工，[②] 而在此之前这里的住房已经供不应求，[③] 整个工程于 1962 年全部完成。

德拉诺村可谓毁誉参半。对于纽约市的税收而言，德拉诺村是一大贡献，在投入使用的最初几年，居民缴纳的房产税高达 22.5 万美元；但对于社区居民而言，该项目却是一大败笔，他们常常抱怨缺乏安全感，而且服务设施差，只得自发组织夜间巡逻。到 20 世纪 60 年代中期，德拉诺村已堕落为犯罪猖獗之地。2006 年，查尔斯·阿克塞尔罗德的继承人将德拉诺村以 1.75 亿美元的价格出售给了阿波罗地产公司等多家地产巨头。[④]

哈莱姆和北哈莱姆项目再一次展示了摩西在纽约市为中产阶级和富有人群建造住房的决心，鉴于哈莱姆是纽约著名的黑人聚居区，

[①] "Delayed Housing to Get Underway," *New York Times*, June 15, 1956.

[②] Charles Grutzner, "Delano Village Set for Tenants," *New York Times*, September 9, 1957.

[③] "Many Seek Homes in Harlem Project," *New York Times*, May 30, 1957.

[④] Terry Pristin, "Some Big Investors Want to Be Landlords," *New York Times*, November 1, 2006.

这两个项目针对的主要是黑人中产阶级。摩西在 1958 年写给《太阳报》记者莱斯特·马克尔的信中说："有人说，那些留在哈莱姆的只是没办法搬走的人和只能住在廉价公共住房里的人，这是个纯粹的谣言。实际上，哈莱姆需要各种新式的、优良的住房项目，以满足那些希望留居此地者的需要。"①

除此之外，摩西对合作式住房也给予了许多支持。合作式住房是居民共同拥有所有权的一种住房形式，参与者集体拥有全体住房的所有权，于 19 世纪末开始在美国流行。纽约市合作式住房建设的历史可以追溯到 1881 年由菲利普·赫伯特设计的伦伯朗住房（Rembrandt），随后相继在格莱梅西东大街和西 23 街建成了两栋合作式住房，所有这些均面向上中等收入者。20 世纪 20 年代，合作式住房在纽约极为流行，集中分布在上东区，而面向普通中产阶级的合作式住房也渐次普及开来，二战后，在米切尔—拉马住房项目（Mitchell-Lama Housing Program）② 的鼓励下，为中产阶级建造低价合作式住房风靡一时。③ 在城市更新运动期间，摩西与亚伯拉罕·卡赞协力推动合作式住房开发，成就斐然，建设了克里尔钩（Corlears

---

① Hilary Ballon, Kenneth T. Jackson（eds.），*Robert Moses and the Modern City*，p. 256.

② 该项目是纽约州参议员麦克内尔·米切尔（MacNeil Mitchel）和众议员阿尔弗雷德·拉马（Alfred Lama）发起的住房项目，旨在为中产阶级提供廉价住房，并在 1955 年被《限利住房公司法》（The Limited Profits Housing Companies Act）所认可。该项目共资助建设了 269 栋住房，共 10.5 万个公寓，时至今日，有超过 150 栋仍在使用。http://www.nyshcr.org/Programs/Mitchell-Lama/。

③ Kenneth T. Jackson（ed.），*The Encyclopedia of New York City*，pp. 309–310.

Hook）、西沃德公园住宅区（Seward Park Cooperative）等项目。合作式住房租金相对较低，大约每个房间的月租金在 20 美元上下，[①] 中产阶级下层也能够承担。

尽管城市更新运动期间建设的住房有部分租金过高，但从整体上看，摩西建设了相当多可以为中产阶级所负担的住房，甚至遭到左翼的美国劳工党（American Labor Party）的批评，"《1949 年住房法》第一款把清理贫民窟的资金交给利欲熏心的资本家，他们把曼哈顿变成了中产阶级的禁脔"。截至 1959 年，纽约市在城市更新运动中走在美国前列，摩西在这一年提交市政府的报告中指出，"纽约市利用联邦政府的城市更新运动，已经有 13 个项目、2.2 万栋新住宅在建设中或签署建设合同"。[②] 自《1949 年住房法》通过、城市更新运动开启十年来，就住房而言，纽约市已开工和完成 8326 个私人住房单元，相比之下，新英格兰地区六个州却没有一个完工。[③]

（二）高等教育机构

今天的纽约是美国高等教育的中心之一，拥有完善的教育服务系统。纽约为其教育机构投入巨资，尽可能保证每个纽约人都有机会接受 K12 教育，使其有能力与高等教育对接。纽约州政府为推动

① Hilary Ballon, Kenneth T. Jackson（eds.）, *Robert Moses and the Modern City*, p. 107.

② "Title I Projects Total 13 in City," *New York Times*, April 13, 1959.

③ Charles Grutzner, "City Leads Region in Title I Housing," *New York Times*, October 11, 1959.

全州教育事业的发展也不遗余力，从 20 世纪 60 年代到 90 年代末，纽约州已为学生提供助学贷款达 160 亿美元，到 1997 年，仅为逾期贷款承担的债务负担也已高达 2.25 亿美元。① 纽约市的高等教育体系同样不容小觑，不仅有庞大的城市大学系统，而且有跻身常春藤盟校的哥伦比亚大学，社区学院和文理学院也颇有特色。在城市更新运动期间，摩西为推动纽约高等教育发展做出很大贡献，尤其是完善了纽约大学的校舍。

1. 纽约大学

"坐在华盛顿广场南侧的长椅上，穿过华盛顿拱门，映入眼帘的是一派古朴典雅。这里正是巴迪·霍利、披头士和大学生们振兴波西米亚文化的圣地。在拱门的另一侧是纽约大学的学生们奋斗四年的地方，那里也是巴拉克·奥巴马总统 2008 年大选发表演讲的地方。"这是一位印尼留美学生笔下的纽约大学华盛顿广场校区。

纽约大学成立于 1832 年，如今已拥有 18 个学院和研究所，是美国规模最大的私立大学，在马德里、伦敦、布宜诺斯艾利斯和上海等全球多个大城市设有分校，其中曼哈顿校区是其主校区，分布在华盛顿广场一带，西尔弗中心、博斯特图书馆等代表建筑都集中在这里。校区没有围墙，教学楼、公寓和办公设施散布在附近的社区中。自 20 世纪 70 年代以来，每年的毕业典礼几乎都在曼哈顿校区举行，直到 2007 年之后才改为在洋基体育场举行。

---

① Karen W.Arenson，"Albany to Hire Private Agency to Collect on Student Loans，" *New York Times*，August 14，1997.

摩西对纽约大学华盛顿广场校区的完善做出了很大贡献，他利用城市更新运动的支持，清理了华盛顿广场附近的一片贫民窟并用于为纽约大学建设校舍。这项工程是华盛顿东南侧项目的一部分，摩西将西 3 街到西 4 街的街区留给了纽约大学。1894 年，纽约大学将主要校舍搬往布朗克斯，华盛顿广场校区用于工程试验。研究纽约大学校史的詹姆斯·芒恩坦言："那时，没有人会相信华盛顿广场校区会成为整个大学的中心，或是成为主要校舍的集中地。"[①] 但随着招生人数的增加，纽约大学的校舍已无法满足学生需求，华盛顿广场校区附近环境的不断恶化也成为摆在学校面前的大问题。在芒恩看来，1932 年的纽约大学，"硬件的短缺使学校无法满足学生体能和社交的需求"，而此时的美国大学正逐渐重视在培养学生的学术能力之余，提高学生的社交能力。[②] 在美国政府的支持下，二战后，大量退伍军人进入大学学习，纽约大学的招生数量进一步增加，扩展华盛顿广场校区也提上了学校的议事日程。纽约大学买下了麦克道尔大街和西 3 街交汇处的一个街区作为法学院的校舍，尽管如此，学校在财大气粗的房地产开发商面前并没有足够的实力与之一较高下。1945 年，地产商安东尼·坎帕尼亚买下了法学院东南、汤普森街旁的街区，打算在这里建造一栋 14 层高的住宅，[③] 但摩西更希望

---

① James B. Munn, "The Washington Square College," in Theodore Francis Jones (ed.), *New York University, 1832-1932*, New York: New York University Press, 1933, p. 380.

② James B. Munn, "The Washington Square College," p. 387.

③ "City to Scan Sale in Washington Square," *New York Times*, July 17, 1948.

扩大纽约大学的校舍，因此得到了詹姆斯·马登的支持。马登是大都会人寿保险公司的副主席，1946 年成为纽约大学校董，负责学校的扩建工作，后来成为校财务部门负责人。而摩西则设法使城市规划委员会否决了坎帕尼亚的住房规划，并在 1948 年促使后者以相对较低的价格将这块空闲的土地出售给纽约大学。①

《1949 年住房法》和随之而起的城市更新无疑给了摩西又一个推动纽约大学校舍建设的绝妙机会。在 1951 年摩西提出的首批七个贫民窟清理和重建项目中就包括了纽约大学建设项目，是华盛顿广场东南侧项目的一部分。根据摩西的规划，纽约大学将获得从西百老汇到莫舍尔大街之间的三个街区，其中包括 1926 年建成的商学院。1952 年，亨利·希尔德（Henry T. Heald）就任纽约大学校长，他成为摩西新的支持者。希尔德是个杰出的工程师，凭借在技术方面的创新获得了 1952 年度的华盛顿奖，并在 1957 年荣登《时代周刊》封面。1938—1952 年，希尔德担任伊利诺伊州理工学院校长，在他的支持下，该校邀请现代主义设计大师密斯·凡德罗前来设计建设了新的校舍，这也是芝加哥南区城市更新运动的一部分。② 来到纽约后，希尔德野心勃勃地希望扩建学校，支持摩西的建设计划。2 月，希尔德向媒体表示，纽约大学现有 6.8 万师生，与周边社区的关系颇为紧张，这样的状况亟须改善。③10 月，希尔德再次向外界

---

① Joel Schwartz, *The New York Approach*, p. 138.

② Daniel Bluestone, "Chicago's Mecca Flat Blues," *Journal of the Society of Architectural Historians*, Vol. 57, No. 4（Dec. 1998）, pp. 382–403.

③ "Heald Says NYU Is Not Appreciated," *New York Times*, February 6, 1952.

公布，纽约大学计划十年内投资 1.02 亿美元用于学校的扩张。[①] 得知摩西的扩建计划后，希尔德致信这位纽约市建设总监，"我想，无论什么样子的开发计划，纽约大学都应当占有一席之地……我将尽我所能地帮助您完成这一计划"。1953 年 2 月，纽约大学与城市贫民窟清理委员会达成协议，前者同意出资 1.5 万—2 万美元，帮助后者完成新的规划方案。1954 年，纽约大学决定在华盛顿广场斥资 300 万美元建设学生活动中心；1955 年，纽约大学开始出资回购经过清理的土地，每平方英尺 10.5 美元。但纽约大学的整个建设却进展缓慢，1966 年建成沃伦·韦弗大厅（Warren Weaver Hall），六年后蒂施堂（Tisch Hall）完工，同年博斯特图书馆投入使用。

1960 年，财政预算委员会同意将华盛顿广场东南项目尚未开发的土地出售给纽约大学，启动了纽约大学新一轮开发项目。这批土地的售价同样是 10.5 美元每平方英尺，远低于周边 31 美元的价格。[②] 最终，在城市更新运动的支持下，纽约大学将这里建成了学校教师和研究生的住宅区大学村（University Village），包括三栋高层住宅楼，各有 30 层高，在 1966 年被《财富》杂志评为十大建筑之一，并在 2008 年成为纽约市地标。[③]

---

① "NYU Seeks $102,105,000 for Ten-Year Expansion Plan," *New York Times*, October 5, 1952.

② Hilary Ballon, Kenneth T. Jackson（eds.）, *Robert Moses and the Modern City*, p. 248.

③ Landmarks Preservation Commission, "University Village," www.nyc.gov/html/lpc/downloads/pdf/reports/university_village.pdf.

1960 年，纽约大学聘请贝聿铭负责设计这一开发项目，并在 1961 年决定投入 1500 万美元用于住宅建设。[①]1962 年，贝聿铭的设计方案出炉，包括两栋 30 层高的住宅和一栋 L 形的七层建筑。1964 年，贝氏对方案做了修改，包括三栋 30 层高的住宅楼，扩大了草坪的面积，"反映了 20 世纪中期城市更新运动典型的设计风格"。[②] 该项目于 1964 年开工，两年后投入使用，共有 534 个间住房，并在 1966 年获得了混凝土行业协会奖。

2. 纽约大学—贝尔维尤医学中心项目

贝尔维尤医疗中心（Bellevue Hospital Center）是美国最早的公立医院，成立于 1763 年 3 月，坐落于东河之滨的吉普斯湾（Kips Bay）地区，紧邻第一大道。[③] 出于希望完善纽约医疗体系、推进医学研究、融合科研、教学与临床以及为中低收入者提供更好医疗服务等目的，1944 年，纽约大学将医学院与贝尔维尤合并，成立了纽约大学—贝尔维尤医学中心（NYU-Bellevue Medical Center）。纽约大学和纽约市政府希望，通过这样的合并，这一新的医学中心既能够提供高质量的研究生教育，又能完善城市现有的医疗服务；不仅如此，该医学中心依旧坐落于吉普斯湾，距离即将建设的联合国总部并不遥远，可以为来此工作的各国外交人员提供必要的服务。[④]

---

① "N.Y.U. Sets Plans to Build Housing on Houston Street," *New York Times*, January 13, 1961.

② Hilary Ballon, Kenneth T. Jackson（eds.）, *Robert Moses and the Modern City*, p. 247.

③ http://www.nyc.gov/html/hhc/bellevue/html/about/about.shtml.

④ "Medical Center Planned by N.Y.U.," *New York Times*, October 27, 1944.

　　早在 20 世纪 30 年代，纽约市就确立了扶持医疗服务业发展的方案。1937 年 4 月，纽约市卫生局与纽约医学中心、哥伦比亚长老会医学中心、贝尔维尤医疗中心等五家大型医疗服务机构签署协议，允许纽约的医疗从业者和研究人员可以在上述五家机构中交流，建立起全球规模最大的医学培训系统。[①] 纽约大学—贝尔维尤医学中心成立后，纽约市也在积极推动其发展。1946 年，纽约大学开始了新医学中心的建设工程，买下了第 30—34 街之间、第一大道和东河快速路之间一片萧条破败的工商业区，共 11 英亩。[②] 纽约大学计划在这里建设一座研究院，致力于探索社区医疗和针对移民的医疗卫生服务。1947 年春，城市规划委员会主席埃德温·萨蒙（Edwin Salmon）制订了"融合医疗服务、科研和教学"的总体建设方案并将其提交市长。[③] 一周后，萨蒙辞职，加入纽约大学，负责建设这一开发项目。1947 年 7 月 24 日，萨蒙代表纽约大学与纽约市长奥德怀尔、财政预算委员会成员以及摩西会面，正式批准了在这里建设医学中心的计划，纽约大学承诺将尽快开始建设。随后纽约市政府在摩西的建议下封死了 30 街、31 街、32 街和 33 街，并拆除了遗留在这里的铁路轨道，使其可以建成一个超级街区，并逐步完善其他基础设施。[④]

---

① "Vast Health Plan to Operate Soon," *New York Times*, April 25, 1937.

② Lee E. Cooper, "N.Y.U. Acquires Site of Medical Center," *New York Times*, November 3, 1946.

③ Joel Schwartz, *The New York Approach*, pp. 214-216.

④ "Parking is Settled in Medical Center," *New York Times*, July 29, 1949.

然而，由于筹资进展缓慢，建设工作并没有立刻展开，1949 年开始的城市更新运动为其提供了转机。摩西相信，可以借助这一工程来推进下东区的再开发，因此他重新做出规划，将原本 1500 万美元的预算增加到 3270 万美元，并且不忘告诉记者，"这一地区的西侧仍有大片土地等待开发"。① 既然要将新医学中心建设与下东区再开发捆绑在一起，摩西的计划也就不再局限于医学本身了，而是转向了住房——他相信，在医学中心附近应当配套建设相应的住房以供工作人员使用。1953 年，摩西发布了纽约大学—贝尔维尤医学中心开发项目，包括新建医学中心、购物中心和住房，随后得到财政预算委员会的批准，1954 年 9 月，联邦政府决定拨款 400 万美元作为资助，摩西则选择了大学中心开发公司（University Center, Inc.）作为开发商。但该公司却没有足够的能力运营这一项目，于是，摩西在 1957 年将开发权交给了著名房地产开发商威廉·泽肯多夫（William Zeckendorf），后者又对原计划进行了改进，由贝聿铭负责设计。②

贝聿铭将 30 街与 33 街之间的三个街区合并为一个超级街区，并拓宽了这两条街道以方便交通。在这个超级街区的南北两侧各有一栋高层住宅楼，中间相距 410 英尺。在第一大道和第二大道两侧各有一座医院的办公楼和购物中心。③ 但泽肯多夫开发的住房价格

① Richard H. Parke, "N.Y.U. Plan Grows, With Cost at $32,744,000," *New York Times*, January 17, 1949.

② "Housing Projects Getting New Life," *New York Times*, June 14, 1957.

③ Hilary Ballon, Kenneth T. Jackson (eds.), *Robert Moses and the Modern City*, p. 272.

偏高，三居室的月租金高达 309 美元，而拆除之前，这里住房的月租金只有 31—35 美元，两者相差悬殊。[①] 如此高的价格，即便是医院的工作人员也难以负担，因此，摩西在 1959 年拒绝了泽肯多夫继续开发的要求，选择了一家慈善组织——费普斯会馆（Phipps Houses）——作为开发方，在 24 街到 29 街之间建设住房。最终，这批住房在 1970—1976 年间陆续完工，其租金每月每房间只有 30 美元。[②]

纽约大学—贝尔维尤医学中心工程为中心的工作人员提供了可负担住房，同时也促进了下东区的建设，并间接地推动了吉普斯湾地区作为纽约医疗服务核心地带的崛起。如今，这里建有退伍军人管理局医院、纽约大学牙科学院、贝尔维尤护理学院和阿瑟·利维理疗中心等多个医疗机构。在战后高等教育的发展中，纽约并非孤例，在费城的宾夕法尼亚大学也是城市更新的受益者，借机扩大了校园。[③] 如果说战后入学人数的激增是美国高等教育发展的第一个契机，那么城市更新就是高校抓住这一契机的机遇。之所以如此，是因为城市更新为高校扩建校舍提供了三种有力的武器，即征地权、

① Murray Schumach, "Folk on Bellevue Housing Site Sad over Severing Neighborhood Ties," *New York Times*, March 1, 1954.

② Hilary Ballon, Kenneth T. Jackson（eds.），*Robert Moses and the Modern City*, p. 273.

③ John L. Puckett, Mark Frazier Lloyd, "Penn's Great Expansion: Postwar Urban Renewal and the Alliance between Private Universities and the Public Sector," *The Pennsylvania Magazine of History and Biography*, Vol. 137, No. 4（Oct. 2013），pp. 381-430.

大面积开发的要求和低廉的土地价格。经过摩西的努力，华盛顿校区成为纽约大学的主校区，以纽约大学—贝尔维尤医学中心为核心形成了纽约医疗服务业的集聚地，普拉特学院、福特汉姆大学以及叶史瓦大学（Yeshiva University）等纽约本地的高校也都获得了长足发展。尽管摩西并非首位利用城市更新促进高等教育的人，但却推动完成了大规模的高校校舍建设。

（三）大型文化设施

1986年9月2日晚间，位于纽约林肯表演艺术中心的大都会歌剧院（Metropolitan Opera）舞台上，来自苏联的莫斯耶夫歌舞团正在表演芭蕾舞剧，突然，包厢之中有人将一枚烟雾弹扔向舞台，刹那间整个剧院浓烟四起，正在欣赏歌舞的人们在慌乱中四散逃去。几乎就在同时，一个匿名电话打给美联社，告诉尚不知此事的值班记者，"掷出烟雾弹事件系犹太保卫同盟（Jewish Defense League）的苏联成员所为，此类事件仍将继续并升级"。几分钟后，美联社的电话再次响起，另一端是一个叫作钱恩·本·约瑟夫（Chaim Ben Yosef）的人，自称犹太保卫同盟主席，他告诉接线记者，"我对掷出烟雾弹事件负责"。根据调查，这一事件的真凶是欧文·鲁宾（Irving Rubin），也就是真正的同盟主席，此举是为了抗议苏联政府禁止境内犹太人移民以色列。[①] 莫斯耶夫歌舞团是世界知名的演艺

---

① Dennis Hevesi, "Tear Gas Disrupts Soviet Dancers in Performance at Lincoln Center," *New York Times*, September 3, 1986.

团体，选择在林肯中心表演歌剧，正是因为后者的文化地位和意义，而作为抗议者，鲁宾选择这里表达诉求，也是看中了林肯中心在美国乃至世界的影响。透过政治的烟雾，可以看到林肯中心以其强大的文化号召力和影响力屹立在纽约这座全球城市的巅峰上。

林肯中心是哥伦布转盘（Columbus Circle）开发项目最重要的成果，也是摩西主持的规模最大的文化设施，坐落于林肯广场（Lincoln Square）。1953 年，摩西开始在哥伦布转盘一侧开工建设纽约会议中心，这是他所有城市更新项目中唯一建设的商业设施。在此之前，纽约市只有两个大型会议和展览设施，一个是 46 街与 47 街之间、莱克星顿大道旁的格兰德中心会议厅（Grand Central Palace），建于 1911 年，占地 18 万平方英尺；另一个是著名的麦迪逊广场花园，可容纳 1.8 万人。1956 年完工的纽约会议中心是纽约市第三个大型会议和展览设施，但却并非成功的项目，当时就有反对者批评其设计风格与周边社区格格不入，[①] 而到 1968 年，会议中心已难以满足大型会议的需要了，[②] 如今这座建筑已在 2000 年被拆除。如果不成功的会议中心是哥伦布转盘地区城市更新的开始，那么整个开发项目并未因此陷入失败的厄运中。会议中心完工的 1956 年，摩西曾告诉记者，"城市更新的脚步该向北走去了"，[③] 他看中了

---

① "Art News Assails Coliseum Plans, but Moses Declines to 'Get Mad'," *New York Times*, March 31, 1954.

② Hilary Ballon, Kenneth T. Jackson（eds.），*Robert Moses and the Modern City*, p. 267.

③ Charles Grutzner, "Stevens Expands Lincoln Square Plans," *New York Times*, October 27, 1956.

地处上西区的林肯广场，这里位于阿姆斯特丹大道和哥伦布大道之间，南北分别以西 63 街和西 66 街为界。为何以林肯命名是一个至今没有明确答案的谜团，据历史学家彼得·萨尔文考证，这一名称来自当地一位爱尔兰业主的名字。[①]19 世纪后期以来，以林肯广场为中心，向东到中央公园、向西到哈德逊河畔，在西 59 街和 72 街之间的上西区大片土地逐渐被涌入纽约的移民占据，19 世纪 70 年代后逐渐成为以爱尔兰中产阶级和中下层收入者为主体的社区。林肯广场并不是一个单纯的居住区，而是混合了多种功能和设施；也并非单纯的劳工社区，同样吸引了许多艺术家。1906 年，在西 65 街旁建起了一座可容纳 1600 人的剧院，不久又修建了一条带拱廊的街道，两旁挤满了画家、摄影师等艺术家的工作室。[②] 在 20 世纪 20 年代的经济热潮中，开发商们计划在这里仿造一座法国式的宫殿，整合酒店、律师事务所和写字楼等多种功能，但随着 1929 年经济危机的到来，这一计划未能付诸实施。[③] 尽管大萧条在 20 世纪 40 年代逐渐退去，但包括林肯广场在内的上西区却并没有马上走出危机。二战之后，这里已是纽约市政府眼中的贫民窟，除了彻底清理和重建之外没有其他办法。[④] 虽然并非所有人都对这里失去信心——如

---

① Robert A. M. Stern, Thomas Mellins, David Fishman（eds.）, *New York 1960*, p. 674.

② Glenn Collins,"50 Years In, Lincoln Square's Name Is Still a Mystery," *New York Times*, May 11, 2009.

③ "French Plan Centre on the Century Site," *New York Times*, August 13, 1929.

④ Robert A. M. Stern, Thomas Mellins, David Fishman（eds.）, *New York 1960*, p. 675.

历史学家弗雷德里克·古特海姆，他在《哈珀斯》上撰文为林肯广场辩护，称这里的衰落并非"结构性的失误"，而是拜"过度拥挤、传染病、犯罪等问题"所赐 [1]——但调查显示，这里已经是名副其实的贫民窟了。林肯广场东南侧是著名的少数族裔聚居区圣胡安山（San Juan Hill），这里从 20 世纪初就分布着大量非洲裔美国人，种族矛盾尖锐，居住条件恶劣，到 50 年代已破败不堪。实际上，哥伦布转盘以北的整个上西区在战后都已沦落为贫民窟，根据一项入户调查，上西区 77％的住房建于 1901 年前后，30％的住房缺少集中供暖，40％没有独立浴室；居民收入很低，77％的居民年均收入不足 4000 美元，或依靠养老金度日。[2] 到 20 世纪 50 年代，上西区已成为犯罪猖獗之地，是曼哈顿的红灯区，整个社区萧条破败，96％的建筑低于纽约市的最低标准，[3]《纽约时报》甚至将这里视作"破败、凄凉的社区，看不到未来……只有衰败"。[4]

　　摩西计划在纽约建设大型文化设施的时间可以追溯到 1938 年。这一年 9 月，他致信市长拉瓜迪亚，建议在洛克菲勒中心北侧建设纽约音乐和艺术中心，选址在 51 街和 53 街之间，并且告诉市长，

---

[1]　Frederick Gutheim, "Athens on the Subway," *Harper's*, Vol. 217, October 1958, pp. 66–71.

[2]　Hilary Ballon, Kenneth T. Jackson（eds.）, *Robert Moses and the Modern City*, p. 280.

[3]　Robert A. M. Stern, Thomas Mellins, David Fishman（eds.）, *New York 1960*, p. 675.

[4]　"The West Side's Turn," *New York Times*, April 25, 1955.

整个工程大约耗资 900 万美元，其中洛克菲勒家族同意提供 30 万美元，市政府已经拥有的土地大概价值 100 万美元，剩余的 770 万美元需要向私人资本募集。这一计划也得到了大都会歌剧院董事局的同意，他们同意将现有地产卖掉后投资新的项目。^① 也许是大萧条和战争期间纽约市没有足够的资金用于艺术中心建设，也许是纽约文化界人士反对大都会歌剧院搬迁，1938 年的计划并未得以实施，建设文化艺术中心的规划直到 1953 年才得以再次提上日程，这一次，摩西将目光投向了曼哈顿上西区的哥伦布转盘。

哥伦布转盘是纽约市的地标建筑，于 1905 年落成，以美洲大陆"发现者"克里斯托弗·哥伦布命名，坐落在百老汇、中央公园西大道、59 街和第八大道交叉口，是测量纽约市与其他地区距离的基点。上西区在 20 世纪 50 年代初的破败使这里成为名实相符的贫民窟，也成为摩西眼中的猎物。他后来回忆说，在意识到《1949 年住房法》第一款的威力时，脑海中马上出现了"让西区重生的想法，从哥伦布转盘往北，最后一直扩大到整个荒凉衰败的西区"。^② 起初，摩西计划在这里建造音乐厅、会议中心、体育场和住房，^③ 并在 1951 年和 1952 年陆续发布了一系列上西区开发计划，包括占地 26 英亩的曼哈顿城中产阶级住房项目、晨边高地开发项目、大体育场

---

① Robert Moses, *Public Works*: *A Dangerous Trade*, pp. 513-515.

② Robert A. Caro, *The Power Broker*, p. 1013.

③ Lee E. Cooper, "Group Snags Convention Hall Plan by Purchasing Large Part of Site," *New York Times*, May 1, 1949; "Investing a Coliseum," *New York Times*, May 11, 1951.

项目和哥伦布转盘项目。① 而林肯表演艺术中心最终落户此地，与大都会歌剧院和纽约交响乐团的搬迁密切相关。大都会歌剧院成立于1880年4月28日，是纽约新兴富裕阶层摆脱老财阀、确立自身文化品位的标志之举，其创始人不乏摩根、范德比尔特等19世纪后期崛起的富商大贾。1883年10月22日，大都会歌剧院落成，当晚上演了歌剧《浮士德》。随后，这座位于百老汇1411号、在39街和40街之间的歌剧院在1893年和1903年迎来了两次大修，并在20世纪20年代陆续增加了酒店、商店和写字楼，剧院也增加了更多的座位。财大气粗的小约翰·洛克菲勒在20世纪20年代后期筹谋洛克菲勒中心时，打算将大都会歌剧院并入其中，但1929年经济危机袭来，他不得不放弃兼并歌剧院的计划，缩小了设想中的规模。此时的歌剧院也正筹划另觅新址，1927年由约瑟夫·厄本设计了新的剧院，拥有5372个座位，计划在布莱恩特公园建造新的大都会歌剧院。但随之而来的大萧条使其不得不暂缓这一打算，只好先度过漫长的经济寒冬再另作他图，1929年12月，大都会歌剧院正式宣布放弃搬迁计划，直到战后才被重新提起。② 纽约交响乐团也面临类似问题。乐团由美国指挥家尤雷利·科雷利·希尔（Ureli Corelli Hill）创建于1842年，是享誉全球的交响乐团，同年在南百老汇修建了自己的音乐厅阿波罗厅，随后在1846年移驻曼哈顿南端的城堡花园，1891年钢铁业大亨安德鲁·卡内基捐建的卡内基厅完工

---

① Robert Moses, *Public Works: A Dangerous Trade*, p. 440.

② "Rockefeller Site for Opera Dropped," *New York Times*, December 6, 1929.

后，成为乐团的新基地。然而，战后卡内基厅的管理方卡内基厅公司决定将其拆除作商用，并在 1955 年发布了重建计划，此举遭到许多纽约人的反对。[①] 尽管如此，公司还是拒绝与纽约交响乐团在目前的协议于 1958 年到期后续约，后者只得另觅他处。因此，摩西在 1951 年向大都会歌剧院和纽约交响乐团发出邀请，愿意为它们在哥伦布转盘的再开发中提供一席之地，慷慨地同意拨出八万平方英尺供二者使用。对于这一建议，《纽约时报》发表评论称，"保证了歌剧院和交响乐团的全面发展、琴瑟和鸣"。[②] 纽约乐评人艾伦·里奇也乐观地预计未来，他认为这一建议是"令人惊奇的，就像将梅西（Macy's）和金贝尔（Gimbel's，二者皆为纽约著名的购物中心——引者注）合二为一"。[③] 四天后，摩西宣布大都会歌剧院和纽约交响乐团可以在哥伦布转盘的清理和再开发项目中占有一席之地。[④] 与此同时，摩西开始考虑将其他文化机构迁入哥伦布转盘，以便彻底将这里改造成新的文化艺术中心。1953 年春，摩西致信纽约中央铁路公司副主席 R. E. 多尔蒂，请他协助劝说工程协会联合会入驻此地；8 月，又致信哈里·古根海姆，询问他是否同意在哥伦布转盘建设新的古根海姆博物馆。但古根海姆并不同意搬迁，而大都会歌剧院也在 1954 年婉拒了摩西的建议。恰在此时，福特汉姆大学校长劳

---

① "Saving a Hall," *New York Times*, June 9, 1955.

② "City Offers Land for Music Center," *New York Times*, May 9, 1951.

③ Alan Rich, *The Lincoln Center Story*, New York: American Heritage Publishing Company, p. 16.

④ Olin Downes, "Grand Opportunity," *New York Times*, May 13, 1955.

伦斯·麦金利找到摩西，希望在哥伦布转盘以北的上西区建设校舍，以缓解长岛校区的紧张。1955年1月20日，麦金利来到长岛州立公园委员会办公室与摩西协商，决定将林肯广场南侧、第60街至62街之间的土地用于福特汉姆大学的建设。[①] 此外，大都会歌剧院也没有停止搬迁的努力，露丝·普拉特（Ruth Baker Pratt）等纽约名流也常常在社交场合向摩西抱怨在39街的老歌剧院观看演出有辱斯文。[②] 同时，摩西也利用自己的人际关系网确保大都会歌剧院落户上西区。摩西夫妇是华莱士·哈里森（Wallace K. Harrison）家中的常客，而后者是纳尔逊·洛克菲勒的亲密助手和顾问，洛克菲勒资助的许多建筑，包括1939年落成的洛克菲勒中心，都由哈里森担任设计师。不但如此，哈里森的夫人埃伦·米尔顿·哈里森曾为小约翰·洛克菲勒设计新的大都会歌剧院，以便融入计划中的洛克菲勒中心。职是之故，哈里森夫妇与歌剧院和洛克菲勒家族双方保持着密切关系。正是利用了这一点，摩西借哈里森说服了大都会歌剧院董事局主席查尔斯·斯波福德将剧院新址选在上西区。[③]1955年4月26日，摩西告诉斯波福德，他计划留出12万平方英尺的土地用于建设新的歌剧院，而大都会歌剧院则需准备150万美元用于购买土地、居民拆迁和再安置。10月，大都会歌剧院董事局正式回复摩

① Robert Moses, *Public Works*: *A Dangerous Trade*, pp. 516–518.

② Robert A. Caro, *The Power Broker*, p. 1013.

③ Robert A. M. Stern, Thomas Mellins, David Fishman（eds.）, *New York 1960*, New York: W. W. Norton & Company, 2000, p. 678.

西，同意了此前的协议，决定在林肯广场建造新的歌剧院。^①同时，大都会歌剧院也开始与纽约交响乐团合作，双方决定共同搬迁至上西区。10 月底，摩西告诉市长，福特汉姆大学、大都会歌剧院和纽约交响乐团都已同意搬入林肯广场及其附近地区，这个未来的林肯表演艺术中心就这样迈出了第一步。得益于三方的合力，在摩西的推动下，纽约市新的文化艺术中心最终花落上西区，并选定了林肯广场开工建设。摩西在其中发挥的作用也是显而易见的，他不仅构想了一个城市文化地标，而且成功地付诸实施，将多个文化机构聚合在一起——在他的规划中，林肯表演艺术中心不仅有上述三个机构，还包括纽约公共图书馆表演艺术分馆、艾弗里·费雪厅（Avery Fisher Hall）和纽约芭蕾舞剧团，跨过 65 街，还有茱莉亚音乐学院（The Juilliard School）等多个文化机构和设施。

　　既然已经决定搬迁，下一步就是筹措经费了。尽管有联邦政府提供的资助，但建设大型文化艺术中心依然所费不赀。斯波福德想起了一直以来热衷于资助纽约文化的洛克菲勒家族。1955 年 9 月的一天，他与小约翰·洛克菲勒坐在伯克诺斯公园的一个长椅上谈起了林肯中心的建设。斯波福德告诉约翰，林肯中心得益于上天安排的三个巧合。第一个是大都会歌剧院早已准备放弃 39 街的老剧院另觅新址；第二个是交响乐团在卡内基厅的租约即将到期；而第三个就是上西区的城市更新。也许是斯波福德的话起了作用，也许是出

---

① Robert Moses, *Public Works: A Dangerous Trade*, pp. 518-520.

于小约翰·洛克菲勒对纽约文化事业的勃勃热忱，他告诉斯波福德，"天助我也！"

另一边，摩西也在积极筹划林肯中心的建设。1956 年 5 月 27 日，他正式对外公布了林肯中心的整体规划，包括大都会歌剧院、纽约交响乐团和福特汉姆大学在内，项目共有五家剧院、4120 间公寓以及酒店、商店和办公楼，① 整个项目预计耗资 1.5 亿—1.75 亿美元。② 摩西曾计划在百老汇和阿姆斯特丹大道交汇处、从 65 街到 70 街之间建造一片高层公寓，但这一方案所需费用过于高昂，甚至超过了联邦政府为美国各地的城市更新所准备的预算，③ 因此只得放弃。即便如此，林肯中心的规模仍然是空前的，所需联邦政府的资助金额高达 258 万美元，纽约市也需要出资 1229 万美元。④ 摩西计划将土地以每平方英尺 5 美元的价格出售给福特汉姆大学，以 8 美元的价格出售给大都会歌剧院和纽约交响乐团，以 9.35 美元的价格出售给希望在这里建设住房和商业设施的私人开发商。⑤ 然而就像所有城市更新项目一样，林肯中心同样面临着许多反对声音，甚至包括来自联邦政府内部的抵制，最关键的就是住房与家庭财政署。

① Charles Grutzner, "Moses Outlines City within City for Lincoln Square," *New York Times*, May 28, 1956.

② "Cost of Lincoln Square," *New York Times*, August 13, 1956.

③ "U.S. Aide Rejects Fund Bid by Moses," *New York Times*, April 12, 1957.

④ Robert A. M. Stern, Thomas Mellins, David Fishman (eds.), *New York 1960*, p. 680.

⑤ Charles Grutzner, "Moses Outlines City within City for Lincoln Square," *New York Times*, May 28, 1956.

这个成立于 1947 年的机构，整合了多个与住房建设和购买有关的部门，联邦住房管理局也成为其下属单位。因此，既然城市更新运动以建设住房为主，该机构自然发挥着重要作用。住房与家庭财政署署长阿尔伯特·科尔曾与摩西在城市更新项目拨款等方面久有摩擦，如今他又一次反对为林肯中心拨款，并要求纽约市长瓦格纳亲自与自己协商。但市长却致信科尔，"建议你的代表跟贫民窟清理委员会商谈"，而纽约媒体也纷纷支持摩西，力挺林肯中心计划。[①] 此外，上西区也有许多商人反对建设林肯中心，他们与拆迁居民一起，抗议迁往他处，声称这里的居民大多无法申请公共住房，也无力负担在原地新建的中产阶级住房。鉴于反对声音，财政预算委员会在 1956 年 7 月宣布推迟林肯中心的开工日期，而摩西随后在 9 月宣布将在林肯中心附近建设 420 套中产阶级公寓，全部是合作式住房，价格较低。[②] 此外，摩西还答应曼哈顿区长赫兰·杰克，同意政府派遣专员监督再安置工作。而为了阻挡林肯中心的建设，当地居民甚至联合住房与家庭财政署向纽约州最高法院提起诉讼，状告贫民窟清理委员会利用联邦政府的城市更新经费资助天主教背景的福特汉姆大学，违反了宪法关于政教分离的原则。[③] 这一诉讼最终由联邦最高法院在 1958 年做出裁决，驳回了上诉请求。小约翰·洛克菲

① Robert A. Caro, *The Power Broker*, p. 1014.

② Charles Grutzner, "Co-ops Proposed for Lincoln Square," *New York Times*, September 27, 1956.

③ Charles Grutzner, "Suit Begun to Bar Lincoln Square Plan," *New York Times*, December 3, 1957.

勒也利用自己与政界的关系，游说艾森豪威尔政府支持林肯中心。还有一个难题在于，林肯广场附近有一座属于肯尼迪家族的房产，由联邦政府租下用作移民局和原子能委员会，由于肯尼迪家族在美国政商两界错综复杂的关系，如何处理这块地产颇为棘手。摩西最初打算将其排除在拆除之列，但最终还是决定给予高价补偿——与周边土地每平方英尺不足 10 美元相比，纽约市和联邦政府为买下这块地产付出了每平方英尺 62.88 美元的高价。[①] 这样，城市规划委员会和财政预算委员会在 1957 年相继批准了林肯中心计划，纽约市在 1958 年 2 月开始利用土地征购权获取并出售土地。[②] 同年 6 月，第一批 5000 个拆迁家庭动身搬离林肯广场。[③] 这样，到 1958 年，林肯中心项目在争议声中破土动工了。

　　尽管项目的最终批准是在 1957 年，但小约翰·洛克菲勒等人早在 1956 年 6 月就成立了林肯中心开发公司作为整个项目的运营机构，买下了林肯广场的 188 栋住房，其成员包括斯波福德、哈里森、《财富》发行人兼大都会歌剧院董事 C. D. 杰克和主席安东尼·布利斯。热衷文化事业的小约翰·洛克菲勒常常召集公司会议，协商林肯中心的建设进程，并且从洛克菲勒基金会中拨出了五万美元用作启动资金。1957 年，公司进一步扩大阵容，由小约翰·洛克菲勒出

① Robert A. Caro, *The Power Broker*, p. 1014.

② Charles Grutzner, "Lincoln Square Sites Acquired by City, Sold to Sponsors," *New York Times*, March 1, 1958.

③ Charles Grutzner, "First Lincoln Square Tenants Will Begin Moving Out Today," *New York Times*, June 10, 1958.

任主席，增加了联合百货的罗伯特·布拉姆以及纽约人寿、通用食品等大公司高管和纽约芭蕾舞团、福特汉姆大学、茱莉亚音乐学院等文化机构的负责人。[①]1959 年，在小约翰·洛克菲勒的提议下，摩西和瓦格纳市长成为公司的当然成员。作为林肯中心的幕后老板，容纳了诸多社会精英的林肯中心开发公司发挥了重要作用。其构成人员均来自纽约财界、政界、法律界和文艺界上层，与大型财团、高级官僚、非政府组织以及传媒有着密切联系，其中既有洛克菲勒这样的白人新教徒主流社会精英，也有劳伦斯·麦金利这样的天主教神父；既有布拉姆这样的商界翘楚，也有哈里森之类的专业人士。

1959 年 5 月 14 日，林肯表演艺术中心举行奠基仪式，艾森豪威尔总统亲临致意。1.2 万人参加了奠基礼，在家中收看或收听直播的人预计有 50 万。总统在发言中高度赞扬了林肯中心的意义，称"这将有力地促进世界和平，并将推进人类对彼此的理解"。[②]《纽约时报》也评论说，"林肯中心是全世界的灯塔，它告诉全人类，美国人深知如何利用自己的财富打造高雅的生活"。[③]林肯中心是纽约市贫民窟清理委员会发起的第 16 个项目，也是最大的一个，其原始规划占地 53 英亩，而曼哈顿的其他城市更新项目平均占地面积只有 12.5 英亩。[④]美国学者伊丽莎白·斯托姆探讨了战后中心城市

① Samuel Zipp, *Manhattan Projects*, p. 173.

② Robert A. M. Stern, Thomas Mellins, David Fishman（eds.）, *New York 1960*, p. 683.

③ "Lincoln Center Begins," *New York Times*, May 14, 1959.

④ Hilary Ballon, Kenneth T. Jackson（eds.）, *Robert Moses and the Modern City*, p. 279.

发展与文化设施的关系，将后者的重要性总结为三个方面，即中心城市政治经济结构的转型更加依赖文化、城市文化设施有助于改善周边环境和文化设施吸引了越来越多的人口。而美国城市也正在发现文化设施对城市复兴的意义，从 1985—2002 年，超过 2.5 万人的美国城市中有 65 个新建或扩建了的文化设施。[①] 对资本而言，战后城市政治经济结构对文化设施的需求不啻为极佳的商业机会，既可以资助文化事业，也能够从附带的商业开发中获益。福特汽车公司市场部总监在谈到为何资助底特律歌剧院时说道，拥有歌剧院可以吸引更多的优秀员工，而新泽西表演艺术中心的投资商也持同样观点。对市政官员来说，文化设施是文化产业的一部分，意味着增长和财富。美国人文基金会 1981 年发布了一份对哥伦布、明尼阿波利斯、圣保罗、圣路易斯等六座城市大型文化设施的报告，进一步证明了文化设施的经济意义。报告指出，哥伦布表演艺术中心建成后，附近地区的消费增长了 40%，雇员收入增加了 32%；圣路易斯的这两项指标分别增长了 23% 和 37%。[②] 此外，文化设施有助于周边萧条地带的复兴。调查发现，西雅图艺术博物馆自 1991 年建成以来，七年间拉动周边零售业增长了 40%。[③] 从 20 世纪 80 年代以

---

① Elizabeth Strom，"Converting Pork into Porcelain: Cultural Institutions and Downtown Redevelopment," *Urban Affairs Review*, Vol. 38, No. 1（Sept. 2002), p. 3.

② National Endowments for the Arts, *Economic Impact of Arts and Cultural Institutions*, January 1981, p. 20, https://archive.org/details/economicimpactof00wash.

③ Elizabeth Strom，"Converting Pork into Porcelain: Cultural Institutions and Downtown Redevelopment," p. 8.

来，城市领导人也的确越发重视人力资本对经济发展的价值，其举措之一就是更加重视文化设施的建设，并投入更多资金用于发展文化事业。① 除此之外，文化设施本身的文化功能也是城市发展和复兴的有力武器。19 世纪末的移民高潮期间，美国人曾希望通过文化培养外来移民对美国的认同，促使其融入这个新社会，正如波士顿企业家亨利·哈金森在 1886 年所言："教育，让我们远离野蛮，让我们的家庭远离野蛮，让我们的记忆远离野蛮"。② 而相对于商业机构和住房，文化设施也更容易得到认可，并论证了城市更新的合理性和合法性。对普通美国人来说，文化设施是生产精神食粮的工厂，通过演艺活动满足其空闲时间的精神需求。战后的美国人享有越来越多的休闲时间，他们需要文化来娱乐身心，寻求生活的意义，正如历史学家埃利斯·马奎斯所言，"从艺术中获得精神食粮"。③ 而对于洛克菲勒等社会精英而言，林肯中心还有另一层意义。战后的丰裕社会对美国精英阶层而言，既是展示和塑造美国式自由的机遇，也是捍卫自由的挑战。他们担心，生活的富足和越来越多的闲暇时间会使美国人的日常生活越发空虚，会使美国进入小约翰·洛克菲

① Graeme Thomson, "The Art and Science of Experiential Leadership: Culture at the Core of Process Change Success," *Journal of Business Strategy*, Vol. 31, No. 4, pp. 85–89.

② Lawrence W. Levine, *Highbrow/Lowbrow: The Emergence of Cultural Hierarchy in America*, Cambridge, Mass.: Harvard University Press, 1988, p. 205.

③ Alice Goldfarb Marquis, *Art Lessons: Learning from the Rise and Fall of Public Arts Funding*, New York: Basic Books, 1995, p. 2.

勒所说的"焦虑时代"，他相信，林肯中心这样的文化设施可以缓解美国人的这种焦虑，弥补其精神空虚，从而避免美国社会走向崩溃。[①] 因此，林肯中心无疑在摩西的诸多城市更新项目中影响最为深远，展示出艺术作为经济发展引擎的潜力，将表演艺术从一项专为上流社会独享的活动推广到普通人中间。

本章小结

1949—1974 年，美国 1250 个城市的城市更新运动共耗资约 100 亿美元，涉及超过 2000 个工程项目。[②] 城市利用这一运动来清理贫民窟，建设大规模的新社区，试图将人口和就业留在中心城市，地方政府也通过税收减免和建设配套设施等方式吸引投资，促进城市的活力。然而，从 20 世纪 60 年代以来，中心城市面临着越来越多的问题，种族矛盾、人口流失、商业萧条等弊病反复折磨着城市，在城市危机的压力下，城市更新运动渐趋乏力，许多贫民窟被清理后土地长期闲置，面对中心城市的人口流失、种族矛盾和环境恶化，私人资本望而却步。相比之下，富裕白人越来越多地迁往郊区，同时带走了消费力和就业，并且营造了安全祥和的生活环境。根据调

[①] Samuel Zipp, *Manhattan Projects*, p. 178.

[②] Robert A. Beauregard, *Atop the Urban Hierarchy*, New York: Rowman & Littlefield, 1989, pp. 21-24.

查，在纽约的郊区长岛，土地价格不断上升，1964 年，土地价格在长岛房地产价格中所占比例已从战后的 10% 上升到 25%。[①] 因此，相比中心城市，投资郊区无疑更加安全可靠。随着城市更新负面效果的显现，批评和质疑的声音也越来越强烈，美国政府逐渐放弃了城市更新，转而采用其他方式推动中心城市的复兴和发展。学术界对于城市更新负面影响的探讨已十分充分，并形成了固有的思维模式和话语体系，即"商界支配下城市政府更新中心商务区的运动"。[②] 但这一解释框架的形成受制于时代的局限，中心城市的持续衰败使研究者未能正视城市更新的积极意义，而且所有城市的更新模式不能一概而论。面对当代美国中心城市的复兴，作为调整城市空间结构和经济结构的城市更新，其意义有待重新评估。纽约就是其中典型。从纽约市的经验来看，城市更新在当时同样引起了"黑人搬家"、贫困人口流离失所等问题，这些问题在 20 世纪 60 年代随着民权运动的激荡而愈发严重，最终促使联邦政府着手调整城市更新，纽约市在城市改造与开发中也随之采取了新的路径（详见后章）。然而若从长时段的视角入手，则不难发现城市更新的积极意义。

　　首先，尽管中心城市在去工业化过程中遭遇经济萧条、失业人口

[①]　Robert A. Beauregard, *When American Became Suburban*, Minneapolis: University of Minnesota, 2006, p. 94.

[②]　Zane Miller, *The Urbanization of Modern America: A Brief History*, New York: Harcourt, 1973, p. 181.

增加等冲击，而郊区吸引了就业和人口，但中心城市在大都市区中仍居于核心位置，继续发挥集聚效应。"新的通信技术使得经济活动在地理扩散的同时并未丧失其系统整合，同时也强化了企业和市场的中心控制功能和协调的重要性"，[①] 而这一角色就由中心城市承担。萨斯基亚·萨森研究了纽约、伦敦和东京在 20 世纪后期的崛起及其对全球经济体系的影响。萨森认为，20 世纪 80 年代见证了服务业的迅猛发展，而发达国家凭借其雄厚的资本、完善的法律体系、稳定的政治环境和便捷的通讯成为服务业的领军力量，纽约、伦敦和东京则是最大的受益者，吸纳了最多的投资和服务业企业立足，成为在当代国际体系中扮演控制和指挥中心角色的全球城市（Global City）。纽约城市更新通过空间改造直接推动了城市经济结构向后工业转型，带动经济增长。一方面，大学与医疗产业已成为当代美国城市经济的重要组成部分。美国医疗产业不仅行业门类众多、就业人数庞大，而且占国内生产总值的比重不断上升。1990—2008 年，纽约市医疗产业就业增长率为 1.8%，[②] 包括纽约大学—贝尔维尤医疗中心在内的医疗产业区成为纽约经济新的增长点。高技术产业的发展离不开高等教育的支持，纽约的硅巷（Silicon Alley）已成为几与硅谷齐名的高技术产业聚集区，在 20 世纪 90 年代网络经济的热潮中，硅巷吸引了大量风险投资，也诞生了许多身价不菲的高技术企业。这里的租房空置率从 1994

---

① Saskia Sassen, *Cities in a World Economy*, London: Pine Forge Press, 2000, p. 107.

② Martin Kohli, "Health Care Industry and the New York City Labor Market," *Monthly Labor Review*, September 2009, p. 3.

年的 22％ 下降到 1999 年的 2.6％，租金从每平方英尺 24 美元上升到 34 美元。① 另一方面，旅游业已成为纽约经济不可或缺的一部分，2010 年纽约市吸引游客 4870 万人次，② 而大型文化设施在其中扮演了重要角色。2015 年，前往林肯中心的游客数量达到 450 万人次，其中 51％ 来自纽约市，24％ 来自纽约大都市区的其他地区，16％ 来自美国其他地区，9％ 是国际游客。③ 20 世纪 80 年代，美国人文基金对多个大城市的研究表明，以文化产品的生产与消费为主的文化产业本身也已成为城市经济的重要部门，并衍生了新的经济活动和消费行为。④ 此外，曼哈顿中城经过城市更新后，吸引了大批政府机构、企业和专业团体，超过下城成为美国地产价值最高、就业密度最大、企业总部最密集的地区，不但有二战前完工的帝国大厦、克莱斯勒大厦等地标性摩天大楼，还有新出现的高档零售商店、餐馆和剧院，洛克菲勒中心更是超过帝国大厦成为纽约新的地标性景点。城市更新运动无疑使得纽约走在全球城市的前列。

其次，纽约城市更新使城市公共服务更加完善，提升了纽约的吸引力和竞争力。经济结构转型推动中心城市社会结构变迁，服务

① Michael Indergaard, *Silicon Alley: The Rise and Fall of a New Media District*, New York: Routledge, 2004, p. 102.

② Patrick Mcgeehan, "48.7 Million: That's a Lot of Tourists," *New York Times*, January 4, 2011.

③ Michael Cooper, "Lincoln Center Report: We Entertain, Educate, Accept Tax Dollars," *New York Times*, June 13, 2016.

④ National Endowments for the Arts, *Economic Impacts of Arts and Cultural Institutions*, Washington, D.C.: National Endowments for the Arts, 1981.

业的发展和"再工业化"吸引中产阶级回流城市。作为以生产者服务业和高技术产业为基础的全球城市，纽约从全球范围吸引白领，文化设施在其中发挥着特殊作用。他们大多接受过良好的高等教育，"在商务、管理和学术界的地位催生了自尊，他们是美国社会的新阶层，没有可以利用的传统，只能建构一种新的生活方式来满足这种尊严和自尊，并消磨空闲时间"。① 相比于其他阶层，白领更注重城市文化设施，乐于享受高质量的服务和个性鲜明的文化活动。较高的医疗水平也是纽约的重要竞争优势。得益于城市更新的贝尔维尤医疗中心是一家历史悠久的公立医院，拥有较高的医疗和科研水平，在艾滋病和流行病防治方面实力雄厚，既能满足富裕人群的需要，也可以为低收入者提供保障。②

复次，纽约城市更新中的中产阶级住房和公共住房满足了不同社会群体的住房需求。经济活动的高度密集是纽约市尤其是曼哈顿空间结构的显著特征，大量人口的集聚形成了对住房的强烈需求，城市更新中建造的大量中产阶级住房一定程度上缓解了纽约住房市场的紧张状况。实际上，绅士化已在曼哈顿多个社区展开，白领对原有住房自发进行升级改造以满足居住需求，这被萨森视作纽约城市发展的基本特征之一。然而，后工业经济的不平衡性导致了收入

---

① Joseph Bensman, Arthur J. Vidich, "Changes in the Life-Styles of American Classes," in Arthur J. Vidich (ed.), *The New Middle Classes: Life-Styles, Status Claims and Political Orientations*, p. 250.

② David Oshinsky, *Bellevue: Three Centuries of Medicine and Mayhem at America's Most Storied Hospital*, New York: Doubleday, 2016, pp. 9-10.

分配的巨大差异，生产者服务业中不仅包含 FIRE 等高端服务业，也包括餐饮、保洁等低端服务业，此外还有为数不多的制造业。低收入者的存在，构成了对廉价住房的需求。城市更新运动中建设的公共住房经过维护后仍有大量保存下来，为低收入者提供了一定的保障。哈莱姆尤为典型，尽管联邦政府在 20 世纪 90 年代为公共住房拆除和修护提供了大笔经费，但哈莱姆几乎未受影响，直到今天仍然运转良好。[①]

最后，城市更新改善了纽约形象，将其打造为一座全球化时代的创新之城和文化之城，一扫纽约的衰败景观。纽约的基础设施在 20 世纪 40 年代已亟待改善，甚至被列维-斯特劳斯视作"村庄的集合"。[②] 林肯中心此前是一片低矮破败的街区，如今不仅有林肯中心，而且周边建成了风格统一的中产阶级住房，晨边高地的变化也极为明显。城市更新运动拆除了大量贫民窟，代之以现代风格的新建筑，全面更新了纽约城市形象。尤其是 1964 年的纽约世界博览会，优美的环境、充满未来风格的建筑和象征意义丰富的庆典活动不仅吸引了大量游客，也引起了媒体的全方位报道，成为重构纽约城市形象的关键环节。[③]

---

① Derek S. Hyra, *The New Urban Renewal: The Transformation of Harlem and Bronzeville*, Chicago: University of Chicago Press, 2002, pp. 100–108.

② ［法］克洛德·列维-斯特劳斯：《遥远的目光》，邢克超译，中国人民大学出版社 2007 年版，第 5 页。

③ Miriam Greenberg, *Branding New York: How a City in Crisis was Sold to the World*, New York: Routledge, 2008, p. 44.

事实上，城市更新推动中心城市复兴的成功案例并非只有纽约。在匹兹堡，市政府与工商业精英合作，通过治理污染、改造中心商务区和为低收入者建造廉价住房，彻底改变了这座传统工业城市的面貌，使之真正成为阿勒根尼河畔的"金三角"，被誉为"匹兹堡复兴"（Pittsburgh Renaissance）。① 在去工业化影响下，匹兹堡进一步推动经济从以钢铁为主转向以医疗产业和教育为主，成为中西部老工业城市转型的典范。在东北部文化重镇费城，市政府以城市更新为大学服务，为费城高技术产业的发展奠定了基础。② 与纽约类似的是，匹兹堡和费城都借助城市更新运动促进了城市经济结构和空间结构的转型。不过相比之下，大多数美国城市并未以城市更新为契机推动转型，中心区的商业开发仍然是主要导向，许多城市通过各种手段规避各类《住房法》对住房开发的要求，试图重振城市的商业活力，吸引郊区居民重返城市。在纽黑文，市政府耗资数百万美元建成了教堂广场购物中心，最终却在20世纪90年代后期关门歇业。波士顿城市更新虽然没有直接用于商业开发，但市政府致力于通过增加城市白领就业岗位来间接发展商业，为此建设了规模庞大的行政中心，联邦、州和城市机构坐落于此，还成立了由本地零售巨头组成的委员会参与规

① Roy Lubove, *Twentieth-Century Pittsburgh*: *Government*, *Business and Environment Change*, Vol. 1, Pittsburgh: University of Pittsburgh Press, 1969, pp. 106-141.

② Margaret P. O'Mara, *Cities of Knowledge*: *Cold War Science and the Search for the Next Silicon Valley*, Princeton: Princeton University Press, 2015, pp. 142-181.

划。但波士顿商业却并未因此复苏，有些商店甚至倒闭，市政府不得不在 2006 年聘请新的咨询公司制订了新的开发方案。[①] 零售业曾是美国中心城市的重要经济支柱，但随着富裕白人迁往郊区、汽车普及和高速公路建设，购物空间郊区化成为大势所趋。开发商詹姆斯·罗斯曾投资超过 100 万美元在弗吉尼亚州诺福克建设购物中心，但最终不得不放弃，即便附近没有其他竞争对手。[②] 此外，也有部分传统工业城市试图振兴其制造业，但同样以失败告终。例如密歇根州弗林特以城市更新来复兴其以汽车为主的传统制造业，与通用汽车合作拆除旧工厂建造新工厂，但事与愿违，此举不但加剧了城市经济萧条，而且引发了更为剧烈的种族对抗。[③] 当然，这些负面效果的根源并不在于城市更新，而是城市转型带来的阵痛。

---

① Lizabeth Cohen, "Buying into Downtown Revival: The Centrality of Retail to Postwar Urban Renewal in American Cities," *The Annals of the American Academy of Political and Social Science*, Vol. 611, May 2007, pp. 82-94.

② Bernard J. Frieden, Lynne B. Sagalyn, *Downtown, Inc.: How America Rebuilds Cities*, Cambridge, Mass.: MIT Press, 1991, p. 81.

③ Andrew R. Highsmith, *Demolition Means Progress: Flint, Michigan, and the Fate of the American Metropolis*, Chicago: University of Chicago Press, 2016.

第四章 纽约经济——空间转型的继续与城市更新的终结

　　尽管城市更新席卷全美各地，尤其是东北部和中西部，但城市的衰败并未就此止步，甚至恰恰是东北部和中西部的城市，成为美国城市问题的典型代表。进入 20 世纪 60 年代后，正是在城市更新轰轰烈烈的开展之时，中心城市的衰败几乎已令居民心碎、令研究者绝望。在媒体上，中心城市成为美国之失败的代名词，凡是抨击美国社会的弊端，可谓言必谈中心城市。这里失业率高企、基础设施破败、公共服务水平低下，贫困的少数族裔家庭聚居在污水横流的贫民窟里，高耸的公共住房上满是破洞的窗户、花坛里长满杂草、楼梯间臭气熏天。记者们用"漫长的夏天"形容陷于衰败中无法自拔的中心城市，郊区居民看到这类报道更不想搬回城市了。1964 年在纽约市哈莱姆、1965 年在洛杉矶瓦茨、1967 年在纽瓦克和底特律等美国各地大城市均出现了种族骚乱。面对城市乱象，美国各界展开反思，国家城市问题委员会在 1968 年的报告中直言，"与大多数

257

人的想象相比，我们发现城市的条件更为恶劣、衰败范围更为广大、形势更具爆炸性"。因此，批评中心城市和城市更新的声音日益高涨，新的城市开发和改造方式呼之欲出。

第一节　持续中的城市衰败

尽管纽约的城市再开发在 1949 年之前就已启动，并且在 1949 年、1954 年两部《住房法》通过后其脚步大大加快了，但城市的颓败却并没有立时扭转。媒体的报道、人口普查局的统计报告、城市研究者的学术专著，都在提醒纽约市民，城市的衰败正在愈演愈烈。这种衰败一方面是因为城市的经济—空间转型仍在继续，另一方面则是大规模城市更新暴露出许多新问题和新挑战。

中心城市的经济与空间结构转型，首先体现在中心商务区的功能和地位更加突出。随着制造业离开，金融等资本密集型行业在曼哈顿下城占据越来越大的比重，并逐步向中城扩散。由于大企业总部的聚集，作为纽约大都市区中心城市的纽约市承担着更多的商务、金融等服务职能，曼哈顿尤其是曼哈顿下城和中城一直以来是高层办公区，在战后这一特征更加突出和明确，与曼哈顿有便捷交通往来的布鲁克林高地（Brooklyn Heights）也成为中心商务区。新的办公设施和高层建筑纷纷出现，"在 1947—1963 年，纽约新增办公楼面积超过 5800 万平方英尺，比其后的 22 座大城市新增办公面积之

258

和还要多"。^①曼哈顿中心商务区在 20 世纪 80 年代经历了快速扩张，向西南和北部扩张超过 50 英里，向东部和东北部扩张超过 75 英里，^②如今的曼哈顿中城已是全球面积最大的办公区。与之相比，曼哈顿下城是金融中心，布鲁克林高地则包括教育、科技与行政职能，聚集着长岛大学、布鲁克林法律学院等高等院校。^③但同时，纽约经济在 20 世纪五六十年代仍然保持着多样化，后工业经济并未一统天下。据童年生活在纽约的哈佛大学经济学家爱德华·格雷泽回忆，当时的纽约经济与今天相比更为多样化，他们一家的朋友中有艺术品销售人，有编辑，也有医生。尽管制造业早已向外扩散，但历史悠久的制衣业仍然雇用了 8% 的就业人口，而在 20 世纪 70 年代以前，金融业并未占据绝对优势。^④中心商务区的高层办公楼群重新定义了纽约的天际线，但滨水地区仍然密布码头、货栈和铁路线，在摩天大楼之间还有工厂和杂货店。相比中心城市，郊区不但人口和财富增加，而且在功能上日渐多元化，在很多方面已经与中心城市旗鼓相当，许多郊区工业园区具备了相当的经济实力。

另外，郊区化快速展开，曼哈顿以外的其他四区以及纽约市的

---

① ［美］乔治·兰克维奇：《纽约简史》，第 242 页。

② Dick Netzer, "The Economy of the New York Metropolitan Region, Then and Now," *Urban Studies*, Vol. 29, No. 2 (Apr. 1992), p. 256.

③ 洪文迁：《纽约大都市规划百年》，第 131 页。

④ Edward Glaeser, "Wall Street Isn't Enough: Finance Heavy New York Must Recapture Its Economic Diversity," *City Journal*, Vol. 22, No. 2 (Spring 2012), http://www.city-journal.org/2012/22_2_ny-finance.html.

周边县市迎来了快速发展，人口增加，许多原本在纽约的企业落户这里。1963 年，世界 500 强企业中有 147 家公司的总部坐落于纽约市，到 1978 年这个数字下降到 104 家。其中许多离开纽约市的公司并没有离开纽约大都市区，只是迁移到了纽约周边的郊区，比如康涅狄格州的斯坦福、纽约州的怀特普莱恩斯（White Plains）、新泽西州的伯根县等地。纽约郊区的发展早在 19 世纪后期就已开始，有轨电车尤其是私人交通的发展使得许多在纽约市区工作的人可以将家搬到郊区，战后郊区经济的发展进一步吸引了城市人口。中产阶级白人居民则离开城市搬入郊区，仅 1945—1980 年间，就有约 200 万白人迁出纽约市，[①] 因此莱维顿（Levittown）这样的大型郊区社区的出现也就不足为奇了。在联邦政府政策的扶植下，房地产商莱维特父子公司 1947 年购买了长岛中部的 4000 英亩马铃薯田，建造了 17500 套独栋住房。房地产商把成熟的流水线技术引入到工程建造中，房屋的建造过程被分为若干个工序，所有的房屋都按照统一的样式建造。流水线生产大大提高了生产率，也降低了成本。同年 3 月，房屋开盘销售，仅仅 3 个小时就售出 1400 栋。这是美国各大都市区存在的普遍现象，富裕的白人人口外迁即所谓的"白人逃逸"（White Flight）。1960—1970 年的十年间，美国大都市区的中心城市中，白人人口下降了 9.6%，这一比例在东北部地区更高，达到

---

① Raymond A. Mohl, "The Transformation of Urban America since the Second World War," in Robert B. Faribanks, Kathleen Underwood（eds.）, *Essays on Sunbelt Cities and Recent Urban America*, College Station, TX: Texas A & M University Press, 1990, p. 10.

16.2%。富裕的白人迁往郊区，零售业和商业也随之离开城市，因此纽约市的零售业和商业也减少了，而郊区则发展起来，经济多元化日渐明显。

纽约市人口结构的变化是城市转型的另一个鲜明信号。城市富裕人群和中产阶级仍然在逃离城市，而贫困的黑人和波多黎各人在持续增加。二战期间，战争经济创造了大量就业岗位，南部的非洲裔美国人开始大量进入城市寻找就业机会，开始了美国历史学家所谓的黑人第二次大迁徙（The Second Great Migration）。大迁徙从 20 世纪 40 年代开始，一直持续到 20 世纪 70 年代，其间有超过 500 万非洲裔美国人离开南部，绝大部分进入东北部和中西部的城市中，只有 7% 左右前往西部，这一数量远远超过第一次大迁徙期间的 150 万。中心城市黑人人口所占比例的增加在进入 20 世纪 70 年代后仍在继续，与之相应的是中心城市白人人口的减少。根据美国人口普查局的统计，在 1970—1974 年间，美国城市中的黑人人口比例增加了 6%，从 1290 万人增加到 1370 万人；1974 年，城市中的黑人人口比例已达到 22%，较之 1970 年增加了 4%。[①] 纽约市非洲裔美国人和拉丁裔移民的数量急剧上升，1940—1970 年间，前者从 45.8 万增加到 166.8 万，而波多黎各人则从不足 10 万增加到将近 100 万，[②]

[①]　Bureau of Census，"Social and Economic Characteristics of the Metropolitan and Nonmetropolitan Population：1974 and 1970，" *Current Population Reports*，Series P-23，No. 55，p. 4.

[②]　Ira Rosenwaike，*The Population History of New York City*，p. 174.

如今拉丁裔移民已占纽约市总人口的27%。①纽约市布朗克斯区的人口结构的变化体现了白人逃离的现象。在1950年的人口普查中，布朗克斯有人口145万，但只有9.7万黑人，占总人口的比例为7%，另外有2000人为"其他族裔"，超过90%的人口是白人。然而十年后的统计数据却大相径庭。1960年的人口普查显示，布朗克斯人口为142万人，其中16.4万人为黑人，占总人口的比例已达到12%。20世纪60年代，布朗克斯黑人人口进一步增加，在1970年的人口统计中又有新的体现。当年，黑人人口达到35.7万人，较之1960年增加了一倍有余，而同期白人人口则从126万下降到108万。这样看来，1950—1970年间，白人人口减少的比例，与黑人人口增加的比例相仿。②东哈莱姆（East Harlem）是另一个人口结构迭代的典型地区，这里原本是意大利裔和犹太裔的聚居区，拉瓜迪亚就是以该区代表的身份当选国会众议员的，但到20世纪60年代，东哈莱姆已经成为波多黎各裔的聚居区。这里也是城市更新项目集中的地区，因为这里集中了大面积连片的破败租屋。在历史学家托马斯·肯斯纳笔下，东哈莱姆是"展示美国工业主义丑陋一面的橱窗，这里破破烂烂的工厂周围满是垃圾，还有早已废弃的仓库和停满了报废车辆的车场；酒吧里喝酒的是失业和以打零工谋生的人，

---

① Arlene Davila, *Barrio Dreams*: *Puerto Ricans*, *Latinos*, *and the Neoliberal City*, Berkeley: California University Press, 2004, p. 2.

② Megan Roby, "The Push and Pull Dynamics of White Flight: A Study of the Bronx between 1950 and 1980," *The Bronx County Historical Society Journal*, Vol. 45, No. 1 & 2（Spring/Fall 2008）, p. 35.

年久失修的破房子都被他们住满了"①。

　　人口结构的变化与去工业化相互推动，城市经济进入恶性循环。去工业化直接改变了纽约经济，原本作为城市经济支柱的大量制造业企业搬到其他地区，同时产业迁移也带走了就业岗位。二战后大量涌入纽约的非洲裔美国人和拉美移民大多受教育水平较低，缺乏必要的工作技能，只能在劳动力密集型产业就业，而这些主要是制造业。如今制造业搬走了，他们很难在城市中找到合适的工作，结果就是大量失业。美国学者罗杰·沃丁格提出了"族裔岗位"（Ethnic Niche）的概念来描述 20 世纪中期纽约市的就业结构，即不同族裔逐渐固定在特定的就业领域，例如纽约市公立学校的白人教师绝大多数是犹太人，尽管他们只占纽约市总人口的四分之一左右。从整体上看，公共部门就业岗位的绝大多数都是白人。② 纽约城市史专家分析道："犹太人建立起了非正式的网络，将犹太教信仰者也纳入其中，这个网络共享关于就业的信息，为求职者提供帮助……到了 60 年代，纽约市的犹太人大学毕业生，尤其是市立大学系统的毕业生，考虑在学校中谋职几乎成了本能反应。"③ 相比富裕人群，贫困人口需要的公共服务更多——他们无法负担私立医院的高额费用而只得在公立医院就医，他们无法负担私立学校的昂贵学费而只

---

①　Thomas Kessner, *Fiorello H. La Guardia and the Making of Modern New York*, p. 134.

②　Roger Waldinger, *Still the Promised City? African-Americans and New Immigrants in Postindustrial New York*, Cambridge, Mass.: Harvard University Press, 1996, p. 217.

③　Jerald E. Podair, *The Strike That Changed New York: Blacks, Whites, and the Ocean Hill-Brownsville Crisis*, New Heaven: Yale University Press, 2004, pp. 155-156.

图 4-1　20 世纪 70 年代东哈莱姆一处破败的街区

得在公立学校读书——因此纽约市政府的福利负担加重了。但是，纽约市财政收入的主体是房产税，即房地产的价格决定了税收的高地。制造业、商业、零售业和富裕人群搬走了，贫困人口在城市中集聚，自然导致纽约的房地产价格下降，税收减少继而导致财政收入下降。一方面是福利需求增加，另一方面是财政收入减少，纽约市只得长期奉行赤字策略，债务负担有增无减。

　　城市更新并没有立即扭转经济与空间转型，相反，城市更新由于涉及大量贫困家庭的搬迁，反而使得城市转型带来的经济社会问题更为复杂。城市更新是将中心城市的贫民窟清理后再重新开发，以这样的方式实现城市的"更新"，因此必然导致贫民窟原有居民的搬迁。比如施泰因文森特城项目在拆迁时，原住户收入较低、无力承担回迁的费用、很难找到合适的住所，而公共住房数量有限，并且对申请者有严格的规定。因此，他们的出路几乎只有迁往另一个贫民窟。更严重的问题是，纽约市政府和开发商往往重视让居民迁走，而忽视了如何重新安置他们。1959年，时任市长罗伯特·瓦格纳（Robert Wagner）任命了以安东尼·帕努克（J. Anthony Panuch）为主席的调查委员会。委员会的报告指出，舆论批评的缺乏再安置方案的确存在，"取代被清理的贫民窟的，是其他的贫民窟"。在解释为何"城市衰败社区反复出现"这个问题时，报告指出最重要的因素是没有合理安置搬迁居民，以及缺少适合中低收入者的住房。①

其实，《1949年住房法》通过后，有识之士便担心城市更新会恶化弱势群体尤其是黑人的居住环境。1950年，一位住房行业的黑人官员弗兰克·霍恩警告说，"少数族裔居民有理由担心，城市更新会将他们局限在与世隔绝的地带，并将他们赶出自己的家"。为了安置动迁居民，也为了为城市中低收入者提供安身之所，《1949年住房法》对公共住房建设做了一定的要求。然而，这些要求并未产生明显效果，不但在后来的住房法案中逐渐被削减，而且地方政府想尽办法规避这一要求。在公共住房建设过程中，地方政府和开发商不但想尽一切办法减少公共住房的数量，而且为了减少占地面积、降低成本，建成的公共住房大多楼层很高，一种被称作"公园里的塔楼"（Tower-in-the-Park）的设计方案逐渐流行开来，即高层建筑搭配公园式的地面环境。这种住房形式也是法国著名建筑设计师

---

①　J. Anthony Panuch, *Building a Better New York: Final Report to Mayor Robert F. Wagner*, New York, March 1960, pp. 35-36.

勒·柯布西耶留给美国建筑界的遗产，他所设想的城市居住社区正是这种高层建筑。① 柯布西耶生于瑞士，是 20 世纪前期的知名现代主义设计大师，其建筑设计和城市规划理念影响了一代人。柯布西耶相信，生活在高处并不会影响居民的家庭关系和邻里之间的社会交往，而且宽阔的、甚至是在建筑物外部的走廊的功能与地面的街道也相差无几。② 柯布西耶的高层建筑理论影响的不仅仅是公共住房，其他城市更新项目同样如此。早在 20 世纪 40 年代初，纽约住房管理局就已采纳这一方案，以便在有限的空间内尽可能多地容纳居民，并保持良好的通风条件。③ 在纽约的城市更新中，摩西是高层建筑的支持者，"由于现代主义者的'公园里的塔楼'是为贫民窟清理中拆迁居民解决再安置问题的相对便捷的方式，因此受到摩西的鼎力支持"。④1946 年，纽约市市长奥德怀尔任命摩西主持住房紧急状况委员会（Emergency Committee on Housing），也正是从战后住房危机开始，摩西控制了纽约市住房管理局，进而主导了公共住房建设。他主持建造的公共住房几乎无一不是"公园里的塔楼"。从 20 世纪 50 年代开始，纽约市住房管理局建设了许多高层公共住

---

① Andrew S. Dolkart, "The Architecture and Development of New York City: Living Together," http: //ci.columbia.edu/0240s/0243_2/0243_2_fulltext.pdf.

② Alexander von Hoffman, "High Ambitions: The Past and Future of American Low-Income Housing Policy," *Housing Policy Debate*, Vol. 7, No. 3（1996）, p. 432.

③ "NYCHA Building Design," http: //www.nyc.gov/html/nycha/downloads/pdf/bldgdesign.pdf.

④ Robert A. M. Stern, Thomas Mellins, David Fishman（eds.）, *New York 1960*, p. 40.

房，一别其 20 世纪 30 年代在郊区建造的低层建筑。^①在摩西主导下，1946—1958 年，纽约市在东哈莱姆、南布朗克斯、布鲁克林中部以及下东区共建造 1082 栋公共住房，除少数例外都是高层建筑，共包括 14.8 万套公寓，可容纳 55.5 万人，几乎相当于明尼阿波利斯市的全部人口。^②建筑师赫尔曼·杰索尔在其长达 60 年的职业生涯中设计了许多住宅，这个为纽约的中低收入者建造了多达四万套限利住房的建筑师就是"公园里的塔楼"和城市更新运动的支持者。^③被列为贫民窟而被清理的地区的居民大多为低收入者，其中黑人占有一定比例，因此，高层公共住房成了黑人新的聚居地。这种高层住房隔断了邻里之间的交往，把人与地面空间隔绝开来，设计师威廉·怀特甚至认为，这种公园里的塔楼"根本不是为人设计的……完全没有隐私概念，也没有考虑人的需求，这种设计根本就是抬高的地狱"。^④实际上，公共住房是将原本居住在衰败社区中的贫困少数族裔居民重新安置在纵向的高层建筑中，把横向扩展的衰败社区"塞进"了纵向发展的高层住房中。看起来衰败社区不见了，实际上是重新集中到了面积更小的空间中。

---

① Nicholas Dagen Bloom, *Public Housing That Worked: New York in the Twentieth Century*, Philadelphia: University of Pennsylvania Press, 2008, p. 117.

② Robert A. Caro, *The Power Broker*, pp. 7–8.

③ Tony Schuman, "Labor and Housing in New York City: Architect Herman Jessor and the Cooperative Housing Movement," http: //urbanomnibus.net/redux/wp-content/uploads/2010/03/LABOR-AND-HOUSING-IN-NEW-YORK-CITY.pdf.

④ "Projects Assailed as 'Dull Utopia' at Packed Meeting," *Village Voice*, July 2, 1958.

住房的建筑形式所导致的问题只是一个方面，比建筑设计更棘手的问题是人口与就业岗位间的不匹配。少数族裔由于就业能力有限并且许多是从其他地区移民而来，因此对社区中的地缘、亲缘关系依赖很深，被迫搬入其他社区后，这些原有的可以帮助其改善生活的关系很可能被切断。他们大多没有私家车，许多人在非正规经济领域谋生，一旦搬迁，不但再难恢复原来的经济活动，出行也极其不便，不可能去郊区就业。这些长期失业的贫困少数族裔居民聚居在公共住房社区或者新的衰败社区中，久而久之塑造了与主流社会格格不入的亚文化，吸毒、斗殴、帮派活动等严重犯罪活动盛行一时。他们被困在这里，不但白人社会的歧视和隔离使他们难以融入外面的世界，自身的生活方式和文化习惯也让他们不愿意离开这里。这些隔都区成了少数族裔摆脱不了的空间牢笼。以芝加哥为例，芝加哥是美国第二大城市，也是美国中西部制造业核心地带首屈一指的大城市，黑人人口众多，在 1940—1960 年，芝加哥黑人人口增加了 44.5 万。[①] 同时，芝加哥也是公共住房建设的领军城市，1957—1968 年间，芝加哥住房管理局（Chicago Housing Authority）一共建造了 15591 栋公共住房，其中 14895 套属于高层建筑，占总数的 95.5%。[②] 1920 年，芝加哥总人口中有 4% 的黑人，但 1966 年时这一比例已高达 30%。除了黑人人口迁入之外，白人人口外流进

---

① Richard L. Morrill, "The Negro Ghetto: Problems and Alternatives," *The Geographical Review*, Vol. 55, No. 3（Jul. 1965）, p. 340.

② 李莉：《美国公共住房政策的演变》，第 68 页。

入郊区也是重要原因。芝加哥西区原本就是黑人聚居区，在二战后进一步发展成为黑人隔都区。南区的黑人聚居区也继续向南扩展，1945—1960 年，南区的商业中心地带甚至向南搬迁了两英里。与此同时，芝加哥黑人的隔离程度也与日俱增。通过 1950 年的人口统计数据可以发现，芝加哥黑人人口的分布更加集中，原已存在的几个黑人聚居区，人口有所增加，地域也有所扩展。约 53% 的黑人人口集中居住在黑人区内，而 1940 年时这一比例为 49.7%。高密度的人口迫使许多黑人居民寻找机会迁往白人居住区，而白人居民在意识到自己的社区出现了越来越多的黑人人口时，往往采取搬迁的方式，这种"入侵—占领"的模式在很多社区中出现，"种族地理的再稳定只是个时间问题罢了"。①

与许多城市一样，纽约的城市更新也往往以牺牲少数族裔权益为代价展开。为了实现再开发的规划，少数族裔社区成为最易于被牺牲的筹码。阿瑟·西蒙的观察可以说明这一现象。1961 年，35 岁的基督教信义宗（Lutheranism）牧师阿瑟·西蒙成为曼哈顿三位一体路德教堂牧师后，发现自己不仅来了一座车马喧嚣的大都会中，更是置身于各种政治、经济利益集团的罗网中，这些利益集团围绕着该地区的城市更新而争讼不休。教堂所在的曼哈顿上西区在二战以后逐步成为拉美裔尤其是波多黎各移民的聚居区，无论是建筑外观、社区风格，还是居民的社会经济地位，都有很大幅度的变化。

---

① Arnold R. Hirsch, *Making the Second Ghetto: Race and Housing in Chicago, 1940–1960*, Chicago: University of Chicago Press, 1998, pp. 4–5.

西蒙牧师也承认，"这里的街道很喧嚣，天气暖和的时候路上摩肩接踵；这里的街道很肮脏，垃圾清理车在去垃圾站的路上经过这里，经常有空罐子和废纸屑从车上掉下来"。从 20 世纪 50 年代起，摩西和他主持的贫民窟清理委员会就盯上了这里，但遭到了教会和当地居民的激烈抵制。西蒙发现，纽约市在安置居民方面的准备极不充分，供搬迁居民挑选的公共住房，或者租金偏高，或者距离太远。虽然他们也可以借助租金管控（Rents Control）以低于市场价的价格租到房子，但租金管控并没有完全限制房租的上涨，而且对于违规房东的处罚力度也不高，毫无震慑力。尤其是那些收入最低的居民，"完全被主流社会所忽视"。① 西蒙牧师的观察并非个案。城市更新项目规模庞大，往往涉及多方利益，各方为了在利益博弈中胜出，纷纷使出浑身解数，而社区由于缺少合适的发声渠道和在地方政治结构中强有力的代言人，大多数时候都沦为牺牲品，这使得社区尤其是少数族裔社区对城市更新的态度越发激进。

而且城市更新并没有为以非洲裔美国人为代表的少数族裔贫困居民打开通向郊区的坦途，他们往往是在城市的另一处贫民窟里重新集聚，或是在城市边缘地价较低的地方集聚而成为新的贫民窟。因此，随着城市更新全面铺开，社会各界的反对声浪也越来越激烈。1965 年 3 月 31 日，联邦住房管理局局长罗伯特·韦弗（Robert Weaver）在马萨诸塞州坎布里奇市接受记者采访时说，城市更新带

---

① Arthur R. Simon, "New Yorkers without a Voice: A Tragedy of Urban Renewal," *The Atlantic*, April 1966.

来了严重的负面效果，在清理贫民窟和再安置过程中的偏见使得贫穷的白人、黑人和有色人种流离失所。[①] 韦弗并不是首个提出城市更新运动不公平的问题的人，此前小说家詹姆斯·鲍德温（James Baldwin）就提出了"黑人搬家"（Negro Removal）的概念。[②] 而作为联邦住房管理局负责人，韦弗的此番言论，更说明城市更新对弱势群体的侵害已经引起了美国朝野内外的共鸣。城市更新的大规模开展，并没有阻止纽约市在 20 世纪 60 年代继续恶化，种族矛盾反倒进一步凸显。由于二战后波多黎各人口大幅度增长，在纽约市，"黑人搬家"准确地说是"波多黎各人搬家"，同样引发了一系列社会矛盾。1956 年，纽约州反种族歧视委员会发布调查报告，认为全州有大约 40 万人受城市更新影响而流离失所，其中半数为黑人和波多黎各人。1961 年，一项研究称城市更新的许多项目导致其周边地区生成了新的贫民窟。[③] 因此，城市经济、空间转型与城市更新相互激荡，引发了一系列社会矛盾，20 世纪 60 年代后包括纽约在内的北部中心城市愈演愈烈的种族冲突与此不无关系。进入 20 世纪 50 年代后期，种族冲突此起彼伏，而城市更新引发的少数族裔居民的流离失所更如同火上浇油一般。这些抗议活动与少数族裔争取权益的社会正义运动结合在一起，很快席卷东北部和中西部的各大城

---

① "Weaver Asserts Disdain for the Poor Hinders Urban Renewal," *New York Times*, April 4, 1965.

② Douglas S. Massey, Nancy A. Denton, *American Apartheid: Segregation and the Making of the Underclass*, Cambridge, Mass.: Harvard University Press, 1994, p. 56.

③ Martha Biondi, *To Stand and Fight*, pp. 224-226.

市。从 20 世纪 50 年代中后期开始，纽约市频发爆发种族冲突，这些种族冲突往往在更新社区爆发。

哈莱姆就是冲突频发之地。这里早在 20 世纪初就已成为非洲裔美国人聚居区，20 世纪 20 年代这里生活着近 20 万非洲裔美国人。[①] 哈莱姆也是非洲裔美国人的政治和经济生活的中心，在 20 世纪中期，非洲裔美国人在这里取得了相比其他地区更多的成绩，他们的报纸《纽约时代》和《纽约阿姆斯特丹新闻》都是在这里出版发行的，并且形成了数以百计的俱乐部来开展社会生活。[②] 1944 年当选国会众议员的小亚当·克雷顿·鲍威尔（Adam Clayton Powell Jr.）也来自哈莱姆。在聚居在这里的非洲裔美国人文化精英的影响下，哈莱姆迎来了文艺复兴（Harlem Renaissance）。这是一场非洲裔美国人的文化运动，以哈莱姆为中心，辐射东北部和中西部的许多大城市。大多数学者认为哈莱姆文艺复兴从 20 世纪 20 年代初开始，到 30 年代初结束，在文学、艺术、戏剧等方面诞生了许多经典之作。[③] 大萧条对哈莱姆造成重创，战后少数中产阶级迁离进一步削弱了哈莱姆的经济基础，早已衰败的哈莱姆进一步破败。由于受到犯罪率高

---

① 孙群郎、黄臻:《纽约哈莱姆区的绅士化及其影响》,《求是学刊》2011 年第 6 期, 第 134 页。

② Stephen Robertson, Shane White, Stephen Garton, Graham White, "This Harlem Life: Black Families and Everyday Life in the 1920s and 1930s," *Journal of Social History*, Vol. 44, No. 1（Fall 2010）, pp. 97-122.

③ Genevieve Fabre, Michel Feith（eds.）, *Temples for Tomorrow: Looking back at the Harlem Renaissance*, Bloomington: Indiana University Press, 2001, p. 2.

企、毒品泛滥等社会问题的困扰，有能力离开这里的人都选择了迁往其他地区，造成哈莱姆社会文化环境的进一步恶化。而哈莱姆居民普遍较低的受教育水平也制约了这里摆脱贫困混乱的能力。哈莱姆社区的教师水平和学校资源也远远落后于白人社区，而破碎的家庭进一步影响了非洲裔美国人的教育经历，哈莱姆的一位校长证实，"在 1600 名学生中有 669 人来自只有母亲的家庭"，[①] 单亲家庭无论经济条件还是亲情关怀都难以支持子女接受较好的教育。在 20 世纪 60 年代，75％的哈莱姆学生阅读能力低于同年级平均水平，数学低于同年级水平的更是高达 80％。[②] 种族骚乱是哈莱姆长期难以治愈的顽疾，1935 年曾爆发严重的种族冲突，在 20 世纪六七十年代连续爆发激烈的种族骚乱。1957 年 7 月 30 日深夜，在曼哈顿北部靠近哈莱姆的华盛顿高地（Washington Heights），这里的高桥公园中爆发了一场暴力冲突，住在附近的爱尔兰移民、非洲裔美国人和拉美移民因为使用游泳池的矛盾大打出手，造成一名白人男子死亡。1968 年，纽约市市长为应对当年的哈莱姆种族骚乱，特意沿列昂克斯大街筑起砖墙。[③] 随着经济的萧条和环境恶化，曾经因 "哈莱姆文艺复兴" 而烜赫一时的文化潮流也让位于格林威治村等地区了。

---

① 林广：《从人口流变看纽约市哈莱姆贫民区的成因》，《华东师范大学学报（哲学社会科学版）》1997 年第 6 期，第 63 页。

② Alphonso Pinkney, Roger R. Woock, *Poverty and Politics in Harlem*: *Report on Project Uplift, 1965*, New Haven: College and University Press, 1970, p. 33.

③ Vincent J. Cannato, *The Ungovernable City*: *John Lindsay and His Struggle to Save New York*, New York: Basic Books, 2002, p. 211.

图 4-2　1968 年骚乱期间的哈莱姆街头

布朗克斯也是如此。20 世纪 50 年代的布朗克斯社会环境平静而安全，我们可以从布朗克斯居民凯瑟琳·鲁比的生活中真实地感受到。鲁比在 20 世纪 50 年代布朗克斯的帕克切斯特长大，当她追溯往事时，仍能回忆起少年生活的安静祥和："一年级的时候我常常独自一人乘公车上学，我自己走进电梯、走到车站，自己一个人等车，没有人接送。那时我只有七岁，从家到学校大概要四五站，下车后再走几个街区就到了。"① 但富裕白人外迁，同时也带走了就业和商业机构，人口结构的变迁带来了新的社会问题，尤其是暴力犯罪，低迷的经济形势助长了社会环境的恶化。从 20 世纪 50 年代开始，纽约的报纸时常报道布朗克斯贩卖毒品的街头少年和帮派火并，学校条件恶化和青少年犯罪也频频见诸报端，而人口结构的转变是

---

① Megan Roby，"The Push and Pull Dynamics of White Flight: A Study of the Bronx between 1950 and 1980," *The Bronx County Historical Society Journal*, Vol. 45, No. 1 & 2（Spring/Fall 2008），pp. 35-38.

观察家们解释布朗克斯社会变迁的重要因素，这种变化在进入 20 世纪 60 年代以后进一步加快了脚步。临近哈莱姆的南布朗克斯是最先发生变化的地区，到 20 世纪 50 年代末，这里的波多黎各人和黑人已占 80%—90% 的人口，从这时开始，南布朗克斯逐渐成为犯罪猖獗之地。对此，当地居民布莱恩·沃纳深有体会。他回忆说，自己在初中时学校发生的一起事件在当时引起了轰动，学校的保安发现有学生在教学楼屋顶藏匿枪支，并且时常有学生因遭遇少年帮派抢劫而报案，"一个女生，埃莉诺·卡普兰，在课间遭到枪击，那时我们正在讨论问题……这事儿上了头条"。尽管 20 世纪 60 年代整个纽约市都面临着犯罪率上升的挑战，但布朗克斯的数字却尤为惊人。1960 年，布朗克斯警局接到报案 998 起，平均每天接近三起，而 1969 年一年就有报案 4256 起，平均每天都有十余起。[1] 高犯罪率不仅使布朗克斯人终日惴惴不安，其他地区的居民也不敢贸然来此，结果，布朗克斯房价不断下降，住房空置率持续走高，为了骗取保险公司赔偿的纵火案件时有发生，尤以南布朗克斯为甚。[2] 犯罪率的上升进一步推动了白人逃离。根据人口普查局的统计，纽约市 1960 年的人口与十年前相比减少了 1.4%，即 10 万人；[3] 而同期其周边各县人口却持续增长，以长岛为例，拿骚县人口在这十年中增

---

[1]　Megan Roby, "The Push and Pull Dynamics of White Flight: A Study of the Bronx between 1950 and 1980," p. 39.

[2]　Jill Jonnes, *South Bronx Rising*, pp. 231–235.

[3]　Bureau of Census, *100 Years of U.S. Consumer Spending*, http: //www.bls.gov/opub/uscs/1960-61.pdf.

长了 93%，1960 年人口已达 130 万。[1] 布朗克斯亦然，许多人迁移到长岛等郊区县市，也有许多白人居民前往布朗克斯其他地区。可以作为例证的是，布朗克斯在 20 世纪 60 年代建造了 35 栋合作式住房，共有 1.5 万个公寓，集中在北部与韦斯特切斯特县交界地区。[2] 这样，城市更新的大规模拆建引发了纽约市各界的关注，不满情绪逐渐积累，与之相关的抗议活动此起彼伏。

20 世纪 40 年代末到 60 年代中期是城市更新的高潮时期，而面临"黑人搬家"的城市并非只有纽约和芝加哥，美国北部的大城市几乎无一例外，在战后到 20 世纪 60 年代中期的 20 年间都遭遇了黑人社区在人口数量的增加和地域面积上的扩大，并带来了严重的后果。[3] 林登·约翰逊总统针对种族骚乱而成立的科纳委员会在 1968 年发布的报告中指出，贫穷的黑人集中在大城市中，酝酿着城市服务设施破败的危机，他们被社会的种种约束围困在隔都区中，没有机会创造和享受财富。报告警告说，美国正日益分裂为两个社会：一个富裕的白人社会，立足于郊区；一个蜗居在大城市中心的贫困黑人社会。[4] 从 20 世纪 60 年代中期开始，美国城市中出现了一系列

---

[1] Rosalind Tough，Gordon D. MacDonald，"The New York Metropolitan Region：Social Force and the Flight to Suburbia，" *Land Economics*，Vol. 37，No. 4（Nov. 1961），p. 361.

[2] Megan Roby，"The Push and Pull Dynamics of White Flight：A Study of the Bronx between 1950 and 1980，" p. 51.

[3] Richard L. Morrill，"The Negro Ghetto：Problems and Alternatives，" p. 346.

[4] Philip Meranto，ed.，*The Kerner Report Revisited：Final Report and Background Papers*，Chicago：University of Illinois Press，1970，pp. 10–11.

此起彼伏的种族骚乱，在 1965 年洛杉矶瓦茨骚乱中达到顶峰——骚乱造成 34 人死亡，千余人受伤，4000 多人被监禁，洛杉矶警方无力平息动乱，直到加州国民警卫队到来瓦茨骚乱才告平定。[①] 甚至有观点认为，1964 年的哈莱姆骚乱正是原本居住在曼哈顿的黑人移居哈莱姆所致。[②]

在纽约市，城市更新不但在少数族裔聚居区引发冲突，在其他地区同样如此，尤其是那些横跨城市的大型交通设施，更容易成为众矢之的。1955 年，三区桥涵管理局与纽约港务局对纽约的交通状况做了联合调查并在这一年发布了研究报告《纽约大都市区主干线路的联合研究》(*Joint Study of Arterial Facilities*)，由摩西执笔。研究报告的序言中写道："二战以来私家车的拥有和使用以及卡车和公车有了前所未有的增长，加快了全国规划和建设主干高速公路系统的步伐。多行道的快速路、园林大道和收费公路正在全国形成规模巨大的网络，以便满足 6000 万车辆的使用，这已构成了今日美国经济不可或缺的一部分。"战后美国汽车工业迅速发展，纽约市汽车保有量也成倍增加，1930 年纽约全市有 3.8 万人依靠私人汽车出行，到 1950 年，这一数字已上升至 11.8 万人，[③] 这对城市交通的压力可想而知。在这样的背景下，研究报告指出，"北新泽西州各县、长岛和韦斯特切斯特县必须建设便捷的高速公路干线网以方便相互

---

① 王旭：《美国城市发展模式》，第 229 页。

② Martha Biondi, *To Stand and Fight*, p. 226.

③ Ibid, p. 917.

之间以及与纽约市各区间的联系",而现有的交通条件已不能满足需求,"现在,跨过哈德逊河的交通量已经超过了霍兰隧道和林肯隧道的通行能力,乔治·华盛顿大桥也接近饱和。15 年来,哈德逊河各隧道桥梁的通车辆以年均 5% 的速度递增,1954 年的通车辆已达到 7630 万。据估计,到 1960 年,跨过哈德逊河的车辆将高达 9100 万辆"。因此,研究报告建议修建或扩建三条线路:连接斯塔滕岛和布鲁克林的海峡大桥,双层十二车道;将乔治·华盛顿大桥拓展为双层;连接布朗克斯和昆斯的窄颈大桥(Throgs Neck Bridge),双向六车道。不仅如此,在研究报告中,摩西也提出了纽约市内的道路改造,计划建造两条横跨市区的交通干线,与外部的区间线路相连,即跨曼哈顿干线系统。一条是曼哈顿中城快速路(Midtown Expressway),路基占据 29 街与 30 街之间的一整个街区,将西侧的林肯隧道和西区高速公路与东侧的东河大道和昆斯中城隧道连接起来,计划耗资 7700 万美元。另一条是下曼哈顿快速路(Lower Manhattan Expressway),双向八车道的高架公路,一端与中城快速路相连,另一端通过威廉斯堡大桥和曼哈顿大桥进入布鲁克林,计划耗资 7200 万美元。① 除此之外,摩西还计划在新泽西州建设大面积的停车场,并在市内建设多条连接道,与两条快速路相连,穿过华盛顿广场的公路就是其中之一。《1956 年高速公路法》通过后,摩西坚持认为并大声疾呼,"州际高速公路应当直接穿过城市,而不

① "Introduction," *Joint Study of Arterial Facilities*, http://www.nycroads.com/history/joint-study/.

是绕城而过",并最终得到国会批准。①而摩西身兼纽约市建设总监和贫民窟清理委员会主席,使他可以协调城市建设与贫民窟拆除。如果这条公路建成通车,虽然方便了汽车通行,但原本统一的华盛顿广场将被一分为二,对于历史悠久的广场将是毁灭性的打击。这也是整个开发项目中最为人诟病的地方,遭到了包括埃莉诺·罗斯福在内的许多社会名流的反对。早在1935年,摩西就提议拓宽广场前的道路,但因纽约大学师生的反对而作罢。②此番再次提议修建公路,将穿过现在的苏荷区与计划中的下曼哈顿快速路相连。③

1956年4月,摩西告诉记者,跨曼哈顿干线公路系统预计今年就能开工建设,市政府打算从联邦政府申请1.2亿美元的资助。④整个工程不仅耗资巨大,而且将对纽约市的现有格局造成极大影响。曼哈顿中城快速路将自西向东横穿曼哈顿中城,下城快速路与中城快速路相连,并折向东南进入布鲁克林。沿着两条公路,摩西计划拆除大批住宅,并建设新的高层建筑。摩西甚至打算拓宽霍兰隧道,以便容纳更多的汽车通行。然而,干线公路系统却遭到了前所未有的抵制,摩西心中这两条巨大的城市交通线均以搁浅告终。

1958年7月2日,苏荷区的社区媒体《格林威治村之声》上刊

---

① Hilary Ballon, Kenneth T. Jackson (eds.), *Robert Moses and the Modern City*, p. 124.

② "Protests at Park Plans," *New York Times*, April 12, 1935.

③ "Slum Project Assailed," *New York Times*, January 23, 1954.

④ Joseph C. Ingraham, "Crosstown Links May Start Soon," *New York Times*, April 2, 1956.

登了城市研究者查尔斯·艾布拉姆斯的文章《华盛顿广场与市民的反叛》。在这篇文章中，艾布拉姆斯宣称："毫无疑问，美国各地将迎来骚动，美国城市将成为保卫多样性的战场，而华盛顿广场则是又一个邦克山（Bunker Hill，美国独立战争期间大陆军曾在这里击败英军——引者注）。"[①] 艾布拉姆斯之所以会将华盛顿广场比作邦克山，是因为这里的居民成功地阻挡了纽约市的改造计划。在 1946 年针对华盛顿广场及其周边地区的改造计划中，包括一条公路，当摩西在 20 世纪 50 年代初重新提出该地区的城市更新时，基本采纳了 1946 年规划，计划建设一条四车道公路，宽度在 75—120 英尺之间，穿过华盛顿广场和南侧的街区，直达西休斯敦街，并继续向南与第五大道相连。拱门前的喷泉将被彻底拆除，广场中将新建供儿童玩耍的溜冰场和游乐场。[②]

华盛顿广场是纽约市的历史名胜，许多文化名人曾在这里留下脚印，亨利·詹姆斯、伊迪丝·华顿等人都曾被拱门吸引，后来的纽约市市长爱德华·科赫（Edward Koch）年轻时常在这里弹吉他，大都会博物馆、《纽约时报》总部最初都在这附近。但早在 1935 年，纽约市就打算重建广场，拓宽道路以方便汽车通行。此时主持纽约市公园管理局的摩西，以华盛顿广场公园重建的名义提出一份规划

① Charles Abrahams, "Washington Square and the Revolt of Urbs," *Village Voice*, July 2, 1958.

② Anthony Flint, *Wrestling with Moses: How Jane Jacobs Took on New York's Master Builder and Transformed the American City*, New York: Random House, 2011, p. 75.

方案，将方形广场的四个角削圆，使其变成一个以拱门为中心的转盘，但该计划立刻遭到附近的居民社团反对。20 世纪初，在广场附近的社区中形成了三个社团，即格林威治村联合会、华盛顿广场联合会和第五大道联合会，它们在 1926 年曾一起呼吁保护附近的历史建筑，不为区划法规所破坏。面对摩西 1935 年的方案，三个社团再度联合，成立了拯救华盛顿广场公园委员会，并邀请摩西亲自前来向社区居民解释其重建方案。但摩西拒绝了，他致信委员会，称"我们只是要恢复和保护华盛顿广场，并不改变其现状和特色"。附近纽约大学的师生也反对摩西的计划，最终该方案流产。20 世纪 50 年代初摩西再度提出公路方案后，激起了更大规模的反对浪潮，雪莉·海耶斯（Shirley Zak Hayes）就是反对者之一。海耶斯 1912 年生于芝加哥，热衷表演，年轻时来到百老汇闯荡，婚后育有四个儿子，全家住在华盛顿广场附近的格林威治村。1952 年摩西的规划公布后，海耶斯立刻发起了华盛顿广场公园委员会（Washington Square Park Committee），将附近的其他 36 个邻里组织、教堂和家长协会整合起来。① 著名城市规划师简·雅各布斯也加入了海耶斯的队伍，她在自己的一本书中写道，海耶斯"反对修建公路，反对任何在广场周围修建公路的计划，也反对拓宽现有道路"。② 委员会成立后，不断给市政府写信，呼吁停止摩西的开发计划，在其努力下，曼哈顿区区长、未来的纽约市市长罗伯特·瓦格纳要求进一步研究

---

① Anthony Flint, *Wrestling with Moses*, pp. 72–76.

② Jane Jacobs, *The Death and Life of Great American Cities*, p. 471.

修建公路的可行性。在海耶斯的影响下，周边社区居民，尤其是年轻的妈妈们纷纷走上街头，抗议修建穿过广场的公路，呼吁为儿童保留娱乐空间。就像海耶斯在 1952 年说的那样，委员会的目的不是协助政府规划一条更好的公路，而是彻底禁绝在广场修建公路。[①]同时，海耶斯在 1953 年致信埃莉诺·罗斯福，请求她出面支持自己的行动。

但到了 1954 年，随着摩西的规划得到市政府批准，修路计划也重新启动了。次年，继任瓦格纳的曼哈顿区长赫兰·杰克为了缓和双方的矛盾，提议将穿过广场的公路改为 36 英尺宽。[②]尽管如此，摩西却丝毫没有让步，相反，他进一步细化了自己的计划。他将穿过华盛顿广场的公路拓宽到 48 英尺，稍做修改的是，公路不再直接从华盛顿拱门下穿过，而是下行进入地下隧道；同时，在公路上方修建过街天桥，连接起被切成两半的公园。[③]杰克的方案尽管仍有争议，但到 1957 年时已得到部分社区居民的认可。而摩西仍然坚持自己的计划，1957 年 11 月，他致信杰克，告诉后者只有 48 英尺宽的公路才是可行的。[④]

尽管摩西强硬地坚持自己的方案，但越来越多的格林威治村居

① "Traffic Ban Is Aim in Washington Square," *New York Times*, June 4, 1952.

② "Open Cut Mapped in Washington Square," *New York Times*, March 11, 1955.

③ Hilary Ballon, Kenneth T. Jackson (eds.), *Robert Moses and the Modern City*, p. 126.

④ Murray Illson, "Moses Fight Jack on Roadway Plan," *New York Times*, November 2, 1957.

民投入到这场保卫战中。1955 年 6 月，当地居民、规划师简·雅各布斯投书市长瓦格纳和区长赫兰·杰克："听说市政府要修建一条穿过华盛顿广场的公路，这消息让我难以置信。我和我的丈夫像许多市民一样对这座城市充满信心，所以我们在市区买了房子，还花大力气装修一番，现在一家五口住在这里……希望你能尽力挽救华盛顿广场，使其免于被公路切开的厄运。"[①] 1956 年 10 月，海耶斯告诉媒体，社区居民愿意联合起来抗议摩西的规划。很快，财政预算委员会含糊其词地拒绝了摩西修建公路的计划，格林威治村居民取得了胜利。但是，摩西通过媒体极力渲染纽约市的交通压力，用雅各布斯的话说："摩西试图吓唬人，而且他的确吓到了不少住在华盛顿广场周边的人，他告诉他们交通拥堵有多么糟糕，这把他们吓坏了。但我们知道这是不可能的，能让交通更加拥堵的办法只有一个，那就是修建更多的道路。"[②] 新的计划依然遭到强烈反对，在听证会上有 60 名来自格林威治村的居民表示抗议。[③]1958 年 5 月 14 日，市政府就是否允许重型汽车驶入华盛顿广场四周的道路举行听证会，海耶斯代表格林威治村在发言中指出，当地的教堂、社区组织和家长协会等都反对广场四周通行任何车辆，埃莉诺·罗斯福也表示反对摩西和赫兰·杰克的计划。随后，海耶斯发起成立了联合紧急状

[①] Anthony Flint, *Wrestling with Moses*, p. 65.

[②] Roberta Brandes Gratz, *The Battle for Gotham: New York in the Shadow of Jane Jacobs and Robert Moses*, New York: Bold Type Books, 2011, pp. 75-76.

[③] "'Village' Assails Plans for Square," *New York Times*, May 18, 1957.

态委员会，致力于禁止广场四周通行汽车，并征集到三万人的签名，可以要求市政府就此问题召开听证会。与此同时，海耶斯得到了居住在这里的纽约市民主党大佬卡米尼·德萨皮罗（Carmine de Sapio）的支持。德萨皮罗出身坦慕尼厅，1943 年被选为坦慕尼厅在格林威治村的首脑，并在六年后成为这部政治机器的老板，也成为全美最有影响力的意大利裔政客。20 世纪 50 年代是德萨皮罗权力的巅峰时期，华盛顿甚至盛传纽约市市长瓦格纳和州长艾夫里尔·哈里曼都是他的傀儡。与诸多前任不同，德萨皮罗以自由派自诩，他任命了坦慕尼厅的第一位波多黎各裔街区领导，并支持赫兰·杰克这位黑人曼哈顿区长。然而 1958 年却是他仕途生涯的转折点，这一年，他本打算将自己的门徒、曼哈顿地区检察官弗兰克·霍甘送入参议院，但却遭到纽约选民的抵制，最终共和党人肯尼斯·基廷当选参议员。随后，纽约市民主党政客逐渐脱离甚至反击德萨皮罗的势力，瓦格纳在同年竞选市长连任时批评德萨皮罗以与之切割，后起之秀爱德华·科赫则夺取了他对格林威治村的控制。[①] 德萨皮罗此时选择支持海耶斯，目的之一就是强化自己对格林威治村的控制。1958 年 9 月，德萨皮罗在听证会上现身，充满激情地捍卫社区居民的权益。也许是因为德萨皮罗的影响力，赫兰·杰克也不再支持干线公路系统，并且同意尝试封锁四周交通。最终在 1961 年 2 月 22 日，

---

① Jonathan Kandell, "Carmine De Sapio, Political Kingmaker and Last Tammany Hall Boss, Dies at 95," *New York Times*, July 28, 2004.

纽约市政府决定，永久禁止华盛顿广场四周通行车辆。① 在社区居民的努力下，华盛顿广场得以原封不动地保存下来，但摩西的跨曼哈顿干线公路系统仍然威胁着纽约的其他地区，今日已成为纽约地标的苏荷就是其中之一，那里在阻挡摩西计划的过程中走出了城市复兴的新道路，不仅保留了历史悠久的古建筑，而且凭借文化资源走向复兴。

第二节　空间改造新理念的浮现

在上述种种问题的冲击下，城市更新及其前提越发遭到质疑，与此同时，贫困问题更加引人注目，1968 年，美国中心城市中的贫困人口比例为 13.4％，两年后这一比例上升到 14％。② 如果说城市更新重视的是贫困居民聚居的衰败社区，那么城市更新的负面影响，将美国社会的目光从衰败社区转向了衰败社区中的人。迈克尔·哈灵顿（Michael Harrington）的《另一个美国》（*The Other America*，1962）、蕾切尔·卡森（Rachel Carson）《寂静的春天》（*Silent Spring*，1962）以及查尔斯·汉密尔顿（Charles Hamilton）、斯托克利·卡

---

① "City Urged to Wipe Roadway of Map of Washington Square," *New York Times*, February 23, 1961.

② Census Bureau, "Poverty of People, by Residence, 1959 to 2012," http://www.census.gov/hhes/www/poverty/data/historical/hstpov8.xls，2020 年 6 月 17 日。

米克尔（Stokely Carmichael）合著《黑人权力》（*Black Power*, 1967）皆为此类，分别从贫困、环境和种族等方面探讨了城市危机。社会各界从对城市更新的不满，逐渐发展为对城市更新的反思，再到新的理念慢慢浮出水面。1966 年，纽约市市长约翰·林赛警告道，"纵观整个美国，城市生活的种种疾病正促使大城市发生彻底的、全面的变革"。① 那些导致衰败社区、经济和人口去中心化的问题依然存在并且依然为社会各界所承认，但不同的是，城市更新那种大拆大建的简单路径，由政府推动、私有资本支持和专家规划的方式已经难以立足。中心城市的经济与空间转型，再加上此起彼伏的抗议运动和新增与扩大的衰败社区，共同威胁着中心城市的繁荣和稳定，也激发社会各界寻求新的挽救中心城市的方法。

在针对城市更新的反抗运动中，新的理念慢慢浮现，相对城市更新拆除—重建的逻辑，新理念更加重视社区的意义，认为那些地方政府官员和商界眼中的衰败社区，在社区居民看来其实是充满温情的有机的小社会。简·雅各布斯于 1961 年出版的《美国大城市的死与生》就是其中之一。雅各布斯没有接受正规的大学教育，也许正因如此她才没有受到学院理论的影响，这本书批评了 20 世纪 50 年代的城市规划政策，认为城市更新是 20 世纪 60 年代城市危机频发的根源。在她看来，城市是复杂的有机体，在高大的建筑和宽阔的公路之外也应当有低矮的旧房和杂乱的街道，应当充满惊奇。她

---

① John V. Lindsay, *Journey into Politics: Some Informal Observations*, New York: Dodd, Mead and Company, 1967, p. 135.

细致地描绘了城市的理想状态——好的城市能够促进市民在街道层面的社会交往，能够容纳步行者，能够给予市民在街头交谈的机会；住宅应当是低矮的，并且要有弯道和门廊；人行道和公园里要安装长椅；街道不要太长，而且要在社区间穿行。雅各布斯笔下的城市是多样的，无论交通还是社会生活，都存在多种方式。而要维护这种多样性，必须满足四项条件：多种交通方式的混合使用；小型街区，以保持步行交通；保留老建筑；保持一定的人口密度。雅各布斯总结道："这四项条件是本书最重要的论点，它们共同创造出取之不尽的经济资源。"[1] 1955 年创刊的社区报纸《格林威治村之声》也是摩西和城市更新的反对者，该报主编丹·伍尔夫（Dan Wolf）针对华盛顿广场更新方案发表了多篇反对文章，批评穿越华盛顿广场的公路规划。[2] 这份报纸也登载了许多芒福德、艾布拉姆斯等反对摩西计划者的批评文章，伍尔夫本人也撰写了多篇社论肯定华盛顿广场的价值。创刊当年的 11 月 9 日，伍尔夫在报纸上发表社论《华盛顿广场公园》，从城市的角度反击摩西的公路计划，文中谈到了"社区"（Community）和"多样性"（Diversity）在城市中的意义。作者开宗明义地写道："任何对华盛顿广场的破坏都意味着格林威治村作为一个社区之衰落的开始。当然，格林威治村仍将存在，旅游指南和地图上仍将标有这个名字，但现实中的格林威治村却永久地消

---

[1]　Jane Jacobs, *The Death and Life of Great American Cities*, p. 151.

[2]　Kevin Michael McAuliffe, *The Great American News Paper: The Rise and Fall of the Village Voice*, New York: Charles Scribner's Sons, 1978, p. 92.

失了。"之所以如此，是因为"华盛顿广场是（格林威治村）社区的核心，一旦失去吸引力，注定会导致离散——物理和心理的双重离散"。同时，"华盛顿广场也是纽约市多样性的象征，临近的街区中既有豪华公寓和 19 世纪的别墅，也有缺乏热水的租屋和众多小型工商业"，"从好的方面说，广场将身份背景各异的居民融合在一起；从坏的方面说，广场提醒这里的居民，要与邻里交往，他们需要跨越多么巨大的鸿沟"。①

刘易斯·芒福德也站在了摩西的对立面，1958 年，他发表了长篇论文《高速公路与城市》，全面阐述了自己对城市与公路间关系的看法，并从城市交通的角度抨击了摩西的整体思路。在这篇文章中，芒福德首先写道："如果我们从善意的角度来理解，通过国会，美国人之所以投票通过了预算 260 亿美元的高速公路项目，是因为他们对自己的所作所为一无所知"，而兴建高速公路的后果是暗淡的，"15 年后再要纠正这一错误已是断无可能了"。芒福德问道，交通究竟应当发挥怎样的作用？在他看来，"好的交通系统可以最大限度地避免没有必要的交通线路"；交通的目标，"是将人与物送达有需求的地方，并最大限度将尽可能多样的人与物集中在有限的空间内，以便在无须人与物进一步流动的前提下做出最优选择"。这样看来，芒福德眼中的城市交通是有限的、充足的交通，这与摩西以通达性为目标的交通迥然有别。芒福德认为，人与物的交通应当是

---

① Dan Wolf, "The Park," *Village Voice*, November 9, 1955.

有限度的，以发挥其功能为限；而摩西认为，居民应当利用私家车向外扩展其出行范围，这才是交通建设的目标。接下来，芒福德抨击了摩西以满足汽车需求为出发点的交通规划方案，认为汽车的普遍使用促使许多人相信，未来的人们不会再步行出行了，轨道交通也即将迎来末日，但他告诉读者："他们将交通这一重任完全放在了汽车的肩上，实际上已经摧毁了汽车……无论对汽车还是高速公路，这都是无法承受之重"，用汽车替代其他交通方式将是"致命的错误"。芒福德主张城市应当拥有一套多样的交通系统，复兴城市轨道交通，并且使步行成为市民短距离出行的首选。他直言不讳地指出，高速公路干线穿过城市将带来毁灭性的打击，当铁路交通进入城市时，已经破坏了城市的整体生态，"堵塞了原有的交通线路，占据了城市休闲空间，甚至阻断了市民前往水边的通道，"现在高速公路干线进入城市，"带来的问题将放大无数倍……破坏城市生活复杂精密的毛细血管"。与摩西"城市，拜交通所赐，为交通所用"的论调不同，芒福德告诉他的读者："城市，不为汽车而生，却为人的体验与文化而在。"（A City Exists, Not for the Constant Passage of Motorcars, But for the Care and Culture of Men）①

在此基础上，要求在城市更新中重视社区自身诉求的呼声此起彼伏。在美国，社区参与地方治理有着悠久的历史传统。托克维尔在考察美国时就指出，"新英格兰的居民依恋他们的乡镇，因为乡

① Lewis Mumford, *The Highway and the City*, Dublin: Mentor Books, 1963, pp. 244-256.

镇是强大的和独立的；他们关心自己的乡镇，因为他们参加乡镇的管理；他们热爱自己的乡镇，因为他们不能不珍惜自己的命运"。①而在城市更新中，被更新的社区却是被忽视的一方，他们自己生活的社区究竟是不是衰败社区，社区居民自己反而没有发言权。虽然《1954年住房法》关于可行性方案的规定中要求征得社区组织的同意，但在执行中并没有严格实施，而且许多社区并没能有效地组织起来；再加上整个城市更新中，执行机构大多由非民选官员主持，因此社区的影响力不可能通过可行性方案这一规定发挥出来，在很多城市中，社区领袖只是被吸收进入蓝带委员会②之类的机构中。伍尔夫在1956年的一篇文章中写道："那些愿意投身社区、保卫社区传统的人都是城市更新当局眼中的麻烦，但我们希望，能有成千上万这样的麻烦团聚在身旁。"③刊登在这份报纸上的《华盛顿广场与市民的反叛》则是城市更新的资深反对者、住房问题专家查尔斯·艾布拉姆斯的声讨檄文。艾布拉姆斯指出，所谓"市民的反叛"（Revolt of the Urbs）有五重含义：市民反对城市价值的消失、步行者反对汽车、华盛顿广场社区反对公路计划、家庭反对没有灵魂的多层公寓、邻里反对破坏者以及人的多样性反对大拆大建式的不合时宜的标准化（Substandard Standardization）。他认为，反对华盛顿

---

① ［法］亚历山大·德·托克维尔：《论美国的民主》（上卷），曹冬雪译，商务印书馆2012年版，第76页。

② 蓝带委员会（Blue Ribbon Committee），指的是由专业人士组成的、目的在于对某项社会事务进行调查研究的组织。

③ Dan Wolf, "Those People Down There," *Village Voice*, May 30, 1956.

广场公路计划是城市更新以来大拆大建模式的里程碑，预示着纽约市民发现了城市的另一种价值。"城市本可以更加宜居，但政府却为了新出现的郊区而牺牲了城市……城市变成了贫穷居民不得不留居的地方，而联邦政府的资助一味地投入贫民窟的拆除和清理，却忽视了恢复和再发现，"艾布拉姆斯写道，"然而，'城市的反叛者'们发现了它们的意义，意识到其社区根基和新的社会交往，发现了当地的学校、公园和运动场的意义……并抗议那些试图拆除自己美好住房的做法"。最后，艾布拉姆斯告诉读者："格林威治村不需要宽阔的公路，不需要大型公共工程，也不需要把曲径通幽的街道强行拉直。"①

规划学界则构思新的规划方式，力求再开发从启动阶段就能反映社区的民意，将美国政治中的"公民参与"（Citizen Participation）纳入城市规划之中。所谓公民参与，指的是公民参与社区决策过程，以及在此过程中所做的努力。公民参与的形式有很多，从体现民主的投票，到政府管理人员利用公开听证会以及辩论、公投、合作论坛和电子媒体等形式扩大公民的参与度，都可以算得上某种形式的公民参与。在此基础上，美国规划学界借鉴公民参与的概念和实践，针对城市更新模式进行了反思。鉴于城市更新的参与方主要是联邦政府、州和地方政府以及开发商，社区居民的诉求往往被忽视，导致新开发社区无法满足居民需求。规划学界就此呼吁在项目规划

---

① Charles Abrahams，"Washington Square and the Revolt of Urbs，" *Village Voice*，July 2，1958.

和实施的过程中考虑公民参与，即让被改造社区的居民有合适的渠
道表达自己的诉求，使得城市更新能够更加符合居民的需要。规划
师保罗·大卫杜夫（Paul Davidoff）提出的群议式规划（Advocacy
Planning）就是如此。他的文章《规划中的主张和多元主义》发表在
1965 年的《美国规划师协会杂志》上，大卫杜夫在文中首次提出了
群议式规划，并借此将其概念广泛传播给其他职业规划师。他指出：
"恰当的规划行动不可能来自价值中立的立场，因为规划方案要满足
特定的目标……在政府扩大在规划和福利领域的干预的时代，城市
政治必须保持以下两者的平衡——日益增长的中心性的官僚管理和
地方的特殊的利益诉求。"[1] 大卫杜夫试图回答在 20 世纪 50 年代末
期和 60 年代初期城市规划中出现的关键问题，即"谁能代表穷人、
被剥夺权利的人和少数民族"。他将"谁是客户"、"谁是利益相关者
或委托人"等问题纳入专业范畴。

美国社会不但意识到社区在城市更新中应当发挥更大的作用、
发出自己的声音，而且将社区组织起来也成为许多城市改革者和社
区领袖正在从事的事业，尤具代表性的是争议极大的索尔·阿林
斯基（Saul D. Alinsky）和他的阿林斯基主义（Alinskyism）。这个
术语的具体形成时间现今并不明确，通常学界认为可能诞生于 20
世纪 60 年代中期的民权运动之中，在当时，借由查尔斯·塞伯曼
（Charles E. Silberman）出版的畅销书《黑人与白人的危机》（*Crisis in*

---

① Paul Davidoff, "Advocacy and Pluralism in Planning," *Journal of the American Institute of Planner*, Vol. 31（Nov. 1965）, pp. 278-279.

Black and White），人们注意到阿林斯基在芝加哥的非洲裔美国人社区伍德隆（Woodlawn）开展了颇具成效的社区组织工作，这使得他的声誉节节攀升，最终成为美国家喻户晓的风云人物。索尔·阿林斯基被誉为奠定现代社区组织化（Community Organizing）模式的社会活动家，他最大的贡献在于开创了一种基于邻里（Neighborhood）的社会行动模式，[①]该模式旨在帮助城市居民建构持久性的、制度化的行动方式并凝聚成地方性领导力，使原本分裂衰落的社区能够重新融合，并做出统一的表达，由此获得战胜外部压迫的集体性力量。[②]阿林斯基认为，要创造一个真正的社区组织，其基础便是要细腻地把握社区的传统；社区居民在表达个体需求的过程中并非始终保持独立性，往往还需要借助与本地区相关的机构平台，例如宗教团体、劳工组织、商业组织、公益机构以及同乡会等等，将社区凝聚起来离不开这些平台。1940 年，阿林斯基创立了工业区基金会（Industrial Area Foundation）用来指导全美各地的社区组织和社区运动，他本人首先在堪萨斯城和明尼苏达州的南圣保罗的工人阶级社区内开展组织化工作。令阿林斯基蜚声全美的伍德隆社区组织就是针对城市更新的反抗活动。伍德隆位于芝加哥南区，毗邻芝加哥伊利诺伊大学，大学计划利用城市更新拆除伍德隆、扩张校园。而在

---

① 邻里（Neighborhood）和社区（Community）是不完全相同的概念，后者可以理解为社会学空间里的一片区域，包括但不限于物质空间；前者的内涵范围更小，主要是指居住地层面的邻里关系。

② Ram A. Canan and Carl Milofsky（eds.），*Handbook of Community Movements and Local Organizations*，London：Springer，2008，pp. 28–29.

图 4-3　伍德隆社区居民的抗议活动

社区内部，居民之间贫富差距悬殊，甚至形成了明显的地理分裂，社区西部是一个相当牢固且条件优裕的非洲裔美国人中产阶级区域，而东部则以贫困非洲裔美国人为主。在阿林斯基的指导下，社区领袖鲍勃·斯奎尔斯（Bob Squiers）联合黑人教堂等机构，帮助当地居民建造了一个广泛的关系网络并向伊利诺伊大学发起集会式抗议，迫使大学暂时放弃了扩张计划。伍德隆社区组织通过类似的激进策略取得了更多胜利——迫使芝加哥市政府改善不达标的住房和建造更多公共住房，获得了校区董事会中的席位，得到了开展就业培训项目的资助，在卫生、公共卫生和治安方面取得重大改进等。[①] 伍德隆社区组织联合了超过 100 户家庭和 20 所教堂，在城市更新潮流

---

① 　Sanford D. Horwitt, *Let Them Call Me Rebel*: *Saul Alinsky*, *His Life and Legacy*, New York: Vintage Books, 1992, pp. 397–424.

中逆流而上，自主地掌握本地社区发展的轨迹，证明了与城市更新相反理念，即不通过物质形态的重建，而借助一种向社区赋权的民主组织化形式，也同样能够帮助衰败社区重获新生。阿林斯基并不是唯一的社区组织者，非洲人大会（Congress of Afrikan People）以及福特基金会都在多地发起了社区组织和社区运动。①

第三节　联邦城市再开发政策的调整

《1949 年住房法》通过后，城市更新并没有快速开展，除了那些在法案通过之前就已经启动城市再开发的城市，大多数城市处于观望态度，而私人资本普遍对于法案对商业开发的压制心怀不满，因此并不积极。20 世纪 50 年代以后，"黑人搬家"连同各种社会正义运动一道，引发了激进主义者的抗议。为了应对各种问题和挑战，联邦政府不断调整关于城市再开发的各种政策。

（一）艾森豪威尔政府的城市政策

艾森豪威尔是二战期间的美国英雄，作为总指挥亲自部署了盟军的诺曼底登陆，因此赢得了极高的威望，战后担任北大西洋公约组织

---

① Marilyn Gittell, "Decentralization and Citizen Participation in Education," *Public Administration Review*, Vol. 33, October 1972, pp. 669–686.

总司令。1952 年艾森豪威尔退出军界，代表共和党参加总统大选并当选总统。虽然是共和党人，但艾森豪威尔自称信奉的是"有活力的保守主义"（Dynamic Conservatism），将自己称作"进步的保守主义者"（Progressive Conservative），以区别于传统的保守主义者对政府干预社会经济事务和孤立主义外交的政策倾向。虽然与民主党人不同，但艾森豪威尔在任内并没有忽视城市问题，这一时期联邦城市政策主要有两项，即《1954 年住房法》和《1956 年高速公路法》。

1.《1954 年住房法》

《1949 年住房法》掀起了大规模的贫民窟清理浪潮，但向着法案的目标——"为每个美国家庭提供体面的住房和优雅的居住环境"——而努力的主要是大城市和中等城市，许多城市处在观望之中，因而进展有限。而城市萧条却在不断扩展，甚至威胁到了中心商务区临近的地区。中心城市衰败、交通条件改进和联邦政府对于在郊区购房的优惠条件加剧了郊区化进程，使得更多原来居住在城市中的中产阶级和富裕人群搬往郊区。更重要的是，《1949 年住房法》对于公共住房建设做出了较高要求，而这正是令许多城市踟蹰不前的重要原因。尽管有少数城市的市长是公共住房的支持者——例如费城市长约瑟夫·克拉克（Joseph Clark）在 1954 年指责联邦政府削减公共住房数量的时候指出"经验证明，公共住房是挽救城市唯一有效的方法"①——但大多数地方政府都不支持或反对公共住

①　U.S. House of Representatives, *Hearings before the House Committee on Banking and Currency, 1954*, Washington D. C.: Government Printing Office, 1955, p. 1036.

房。资本更是强烈反对公共住房，美国储蓄与贷款协会在发放给会员的材料中夹入彩页广告，通栏标题写着"你愿意为其他人付房租吗?"此外，还通过游说具有全国性影响力的社会组织试图改变他们对待公共住房的态度。①《1954 年住房法》正是要解决这些问题。

出于对城市萧条蔓延的担忧和对联邦政府主导的再开发的不信任，来自共和党的艾森豪威尔总统在 1953 年成立了美国政府住房问题和住房项目咨询委员会（Advisory Committee on Government Housing Problems and Programs）作为研究中心城市衰败问题的专门小组，并任命巴尔的摩开发商詹姆斯·罗斯——此人被称作郊区购物中心之父——担任主席。城市问题专家迈尔斯·克里恩（Miles Colean）也是委员会成员，他注意到巴尔的摩的韦弗利社区的复兴，该社区没有简单地被当作贫民窟加以拆除和建设公共住房以容纳原有居民，而是通过综合运用区划法规、严格住房质量要求和其他"保护式"方案得以重生。这段经历给了他启发，成为他带给委员会的建议方案。克里恩后来在《重塑城市》（*Renewing Our Cities*）一书中以巴尔的摩的案例重新定义了"城市更新"，即严格住房法规和空房使用以及重视住房翻新。在克里恩看来，私人企业应当是城市更新的中心力量，呼吁联邦政府通过联邦住房管理局的贷款保险服务引导住房市场发展，并要求城市担负起通过严格区划和住房法规等方式根除萧条问题的责任。委员会在 1953 年 12 月提交报告，该报

---

① Eric Fure-Slocum, *Contesting the Postwar City: Working Class and Growth Politics in the 1940s Milwaukee*, Cambridge: Cambridge University Press, 2013, p. 336.

告集中反映了克里恩的观点，主张通过保护和翻新实现城市的整体更新，并呼吁发挥私人资本在城市规划和重建中的领导作用，该报告构成了《1954年住房法》的基础。

与《1949年住房法》相比，《1954年住房法》有比较明显的变化。首先，该法案用城市"更新"（Renewal）取代了城市"再开发"（Redevelopment）。其次，将城市更新的空间范围从传统的中心商务区扩展到中心城市外围的灰色地带（Gray Areas），这里往往是最早出现的郊区，一般被称为内层郊区（Inner Suburbs），或因其是有轨电车带来的郊区而被称为有轨电车郊区（Streetcar Suburbs）。法案鼓励私人开发商在这一地区与城市规划师、公共卫生部门和执法官员一同致力于更新社区。第三，法案规定，可容纳1—4个家庭居住的可负担住房，其购买、建造和翻修都可以得到相应资助。第四也是最为重要的，法案对商业开发的规定大大放松了。自1949年以来，罗斯这样的开发商一直在批评《住房法》中"以住房为主"的规定。而《1954年住房法》尽管仍然坚持这一原则，但允许10％进行非住房开发，无论是大学还是医院，无论是营利性还是非营利性开发商，都可以将更多的联邦资金和城市土地用于非住房建设。后来的《1959年住房法》中进一步将非住房开发的比例增加到20％。[①] 而对于公共住房这个地产商的眼中钉，新法案规定，只要满足拆迁居民的需求即可，无须多建。新法案放松了

---

① 王旭：《美国城市发展模式》，第218页。

对公共住房数量的要求，将原本每年新建 13.5 万套大幅缩减到每年 3.5 万套。更重要的是公共住房性质的变化，艾森豪威尔在提交国会的文件中称，"选择公共住房住户时应当特别关注那些因为贫民窟清理而失去住房的家庭"。[①] 也就是说，如果说此前公共住房是城市更新的独立组成部分，其对象是包括动迁居民在内的城市中低收入者，那么《1954 年住房法》通过后，公共住房成为清理贫民窟的补充，目的也变成了安置动迁居民。一个技术方面的细节也可看出此时联邦政府对公共住房的态度，艾森豪威尔任命公共住房的强烈反对者艾伯特·科尔负责联邦政府的整个低收入住房项目[②]。两者的相似之处在于，《1954 年住房法》也规定将联邦的贷款和资助用于拆除破旧建筑，并可以用于铺设街道等基础设施建设，只要地方政府向联邦城市更新管理局提交可执行的规划，就可获得此类贷款和资助，而法案的 701 款则为州政府提供了特别的配套资助。同时，法案也成立了一个专门的城市更新机构来促进这一过程。

与此前的法案类似，《1954 年住房法》加剧了居民流离失所和再安置这两个难题。住房与家庭金融管理局种族处处长弗兰克·霍恩此前曾警告，由于住房市场中愈演愈烈的种族歧视，大规模的贫

---

① "Text of President Eisenhower's Housing Message to Congress," *New York Times*, January 26, 1954.

② 低收入住房项目（Low-income Housing）是为收入为中位收入 50% 以下的家庭解决居住问题的政策安排，包括公共住房，也包括租金补贴等不同方式；此外该项目并不局限在城市，也涵盖农村地区的低收入家庭。

民窟清理将导致大量贫困的非洲裔美国人家庭无家可归，他们除了能够依靠政府的帮助安家置业外别无他法，而新的法案显然忽视了霍恩的话。该住房法通过四年后，《1937年住房法》主要执笔人之一的凯瑟琳·鲍尔就发出批评，称公共住房已成为"一盘死棋"。在许多研究住房史的历史学家看来，《1954年住房法》体现了商业性城市再开发的理念，也就是罗斯报告的核心议题。该法案极大地拓展了城市更新活动的范围，虽然没有彻底删除，但却在很大程度上弱化了1949年法案中"以居住为主"的规定。然而，允许非住房开发却大大加速了贫民窟的清理，激烈地改变了城市面貌，甚至在20世纪60年代初引发了许多城市问题批评家的愤怒，自由派的简·雅各布斯和保守派的马丁·安德森（Martin Anderson）均是其反对者。城市更新的这一变化，当然与共和党的政治理念、党派利益以及艾森豪威尔的个人风格有关，美国学者就理查德·弗拉纳甘就指出，《1954年住房法》的出台体现了艾森豪威尔对平衡预算的强烈追求，也反映出共和党与保守主义阵线的同盟进一步巩固。[①]

除了《1954年住房法》这一直接影响住房与城市改造的法案，艾森豪威尔政府的另一项政策对于美国的中心城市也产生了持久而深远的影响，那就是《1956年高速公路法》。

2.《1956年高速公路法》

修建道路的需求自从1903年亨利·福特发明T型车就出现了，

---

① Richard M. Flanagan, "The Housing Act of 1954: The Sea Change in National Policy," *Urban Affairs Review*, Vol. 33, No. 2（Nov. 1997），pp. 265–286.

当时美国路政办公室曾对全国道路状况做过调查，发现全美只有
10%的道路是人工铺就的，大部分道路为泥土路，因此汽车的行驶
速度一般不超过每小时25英里。恶劣的道路状况促使许多州和城市
投资建设更好的公路。[①]1916年，伍德罗·威尔逊总统签署生效了
《1916年高速公路法》，规定联邦政府在未来的五年中为各州提供总
额7500万美元的拨款用于公路建设，同时要求各州负担一半的费用
并成立相应部门。然而，1916—1919年，美国只铺设了12.5英里的
公路，经费使用也远远没有到位。[②]新政期间，罗斯福总统曾试图
将建设全国性的高速公路网与创造就业机会结合起来，但成效却十
分有限，除了开通宾夕法尼亚收费公路外，随着欧洲局势的紧张升
级和第二次世界大战的最终爆发，全国性的高速公路并没有建成。
美国投入二战后，成为"民主的兵工厂"，汽车厂商压缩民用汽车生
产规模，最大限度地制造武器设备，铺设公路的需求也暂时降低了。
到1946年，美国全国的公路中有一半是经过人工铺就的，但大多狭
窄而且不安全。[③]

　　二战后汽车业的蓬勃发展使更多的人可以拥有私家汽车，驾照
甚至成为少年的成年礼，围绕汽车形成了许多新的消费方式，免下

---

①　John Murphy, *The Eisenhower Interstate System*, New York: Chelsea House,
2009, pp. 13–17.

②　John Murphy, *The Eisenhower Interstate System*, p. 21.

③　Elisheva Blas, "The Dwight D. Eisenhower National System of Interstate and
Defense Highways: The Road to Success?" *The History Teacher*, Vol. 44, No. 1（Nov.
2010）, p. 128.

车商店、汽车影院等在美国各地涌现。二战后郊区化浪潮扩大了城市的地域范围，也使更多的人依赖私家车通勤，并且进一步凸显了公路短缺的不便。登记在册的私家车的数量，1945 年为 310 万辆，到 1949 年时已达到 470 万辆。[①] 而且当时的公路大多狭窄颠簸，极易发生交通事故，1955 年的调查显示，每年道路交通事故致伤人员高达 100 万人，并有 3.6 万人因此丧生。[②] 另外，冷战的特殊环境为修建高速公路赋予了新的含义。苏联核武器试验的成功加剧了美国对核武器袭击毁灭性后果的担忧，一旦爆发核大战，必须有充足的高速公路用于人口的转移，而战争的威胁也使得美国公众空前支持建造高速公路。[③] 因此，如何铺设更多、更安全的公路再次摆在了美国政府面前。1956 年 6 月 26 日，艾森豪威尔总统正式签署了《美国州际和国防高速公路法》(National Interstate and Defense Highway Act)，即《1956 年高速公路法》，规定联邦政府提供建造高速公路 90％的经费，地方政府负担 10％。按照原计划，到 1969 年，美国将铺设 4.1 万英里高速公路，但实际上，高速公路计划远远超过预期，到 1973 年建成了长达 4.6 万英里的高速公路，并且新计划仍在继续执行。与以往不同的是，1956 年法案资助的州际高速公路为了提高安全性，所有公路均没有交叉道口，并设置了有限入口；所有

[①] Bruce E. Seely, "How the Interstate System Came to Be: Tracing the Historical Process," p. 6, http://onlinepubs.trb.org/onlinepubs/trnews/trnews244.pdf.

[②] Elisheva Blas, "The Dwight D. Eisenhower National System of Interstate and Defense Highways: The Road to Success?" p. 128.

[③] Lewis Mumford, *The Highway and the City*, p. 234.

路标均由红蓝白三色构成；道路编号也进行了统一，南北向的高速公路一律为奇数，东西向则为偶数。

　　作为一部改善交通状况的法案，《1956 年高速公路法》首先刺激了经济增长。随着道路系统的不断完善，美国各地之间的联系更为紧密，货物通达性更强，流通更加便捷，西部和南部的偏远山区可以享受到东部发达地区的产品了，制造业企业也可以凭借便利的运输条件降低成本。从 1956 年到 2006 年的半个世纪中，汽车运输业产值增加了 15 倍。2006 年的统计显示，当年通过州际高速公路运输的货物价值高达 4.7 万亿美元。[①] 也许法案更重要的影响在于加快了郊区化的步伐。随着高速公路的铺设，便捷的交通吸引商业在公路沿线分布，带动就业离开城市，甚至服务业和旅游业也倾向于集中在高速公路两侧。[②] 乔尔·加罗认为，州际高速公路在 30 年间创造了许多"边缘城市"，这些城市是拥有大量零售企业和办公用地的商业中心，依靠高速公路与中心城市相连。在加罗看来，边城是《1956 年高速公路法》的产物，它们不是有意规划的结果，而是开发商依靠交通重新布局经济机会的结果。[③] 早在 1961 年，威尔伯·史密斯合伙公司就在其发布的报告《未来的高速公路和城市发展》承认，新的力量在推动郊区化，包括零售业中心战略性地分布

---

　　① "Celebrating 50 Years: The Eisenhower Interstate Highway System," p. 66, http://babel.hathitrust.org/cgi/pt?id=pst.000058938720;view=1up;seq=1.

　　② Robert T. Dunphy, "Edge City, Just Off the Interstate," p. 21, http://onlinepubs.trb.org/onlinepubs/trnews/trnews244.pdf.

　　③ Joel Garreau, *Edge City: Life on the New Frontier*, p. 72.

在高速公路沿线、市中心办公空间停滞不前以及人口增长集中在大都市区边缘的郊区地带；同时，报告指出，"高速公路，就像铁路和轨道线路，已成为新的土地利用方式的磁场并推动之"。[1] 经济学家纳撒尼尔·鲍姆斯诺对州际高速公路对郊区的影响做了定量分析，他认为，一条穿过中心城市的高速公路将会导致前者的人口下降约18%，而如果没有《1956 年高速公路法》，美国中心城市的总人口到 2006 年将会增长 8%。[2] 美国学者关于 1950—1970 年间交通对人口的影响发现，中心城市周边的县，如果有州际高速公路通过，其经济和人口都有长足发展。[3] 同样得益于高速公路网络的建设，南部，尤其是东南部阳光带的城市得以迅速发展，成为 20 世纪后半期美国城市史的新现象，带动了南部地区的发展。同时，许多城市利用建设高速公路的计划，设计铺设了城市环道系统，将城市与州际高速公路相连，便利了城市与全美其他地区的往来，但与此同时，经济机会逐渐从城市脱离，而集中在环道周边分布，促成了城市的萧条。[4] 通过佛罗里达州城市斯塔克（Starke）的命运，也可以看出

---

[1]　Wilbur Smith and Associates, *Future Highways and Urban Growth*, February 1961, p. 44, https://ia600300.us.archive.org/1/items/futurehighwaysur00wilbrich/futurehighwaysur00wilbrich.pdf.

[2]　Nathaniel Baum-Snow, "Did Highways Cause Suburbanization?" *The Quarterly Journal of Economics*, Vol. 12, No. 2（May 2007）, pp. 775-805.

[3]　Daniel T. Lichter, Glenn V. Fuguitt, "Demographic Response to Transportation Innovation: The Case of Interstate Highway," *Social Force*, Vol. 59, No. 2（1980）, pp. 492-512.

[4]　Woodrow Wilson International Center for Scholars, "The Automobile Age," *The Wilson Quarterly*, Vol. 10, No. 5（1986）, pp. 64-79.

州际高速公路对城市命运的影响。斯塔克位于佛州东北部，1858 年佛南迪娜到塞达的铁路经过这里，为斯塔克带来了繁荣。在 20 世纪 20 年代的地产繁荣中，斯塔克迎来了第一条高速公路即第 13 号州道，随后更多的公路选择斯塔克过境，其中包括南部最繁忙的高速公路，即被称作"游客通道"的第 301 号国道，斯塔克的旅游业在战后蓬勃发展。然而，州际高速公路建设却没有选址斯塔克，这也成为斯塔克经济的转折点。由于州际高速公路从佛州南部穿过，那里的产业和旅游业发展起来，而该州北部市镇却被忽略了。1970 年，经行 301 国道的车辆每日只有 2945 辆，斯塔克失去了往日的繁华，商业凋零，居民也迁走了。①

对于美国经济而言，州际高速公路是一支强心剂，使美国各地之间的联系更为紧密；对于美国郊区而言，州际高速公路是一支催化剂，通勤工作更为便捷，加快了人口向郊区迁移。然而，州际高速公路对市中心却几乎是一场灾难，中心城市的区位优势被便利的交通线路冲淡，高速公路和相应的停车场挤占了市中心的许多空间，伴随公路建设而来的拆迁和环境污染成了中心城市难以弥合的伤口。

20 世纪五六十年代以后，中心城市经济的持续萧条、少数族裔人口的增加、城市更新引发的抗议浪潮以及新城市再开发理念的浮现，逐渐改变了城市更新的实践以及美国社会对中心城市的看法——

---

① Evan P. Bennett, "Highways to Heaven or Roads to Ruin? The Interstate Highway System and the Fate of Starke, Florida," *The Florida Historical Quarterly*, Vol. 78, No. 4 (Spring 2000), pp. 451-467.

如果说 20 世纪 50 年代美国社会还是用"衰退"（Shrinking）来形容中心城市，那么在 20 世纪六七十年代，"城市危机"（Urban Crisis）迅速占据了报刊的头条以及学术专著和政府文件的题目，成为中心城市难以撕掉的标签。如同美国学者莫科沃兹所言："对于此时处于艰难时刻的美国来说，'城市危机'成为一个醒目的概念，种族骚乱、郊区化、中心城市衰败、去工业化、传统商业中心的萧条、犯罪率飙升、公共教育可见的衰落、城市政府的财政危机以及种族关系的持续紧张使得整个美国社会越来越强烈地意识到，美国的城市已不再是充满活力的地方。"[①]对社会治理进行全面革新的观念也获得社会普遍认同。1964 年有学者进行过一项社会调查，结果显示美国民众普遍认为美国社会中存在严重问题，需要采取果断措施加以纠正，对美国社会结构与价值观进行变革。[②]社会要求改革的呼声日益高涨，与联邦政府全面干预社会治理、变革社会秩序的主张达成契合。

（二）约翰·肯尼迪和林登·约翰逊的城市政策

在 1960 年总统大选中，民主党总统候选人约翰·肯尼迪以新边疆政策（New Frontier）为竞选纲领，承诺在共和党控制白宫八年后重启民主党的国内政策。肯尼迪之所以能够压倒性地战胜艾森豪威

---

① D. J. Merkowitz, "The Segregating City: Philadelphia's Jews in the Urban Crisis 1964–1984," Ph. D. Dissertation, University of Cincinnati, 2010, p. iii.

② ［美］西摩·马丁·李普塞特：《一致与冲突》，张华青等译，上海人民出版社 1995 年版，第 39 页。

尔政府的副总统、共和党候选人理查德·尼克松，依靠的主要是城市的选票。肯尼迪生于城市、长于城市，其支持者也以城市居民为主，因此被称作美国首位来自城市的总统。尽管肯尼迪政府出台了重要的住房和公共工程政策，但大城市的市长们以及国会中来自城市的议员却对肯尼迪政府失望连连。

住房法案的挑战仍然是肯尼迪政府城市政策的核心。肯尼迪在首个国情咨文中便提出了综合性住房法案的建议，最终国会在 1961 年通过了新的《住房法》，内容主要包括：

（1）为城市更新增加 25 亿美元拨款；

（2）为中低收入家庭租房和购买合作式住房提供租金补贴和长期低息贷款；

（3）新建 10 万套公共住房，提供面向低收入老年人的专项住房援助；

（4）联邦住房管理局为居民改善住房条件提供长期、低息贷款；

（5）为联邦全国抵押贷款协会提供更多经费，旨在为更多购买住房的美国人提供抵押贷款担保；

（6）为地方提供专项经费，用于购买开放土地和建设公共交通之用；

（7）为城市规划、建设社区服务设施和开展住房调查提供专项经费。①

---

①　*Economic Report of the President*，*1963*，Washington D.C.：Government Printing Office，1964，p. 141.

　　但实际上该住房法并没有得到有效实施，国会有意拖延拨款，很多项目无法及时开工。在肯尼迪政府的三年期间，全美只新建了7.2万套低收入住房，远低于国会的授权。

　　从肯尼迪政府开始，联邦政府政策逐渐多元化，城市更新虽然仍是主体，但联邦政府开始关注社会问题，不但从建筑，也尝试从人的角度扭转中心城市衰败的趋势。肯尼迪政府与城市相关的议程主要包括4个法案，即《地区再开发法》(Area Redevelopment Act)、《加快公共工程法》(Public Works Acceleration Act)、《人力资源开发与训练法》(Manpower Development and Training Act)和《社区健康设施法》(Community Health Services and Facilities Act)，以解决失业问题为主要目标。但肯尼迪政府的城市政策常常遭到国会的狙击，而他本人在1963年遇刺身亡时还未完成首个总统任期。尽管行政部门宣称将推动庞大的城市政策，但其城市议程常常与其他政策相冲突。作为遇刺总统约翰·肯尼迪的继任者，林登·约翰逊既面临着继承肯尼迪政治遗产的重任，又需要借助时机加入自己的新理念和新政策。肯尼迪政府已经推出了一系列解决贫困等社会问题的政策，约翰逊继任后立即加以推进。

　　在美国总统史上，林登·约翰逊是一位颇具争议的总统。他出身贫寒，没有受过良好教育，在大萧条期间作为罗斯福新政的铁杆支持者而崭露头角，成为民主党内履历深厚、经验丰富的政治家。从其踏入政坛起，约翰逊就认为联邦政府应当积极干预美国社会经济生活，因此当选总统后积极扩张联邦政府权力，对于当时肆虐美国社会的贫困、种族骚乱和犯罪等现象，约翰逊力推联邦政府出台解决办法。城市是林登·约翰逊政府制订国内政策时的难题，在制订城市政策时，约翰逊政府继承了前政府的方向——更加关注贫困、种族骚乱等社会问题——并有所扩大。国会不仅授权约翰逊的"伟大社会"（Great Society）计划在此前城市政策的基础上容纳更多方案，也允许其实施新的社区开发方法。首先，约翰逊政府不再只重视传统的大拆大建式的重建，而更加重视城市的人力资源和社会结构。《1964年经济机会法》（*Economic Opportunity Act of 1964*）以法律的形式明确了"向贫困开战"（War on Poverty）的各项工作，使城市弱势群体得以参与城市政策的制订；1964年、1965年和1968年通过的3个《住房法》要求联邦政府建设更多的公共住房和可负担住房，为城市更新投入更多资金，并成立了内阁级的住房与城市发展部（Department of Housing and Urban Development，HUD）；《1966年示范城市法》（The Model Cities Act of 1966）则试图把联邦政府关于城市社会的各个项目整合起来。但约翰逊政府的城市项目往往十分复杂，所需资金也超出了联邦政府的财政能力，因此几乎无法顺利执行。尽管如此，约翰逊政府的城市政策仍然影响深远，它毕竟为更多的贫困居民和少数族裔居民参与到城市政治进程中来提供了一定的制度保障。

其次，约翰逊重视让贫困居民和社区的经济状况体现在社会救助法案上，就是1964年8月24日签署生效的《公平机会法》。法案试图给予个人职业培训等促进就业的帮助，并发起了社区行动项目（Community Action Programs）来鼓励贫困居民"最大限度地"参与政策制订过程，使得社会救助项目真正体现贫困者的需求，以这样的方式来解决贫困问题。法案提供的项目包括提供就业培训和传授工作经验的就业服务队（Job Corps）、社区行动（Community Action）、关注儿童教育的赢在起跑线（Head Start），以及服务美国志愿计划（Volunteers in Service to America，VISTA）。法案第一年的预算为9.62亿美元，其中5亿美元是对已有项目的补充资助。

最后，住房政策是约翰逊城市政策的重心。约翰逊政府在1964年、1965年和1968年分别通过了住房法案，对于公共住房建设、可负担住房和住房市场的种族歧视做了规定，并开创了租金补贴项目（Rent Supplement Program）。《1964年住房法》是一项过渡性法案，授权现有项目延长一年，为城市更新追加拨款，并增加3.75万套公共住房。《1965年住房法》要求联邦政府为城市和城市住房提供更多资金，但却仍然以商业开发为主导，而没有推出支持社区的新联邦政策。但法案提出了一项新的租金补贴项目，意在帮助无法申请公共住房的中等收入家庭在房地产市场上租房，这是本法案的一项重要内容，但在房地产业和银行业的影响下，租金补贴变成了那些可以申请公共住房的低收入家庭的福利。约翰逊政府也没有将投入商业开发的联邦资金转移到住房建设上来，在反对者的操纵下，用于商业开发的资金最高可达联邦资助总额的55%。不过，该法案向城市投放了大量联邦资金，包括为城市更新增加拨款，并许诺在未来4年中新增一定数量的公共住房。《1968年住房法》是约翰逊政府的最后一项城市政策，法案要求在十年内新建住房 2600 万套，并提高了《1965 年住房法》所规定的房租补贴。法案创建了两个新项目即第 235 款及 236 款（Section 235 and Section 236），为住房开发商提供联邦补贴——前者通过授权住房与城市发展部为开发商从银行获得贷款提供担保，减轻借贷者的利息以此来降低成本，激励开发商建造可负担住房；后者给予那些建设多单元、复合式住房的私营开发商同样的利息优惠，但开发商要降低租金。开发商、银行业和贫困居民的住房需求，促成三者的妥协是约翰逊政府住房法案的基本出发点，这也是《1949 年住房法》以来历次住房政策的共性。

对贫困居民与衰败社区的重视，也体现在《1966 年示范城市与大都市区发展法》（Demonstration Cities and Metropolitan Development Act of 1966）上，这是约翰逊政府城市政策的核心法案。根据该法案启动的新城市改造与开发方式被称作示范城市计划（Model Cities Program），标志着联邦城市政策从以空间改造为主的城市更新转向兼顾空间与人的社区开发。法案起源于住房与城市发展部助理部长罗伯特·伍德（Robert Wood）主持的一个专门小组提供的政策建议，由约翰逊在 1966 年 1 月提交国会。该法案试图将一系列扶持城市的联邦政策整合起来，并通过综合性城市示范项目向全国推广，所需经费的 80% 由联邦政府提供。法案的内容涉及范围广泛，既鼓励以大都市区为整体进行区域规划，同时也有具体的住房援助方案，包括为退伍老兵提供购房抵押贷款担保，对新城（New Towns）开发商提供帮助，并对城市更新区域的历史遗迹保护提供方案。然而，示范城市计划由于自身难以操作和联邦政府资金支持不足，并未达到预期中的效果。该计划旨在以部分城市为试点，以此探索新的城市再开发方案，并观察新方案的成效。然而，为了保证计划的通过，约翰逊不得不考虑不同区域的利益平衡，法案将参与城市的数量从60个提高到150个，但国会批准的拨款还不到约翰逊所要求的一半。法案要求多个项目间相互合作和整合，并要求多个联邦机构甚至联邦与地方机构共享和分配资金，这种复杂的要求使法案的执行寸步难行。城市政府申请该计划要经历长期复杂的过程，例如面向西雅图的第一个综合开发方案直到1968年底才得以批准。不过，该计划在1967—1973年间向参与其中的城市提供了23亿美元的拨款。

伟大社会项目中的城市政策，其执行受到多个条件的制约，包括越战的负担和种族问题在全美各地的爆发。越战的泥潭越陷越深，消耗了大量财政资源，吸引了美国社会的注意力，使约翰逊政府疲于应付，民主党与共和党之间、民主党内部纷争不已。此外，黑人的不公正遭遇是约翰逊时代面临的最大社会不公，而在贫困地区和城市中开展的社会项目也被视作针对黑人社区的专项扶助，多种族的民权运动逐步转变为单一的"黑人权力"（Black Power）运动，而这一转变却削弱了社会的支持，见惯了抗议活动的美国社会对于激进运动早已心存疑虑。从肯尼迪到约翰逊，联邦政府对城市事务的干预越来越广泛、力度也越来越大，不但继承了自《1949年住房法》以来的"砖头"改造，也致力于通过就业培训、教育等方式开展"人头"改造，最终设立了内阁级的住房与城市发展部专门统筹负责城市事务。这一时期的联邦城市政策，其结果可谓好坏参半——3个《住房法》增加了城市更新的资金和公共住房建设数量，并启动了租金补贴；示范城市计划提高了城市改造与开发的效率，帮助贫困居民发出自己的声音。但不利的是，这些政策都引起了巨大的争议，进一步消耗了美国社会在城市问题上的信心和耐心。不过，示范城市计划不但在当时将城市改造与开发的规模降低到社区的层面，更重要的是奠定了社区参与自身开发的路径，这一点对于美国城市的发展产生了深远影响，纽约市自然也不例外。

第四节　走向公民参与：纽约城市再开发的新路径

整体上看，约翰逊政府城市政策的核心是示范城市计划，标志着城市再开发的决策和执行机制发生了重大变化。示范城市计划的前身是《1964年经济机会法》中的社区行动计划。在计划推行初期，新成立的专门机构社区行动代理处曾一度独立于政党与地方政府的控制，得以直接与联邦政府机构经济机会办公室建立联系，然而，高度的独立性催生出更为激进的草根政治行动，抗议的矛头甚至直接指向了政府官员，成为地方政府官员眼中的烫手山芋。[1] 在

---

① Stephen M. David, "Leadership of the Poor in Poverty Program," *Proceedings of the Academy of Political Science*, Vol. 29, No. 1, 1968, pp. 92-93.

1965 年的美国市长大会上，市长们成立了一个委员会并与副总统赫伯特·汉弗莱达成默契，约翰逊政府不会让社区行动计划发展成为贫困者的权力运动。① 这些分裂威胁导致约翰逊在随后对社区行动代理处再评估时变得格外谨慎，面对来自各方面的反对声浪，特别是市长们有组织的强有力的抗议活动，白宫开始调整社区行动计划。1967 年 10 月，国会通过了《格林修正案》(Green Amendment)，将社区行动代理处变为了州政府或地方政府的附属机构，只有在州政府或者地方政府有资格的下属部门不愿意被指定为该机构，或者无法指定一个非营利私有组织作为该机构，又或者州政府或地方政府指定的机构未履行职责时，经济机会办公室主任才能取回社区行动代理处的指定权和管理权。② 正如迈克尔·桑德尔所言："这个项目试图以鼓励穷人参与地方层次的反贫困项目来扩大穷人的公民能力，可是……当社区行动团体与民主党市长及其他地方官员发生冲突时，约翰逊就放弃了该项目。"③

（一）示范城市计划及其在纽约市的实践

该计划是林登·约翰逊总统"伟大社会"政策的一部分，于

---

① Noel A. Cazenave, *Impossible Democracy: The Unlikely Success of the War on Poverty Community Action Program*, Albany: State University of New York Press, 2007, p. 152.

② Public Law 90-222, Heinonline Citation: 81, Stat. 672, 1967-1968.

③ ［美］迈克尔·桑德尔：《民主的不满：美国在寻求一种公共哲学》，曾纪茂译，江苏人民出版社 2012 年版，第 329—330 页。

1966 年开始实施，到 1974 年结束，旨在通过对几个典型城市的治理形成改善城市境况的新模式，进而加以推广，以全面治理深陷萧条与动荡的城市。包括纽约市在内的 63 个城市首批入选该计划，由联邦政府资助三亿美元用于城市治理，另外拨款 1100 万美元用于资助城市进行规划。① 此后，又有规模不等的城市入选该计划。

　　示范城市计划是约翰逊政府在城市危机严重之际推出的新项目。如前所述，种族骚乱在 20 世纪 60 年代此起彼伏，许多大城市爆发了严重的暴力冲突，1967 年的夏天因为骚乱之故被称作"漫长的夏天"。尽管"城市危机"一词早在 20 世纪 50 年代后期就已出现，但当时报纸上和决策者眼中的危机是大都市区的增长，而进入 20 世纪 60 年代后，城市危机逐渐变成了种族骚乱的代名词。② 同时，从 20 世纪 60 年代开始，纽约、费城等大城市中的制造业就业机会逐渐减少，进入 70 年代后进一步加速，③1970 年美国大都市区 43％的居民和 55％的就业集中在中心城市，1980 年这两个数字分别变为 40％和 50％，1993 年进一步下降到 33％和 40％，④ 城市失业人数增加，

---

　　① 　Robert B. Semple Jr., "63 Cities Chosen to Get Slum Aid," *New York Times*, November 17, 1967.

　　② 　Wendell E. Pritchett, "Which Urban Crisis? Regionalism, Race, and Urban Policy, 1960–1974," *Journal of Urban History*, Vol. 34, No. 2（Jan. 2008）, p. 266.

　　③ 　Michael B. Teitz, Karen Chapple, "The Causes of Inner-City Poverty：Eight Hypotheses in Search of Reality," *City Scape：A Journal of Policy Development and Research*, Vol. 3, No. 3（1998）, p. 38.

　　④ 　梁茂信：《当代美国大都市区中心城市的困境》，《历史研究》2001 年第 6 期，第 121 页。

贫困问题日渐突出。1968 年，美国中心城市中的贫困人口比例为 13.4%，两年后这一比例上升到 14%。[①] 在这样的背景下，约翰逊总统于 1965 年 10 月任命组成了"城市问题研究小组"，由麻省理工学院政治系主任罗伯特·伍德担任主席。1966 年 1 月 26 日，约翰逊总统在对国会的发言中指出："我们必须推动大城市发生改变，使之成为美国文明的代言人……我建议立即采取行动，比以往的计划更为全面、规模更大，并且集中在少数城市中。"[②] 随后，国会颁布了《示范城市与大都市区发展法》，示范城市计划正是这一法案的产物。该计划意在整合政府与私人资本的力量，在为期五年的时间内全面治理城市的社会经济问题，以改善城市社区环境，提高居民生活质量。示范城市计划的目标包括四个方面：第一，通过更新基础设施和开展社会发展项目推动整个贫民窟社区的改善；第二，大量增加中低价格的住房；第三，在缩减社会和教育差距、推进居民健康、降低失业率等方面取得明显进步；第四，推动建设一个各地区均衡发展的城市。[③] 与城市更新不同的是，示范城市计划十分重视通过合理的规划来解决城市在住房、教育、医疗和就业等多方面的

---

① Census Bureau, "Poverty of People, by Residence, 1959 to 2012," http: //www. census.gov/hhes/www/poverty/data/historical/hstpov8.xls.

② Bret A. Weber, Amanda Wallace, "Revealing the Empowerment Revolution: A Literature Review of the Model Cities Program," *Journal of Urban History*, Vol. 38, No. 1（Jan. 2012）, p. 175.

③ George Myers III, "A Case Study of African American Health: The Role of Urban and Health Planning in Detroit, Michigan, 1940-1970," Ph. D. Dissertation, the University of Michigan, 1999, p. 120.

问题。同时，该计划的最终目标在于改善居民的生活状况，因此计划在提高低收入人群收入和完善社会服务等方面做出了探索。在参与者方面，示范城市计划不再仅仅是联邦政府、城市和开发商，而是包括了州政府和社区。联邦层面的示范城市计划由住房与城市发展部于 1967 年初成立的示范城市总署负责，卫生、教育与福利部、劳工部和经济机会办公室等部门也参与其中。在城市，参与该计划的城市必须组建示范城市管理局专司其责，该机构"由民选官员领导，与决策机构和程序紧密相连"，① 实际上，该机构的负责人往往是民选市长，以便居民可以通过选举参与到计划中来；州政府发挥协调和联系的作用，并具体执行健康、福利等政策；社区的作用则集中在政治领域，即通过选举市长、城市经理和市议员影响决策与执行。此外，该计划也意识到待改造社区的居民的重要性，要求各地的具体执行机构调查居民的生活状况，并确保居民有充足的机会参与到计划的执行中来，② "每个城市都在努力维持民众参与和官员决策之间的平衡"。③

　　示范城市计划得到了时任纽约市市长林赛的大力支持，入选

---

① Bernard J. Frieden, Marshall Kaplan, *The Politics of Neglect*: *Urban Aid from Model Cities to Revenue Sharing*, Cambridge, Mass.: MIT Press, 1977.

② U.S. Department of Housing and Urban Development, *The Model Cities Program*: *Questions and Answers*, p. 3, https://ia600609.us.archive.org/22/items/modelcitiesprogr00unit/modelcitiesprogr00unit.pdf.

③ Jody H. Schechter, "An Empirical Evaluation of the Model Cities Program," B.A. Dissertation, University of Michigan, 2011, p. 5.

该计划后，纽约市提供了 350 万美元作为配套经费，并将南布朗克斯、东哈莱姆和中央布鲁克林这 3 个衰败社区集中的地区作为第一批开展地区，计划新增 1.45 万个面向中低收入者的住房单元。纽约市通过与社区组织合作推进计划，在南布朗克斯的莫特黑文（Mott Haven）地区，市政府与当地居民组成的莫特黑文规划委员会协商改造方案，在 1966 年和 1969 年两次提交规划图，后者得到批准，并获得住房与城市发展部认可。纽约市的示范城市计划虽然成功获得联邦拨款，但进展却极为缓慢。到 1972 年也就是规划图被批准 3 年后，莫特黑文依然如常，没有要改造动工的迹象，纽约市政府也没有出台社区组织和政府部门之间的制度化协商渠道。

莫特黑文可以说是示范城市计划的缩影，总的来看，该计划的效果并不显著。首先，为了保证实施效果，示范城市计划特意选取了规模较小的社区进行治理，在较小的城市，集中在 1.5 万人的社区；在较大的城市，则针对其总人口的 10%。而且联邦政府的拨款并不充分，却要兼顾就业、卫生、教育等多个方面，难免捉襟见肘。其次，示范城市计划的实施涉及从联邦到城市的多个机构，并且需要社区居民的参与，这无形中增加了难度。[①] 波士顿的案例很好地说明了这一点。1972 年 12 月，波士顿示范城市管理局副局长伯克勒（B. E. Brikle）致信住房与城市发展部副部长海德（Floyd H.

---

① 王旭:《美国城市发展模式》，第 220 页。

Hyde），向后者介绍了波士顿在计划实施期间遇到的问题。在伯克勒看来，首先，示范城市计划在实施的过程中缺少各个层面的合作。他举例说，在波士顿选定的社区中共有七家医院和三个医疗中心，除此之外，波士顿还有20个医疗中心（不包括医院），尽管波士顿示范城市管理局将这一状况连同计划上报，但却没有一个对应的规划机构总负其责，相反，规划权限和职责分散在多个不同部门，结果波士顿只能将现有医疗机构进行整合。其次，伯克勒认为，城市层面的示范城市管理局与联邦层面的示范城市总署未能说服相关政府部门投入到这一计划中来，各部门间缺少协调合作，也没有长远规划。此外，伯克勒告诉海德，示范城市计划是一个综合性的项目，涉及很多方面，因此在执行过程中，很难与其他部门做出明确的权责分割。再来看看旧金山的例子。美国学者斯蒂芬·魏斯曼研究了旧金山示范城市计划对居民就业的影响，他经过调查统计后认为，该计划为低收入居民创造的就业机会并不多，平均每年只有154个；此类工作的薪金也不多，平均工资为每月520美元，只有五分之一的工作每月超过600美元；从工种看，四分之三的工作属于销售员、普通职员等社会认可度较低的门类，大约6%的工作极不稳定或是纯粹的体力劳动；在所有的工作中，72%针对的是22—44岁的劳动力。①

---

① Stephen R. Weissman，"The Limits of Citizen Participation：Lessons from San Francisco's Model Cities Program，" *Political Research Quarterly*，Vol. 31，March 1978，pp. 36–37.

不过，示范城市计划一改之前城市更新的大拆大建，而是从小处入手，直接将改造的目标放在了社区上，并且意识到了居民与社区的双向互动关系。该计划建立起一套新的运行机制，并将城市服务延伸到以往被忽视的地区，许多居民享受到了原本没有的医疗服务，而且将社区居民纳入计划也刺激了他们参与政治进程的热情。对 20 世纪六七十年代的美国影响更为深远的是，示范城市计划激发了少数族裔更为积极地参与政治活动，与"伟大社会"的其他政策一起增强了黑人社区在市政府中的影响力。[1] 同时，示范城市计划更加重视被城市更新所忽视的衰败社区的经济状况，不仅关注城市空间改造，也致力于改善经济结构，只不过是从社区的层面上来加以改善。据统计，示范城市计划的年均拨款约为六亿美元，其中的8%—10%用于经济发展。[2] 但从总体上看，示范城市计划并没有完成其目标，包括该计划在内的整个"伟大社会"政策都没能解决城市中的贫困和动荡。

"伟大社会"虽然给约翰逊带来不少支持者，但在现实中却只是一句口号。美国的城市危机、种族歧视并非一日之寒，联邦政府的干预也难以很快见效。尤其是美国陷入越战泥潭难以脱身，巨额军费开支、战争的胶着和越来越多士兵的阵亡，使得约翰逊政府疲于

[1] David Goldfield, "Black Political Power in the Urban South," in Arnold R. Hirsch, Raymond A. Mohl（eds.）, *Urban Policy in Twentieth-Century America*, New Brunswick, N. J.: Rutgers University Press, 1993, pp. 165–170.

[2] Charles E. Olken, "Economic Development in the Model Cities Program," *Law and Contemporary Problems*, April 1971, pp. 205–226.

应付，最终在 1968 年，深陷越战泥潭的约翰逊总统宣布不再竞选连任，次年共和党人理查德·尼克松开始其总统之旅。然而约翰逊所重视的鼓励贫困居民最大限度地参与政策制定的方式，却很快产生了不利影响。在示范城市计划中，联邦政府为社区更新提供的资金越过州市两级政府，直接交付衰败社区的社区组织，而这类组织却常常成为地方政府的棘手难题。许多没有享受到社区行动项目资助的人将"最大限度参与"的规定视作联邦政府不公正地过度支持少数族裔，这种态度削弱了美国社会对该项目的支持。来自保守主义阵营的批评指出，该项目存在方向性错误，试图利用政府给予的特权打破市场规律。自由主义者则指责该法案过于短视，批评它通过向个人提供服务的方式解决社会弊病，却没有从根本上、系统性地解决贫困的社会根源，这样的做法实为不智。

城市危机的蔓延、示范城市计划未能达到预期效果，促使美国社会酝酿新的城市政策。

（二）社区开发公司

1966 年 2 月的一个早上，参议员罗伯特·肯尼迪来到纽约市布鲁克林区的贝德福德—施泰因文森特社区（Bedford-Stuyvesant），在社区领袖埃尔斯·理查德森和唐纳德·本杰明陪同下考察了这个以贫困非洲裔美国人为主的大型衰败社区。理查德森和本杰明在中央布鲁克林协调委员会（Central Brooklyn Coordinating Committee）工作多年，这是一个服务于布鲁克林非洲裔美国人的协调机构，致力于整合这里 100 多个社区组织共同行动。肯尼迪的到来使二人看到了希望。对于肯尼迪来说，缓解城市危机、解决城市经济社会问题是自己的兄长、前总统约翰·肯尼迪的政策目标，也是自己借以施展政治抱负的舞台。贝德福德—施泰因文森特居民贫困的生活状况和破败的物质环境，给肯尼迪留下了深刻印象。十个月后，肯尼迪发起成立了贝德福德—施泰因文森特复兴公司（Bedford-Stuyvesant Restoration Corporation），为居民在就业、求学等方面提供培训和咨询，并逐渐成为主导本社区开发的机构。实际上在走访贝德福德—施泰因文森特社区之前，肯尼迪已经在构思新的城市再开发模式。1966 年 1 月，肯尼迪在纽约发表的三次演讲中提出了他的构想，指出清理城市贫民窟不能只靠联邦政府，而需要动员社会各界的力量共同参与，包括"衰败社区居民自己的天赋和资源"。他的办法就是在社区成立社区开发公司（Community Development Corporation），贝德福德—施泰因文森特复兴公司就是在肯尼迪多方游说下成立的首个社区开发公司。[①]

社区开发公司是非营利性的、以本社区为主的社区开发和改造机构，这些社区的居民大多以中低收入的少数族裔为主，基础设施破败，缺少外界的资金投入。社区开发公司的主要目的是为本社区居民提供可负担住房，但往往也包括促进经济发展、增加就业以及

---

① Tom Adams Davies, "Black Power in Action: The Bedford-Stuyvesant Restoration Corporation, Robert F. Kennedy, and the Politics of Urban Crisis," *Journal of American History*, Vol. 100, No. 3（Dec. 2013）, pp. 736–760.

图 4-4　罗伯特·肯尼迪在贝德福德—施泰因文森特社区与一名男童交谈，图片来源：美国国会图书馆。

改善环境卫生和基础设施的措施。与城市更新相比，社区开发公司最大的不同在于，为被改造社区的居民提供了制度化的发声渠道，因此其开发路径与目标更符合本社区居民的需求。因此，社区开发公司在三个方面具备自己的优势：首先，社区开发公司管理层的三分之一为本社区的居民，使得其决策更能体现本社区居民的诉求。其次，社区开发公司能够提出符合本社区需求的方案，降低了开发商的沟通成本，并以此吸引资金投入，无论是可负担住房还是购物中心或其他商业开发，社区开发公司通过有效整合和表达居民诉求，加快了与开发商的合作。最后，社区开发公司不但本身是本社区居民的发声渠道，而且在其运行过程中也不断创造出新的小型居民组织，赋予它们更多的权力，这也使得社区居民可以以此为平台争取其他权利和诉求。

社区开发公司很快在全美各地普及开来，据统计，到 2006 年，全美 50 个州先后出现了超过 4600 个社区开发公司，每年平均提供新房的数量接近 10 万套、年均新增商用面积达 741 万平方英尺，平均每年创造 7.5 万个工作岗位，有 21% 的社区开发公司自身又创造了新的企业。[①] 社区开发公司虽然各自采取自己的措施、有自己的策略，但从整体上看，它们都致力于实现社区自决，使得原本贫困衰败的社区拥有稳定的经济基础，不再受到外界的随意干预。[②] 在贝德福德—施泰因文森特，肯尼迪委托助理托马斯·约翰斯顿（Thomas Johnston）负责与社区组织沟通，并邀请了城市研究者、基金会、银行、开发商、纽约市和联邦政府相关部门的官员共同商讨改造方案。在这一过程中，肯尼迪得到了纽约市市长约翰·林赛（John Lindsay）和来自纽约的资深参议员雅各布·贾维茨（Jacob Javits）的支持，IBM 总裁托马斯·沃森（Thomas Watson）、CBS 总裁威廉·佩里（William Paley）和前财政部长道格拉斯·狄

---

① https://community-wealth.org/strategies/panel/cdcs/index.html.

② Laura W. Hill and Julia Rabig, "Toward a History of the Business of Black Power," in Laura W. Hill and Julia Rabig（ed.）, *The Business of Black Power: Community Development, Capitalism, and Corporate Responsibility in Postwar America*, Rochester: University of Rochester, 2012, pp. 15-44.

龙（C. Douglas Dillon）也表态资助。提供更多的可负担住房固然是贝德福德—施泰因文森特复兴公司的主要工作，但除此之外，公司也尝试为居民创造更多就业岗位。正如肯尼迪所言："提供住房，却没有相应的就业、教育、福利、公共卫生和经济发展措施，这样的措施是不可能成功的，整个社区必须被视作一个整体。"[1]1966年，公司收到了第一笔资助，来自斯特恩家族基金会（Stern Family Fund）、J. M. 卡普兰基金会（J. M. Kaplan Fund）、福特基金会（Ford Foundation）和阿斯特基金会（Astor Foundation），后来根据肯尼迪和贾维茨在国会联合发起的一项提案，劳工部也向公司提供了资金。1967年3月，公司公布了社区改造方案，该方案的中心是建造一个占据两个街区的大型商业中心，位于富尔顿街和大西洋大道之间，并将两条车流量不大的道路改造为人行道。同时，约翰斯顿发起了社区住房改进项目（Community Home Improvement Program），雇用社区失业青年改造破旧住房，希望改造自己住房的家庭只需支付一笔25美元的象征性费用，后续的维护费用也有公司负责。[2]整个社区改造方案由著名华裔建筑师贝聿铭主持制定，除了企业和基金会的投资外，联邦政府也提供了50万美元。[3]为了增加影响力，贝德福德—施泰因文森特复兴公司在1968年4月推出了关于

---

[1]　Jack Newfield, *Robert Kennedy*：*A Memoir*, New York：Penguin Group, 1988, pp. 95–96.

[2]　Jack Newfield, *Robert Kennedy*：*A Memoir*, p. 101.

[3]　Edward R. Schmitt, *President of the Other America*：*Robert Kennedy and the Politics of Poverty*, Amherst, Mass.：University of Massachusetts, 2011, p. 162.

社区的电视节目《生活在贝德福德—施泰因文森特》（*Inside Bedford-Stuyvesant*）。到当年年底，公司已雇用 272 名社区失业人员修复了社区内超过 400 栋住房。除此之外，公司在社区内开办了两家咨询中心，为想要改善自家住房的家庭提供帮助；协助创办了 14 家由非洲裔美国人负责的小企业，并为超过 1200 位居民提供了就业培训。此外，IBM 公司在社区内开办了一家生产电脑数据线的小型工厂，甚至纽约市立大学（City University of New York）也同意在这里创办一家社区学院。

除了贝德福德—施泰因文森特复兴公司，20 世纪 60 年代后期起，纽约市出现了许多社区开发公司，尤其是在传统的衰败社区，要求社区参与、社区主导的呼声更为强烈，社区开发公司无疑成为他们争取的对象。在纽约市，衰败社区的居民主要是少数族裔，尤其是非洲裔和拉丁裔美国人，因此社区开发公司的崛起又与此时席卷全美的民权运动结合在一起，使其呼声更为高涨、行动更为激进，最典型的当属哈莱姆地区的此类组织。这里是非洲裔美国人聚居区，堪称曼哈顿最为贫困的地区，也是非洲裔美国人激进组织的温床，黑豹党（Black Panther Party）在这一地区极为活跃。在中哈莱姆，纽约市建造了三个大型公共住房项目和两个中产阶级住房项目，仅后者就占地 9.7 万平方米；西哈莱姆与之类似，也新建了大型公共住房和中产阶级住房。东哈莱姆的改造规模更大。从 20 世纪 40 年代起，许多来自波多黎各的移民定居这里，成为非洲裔美国人和拉美裔移民为主的地区，也获得了"西班牙哈莱姆"（Spanish Harlem）的称号。二战结束后，原本住在这里的东南欧居民大量迁往郊区，东哈莱姆成为纽约市著名的衰败社区，自然登上了城市更新的名单。从 1952 年起，纽约市政府在这里启动了四个更新项目：上公园大道（Upper Park Avenue）、米尔班克·弗雷利圆环（Milbank Fawley Circle）、哈莱姆—东哈莱姆（Harlem East Harlem）和东哈莱姆三角区（East Harlem Triangle），仅纽约市政府投入的资金就高达 2.5 亿美元。到 1965 年，纽约市住房管理局已在东哈莱姆及其临近地区建造了 15 个新的住房项目，仅东河住宅区（East River Houses）就为 4000 个家庭提供了可负担住房。① 尽管如此，大规模拆除和重建还是给哈莱姆居民带来很大麻烦——新住房项目的租金比以前更高，很多家庭只得重新寻找廉价住房，他们的生活条件不是提高而是降低了；离开了原来的社区，不但切断了与熟人网络的联系，而且往往要重新找工作。因此，从 20 世纪 60 年代中期开始，随着民权运动在全国愈演愈烈，哈莱姆地区的少数族裔开始关注社区开发，呼吁市政府倾听社区居民的意见，并组建了许多社区组织参与并进而要求主导本地的城市开发。1964 年，理查德·哈克（Richard Hatch）和小麦克斯·邦德（J. Max Bond, Jr.）发起成立了哈莱姆建筑师更新委员会（The Architect's Renewal Committee in Harlem），这是一个以非洲裔美国人建筑师、设计师和规划师为主的组织，既是专业性的规划团体，同时也是社区组织，并且与全国有色人种协进会（National

---

① Samuel Zipp, *Manhattan Projects*, p. 259.

Association for the Advancement of Colored People）等民权组织往来密切，算得上黑人组织中的激进派。哈克虽然是白人，但主张种族自决和民权；邦德家族是美国黑人教育世家，邦德的老麦克斯·邦德曾任利比里亚大学校长，叔父霍利斯·邦德是宾夕法尼亚州林肯大学首位非洲裔美国人校长，兄长乔治·邦德执教于哥伦比亚大学，而他本人则毕业于哈佛大学建筑系。哈克和邦德为哈莱姆建筑师更新委员会确定了方向，即用专业知识服务于社区抗争和黑人民权，他们不但主张停止城市更新，而且呼吁改变城市开发的模式和方向，以满足哈莱姆等衰败社区的中低收入居民的需求。[①] 用哈克的话说，"将建筑的消费者（Consumers）——贫困人群——变成建筑的顾客（Clients），专业人士就是要把他们的需求变成物理空间改造方案和社会行动指南"。[②] 在东哈莱姆三角区项目中，当地居民不满开发商的方案，在 1966 年邀请哈莱姆建筑师更新委员会作为社区代表和咨询机构。在后者的指导下，项目所在社区的居民选举产生了由九名居民组成的社区组织，与更新委员会合作制定开发方案并与开发商和市政府沟通。随着民权运动日益激烈，哈莱姆建筑师更新委员会的成员也越来越激进，以至于哈克不得不在 1967 年辞职退出，由小麦克斯·邦德担任主席。同年，罗伊·因尼斯加入更新委员会，他是哈莱姆首个社区开发公司即哈莱姆共同体委员会（Harlem

① Brian D. Goldstein, "The Search for New Forms: Black Power and the Making of the Postmodern City," *Journal of American History*, Vol. 103, No. 2, pp. 375–399.

② "East Harlem Renewal Backed to Create 'Industrial Triangle'," *New York Times*, October 5, 1961.

Commonwealth Commission）的创始人。此举意味着哈莱姆建筑师更新委员会和哈莱姆共同体委员会共同成为哈莱姆开发与改造的领导机构。二者策动哈莱姆居民通过给议员和市政府写信和发电报的方式提出社区改造诉求，两个委员会的领导者在 1968 年与林赛市长及纽约市政府主要官员会谈，要求市政府尊重自己的意见。在哈莱姆东南部的再开发 1 号（Reclamation Site #1）项目，哈莱姆社区组织、纽约市政府与纽约州政府围绕开发方式、补偿方案与土地用途展开了长达数十年的博弈。社区组织希望带来更多的就业岗位、商业机会和更好的住房，市政府和州政府则希望在这里建造一座办公大楼，作为州政府部门机构的办公场所。1969 年 6 月 23 日，哈莱姆居民甚至占领了再开发 1 号的施工现场，拉起横幅、竖起美国国旗与开发商和政府对抗。但他们的占地运动很快就被州、市政府强力清除，尽管哈莱姆社区组织邀请了多家媒体记者入驻，但州、市政府还是很快派出警察将占地者赶走。不过在开发路径上，州政府做出了让步，由纽约州城市开发公司（New York State Urban Development Corporation）负责与哈莱姆的社区组织对接，协商解决办法。[①] 进入 70 年代后，纽约市财政状况和经济形势进一步恶化，纽约市政府的工作重点转向应对财政危机，纽约州也开始检讨城市改造措施，并在 1975 年对纽约州城市开发公司进行了重组。哈莱姆的城市改造和开发随之淡出州、市政府的视野，只能等待市场机制来发挥作用。

---

① Brian D. Goldstein，*The Roots of Renaissance：Gentrification and the Struggle Over Harlem*，Cambridge，Mass.：Harvard University Press，2017，pp. 88-106.

正是在约翰逊政府时期，联邦政府因为大规模扩张而背负了过多的职责与债务，由此而来的负面结果如巨额财政赤字和政策本身的局限性动摇了民众对政府干预经济的认可，从 20 世纪 60 年代后期起，通过政府干预促进经济发展和社会改进的政策渐被抛弃，尼克松执政后，一改民主党政府扩大政府干预的自由派政策，逐渐弱化政府在经济社会生活中发挥的作用。在城市政策上，尼克松任命哈佛大学学者爱德华·班菲尔德（Edward Banfield）领衔一个研究小组，并发布了报告《示范城市——迈向新联邦主义》，建议简化示范城市计划的内容和执行。1973 年 1 月，白宫宣布暂停多项住房与城市发展部的资助项目，并将示范城市计划的截止日期定在了当年的 6 月 30 日。随后，尼克松政府宣布该计划并入新联邦主义，其经费纳入税收分享计划（Revenue-Sharing Proposal）。[1]同年，尼克松宣布城市更新正式停止。1974 年，国会通过的《住房与社区发展法》正式生效，将城市更新、示范城市计划以及住房与城市发展部为社区发展公司提供的配套计划整合在一起，用统一的一揽子援助（Block Grants）代替各个项目的拨款，也就是说，继城市更新终止后，示范城市计划也终止了。政策变动也影响到纽约市，1973 年尼克松政府终止城市更新时，允许纽约市保留其示范城市计划已经开展的项目，并同意继续提供资金，但这笔经费将并入税收分享计划之中。[2]1978 年，纽约市政府宣布调整

---

[1]　Jody H. Schechter, "An Empirical Evaluation of the Model Cities Program," p. 6.

[2]　Joseph P. Fried, "Model Cities Aid is Allocated Here," *New York Times*, March 6, 1973.

示范城市计划，时任市长爱德华·科赫告诉记者："示范城市计划的受益者只占我们这座 800 万人口大都市的十分之一……还将许多社区一分为二。"[①]纽约市政府更欣赏社区开发公司的路径。

然而，社区开发公司也并非灵丹妙药。以社区为单位的开发的确提高了空间改造与经济振兴的精准性，而将社区组织正式引入城市改造与开发也为前者提供了发声的平台。更重要的是，社区开发公司得到了自由主义者和保守主义者的共同支持。对于前者来说，社区开发公司并未彻底抛弃城市更新，联邦政府依然保持着对城市事务和社会经济事务的强大干预；对于后者来说，毕竟与以往的城市更新路径相比，社区开发公司中地方政府的影响力增大了，城市改造与开发的决策过程中，地方扮演的角色更重要了。社区开发公司的背后是美国社会的一种期待，即类似贝德福德—施泰因文森特和哈莱姆这样的衰败社区、衰败地区，居民们可以通过自我组织起来，提高生活条件、改善经济状况，以实现社区的自我管理。然而，社区开发公司实际上包含着两组张力，使其难以达成目标。其一，社区开发公司为本社区居民表达诉求提供了渠道，但采纳这一方式的社区往往是衰败社区，缺少改造和开发所必需的资源、资金、技术、政策以及规划方案都依赖外界，因此其所追求的自我管理，其实只是一句空言。考虑到许多社区开发公司服务于少数族裔社区，而民权运动在 20 世纪 60 年代以后愈演愈烈，因此社区开发公司的

---

① Roger Wilkins, "Changes in Model Cities Program More a Phasing-Out than Revision," *New York Times*, March 10, 1978.

诉求也日益激进，他们与地方政府乃至联邦政府的关系不是缓和，而是更为僵持。其二，社区开发公司是城市更新的修正方案，联邦、州和地方政府试图挽救中心城市的目标并没有变，只是改造的单位从城市下调为社区。然而，中心城市的危机实际上是大都市区化造成的，以城市为单位进行改造与开发尚且无法协调整个大都市区的协同治理和良性发展，更不用说以社区为单位了。社区开发公司较之此前的更新路径更能反映社区居民的利益和诉求，但是这一利益和诉求未必符合整个城市、整个大都市区的要求。

就在社区开发公司在美国各大城市兴起之时，经济危机却不期而至。1973 年 10 月第四次中东战争爆发后，为打击以色列及其支持者，阿拉伯石油输出国组织宣布对美国等国家实行石油禁运，同时联合其他产油国提高石油价格，引发石油危机。这场危机很快引起连锁反应，美国的工业生产下降了 14%，日本的工业生产下降超过 20%，主要工业国家遭遇了二战以来最严重的经济危机。危机剧烈改变了美国的政治经济生态，本已衰败的大城市更是饱受冲击。纽约市也不例外，经济危机使纽约市几乎破产，也改变了纽约市对待城市问题的看法与思路。

本章小结

城市更新在当时引起了很大争议。当时的研究者和媒体对城市更新的起因、现状与趋势等进行了多视角的审视，从最初的支持和肯定逐渐转为否定态度，批评其未能使城市走出困境。特别是马丁·安德森，他将城市更新大拆大建式的方式概括为"联邦推土机"（Federal Bulldozer）并使这一形象深入人心。理解城市更新运动的思维模式和话语体系在这一时期被塑造，即资本与政府形成了事实上的共谋关系，致使城市更新沦为资本获利的手段，而城市衰败并未得到纾解。有鉴于此，从联邦政府到地方政府，均着手对城市更新进行调整和改造。

在联邦层面，艾森豪威尔虽然是共和党人，但自诩"现代共和主义"，对政府干预社会经济事务持肯定态度。但毕竟与秉承新政自由主义的民主党不同，艾森豪威尔政府在 1954 年推出了新的《住房法》，放松了城市更新对于商业开发的控制和对于公共住房的要求，以期开发商更加积极地投入城市更新。尤其是公共住房的数量大幅削减，引起了许多城市改革者的批评。对于贫民窟改造，在清理重建之外，法案也允许进行维护和修缮，同样给予一定的资助。进入20 世纪 60 年代后，民主党人约翰·肯尼迪和林登·约翰逊先后入主白宫，与共和党人艾森豪威尔相比，他们更加重视城市问题，而此时的城市问题也愈演愈烈，贫困、种族冲突和经济萧条等现象不断登上全国性大报的头条。他们在城市更新的调整方面步伐更大，推出了一系列从改造城市空间到救助弱势群体的措施，在具体方法上不再完全是自上而下地政府控制，而是引导社区参与更新，希望被改造社区的居民的声音得以表达，以此来减少城市更新的阻力，使其更有针对性，因此推出了示范城市计划，继而又积极推动通过社区开发公司来扭转城市更新的弊端。随着城市政策的调整，社区在城市更新中的话语权越来越强，改造过程也越发复杂。城市更新虽然没有终结，但在当时已发生了很大变化。作为受到新政式自由主义强烈影响的城市，纽约市积极支持联邦政府的城市政策，在示范城市计划和社区开发公司等方面走在美国前列。

就像伟大社会中的其他项目一样，示范城市计划也带着一抹理想主义的色彩，并且致力于扭转专家和技术官僚主导、自上而下的传统城市再开发模式，因此不管是抗议行动还是示范城市计划的理念与政策，社区都是新的焦点。然而将社区纳入城市更新中也并非解决城市衰败的灵丹妙药。虽然约翰逊在评价其伟大社会倡议时，认为示范城市计划是他最大的胜利，但批评者却不这么看。无论是反对者还是支持者，大多认为示范城市计划一方面大张旗鼓说要形成全国性的变革，另一方面短期却又见不到实际效果，确实差强人意。

因此城市经济结构转型仍在继续，制造业持续离开纽约。另外，虽然城市更新这样大拆大建式的空间改造路径经历了剧烈的调整，但无论是示范城市计划还是城市开发公司，都陷于内部种种开发方案的角逐之中，难以有效地推动空间更新。

第五章　纽约城市治理机制的
　　　　转型与复兴

从罗斯福新政直至 20 世纪 60 年代中后期，新政自由主义是美国主流的政治理念，联邦政府尝试通过大规模干预来促进经济发展、提供社会福利、保护弱势群体，其特点是"以诸多改革来改善美国社会"，[①] 用约翰·肯尼迪总统的话说，就是关注"教育、医疗、民权、住房、公民自由和城市规划"。[②] 当然，重视社会福利并不意味着不追求经济发展，新政自由主义相信"大规模的公共开支可以刺激经济，因而在住房、健康和教育等福利项目上投入不菲"。[③] 纽约市可谓"最支持新政自由主义的州中，最支持新政自

① Arthur M. Schlesinger Jr., *The Cycles of American History*, New York: Mariner Books, 1999, pp. 28–34.

② Arthur M. Schlesinger Jr., *A Thousand Days: John F. Kennedy in the White House*, New York: Fawcett Premier, 1965, p. 99.

③ David E. Harrell Jr. et al, *Unto a Good Land: A History of the American People*, Grand Rapids: Wm. B. Eerdmans Publishing Co, 2005, p. 1053.

由主义的城市", 在高等教育、医疗等社会福利领域投入巨资, [①] 新政自由主义构成了纽约城市治理机制的底层逻辑。20世纪70年代新政自由主义衰微之下, 纽约的城市治理机制发生变化, 社会福利的重要性下降, 经济发展成为首要诉求。[②] 城市治理机制的转型, 改变了纽约城市再开发的模式, 也推动了纽约经济转型与复苏。引发治理机制变化的政治文化的转型, 是从联邦政府层面开始的。

第一节　理查德·尼克松及其后的联邦城市政策

如果说肯尼迪和约翰逊政府时期联邦政府的城市政策在范围和深度上都有极大扩展, 那么尼克松和福特政府的城市政策则完全走上了相反的路径。民主党视作解决城市问题良方的联邦干预和补贴, 在共和党看来却是不公平的, 代价高昂却效率低下。

1969年, 理查德·尼克松正式就任美利坚合众国总统。作为一名原本对国内政策缺乏兴趣的政客, 尼克松很快发现国内问题需要给予特别关注。当时, 城市地区的衰落已经极为严重——连

---

① Bernard R. Gifford, "New York City and Cosmopolitan Liberalism," *Political Science Quarterly*, Vol. 93, No. 4, Winter 1978-1979, p. 562.

② Martin Gottlieb, "A Decade after the Cutbacks, New York is a Different City," *New York Times*, June 30, 1985.

续 4 年的城市骚乱和种族紧张局面丝毫没有减缓的趋势。在其任期的头两年里，尼克松主要以柔和的形式延续之前约翰逊政府的城市政策。整个 20 世纪 60 年代，联邦政府在努力增加经济及种族意义上弱势群体的住房机会。在尼克松正式就职的前一年，国会通过了《1968 年民权法案》（Civil Rights Act of 1968）即《公平住房法》（Fair Housing Act）。该法案拓展了联邦政府在住房领域的反种族歧视活动，禁止以种族、肤色、国籍或性别为由拒绝出售、出租和转让住房，禁止在出售或出租过程中的歧视，禁止在广告中表明种族倾向，并且不允许房东在住房实际空闲的情况下因为种族、肤色和性别等因素禁止出租出售。尼克松入主白宫后，任命密歇根前州长、有自由主义倾向的共和党人乔治·罗姆尼（George Romney）执掌住房与城市发展部。

在尼克松的第一任期内，联邦政府的住房补贴开支增加五倍，1973 财年将近有 20 亿美元的拨款。进入第二任期后，尼克松开始调整联邦城市政策。一方面，尼克松政治态度保守，对南部城市中的去隔离化进程极为不满。另一方面，尼克松致力于推动税收分享计划，希望重新分配巨大的城市开支，减少联邦政府的参与。1973 年 1 月，白宫宣布对所有联邦住房补贴予以长达 18 个月的冻结。1974 年夏，在辞职之前，尼克松取消了冻结决议。在新总统杰拉尔德·福特治下，国会通过了《1974 年住房与社区发展法》（Housing and Community Development Act of 1974）。相比之下，20 世纪 60 年代民主党总统任内的城市政策是一系列联邦项目的集合，目的在于解决具体的城市问题。像城市更新、示范城市计划等，都是剑指一个个具体的城市病。尼克松改变了处理城市问题的方式，他与继任者福特都主张小政府和地方管理，将一个个具体的城市项目打包，整合为由联邦资助、地方管理的一揽子计划。

吉米·卡特总统是一位训练有素的工程师，他的政府管理信条是尊重秩序、把握战略方向和重视经济。在佐治亚州州长任内，卡特的主要成就就是州政府的行政管理改组。入主白宫后，卡特也将州长任内的经验带到联邦政府。在城市政策方面，卡特政府最大的特点就是试图理顺此前的城市政策——毕竟 40 年来，联邦政府为挽救中心城市采取了太多措施，其中许多或者叠床架屋，或者相互冲突——卡特希望在全面检讨现有城市政策的基础上做出系统梳理，保证政策实施的连贯流畅。同时，卡特虽然是民主党人，但和此前的民主党总统不同，卡特并不相信增加联邦开支是应对美国中心城市困境的有效途径。

1977 年，卡特任命了城市和区域政策小组（Urban and Regional Policy Group，URPG），由 6 个联邦行政部门的代表组成，次年发起了 "保护美国社区新伙伴"（A New Partnership to Conserve America's Communities）计划。与 "伟大社会" 不同，卡特的城市政策谨小慎微，"新伙伴" 重过程轻资金，重点放在如何使现有项目实现更高效协调、如何促使州政府、城市政府以及社区组织更好合作，以及使城市对于商业投资更有吸引力。地方政府和社区组织曾以为 "新伙伴" 计划是支援城市的 "马歇尔计划"，但实际上该计划只在现有拨款的基础上每年增加了 3000 万美元，无异于杯水车薪。卡特未能像此前的总统们那样通过国会出台相应的法案，项目的控制权分散在 3 个部门——住房与城市发展部、商务部和财政部，卡特只是建立了部门间委员会作为协调机构。但随着国家经济情况恶化，卡特政府的关注重心转移，而且越来越重视外交政策，卡特政府的 4 年任期，在城市政策领域没有任何一个重要的立法举措。具有讽刺意味的是，对卡特政府城市政策的最严厉的批评并非来自他的继任者，而是卡特政府自身的成员。1980 年，卡特任命了 29 人组成的"20 世纪 80 年代国家议程"总统委员会（President's Commission for a National Agenda for the Eighties），负责分析 20 世纪 80 年代美国将面临的重大挑战和机遇，并提供政策建言。在发布的报告中，委员会主张取消"保护美国社区新伙伴"计划，认为振兴陷入困境的城市既浪费资源又了无希望。

与尼克松和福特相比，卡特积极地尝试通过联邦政府来协调解决城市问题，但在其任期内，联邦政府的城市政策却从未清晰，甚至在 1978 年的国情咨文中，卡特对于如何解决城市问题未置一词，相反却明确指出："联邦政府无法根除贫困，无法提供一系列经济援助，无法降低通货膨胀，无法救助城市，无法帮助文盲，也无法提供能源。"[1] 在 1976 年竞选中，当卡特以微弱优势击败了共

---

[1]　Jimmy Carter, "State of Union Address 1978," Jimmy Carter Presidential Library, http://www.jimmycarterlibrary.gov/documents/speeches/su78jec.phtml，2019 年 3 月 28 日。

和党在任总统杰拉尔德·福特时，城市问题并非突出问题；4 年以后当卡特竞选连任时，城市问题仍然不是大选的关键，虽然卡特惨败于罗纳德·里根，但两位候选人在城市问题上的观点并没有很大差别。实际上中心城市的问题虽然严峻，甚至因为 1973 年的经济危机而更趋恶化，但美国社会对这些问题的关注却趋于冷淡，包括一度轰轰烈烈、深刻影响中心城市的民权运动到此时也渐渐偃旗息鼓。经历了 20 世纪 60 年代的动荡不安，美国主流社会对于各种激进运动愈加反感，贫困少数族裔的生活状态不但难以引起主流社会的同情，对于前者的救助反而激发了白人中产阶级的不满，他们认为联邦政府的巨大投入非但不能发挥救助的作用，相反却会助长贫困人口依赖外界救助的不良风气，甚至是对白人的不公平。因此联邦城市政策不可能如同 20 世纪 60 年代那样成为总统的"加分项"，也就不可能得到足够的关注和支持。随着新保守主义代言人、共和党人罗纳德·里根入主白宫，城市政策进一步被边缘化。

里根政府的城市政策，可以说就是削减此前的城市政策。里根认为，美国城市不需要联邦政府的支持来获取发展。实际上，他认为正如福利性支出削弱了个体的主动性，联邦城市政策也使城市依赖于联邦政府，如果政府减少管制，那么城市的状况会逐步好转。里根政府没有明确的城市政策，而是推出了一系列减少管控和减税的方案来振兴城市。里根首个任期内联邦开支减少 9.7%，第二任期内仅住房与城市发展部的经费就减少了 40%，导致许多城市无力负担公共住房支出。①从尼克松开始，联邦政府的城市政策越发重视地方的自主性，不断减少联邦干预，里根则在这一轨道上加速前行。里根政府不再由住房与城市发展部统筹管理联邦对城市的资助，而是将资助直接交给地方政府，并让它们决定如何使用这些资助。同时，联邦政府的资助不再局限于衰败的中心城市以及中心城市中的衰败社区，其他地区也有资格申请社区开发一揽子援助，因而许多资助转移到更多的郊区以及南部与西部"阳光带"地区城市。对于城市的发展，里根政府更偏爱"企业专区"（Enterprise Zone）。在里根看来，真正能够帮助城市走出困境的是充满活力的资本主义企业，尤其是小企业。在那些受到去工业化影响严重的地区设立企业专区，在企业专区里投资可以享受税收减免等优惠。

联邦政府在罗斯福新政期间开始向城市提供援助，但很多援助到80年代早已不堪重负。新政时期的就业援助、公共工程项目和社会福利项目都是联邦政府试图解决城市问题的尝试。而在此之前，这些工作一直被视为地方事务，联邦政府从不插手。二战以后，联邦政府开始大规模援助中心城市，起初以"场所"为对象，即"砖头"援助。20世纪60年代联邦政府对城市的援助进入高峰期，援助范围和深度在约翰·肯尼迪政府时期获得急剧扩张，在约翰逊政

---

① Veronique de Rugy，"President Reagan，Champion of Budget-Cutter，"American Enterprise Institute，June 9，2004. http://www.aei.org/publication/president-reagan-champion-of-budget-cutter/，2019 年 3 月 3 日。

府时期更是进一步提高，不但增加了"砖头"援助，面向贫困居民的失业培训与救济、经济开发等"人头"援助也逐步启动。同时联邦资助尝试越过地方政府，建立起联邦与社区组织的直接联系。进入 20 世纪 70 年代后，联邦政府的城市政策开始转向，从尼克松政府开始，联邦政府不再积极地干预城市事务，一方面将更多的自主权交给城市政府，另一方面逐步减少资助。而老政策的惯性和历年积累下的资金，使得联邦城市政策的转变从 70 年代后期起逐渐产生效应。里根政府则进一步强化了城市政策的转向，将振兴城市的希望放在地方政府和市场身上。

20 世纪 70 年代以来联邦城市政策的转向，无疑影响了美国的中心城市，它们曾经高度依赖联邦资助以应对危机和挑战，如今只得更多地依靠自己。政策环境的变化促使城市采取新的路径应对城市问题，甚至改变治理机制。联邦资助的减少，再加上去工业化的加剧导致经济萧条，许多大城市面临无米下炊的窘境。作为美国首位城市，纽约的状况更为严峻，进入 70 年代后财政状况急剧恶化，酿成财政危机，纽约的城市治理机制就此改变。

第二节　纽约市财政危机与治理机制的转型

1975 年 10 月 30 日，《纽约每日新闻》头版头条赫然登出"福特对纽约说，去死吧"。虽然事后证明福特根本没有说过这样的话，但在这篇耸人听闻的报道背后，是多年来城市财务弊端的大爆发，也是联邦政府面对纽约困境的最初态度。由于市政府财政收入长期入不敷出，银行拒绝向市政府提供贷款，纽约市无法按期偿还债务。市长亚伯拉罕·比姆（Abraham Beame）签过字的破产声明已准备好，将于 10 月 17 日发布。① 幸而在最后时刻，纽约退休教师基金会同意购买 1.5 亿美元政府债券，才使得纽约市政府与破产擦肩而过。这场危机集中体现为财政短缺，因此被称为财政危机。

　　财政危机并非偶然事件，而是长期经济萧条和城市财政疏于管理的结果，1973 年经济危机更是一场寒冬，加快了财政危机的爆发。长期以来，财政负担过重是纽约市政府的棘手难题，财政赤字

图 5-1　纽约各大报纸头版登出了福特总统拒绝援助纽约市的新闻

---

① Sam Roberts, "When the City's Bankruptcy was Just a Few Words Away," *New York Times*, December 31, 2006.

已成常态。与美国其他年代久远的大城市一样，纽约市基础设施老化，道路、桥梁都需要维护，许多 19 世纪投入使用的老建筑需要更新和维护，庞大的公共交通系统的日常运营，这都是不小的费用。而与其他年代久远的大城市相比，纽约市政府承担的公共服务更多，在社会福利方面的投入更多。除了城市日常运转必不可少的警务、消防和公共卫生外，纽约市还经营着规模庞大的医院和学校等设施。[①] 纽约市立大学是美国最大的市立大学系统，其历史可以追溯到 1847 年成立的自由学院（Freedom Academy），后改名为纽约市立学院（City College of New York），1961 年改组为纽约市立大学，起初包括亨特学院和市立学院两个分校，如今包括 11 个四年制高等学院、7 个两年制社区学院以及研究生中心、医学院、公共卫生学院、法学院、新闻学院和荣誉学院等附属学院。在财政危机前，纽约市民可免费就读市立大学。此外纽约市还运营着 19 个市属医院。例如著名的贝尔维尤医院是美国最古老的公立医院，每年处理急诊超过 10 万人次，接纳门诊 3 万人次。这里有全世界第一个心肺实验室，也有美国首家心力衰竭门诊。1962 年，贝尔维尤医院成为联合国官员、来访外交官和国家元首的定点服务医院。相比之下芝加哥市只有一家公立医院，而且这家医院不属于芝加哥市，而是由芝加哥市所在的库克县运营。另一个对城市财政有实质性影响的是社会福利和医疗保险。全美有 25 个州要求地

① 王旭：《1975 年纽约市财政危机》，《华中师范大学学报（人文社会科学版）》2011 年 7 月。

方政府对有需要的家庭提供医疗帮助，而在这25个州中，纽约又是地方政府承担份额最高的州。如果往前追溯，不难发现纽约市"慷慨大方"的花钱习惯早在罗斯福新政期间就养成了。拉瓜迪亚市长是新政的积极支持者，前面章节已介绍其在公园、交通设施等方面的大力投入，他在医疗、住房等公共服务方面同样如此。1938年，拉瓜迪亚推动纽约州宪法写入州及辖内地方政府需要为确有所需者提供救护、照顾与扶持，此后纽约市就将住房和免费高等教育、收入补贴、医疗服务等社会福利视作自己的责任。[①]拉瓜迪亚及其继任者们也采纳了自由主义者在劳工问题上的进步态度，给予工会更大的权力，给予劳工更好的待遇。罗伯特·瓦格纳市长于1958年给十万城市雇员可以参加工会并有集体谈判的权力，这不仅提高了纽约的劳动力成本，也增加了城市雇员医疗和社会福利以及退休金。工会由此成为城市政治中的一股强大力量，继任者林赛以及比姆都不敢得罪工会，结果就是财政负担越来越重。

财政危机引发社会各界对纽约经济的思考。1975年底，国会预算办公室发布了关于纽约财政危机的研究报告，认为短期因素是政府债券投资者在全美经济萧条下信心不足，以及州和地方政府之间对投资者的争夺日渐激烈；长期因素则复杂得多，一方面是经济活动和富裕人群的郊区化对于销售税和所得税占比较高的

①　Janet Abu-Lughod, *New York*, *Chicago*, *Los Angeles*: *America's Global Cities*, p. 312.

纽约市意味着收入大幅下降，另一方面是贫困者、老年人、不会讲英语者等严重依赖公共服务的人群迅速增加导致的开支急剧扩张。该报告特别指出了两项危机的诱因：纽约市每年的福利支出高达 35 亿美元，约占其总支出的三分之一，而且由于纽约属于市县重叠地区，福利支出只能完全由市政府承担；[①] 纽约长久以来提供了远超其他城市的公共服务如市立大学、可负担住房项目和大面积公共交通网络，这类支出一旦开始很难终止。[②] 学术界大多认可这一观点，尽管更加关注去工业化等结构性问题，但也强调城市自行决定和承担的开支是危机的重要原因。[③] 在各方影响下，纽约市逐渐接纳了福利负担和公共支出过多导致财政危机的观点。

财政危机重创下的纽约市几乎全面瘫痪，虽然免于破产的厄运，

---

① 美国部分福利开支以县（County）为单位负担，如收入保障计划（Income Security Program）即按月为低收入老年人、盲人和残疾人提供补助的福利项目，其费用由联邦政府、州政府和县政府共同承担。纽约市完整涵盖了纽约、布朗克斯、金斯、昆斯和里士满五个县且县政府与市政府合并；相比之下，许多县包括多个城市，如洛杉矶县（Los Angeles County）共有包括洛杉矶市（City of Los Angeles）在内的 88 个城市及大量未建制城市化地域，其福利开支则由县内所有地方政府共同分担。

② Congressional Budget Office, "The Causes of New York City's Fiscal Crisis," *Political Science Quarterly*, Vol. 90, No. 4（Winter 1975-1976）, p. 670.

③ Edward M. Gramlich, "The New York City Fiscal Crisis: What Happened and What is to be Done?" *The American Economic Review*, Vol. 66, No. 2（May 1976）, pp. 415-429; Rodger E. Alcaly and David Mermelstein（eds.）, *The Fiscal Crisis of American Cities: Essays on the Political Economy of Urban American with Special Reference to New York*, New York: Vintage, 1977, pp. 11-81.

图 5-2　20 世纪 70 年代的抗议者

但巨额财政亏空已无可避免，公共服务停摆，市政府一筹莫展。福特总统虽然并未如新闻报道所言让纽约"去死吧"，但联邦政府拒绝提供救助的态度是明确的。事实上，财政危机的阴影早在 1975 年 2 月已经隐约浮现，政府运营已然难以为继。比姆市长宣称城市负债 6 亿美元，实际债务高达 22 亿美元。挽救财政危机的第一步是紧急缩减开支。在联邦政府不愿施以援手的情况下，纽约州政府为避免危机的进一步延伸恶化而积极出手干预。还在 1975 年 4 月，州议会就在州长休·凯里（Hugh Carey）的倡议下，向纽约市提供四亿美元的紧急贷款。6 月，州议会批准成立市政援助公司（Municipal Assistance Corporation），由州长任命、州议会批准的九人组成董事会，其中多人是企业家，金融大亨菲利克斯·罗哈廷（Felix

Rohatyn）担任主席；公司以州的信誉为担保发行长期债券，以这样的方式购买纽约市的短期债券并支付日常开支；公司要求和监管城市进行财务改革。9 月，州政府向纽约市提供 23 亿美元综合援助金，并组建紧急财政管理委员会（Emergency Financial Control Board）专负其责，由州长、市长和州审计官任命的三名官员组成，在三年内拥有纽约市财政全权，有权否决市议会的预算案。联邦政府在一段时间的沉默后最终开展救助，福特总统在 12 月签署《纽约市季节性援助法》(New York City Seasonal Financing Act)，授权国会在三年内向纽约市提供总额不超过 23 亿美元的联邦贷款。纽约市也出台一系列配合措施力图减少开支。从 20 世纪 70 年代末开始，纽约市福利范围不断收缩、投入持续下降，不但是可负担住房，甚至公立医院、消防、警务等最基本的市政服务也降至极低水平。纽约市卫生局在 1974—1977 年间大规模裁员，全职员工从 4400 人下降到 3300 人，兼职员工从 1600 人减少到不足 1000 人，专家委员会中的营养学家从 23 人缩减到只有 5 人；眼科、牙科、胸科等专科诊所和儿童医院也有不少被关闭。① 这一倾向在 20 世纪 80 年代有增无减，1978 年市长选举的候选人爱德华·科赫、马里奥·库莫（Mario Cuomo）和贝拉·阿布祖格（Bella Abzug）都极力抨击城市财政的过度开支。

---

① Pascal J. Imperato, "The Effect of New York City's Fiscal Crisis on the Department of Health," *Bulletin of the New York Academy of Medicine*, Vol. 54, No. 3（March 1978）, pp. 276–289; James Colgrove, *Epidemic City*: *The Politics of Public Health in New York City*, New York: Russell Sage Foundation, 2011, p. 92.

最终当选的科赫并非传统的民主党人，在担任国会众议员期间多次批评林登的政策。科赫在国会作证时说，纽约市已裁减了 20% 的政府员工，福利支出砍掉数十万美元，"纽约市不会因为有人在市政厅前抗议示威就改变主意，变化一定会发生，因为这些变化让我们更好地利用城市、州和联邦的资金"。[①] 扣除通货膨胀后的城市预算在 1975—1981 年间下降了 20%，首当其冲的就是公共服务。[②] 用美国学者金·菲利普斯—费恩的说法，"紧缩政治"（Austerity Politics）构成纽约政治文化的重要组成部分，新政式自由主义被放弃，压缩福利受到欢迎。[③]

削减福利开支并非纽约独有，而是 20 世纪 70 年代以来的普遍现象，其原因当然不仅仅是纽约爆发了财政危机，也不仅仅是许多城市存在类似的财政紧张状况，而是美国政治文化的深刻转变。从大萧条期间联邦政府救助城市开始，联邦、州和地方政府不断强化对社会经济事务的干预，二战后的历届总统几乎都在积极应对犯罪、种族骚乱、贫民窟蔓延等城市问题，到林登·约翰逊时代达到顶峰。公共服务量迅猛增长，由此造成纳税人负担变重。然而城市问题非

---

①　Senate Committee on Banking, Housing, and Urban Affairs, *Hearings on Aid to New York City*, 94th Congress, 2d Session, 1978, pp. 1–15. 转引自 Jonathan Soffer, *Ed Koch and the Rebuilding of New York City*, p. 160。

②　Charles Brecher and Raymond D. Horton, *Setting Municipal Priorities 1981*, New York: Rowman and Littlefield Publishers, 1981, p. 2.

③　Kim Phillips-Fein, *Fear City: New York's Fiscal Crisis and the Rise of Austerity Politics*, New York: Metropolitan Books, 2017, pp. 205–302.

但没有缓解反而日益恶化，再加上越战和此起彼伏的社会正义运动，美国社会对政府干预的不满愈加强烈，主张"小政府、大社会"、放松管制、强调地方自我管理和重视市场配置资源之基础性作用的新保守主义逐渐从地方性草根运动发展成全国性政治动员，辐射联邦、州和地方政府，新政式自由主义逐渐被放弃。联邦政府希望州和城市政府在城市问题上承担更多责任，但大多数州在 20 世纪 80 年代以来同样削减开支。纽约州在 20 世纪 80 年代初冻结了福利开支，甚至对纽约市医保经费也设置了上限。经济萧条再度袭来的 1990 年，州长库莫宣布削减十亿美元预算，主要影响州内的医疗、教育、日间照顾和中低收入者住房。纽约是受其影响最大的城市，预计将减少一亿美元的拨款，市长丁金斯坦承"对纽约市和纽约市民来说将造成严重后果"。①

事实上，削减开支并不是为走出危机的临时举措，而是长期政策取向的变化，是城市治理机制的转变。一方面，纽约市政府对社会福利渐趋冷漠，不愿在福利方面投入资金；另一方面，则是对于经济发展热心有加，不断通过减税降费等措施吸引投资。纽约市住房与发展局局长罗杰·斯塔尔在 1976 年毫不讳言地指出，"我们应该接受这样的事实：纽约人口下降，因此要相应缩减城市服务，以

---

① Marianne Arneberg and D. D. Guttenplan, "Cut to the Quick in the City," November 18, 1990, *New York Newsday*. The AIDS Coalition to Unleash Power Box 100, Folder 2, New York Public Library.

便节省大笔开支"，他称之为"有计划的收缩"（Planned Shrinkage）。[1]
科赫的态度更加直白，抨击以往历届政府只重视"如何让纽约成为
美国福利最好的城市"却不关注"就业和增长"。[2] 在 1976 年发布
的五年发展规划中，纽约市虽然承认基本公共服务不足，但仍然主
张"进一步缩减服务开支或者增加税收，或者两者兼而有之"，不但
计划将用于经济发展的预算从 300 万美元增加到 1000 万美元，而且
承诺降低企业税费尤其是房地产业的物业税（Realty Tax）。[3] 从财政
数据也可以看出社会服务类开支显著下降，并且呈现制度化的趋势。
1978 年，爱德华·科赫接替比姆出任纽约市市长，一方面继承并强
化了紧缩政策，另一方面采取积极措施刺激经济发展，重视旅游业、
会展业和生产者服务业，尤其是被称作 FIRE 的金融、保险和房地
产等行业。美国地方政府开支可分为三大类，发展（Developmental）
即促进城市经济的开支如完善基础设施，分配（Allocative）即面
向城市整体的基础性服务开支如教育、消防和医疗，以及再分配
（Redistributive）即特定的福利性开支如面向穷人的救济。[4] 在纽约市，
1975 年以前，位居首位的是再分配，居于末尾的是发展，1975 年财
政记录显示纽约市政开支近四分之三用于福利事项，而在中低收入

---

[1] Roger Starr, "Making New York Smaller," *New York Times*, November 14, 1976.

[2] Charles Brecher and Raymond D. Horton, *Power Failure: New York City Politics and Policy since 1960*, New York: Oxford University Press, 1993, pp. 41-43.

[3] City of New York, "Economic Recovery: New York City's Program for 1977-1981," December 1976, Abraham Beame Papers, Roll 22, Municipal Archives.

[4] Paul Peterson, *City Limits*, Chicago: University of Chicago Press, 1981, pp. 131-133.

人口数量与之相近的芝加哥，相关开支只有总开支的五分之一。^①这一顺序在 1978—1982 年间发生逆转——发展类排居首位、再分配敬陪末座，总开支增长 33%、发展类增长 72%、再分配只增长了 21%，而这一时期的年均通货膨胀率为 7.5%。^②也就是说，扣除通货膨胀，再分配支出几乎没有增加。财政危机后主持纽约财政工作的菲利克斯·罗哈廷评论道："财政危机重新定义了城市政治……以最残酷的形式揭示了任何政府靠自己来创造财富的限度，也揭示了任何政府在缺少牢固私有部门作为基础时靠自己为其居民提供服务的限度。"^③

从历史上看，城市的功能主要包括促进经济增长和为城市人口提供福利两个方面。城市对衰败社区的改造和开发、为贫困人口提供可负担住房和就业机会，这都是提供福利的范畴。财政危机以后，纽约市则日益重视推动经济增长，这也是城市治理新机制的基本特征。在这一模式下，纽约市越发重视企业，尤其是能在全球经济网络中发挥支配性作用的金融、管理等生产者服务业和高技术企业，欢迎中高收入者，对于传统行业和中低收入者则有意漠视。作为传

---

① Janet Abu-Lughod, *New York*, *Chicago*, *Los Angeles*: America's Global Cities, p. 312.

② Charles Brecher and Raymond D. Horton, "Retrenchment and Recovery: American Cities and the New York Experience," *Public Administration Review*, Vol. 45, No. 2 (March-April 1985), pp. 267–274.

③ Martin Gottlieb, "A Decade after the Cutbacks, New York is a Different City," *New York Times*, June 30, 1985.

统中心商务区的曼哈顿在 20 世纪 80 年代以来迎来了快速发展，纽约市拥有大学学历的居民数量在 1970—1980 年间增加了 4.5%，而曼哈顿高达 22.9%，布朗克斯却减少了 36.1%；全市人均收入增加了 96.5%，曼哈顿为 105.2%，布朗克斯却只有 81.5%；全市房租中间值上涨 113.6%，曼哈顿上涨 139%，布朗克斯为 124%。① 曼哈顿尤其是下城和中城在 20 世纪 80 年代经历了快速扩张，高层商务办公区向西南和北部扩张超过 50 英里，向东部和东北部扩张超过 75 英里。② 在城市政策的激励之下，纽约市经济很快摆脱困境，科赫首个任期结束时纽约市已经实现收支平衡。1981 年，纽约市零售额较上年增长 18%，三倍于 6% 的全国城市平均值，两倍于全国郊区平均值。次年纽约市管理与预算办公室副主任查尔斯·巴登伯德告诉记者，"从税收来看，纽约市已彻底告别财政危机"。③ 1985 年，市政援助公司自行解散，市政府恢复了发行债券的自主权。④

但是，城市治理机制的转变在刺激经济增长的同时也带来的非常明显的负面效果，最突出表现就是不均衡发展。与曼哈顿的繁荣相对应的是城市贫困状况的日渐严峻。一个市政府调查委员会在 1988 年时

---

① Neil Smith and Peter Williams（eds.），*Gentrification of the City*，p. 169.

② Dick Netzer，"The Economy of the New York Metropolitan Region，Then and Now，" p. 256.

③ Black Fleetwood，"New York City Economy Prospered amid Nationwide Recession of '80，" *New York Times*，January 12，1981.

④ Lynne A. Weikart，*Follow the Money*：*Who Controls New York City Mayors?*，Albany：State University of New York Press，2009，p. 59.

指出："贫困并非纽约的新现象。今天，贫困居民居住在隔离的社区里，难以找到工作……在这座城市，贫困原本被视作融入社会过程中的一个短期阶段，如今却已成为难以跳出的藩篱，贫困者一生都无法脱离底层阶级的境况，远离社会的其他部分。"① 纽约市独立预算办公室调查发现，1998 年大约有 10 万纽约居民虽然因为收入较低而无需向联邦和州政府缴纳个人所得税，但却要向市政府交税；2007 年这一数字已达到 20 万。② 作为顶尖全球城市的纽约，经济繁荣年代里的贫困现象非但没有好转，反而呈恶化趋势。其实这就是斯塔尔的"有计划的衰退"，也就是有潜力的地方复兴了，无法复兴的地区被放弃了。

实际上正如研究者所言，财政危机的背后是纽约经济转型及其引发的连锁反应，③ 城市治理机制的转变加快了经济转型，最终带动纽约经济走出困境、走向复兴。20 世纪 80 年代是纽约市经济转型的关键时期。1950—1989 年间，纽约市制造业岗位流失了 65％；1977—1997 年间，制造业岗位进一步减少了 57％，在全部就业岗位中的比重只有 8.4％。④ 在美中贸易全国委员会提交白宫的报告

---

① Commission on the Year 2000, *New York Ascendant*：*The Commission on the Year 2000*，New York：Harper Collins，1988，pp. 51，53.

② New York City Independent Budget Office，"Proposed Child Care Credit Would Erase City Tax Burden for Some Families"，*Inside the Budget*，No. 151.

③ 王旭：《1975 年纽约市财政危机》，第 86—93 页。

④ John H. Mollenkopf, *A Phoenix in the Ashes*：*The Rise and Fall of the Koch Coalition in New York City Politics*，Priceton：Princeton University Press，1994，p. 54；David Halle（eds.），*New York and Los Angeles*：*Politics，Society*，Chicago：University of Chicago Press，2003，pp. 87-88.

中，收录大量纽约制造业企业减产、裁员、停工的报告，包括胜家（Singer）等知名美国企业。[1] 经济光谱的另一侧则是服务业的迅速扩张，1955—1970 年间，纽约服务业就业增长 46%，FIRE 就业增长 36%。[2]1975 年 FIRE 总工资占纽约市私营企业工资总额的 17%，2000 年达到 38%。[3]1970 年，纽约市有外国银行 47 家、资产 100亿美元，1985 年外国银行增至 191 家、资产 2380 亿美元、雇员 2.7万人。1986 年《福布斯》列出的全美最大的 100 家跨国公司中，有24 家总部位于纽约市。[4] 1983 年，纽约州统计发现，全州雇员最多的三家企业都是总部位于纽约市的银行。

经济转型不仅带动纽约走出危机和萧条，而且以生产者服务业为主的新型经济结构也改变了纽约的人口结构，重塑了城市的空间格局。与制造业相比，生产者服务业更加依赖于拥有高技术、受过较高层次教育的专业人士，该类群体的数量随着纽约经济转型不断增加；另外，城市运转离不开基础服务，经济繁荣、人口增加更加大了对普通服务业的需求，非正规经济的扩张也创造了大量服务业岗位，因此纽约也吸引了收入较低的普通劳动力。由此，纽约

---

[1]　Business Advisory Service，"Record of National Council for United States-China Trade，1973-1974"，Gerald R. Ford Presidential Library.

[2]　Joshua Freeman，*Working-Class New York：Life and Labor since World War II*，New York：New Press，2000，pp. 167-168.

[3]　State University of New York Levin Institute，"New York in the World：The Impact of the Global Economy on New York State and City，" p. 60，https：//nycfuture.org/pdf/New_York_in_the_World.pdf.

[4]　John H. Mollenkoph，and Manuel Castells（ed.），*Dual City*，pp. 37-38.

逐渐形成了二元劳动力结构。一端是美国人口普查局所称的专业人士—经理人（Professional and Managerial Categories），[1] 并进一步将其划分为四个部分：高级专业人士（Upper Professionals），指的是拥有高智识资源、通常为大型机构工作并活跃在城市经济和文化生活中的群体，主要包括顶级经济、法律、文教和医疗等机构的高管和权威专家；普通专业人士（Rank-and-File Employees），在专业技能和社会地位等方面仅次于前者，主要包括教师、政府法律顾问、社会工作者和工程师等；小微雇主（Small Employer），即拥有小微企业者和次于前两者的专业人士；下层专业人士（Lower-Level Professionals），即拥有专业人士—经理人的工作，但收入不足的中产阶级。该群体的数量在 20 世纪 90 年代初已达到纽约市劳动力总量的 30%，被研究者称作"白领革命"。[2] 另一端是以职员、普通劳工为主的中低收入阶层，其就业者中有相当比例的少数族裔和外来移民。1970—1980 年间，计算机操作员增长了 190%、信息处理员增加了 40%、物流从业者增加了 16.7%，这些技术构成低的工种在计算机和网络技术冲击下薪酬较低；[3] 非正规经济和消费服

---

① 学术界关于"专业人士—经理人"也有其他称呼，如白领、新中产阶级（New Middle Class）和雅痞（Yuppies），这些概念大多涉及该类人群的文化偏好。本书只探讨其对住房领域的影响，因此直接使用美国人口普查局的分类标签。

② Daniel Bell, *The Coming of Post-Industrial Society: A Venture in Social Forecasting*, New York: Basic Books, 1973, pp. 129-142.

③ John H. Mollenkoph, and Manuel Castells（ed.）, *Dual City*, pp. 155, 182.

务业也催生了大量中低收入就业岗位。① 此外，随着经济复苏，纽约市逐步恢复了财政自主权，政府雇员数量增加，工资冻结被解除，除少数技术官僚和专家外，政府雇员也构成中等收入群体的一部分。

伴随经济结构转变的，是文化产业的迅速发展。高技术经济中的文化要素越来越重要，同时文化的产业化也成为经济的重要部门，足以产生巨大的经济效益。纽约发达的经济实力和城市文化资源也为文化产业的发展奠定了基础。纽约分布着大大小小的传媒公司，《时代》周刊、《纽约时报》等全美重要纸媒，在全球具有影响力的电视和新闻公司都聚集在这里。② 1965 年，美国国会批准成立了国家人文艺术基金（National Foundation on the Arts and the Humanities），旨在为高质量的人文活动以及博物馆、档案馆、图书馆等文化机构提供资助，并支持相关的创新活动。③ 基金会下设三个机构，即国家艺术基金、国家人文基金以及博物馆和图书馆学会，

---

① 非正规经济（Informal Economy）即灰色经济（Grey Economy），一般是指在国民经济中未向政府申报登记，而经济活动脱离政府法律法规约束，又不向政府纳税的经济成分。虽然非正规经济并不等同于贫困，但研究证明，非正规经济参与者的收入普遍较低且难以从中获益，见 International Labor Organization，"Women and Men in the Informal Economy，" https: //www.ilo.org/wcmsp5/groups/public/—dgreports/—stat/documents/publication/wcms_234413.pdf，2019 年 1 月 22 日。

② 王旭主编：《美国城市经纬》，清华大学出版社 2008 年版，第 176 页。

③ "National Foundation on the Arts and the Humanities Act of 1965，" http: //www. neh.gov/about/history/national-foundation-arts-and-humanities-act-1965-pl-89-209.

是联邦政府管理和扶持文化产业的最重要部门。① 纽约州艺术委员会负责管理全州的文化事务，纽约市也在 1976 年成立了文化事务局（New York City Department of Cultural Affairs）作为相应机构，为非营利的文化机构确保资金支持，无论其大小。② 纽约富商大贾云集，许多腰缠万贯的财阀成立基金会，服务于公共事业，著名的洛克菲勒基金会就是其中之一。早在 1933 年，该基金会就成立了一个针对失业学者的特别援助基金，用于为深受纳粹影响的德国和奥地利学者创造工作机会。1940 年夏，洛克菲勒基金会又发起了一项欧洲学者紧急援助项目，资助受纳粹迫害逃离欧洲的学者来美工作。③ 在 1933—1941 年间，仅德国、奥地利的赴美学者就达 7622 人，其中有 1090 名科学家、811 名律师、2352 名医生、456 名音乐家以及其他文化工作者，④ 而纽约作为传统移民城市和经济发达地区接收了其中的大部分。在这样的文化交融中，纽约知识界与外来文化相互碰撞激励，丰富了纽约文化，为纽约文化产业的发展注入了新的因素，百老汇成为举世闻名的戏剧王国，纽约知识分子在美国乃至全球戏剧影视圈中占据着重要地位，"任何剧本要是没有经过曼哈顿剧评家

---

① 孙有中、翟峥、张春波：《美国文化产业》，外语教学与研究出版社 2007 年版，第 255 页。

② http://www.nyc.gov/html/dcla/html/about/about.shtml.

③ ［法］艾曼纽·卢瓦耶：《流亡的巴黎——二战时栖居纽约的法国知识分子》，张文敬译，广西师范大学出版社 2009 年版，第 10 页。

④ 李工真：《纳粹德国知识难民在美国的"失语性"问题》，《历史研究》2008 年第 6 期，第 167 页。

和观众的严格鉴定，就称不上成功之作"。[①]百老汇原是曼哈顿岛上一条南北向的道路，从炮台公园向北穿过华尔街、纽约市政厅、麦迪逊广场和时报广场，长期以来是纽约乃至全美最负盛名的表演艺术中心，同时也是一整个完整的产业链，用丰富多彩的戏剧文化活动吸引游客和投资。20世纪60年代以后，受到美国社会变迁和新思潮的影响，先锋剧种和新的表演形式不断在百老汇上演，其周边地区也受到影响，外百老汇（Off-Broadway）乃至外外百老汇（Off-Off-Broadway）也逐渐成为表演艺术的核心地区。百老汇戏剧产业的发展形成了完整的产业体系，包括剧院、艺术团体、配套的企业和协会等服务组织，集中了纽约390多家剧院和180多个演出团体的绝大部分。百老汇在半个世纪前已经是纽约人观赏戏剧的最佳选择，今日也是游客造访纽约不可错过的盛景之一。[②]

财政危机后，纽约城市治理机制的变化也体现在城市空间改造上，随着联邦、州与市政府在空间改造方面的投入逐渐减少，纽约市衰败社区的开发与改造出现了新现象，资本在其中扮演的角色越来越重要，社区开发的目的不再是为居民提供可负担住房，而是建设面向中高收入者的高端住房，以满足经济与人口转型后在城市政治经济与社会领域扮演更重要角色的人群。

---

① ［美］尼尔·彼尔斯、［美］杰里·哈格斯特罗姆：《美国志——五十州现状》（上），中国社会科学院美国研究所编译室译，中国社会科学出版社1987年版，第32页。

② Edward Glaeser, *Triumph of the City: How Urban Spaces Make Us Human*, London: Pan Books, 2011, p. 120.

第三节　绅士化：市场导向下的城市开发新路径

"绅士化"一词由英国学者鲁斯·格拉斯首创，起初被用于描述伦敦中心城市的变化。格拉斯认为，中产阶级迁入劳工阶层的住宅区后，改善了其原有面貌，社区环境得以好转，但老居民却因房价上涨而被迫搬离。[①] 该理论一经提出，得到了许多学者的呼应，并被应用于不同城市和不同街区，用来分析和概括老城区的新变化。最初，绅士化的主要特征是中产阶级家庭涌入中心城市的衰败社区，以及社区内原有破败住房的改造，最终，这些过程能够彻底改变内部社区的阶级构成和主导权。因此在使用中，绅士化一直同时指社区的物理和社会两方面转型。随着世界各地的大都市都开始出现社区改造、翻新、人口替代与复兴现象，绅士化的概念范围已大为扩展，在中心城市衰败社区中的各类投资和再开发形式都可以被称作绅士化。到了 20 世纪 90 年代，欧洲、北美和澳大利亚的政治家和城市研究者都把绅士化作为中产阶级回归中心城市的战略和实现城市复兴的催化剂。从本质上看，绅士化是去管制的城市空间改造，这一改造模式以市场为导向，弱化政府干预，资本完全以获利为目标改造城市空间。"绅士化"一词在大众媒体上得到广泛使用，泛指

---

① 　Tim Butler, *Gentrification and the Middle Class*, pp. 36-37.

新中产阶级居民搬到中心城市的贫穷和工人阶级衰败社区的现象，这一过程刺激了一个原先被遗弃或者忽略的社区，首先是住房的复原，继而带动了商业生活的振兴。

纽约市苏荷区正是通过绅士化运动走向复兴的实例和先驱。苏荷区是曼哈顿西南部的街区，面积不足 100 英亩，与著名的文化艺术街区格林威治村仅一街之隔。这里原本是纽约的工业区，从 20 世纪前期开始在郊区化浪潮的冲击下走向萧条，最终于 20 世纪 60 年代在艺术家的影响下逐渐复兴。今天，苏荷区已被看作城市衰败社区走向复兴的成功范例，其独特的发展路径值得我们思考。然而，现有研究或是将苏荷区的复兴放入绅士化运动中作为个案，或是集中于叙述苏荷区绅士化的过程，却很少将其置于中心城市兴衰的背景中探讨，也很少将其视作中心城市多元化复兴道路的一种。相比之下，中国学术界对绅士化运动的研究并不多，而这一课题既是对城市如何复兴这一全球性难题的探索，又是理解多元化的城市发展道路的重要途径。因此，笔者试图以苏荷区通过绅士化走向复兴的成功典范为案例，考察在战后全球城市面临挑战的时期，衰败城市如何走向复兴。

（一）苏荷的兴衰

苏荷区指的是休斯敦街以南的地区，位于曼哈顿岛西南部，距离曼哈顿南端仅 1.5 英里，包括 43 个街区，东临拉法耶特大街，西接西百老汇大街，南部是运河街，北侧是著名的格林威治村。在历史上，苏荷区的功能曾多次发生变化。荷兰殖民者曾对这里进行过开发，铺设道路，建造房屋，当时的居民主要是获得自由的黑人奴隶。18世纪末，苏荷区出现了几家农场，但交通多有不便，到1822年本杰明·洛德在此经营一家酒馆时，也只能通过百老汇大街与外界相连。但正是从这时起，苏荷区迎来了黄金年代，纽约的达官贵人纷纷在这里安家落户，甚至当时的美国富豪约翰·阿斯特（John Astor）也在此买房置地，于是吸引了更多城市中的中产阶级。苏荷区俨然一处"宜居之地，一处宏大精美的住宅区，三四层的砖砌楼房遍布其间，优雅的廊柱迎候在门前，瘦削的屋顶镶嵌着天窗，此外还有铅制的扇形窗"，1825年成为曼哈顿人口最为密集的地区。①人口的增多带动了商业的发展，在内战前后达到高潮，许多零售业和服务业企业纷纷落户苏荷，19世纪下半期的苏荷见证了零售和批发公司取代住宅区的过程。②1852年，大都会酒店（Metropolitan Hotel）在苏荷开张，1861年和1864年，两家珠宝企业波尔和布莱克公司（Ball, Black & Co.）以及蒂芙尼也分别在苏荷开起了门店，以便接近高端消费市场。高档住宅区的开发和商业的发展彻底改变了原有的空间结构和城市景观，苏荷区从纽约建城之时散布农庄的不毛之地变成了户盈罗绮的繁华场所，在访问美国的特洛普夫人（Frances Milton Trollope）笔下，此时穿过苏荷区的"百老汇

---

① Alistair Barr, "SoHo, New York: Mixed Use, Density and the Power of the Myth," www.barrgazetas.com/papers/SoHo.pdf.

② Kenneth T. Jackson（ed.）, *The Encyclopedia of New York City*, p. 1088.

大街足以与我所见过的任何一条街道媲美，无论其长度宽度、其精美的商铺、整洁的遮雨棚，还是其平整的人行道和穿着得体的路人"。①

随着纽约市人口和工业的不断增长，苏荷区在 19 世纪六七十年代逐渐成为工业区，尤其以纺织业和外贸业为主，年产值逾百万美元。②为数众多的小型企业集中在苏荷区，连同住房和商业一起，这种混合土地利用模式一直持续到 20 世纪中期。而这种混合用地模式不可避免地破坏了景观，19 世纪末，苏荷地区分布着"一连串逼仄的街道和狭小的住房，这些住房大多是独户型……连最起码的装饰也没有，土地价格也大为降低"。③与此同时，苏荷的社会环境也日渐恶化，凶杀和卖淫等犯罪活动不断增加。工商业活动的增加和环境恶化直接导致中高收入居民搬离此处。20 世纪初，苏荷从纽约市的高端住宅和商业区变为工业区，遍布各类工厂，甚至有学者称其为"千年工业中心"（Millenary Manufacturing Center），④可见其工业产值在纽约市的比重之高。据调查，截至 20 世纪五六十年代城市更新运动出台之前，苏荷区分布着大约 650 家小企业、近 1.3 万名工人，

---

① Frances Milton Trollope, *Domestic Manners of the Americans*, Vol. 2, London: Printed for Whittaker, Treacher, & Co., 1832, p. 190.

② http://www.artnyc.com/SoHoHistory.html.

③ Thomas Janvier, *In Old New York*, New York: Garrett Press, Inc., 1968, p. 224.

④ Gerard R. Wolfe, *New York, a Guide to Metropolis: Walking Tours of Architecture and History*, McGraw-Hill Education, 1994, p. 174.

其中有 26% 的企业从事纺织业和服装业，雇用了 42% 的工人。①

如前所述，二战结束后美国大都市区发展迅速，成为经济社会发展新的增长极，中心城市衰败和大都市区横向蔓延成为许多大城市面临的共同问题。1950—1960 年的十年间，纽约市人口下降了 1.4%，而郊区人口则增长了 75%。② 从 1958 年到 1963 年，纽约市零售业下降了 2.2%，而纽约大都市区则上涨了 15.2%。③ 随着纽约经济结构向后工业转变，高技术产业、文化产业的比重不断增加，制造业在经济生活中的重要性下降。1963—1968 年，苏荷区所在的曼哈顿下城有 46 家制造业企业搬走。④ 以传统制造业为主要支柱的苏荷区逐渐走向萧条，成为名副其实的灰色地带（Brown Field）。

苏荷在 20 世纪前期已然成为衰败街区，自然成为城市更新的目标。1962 年，纽约城市俱乐部（City Club of New York）主席罗宾斯（I. D. Robbins）亲自来到苏荷调查，在实地考察和访谈后，撰写了一份名为《纽约市废弃的土地》（*The Wastelands of New York City*）的报告。该报告显示，20 世纪 60 年代初这里有 24 栋住房每

---

① Chester Rapkin, *The South Houston Industrial Area: a Study of the Economic Significance of Firms, the Physical Quality of Buildings, and the Real Estate Market in an Old Loft Section of Lower Manhattan*, New York: City of New York City Planning Commission-Department of City Planning, 1963, p. 12.

② Jon Teaford, *The Rough Road to Renaissance: Urban Revitalization in Urban America, 1940–1985*, Baltimore: The Johns Hopkins University Press, 1992, p. 124.

③ Jon Teaford, *The Rough Road to Renaissance*, p. 130.

④ Sharon Zukin, *Loft Living: Culture and Capital in Urban Change*, New Brunswick, NJ: Rutgers University Press, 1989, p. 35.

平方英尺的租金低于 1 美元、15.4％的房产被弃置，教堂街、哈德逊河和运河街之间只有 75 户人家居住。[①] 罗氏在报告中将苏荷称为"商业贫民窟"（Commercial Slum），建议立刻改变当地的土地利用模式。[②] 而几年前摩西的曼哈顿下城快速路计划正摆在市政府的办公桌上。在摩西的计划中，曼哈顿下城快速路进入苏荷和小意大利地区之后将变成高架公路，这意味着地面建筑将全部被拆除。1960 年，城市规划委员会和财政预算委员会相继批准了摩西这一计划，[③] 而州政府在此前已决定拨款 1.35 亿美元。[④] 1961 年，摩西正式开始了再开发工作，苏荷和小意大利面临灭顶之灾，这里的许多历史建筑将灰飞烟灭，预计将有 1972 户家庭和 804 家企业受影响而前往他处。[⑤] 但该计划的支持者不乏曼哈顿下城协会（Downtown-Lower Manhattan Association）这样的商业组织，该组织曾在 1958 年向瓦格纳和赫兰·杰克提交报告，建议为曼哈顿下城快速路清除 564 英亩的老街区；[⑥] 也包括大通曼哈顿银行（Chase

---

① City Club of New York, "The Wastelands of New York City," 1962, pp. 4-10.

② Stephen Petrus, "From Gritty to Chic: The Transformation of New York City's SoHo, 1962-1976," www.sohoalliance.org/documents/sohorevised.pdf.

③ Charles Bennett, "Canal St. Expressway Gets Planning Body's Approval," *New York Times*, February 4, 1960.

④ Warren Weaver, "State Will Spend 135 Million Here on Expressways," *New York Times*, April 3, 1959.

⑤ Richard P. Hunt, "Expressway Vote Delayed by City," *New York Times*, December 7, 1962.

⑥ "Text of Recommendations for Rebuilding 564-Acre District of Lower Manhattan," *New York Times*, October 15, 1958.

Manhattan Bank）总裁戴维·洛克菲勒等财界巨擘。尽管罗宾斯的报告充满悲观情调，但此时的苏荷区却并非一片萧条。凭借低廉的租金和接近市场的便利，这里仍分布着许多小企业，其工人以妇女为主，并吸引了为数众多的缺乏技术的移民和少数族裔，1967 年约有 30％的工人为西班牙裔。① 像许多被认定为衰败地区而被清除的街区一样，苏荷区居民的生活颇具活力，相互之间联系紧密。快速路的反对者声称，清除苏荷区的建筑将失去 6000 到 10000 个工作机会，并会导致约 1200 个家庭流离失所。② 1968 年 4 月 10 日，受到快速路威胁的苏荷居民举行了听证会，历来反对城市更新运动的简·雅各布斯也参与其中，大声反对拆除计划。会议在混乱中结束，雅各布斯以破坏听证会秩序为由被逮捕，直到次日清晨才重获自由。③ 居民们回到家中，对自己住房的未来依然忧心忡忡。

　　这样，在一个多世纪的历史变迁中，苏荷区经历了繁荣与萧条，在 20 世纪 60 年代走入衰败的谷底，面临着被彻底改造的命运。然而，在居住在这里的艺术家的努力下，苏荷的发展却出人意料地走上了另一条道路，他们用自己的艺术资源推动了苏荷区的复兴。

---

　　① Gail Garfield Schwartz, "Industrial Accommodation in New York City: The Women's And Children's Undergarment Industry," Doctoral Dissertation, Columbia University, 1972.

　　② Stanley Penkin, "The Lower Manhattan Expressway: The Life and Death of a Highway," M. A. Thesis, Columbia University, 1968, pp. 16–68.

　　③ Anthony Flint, *Wrestling with Moses*, p. xiv.

（二）绅士化与苏荷的复兴

绅士化的第一个阶段往往是绅士化者入住衰败社区，他们充当拓荒者的作用，通过自己的资金改善环境，从而吸引更多的中产阶级和富有居民入住。在苏荷，并不富裕的艺术家充当了绅士化者。

20 世纪 50 年代末 60 年代初，由于低廉的房租，纽约许多艺术家纷纷搬入苏荷，住在 19 世纪留下来的统楼房中。这一类型的住房大多有四到六层，由砖瓦和铸铁建造，结实牢固，面积大并且隔断少，第一层常常用作办事大厅或商店，楼上的几层天花板较高，可以用作仓库或厂房。[①] 随着苏荷区的萧条，特别是曼哈顿下城快速路的建设提上议事日程后，这些统楼房逐渐空置，租金很低甚至已被人抛弃，因而得到并不富裕的艺术家的青睐。同时，格林威治村曾是纽约文化艺术的中心，但随着城市更新运动的展开，那里原有的艺术氛围和街头景观被推土机铲平，新建的高层公寓租金不菲，许多艺术家不得不到一街之隔的苏荷另寻出路。一些富有的艺术家也愿意搬进这里，以便获得艺术灵感。根据纽约区划条例，苏荷区是工业区，因此，艺术家们是以非法身份在此居住的。为了保住自己的生存环境，为了在苏荷区继续生活下去，他们从一开始便卷入到与城市更新运动的斗争中，首先要做的就是争取将苏荷区变为可居住区。1961 年，苏荷艺术家们组织起艺术家租户协会（Artist

---

① Kenneth T. Jackson（ed.），*The Encyclopedia of New York City*, p. 1088.

Tenants Association ），呼吁政府允许在此定居。他们向纽约市市长罗伯特·瓦格纳请愿，要求市政府保护苏荷区艺术家的居住权。1961年，纽约州劳工部部长发表演说，呼吁全社会支持艺术活动，[①]次年，他再次敦促各界为艺术家提供帮助。[②]1964年，为抗议政府的驱逐行动，约1000名艺术家在纽约市政厅前示威，有80多家画廊自动关门歇业表示对他们的支持，终于促使纽约州议会在同年准许艺术家们在苏荷区居住和工作。

为了免于被拆除的命运，艺术家们行动起来，通过自己的努力证明苏荷区的复兴可以依靠艺术活动，而不必兴建快速路。1968年，苏荷区艺术家们又发起成立了"艺术家反对曼哈顿下城快速路协会"，极力反对建设快速路。与此同时，艺术家凭借自己的鉴赏力和创造性，着手改变这里破败的城市景观。少数富有的艺术家不惜一掷千金，画家德布拉·雷明顿耗资三万美元装修自己的住房，[③]而大部分艺术家居民虽然无此财力，但也投入了时间和创意改造破旧的统楼房。这种建筑由铸铁和砖瓦建造，原本就有古朴典雅的风格，有些建筑甚至装饰有精美的廊柱，更显古典特色。经过艺术家

---

① "Text of Goldberg's Statement Urging U. S. Support for Performing Arts," *New York Times*, December 15, 1961.

② Arthur J. Goldberg, "To Come to the Aid of the Arts," *New York Times*, March 11, 1962.

③ Aaron Peter Shkuda, "From Urban Renewal to Gentrification: Artists, Cultural Capitals and the Remaking of New York's SoHo Neighborhood, 1950-1980," Ph. D. Dissertation, The University of Chicago, 2010, p. 271.

的装修后，这些统楼房重新焕发了鼎盛时期的光彩，并借由报纸和宣传手册广为人知，美国学者莎伦·祖金（Sharon Zukin）认为这类改造不仅展现了苏荷区艺术家的创造力，对吸引居民也起到了促进作用。① 一些中高收入者正是在了解了苏荷区的变化后选择迁入的，他们的到来彻底改变了苏荷区衰败的命运。随着越来越多的富人搬入苏荷，更多的统楼房被修葺一新，那些并非艺术家的普通居民为追求美感，往往雇用专业的装修公司来为其设计施工。在这一过程中，苏荷区的街头面貌也随之改善。在 2007 年出版的一本介绍纽约市的旅游指南中，苏荷区已不再是那个衰败的萧条街区，而被列为"最佳购物场所"，是"富人区、游客青睐的景点，在这里可以找到顶尖的艺术家"，② 足见 30 多年间苏荷的巨大变迁。

　　绅士化也带动了苏荷地区的经济复苏。尽管苏荷区艺术家的收入较低——1964 年，曼哈顿下城地区的艺术家平均收入为 5200 美元，低于当年美国平均收入的 6249 美元③——但他们通过开办艺术展和艺术节等活动吸引游客，间接刺激了商业的发展。20 世纪五六十年代，苏荷区一片萧条，人口和就业外迁，商业活动渐趋凋零，甚至基本的生活服务也无法保障，消防、垃圾处理等公共服务陷于停顿。随着制造业搬离，苏荷区空置的楼房不断增多，租金随

---

① Sharon Zukin, *Loft Living*: *Culture and Capital in Urban Change*, p. 60.

② Brian Silverman, *New York City for Dummies*, Hoboken: Wiley Publishing, Inc., 2007, pp. 11, 21.

③ http://www.census.gov/hhes/www/income/histinc/f07ar.html.

之下降，低廉的价格使得并不富裕艺术家得以开办画廊和工作室，同时也吸引了商业和服务业入驻。艺术家自己的活动对苏荷区复兴的影响更为明显也更为深远。美国学者理查德·佛罗里达在著作中提出了"创意阶层"的概念，认为这一新的人群正通过自己的创造性活动促进经济发展，生产新的文化，而艺术家正是其中一员。[1]苏荷的历史见证了"创新性阶级"的力量，艺术家们为苏荷创造了高额的经济效益和浓厚的人文氛围，吸引了纽约市其他地区的人口，其中不乏郊区居民来此寻找新的生活方式，是引发绅士化运动的催化剂。到了 20 世纪 70 年代初，《纽约时报》惊奇地发现，越来越多的餐馆、精品店和艺术工作室在苏荷开张。[2]1970 年 5 月，首届苏荷区艺术节开幕，展出苏荷艺术家们的各种作品，供来自各地的游客参观。人们或许想象不到，一个个精美的画廊曾是轮旋齿转的工厂，也曾是人去楼空的老屋。此次艺术节成功地向纽约市展示了艺术的力量，市政府也彻底改变了对苏荷区艺术家的态度。1970 年 9 月，原本支持曼哈顿下城快速路的纽约市市长约翰·林赛在一次听证会上表达了对苏荷区艺术家的支持，他告诉听众和媒体，"苏荷艺术家社区的形成是纽约市成为全美乃至世界创造性中心的保障"。[3]没有什么比市长的这句话更明确地揭示了艺术对城市发展和复兴的

---

① Richard Florida, *The Rise of Creative Class*: *And How It's Transforming Work*, *Leisure*, *Community and Everyday Life*, New York: Basic Books, 2002.

② "A Downtown Frontier of Boutiques and Studios," *New York Times*, 12 July, 1972, p. 44.

③ Aaron Peter Shkuda, "From Urban Renewal to Gentrification," p. 224.

意义了。

　　除此之外，纽约市政府在保护苏荷区方面也做出了努力。1965 年，纽约市先于国会通过了《地标保护法》(Landmarks Preservation Law)，随后成立了地标保护委员会（ Landmarks Preservation Commission) 作为市政府的组成部门之一。自成立伊始，委员会便积极介入苏荷统楼房的保护中。1966 年，该委员会呼吁住房与再发展委员会（ Housing and Redevelopment Board) 保护统楼房，避免其丧身城市更新运动的铁铲之下，"大众普遍不了解统楼房所代表的重要文化传统，这些早期的铸铁建筑对铸铁技术的发展发挥了巨大影响，并为摩天大楼的建设铺平了道路"。[①] 同年，国会通过了《国家历史遗迹保护法》(National Historic Preservation Act)，授权市政府建立历史遗迹保护区，并鼓励州政府和地方政府在保护历史遗迹上采取更加积极的态度。[②]1973 年，苏荷区的 26 个街区正式成为历史遗迹保护区，包括休斯敦街、运河街、西百老汇大道、百老汇大道以及霍华德街和克罗斯比街之内的区域，这里是全世界统楼房分布最为密集的地区，其中的大部分楼房建造于 1860—1890 年间，见证了苏荷商业和制造业的繁华。成为历史保护区意味着市政府不得任意拆除这些建筑，除非获得地标保护委员会的许可。尽管《地标保护法》的通过与苏荷区艺术家并没有直接关系，但两者都是从文化层面出发对苏荷区

---

　　① Aaron Peter Shkuda, "From Urban Renewal to Gentrification," p. 149.

　　② Normal Tyler et al., *Historic Preservation : An Introduction to Its History, Principles and Practice*, New York : Norton & Company, 2009, pp. 27-50.

进行了保护。

　　成为历史遗迹保护区不但使得这一地区免除了被强行拆除的危险，同时提高了地产价值，吸引房地产商来此投资。由于遗迹保护法并没有约束统楼房内部的开发，这为开发商改造提供了便利条件。1975 年，纽约市市长亚伯拉罕·比姆签署法案，允许投资商将原本用作商业和制造业的统楼房改造为住宅楼，并给予一定的税收优惠，这样，在苏荷区定居就不再是非法活动了。此时正值纽约财政危机，统楼房的开发将使多方受益，既可以通过征收房地产税增加政府的财税收入，又为统楼房进一步吸引居民扫除了障碍，银行也乐于为这样的项目提供贷款。随着苏荷区及其他地区统楼房向住宅楼的转变，其优美的建筑风格和多样化的街头文化吸引了更多中高收入者留在城市中，苏荷区租金价格也一再上涨。1970 年，统楼房租金已上涨两倍，原本月租 100 美元的住房已上升至 200—300 美元。仅仅四年后，统楼房租金进一步上扬。面积在 1500—2500 平方英尺间的住房月租金在 350—450 美元之间，已是 20 世纪 60 年代末期的四倍。①《纽约杂志》(*New York Magazine*) 的广告显示，面积大、功能多的统楼房月租金甚至高达 1000 美元。② 苏荷居民的构成以白领为主，1977 年的统计显示，大部分统楼房居民拥有大学学历，年龄在

---

　　①　Aaron Peter Shkuda, "From Urban Renewal to Gentrification," p. 288.

　　②　*New York Magazine*, 4 Sep. 1978, p. 99, http: //books.google.com.hk/books?id=94kX9KxvgnMC&pg=PA66&dq=apartment+living&hl=en&sa=X&ei=QQOAT_-xF-mViQfN-tyeBA#v=onepage&q=loft&f=false.

20—40 岁之间。① 经验证明，这一年龄和学历结构的人口正是推动城市经济社会发展的重要力量。

（三）下东区绅士化

在纽约市，绅士化并非只出现在苏荷，下东区同样经历了绅士化。与苏荷不同的是，纽约市政府通过政策引导间接介入了下东区的绅士化。

下东区是曼哈顿东南部的一片街区，东西以东河、鲍威利街为界，南北以运河街、休斯敦街为界，分为北部的东村（East Village）、南部的华埠（Chinatown）和西部的诺丽塔（Nolita）三大部分。19 世纪末起，这里成为纽约新移民的落脚地，也是贫困者的聚居区，"在过去的一个世纪里，这里是曼哈顿东哈莱姆以南地区唯一一个以贫困居民为主的社区，在可预见的未来，这一情形恐怕不会改变"。② 然而不过十年间，下东区却经历了几乎革命式的转变，房价直线上升，百万美元级的豪宅不断刷新当地的交易记录。如今的下东区尤其是东村已成为纽约时尚地标，充满历史感的老建筑、移民带来的多元文化景观和带有反潮流亚文化特征的酒吧以及前卫而不乏艺术气息的画廊吸引着年轻人也吸引着观光客。这

---

① Kristina Ford, *Housing Policy and Urban Middle Class*, New Brunswick, N. J.: Center for Urban Policy Research, 1978, p. 187.

② Harry Schwartz and Peter Abeles, *Planning for the Lower East Side*, New York: Irvington Publication, 1973, p. 10.

里已经成为又一个苏荷。2013 年，纽约市宣布启动下东区埃塞克斯十字路口公寓项目，包括 44 间公寓，售价在 127—700 万美元之间。①

纽约市政府为改造下东区进行了多次尝试。1943 年，市政府与大都会人寿保险合作在下东区建设了施泰因文森特城，1947 年完工时是当时美国规模最大的贫民窟清理和重建项目。城市更新开始后，市政府利用联邦资金大规模拆除衰败社区，下东区部分地区也在改造之列。随着 20 世纪 70 年代后纽约经济日渐困窘，再加上联邦资金的大幅削减，大规模改造逐渐停止，直到 20 世纪 80 年代经济复苏，下东区再开发才提上议事日程。不过，纽约市政府不再遵循清理—重建的旧模式，而是通过推进绅士化促进下东区开发。

与其他绅士化社区一样，下东区具有独特优势。除了较低的房价外，位于曼哈顿下城、靠近纽约中心商务区的地理位置使其能够满足专业人士—经理人就近工作的需求；来自世界各地的移民塑造了这里丰富而多样的文化风格，尤其是二战后波多黎各移民大量涌入纽约，以及 19 世纪后半期逐渐成形的华埠，使得多种异域文化在此交融，孕育着有别于郊区的生活方式；大量传统建筑与二战后流行一时的现代主义风格别若霄壤，适合专业人士—经理人的品位。因此，伴随着纽约经济的转型复苏，下东区成为他们所热衷的聚居区，也引起了开发商和市政府的注意。学术界早已注意到下东区尤其是东村

---

① Ronda Kaysen, "Redefining the Lower East Side," *New York Times*, October 7, 2016.

的绅士化，但关注点主要在于市场力量尤其是亚文化的影响。① 实际上，绅士化的开展不仅美化了下东区的环境，满足了在中心商务区工作的专业人士—经理人的居住需求，也为市政府带来了可观的收入，因此纽约市运用多种措施激励绅士化的推进，主要是前文提及的税收激励和对市有房产的处理。据统计，到 1980 年，开发商利用该项目已将东村超过 3700 套房产改造或翻新成为高档住房。此外，市有住房也是市政府推进绅士化的重要资源。下东区的市有房产超过 500套，市政府极力将其以各种名目低价出售给开发商，1984 年，市政府决定将 207 套市有房产出售给开发商，预计可得 1500 万美元。② 政府甚至启动了返还程序——原房东只要承诺在一定期限内补缴税款就可重新获得被政府收走的房产。这些举措不但直接加快了绅士化进程，而且形成了示范效应，强化了开发商对政府推进绅士化的预期。正如城市规划委员会的研究所发现的那样，市政府对 J-51 项目的支持和出售市有住房的行为使得更多开发商相信，投资下东区的衰败社区将是有利可图的事业。③

如今，东村已经在地图上被单独标出，以表示其与下东区其他

---

① Janet L. Abu-Lughod, *From Urban Village to East Village*, pp. 121−188；Christopher Mele, *Selling the Lower East Side：Culture, Real Estate and Resistance in New York City*, Minneapolis：University of Minnesota Press, 2000, pp. 220−254.

② Anthony Depalma, "Can City's Plan Rebuild the Lower East Side," *New York Times*, October 14, 1984.

③ William Sites, *Remaking New York：Primitive Globalization and the Politics of Urban Community*, Minneapolis：University of Minnesota, 2000, p. 83.

地区的不同。年轻的专业人士—经理人纷纷来到这里，带来了他们喜好的高档酒吧和咖啡店，原本兴盛一时的跳蚤市场逐渐销声匿迹。纽约市警察局将其列为重点服务地区，并设置了警务强化平台，治安状况明显好转，此举进一步吸引了专业人士—经理人搬到这里。[①]24 岁的房地产经纪人苏珊·凯丽就是其中一员，在这里她看到的是开始，"好多年轻的专业人士坐在街边的长椅上闲聊，领带也解开了……这里越来越有整体的感觉，每一天都在发生变化"。但绅士化的负面效应也很明显。下东区的绅士化甚至被学者称作"超级绅士化"（Hypergentrification）即开发商的投入之高，相对当地居民收入之低和社区的衰败状况不成比例，由此不难想见其影响之大。与苏珊·凯丽不同，皮革鞣制工芭芭拉·肖恩看到的是结束，"邻居们一个个提着行李箱走了，这个邻里眼看着就消失了"。她在东 11 街住了 21 年，不明白"为什么他们来了，为什么我们要走了"？[②]绅士化虽然集中在东村，但周边地区的房价在其影响下也不断上涨，1979—1982 年间下东区房价中位数已从 3300 美元上升到超过 10000 美元。[③]上涨的房价给租住在这里的中低收入者造成了巨大压力，其房租应声而涨，肖恩这样的原有居民被迫迁出。政府对此并非全

---

① Colin Moynihan, "In the Changing East Village, Making a Game of Remembering the Old Times," *New York Times*, December 25, 2008; Patrick J. Carroll, "Lower East Side Did Not Win in Order to Lose," *New York Times*, January 12, 1985.

② Lisa Belkin, "The Gentrification of East Village," *New York Times*, September 2, 1984.

③ William Sites, *Remaking New York*, p. 82.

无了解，一位匿名官员告诉当地媒体："问题的关键就在于绅士化，但我们被要求跟着它的脚步走……鼓励这里的居民花钱装修房子，然后告诉他们，为了进步你们得离开这里，这是错误的做法。"[①] 在市政府看来复兴衰败社区的绅士化，在老居民看来却是致其被迫流离失所的元凶，因此不断出现反对绅士化的抗议活动。从 20 世纪 70 年代末开始，下东区社区组织频繁抗议，或反对 J-51 项目等税收激励方案，或提出市有房产的处理方案，在罗伊塞达，波多黎各移民发起了 "罗伊塞达战争集会"（Loisaida Wars Party）的活动，抗议政府将市有住房低价出售给开发商。[②]1981 年，纽约市在抗议者的压力下取消了将工业建筑改造为住房的优惠，也对曼哈顿地区改善项目的税收补贴进行限制，但开发商仍可通过税收减免降低成本。

面对下东区的抗议，纽约市也注意到可负担住房不足的问题，1981 年发起的 "艺者之家" 项目（Artists Home Ownership）就是回应。该项目计划将两个街区的市有房产出售，部分给艺术家本人直接改造，部分给开发商进行改造后出售给艺术家，共计 16 栋建筑、包括 120 套住房。两个街区都不在绅士化的东村，其中一个位于罗伊塞达，纽约市为此提供 170 万美元的资助。该计划 "将有助于在下东区消灭房产弃置现象并增强社区活力，也是纽约市首次

---

① Susan Baldwin，"The City and Clinton Tenants Spar on Leases，"*City Limits*，December 1980，p. 11.

② Wes Thomas，"Dare：Dykes against Racism Everywhere，"*Big Apple Dyke News*，May-June 1983，p. 4.

用市有房产为收入不高的艺术家提供拥有住房的机会"。关于该项目，科赫向媒体解释道："艺术家们总是流离失所，他们最先来到一个衰败社区，做好了前期工作，却是后面来的人获益，就像在苏荷那样……我不反对苏荷，但我们要创造机会让收入不高的艺术家们拥有自己的住房。"然而"艺者之家"项目却并未受到下东区居民的欢迎，"这里不需要售价五万美元的住房，这里只需要满足低收入家庭的住房。艺者之家是在推进绅士化，最终将把居民们赶出去"。① 项目听证会在混乱中结束，下东区联合规划委员会发起了大规模的抗议活动，最终"艺者之家"被纽约市预算委员会否决而流产。1985 年，纽约市针对下东区提出了交叉补贴社区规划（Cross-Subsidy Community Plan），将这里的 207 套市有房产和 217 个空闲地块以市场价出售给开发商，其收入将用于在下东区改造或新建 1200 套可负担住房。但下东区居民并不满意这种交叉补贴，1985 年联合规划委员会向市政府提交了住房项目建议，希望市政府将下东区目前所有空置的市有房产改造为可负担住房，并设立社区特别保护区以保障租户的权益、稳定租金水平。该建议也得到了犹太人联合委员会的支持。② 实际上，市政府并非真的想要解决下东区可

---

① Leslie Bennetts, "16 Tenements to Become Artists Units in City Plan," *New York Times*, May 4, 1982; Grace Glueck, "The Mayor's Lower East Side Story: Tenements into Co-opts for Artists," *New York Times*, August 11, 1981.

② George W. Goodman, "A New Plan for the Lower East Side," *New York Times*, January 6, 1985.

负担住房不足的问题，其交叉补贴社区规划缺乏可行性研究，也没有提供具体的资助信息和途径，正如一位匿名官员所言，"我们没有一套政策支撑这一规划，我们的目的只是发表关于可负担住房的声明"。①

直到"住房建设十年计划"启动，纽约市才真正重视起下东区可负担住房不足的问题。1986 年，新任纽约市住房管理局局长保罗·克罗蒂邀请多位下东区社区组织领导人共同协商以何种方式增加可负担住房，此举得到了社区组织的支持。经过将近六个月的谈判，双方最终于 1987 年 6 月达成新的交叉补贴计划——下东区的 1000 套市有房产以市场价格出售给开发商改造开发，另外 1000 套则改造为可负担住房；后者中的一半面向低收入者即年收入在 1.5 万美元以下者，一半面向中等收入者即年收入在 1.5—2.3 万美元者。即便如此，市政府依然更重视绅士化，在达成的协议中，政府给予开发商 2000 万美元的资助，而对可负担住房的资助则只有 500 万美元。② 随着 1987 年 10 月华尔街爆发股灾，纽约经济应声跌落，可负担住房也遭遇寒冬。萧条直接冲击了房地产市场，上东区高档住房交易量显著下降，1988 年 1 月新房销售量同比下降 9%。③ 上

---

① Jim Sleeper, "Furor over City's Lower East Side Scheme," *City Limits*, August/September 1984.

② Alan Finder, "Lower East Side Housing: Plans and Conflict," *New York Times*, May 14, 1988.

③ Mark Mccain, "New Data Show Sharp Impact of Crash," *New York Times*, March 13, 1988.

述交叉补贴协议自然受到影响，下东区可负担住房项目刚刚启动便陷入停滞，此后直到戴维·丁金斯就任新市长，纽约市再未采取资助措施，而是全力推动绅士化进程以激活房地产市场、带动经济走出萧条。联合规划委员会主席弗朗西斯·戈尔丁承认，"正是因为丁金斯和住房局局长费利斯·米切蒂，下东区才有了面向低收入人群的住房"。①

　　哈莱姆也经历了绅士化。哈莱姆在 20 世纪 70 年代中期有超过 60％的住房属于市有住房，20 世纪 80 年代后越来越多的中产阶级购房者来到这里，市政府则加快将市有住房推向市场，其中不少并未经过社区认可就出售给开发商并被改造成中高收入者住房。② 曼哈顿律师凯文·麦克尼尔的故事反映了这一趋势。他与妻子均毕业

---

　　①　William Sites, *Remaking New York*, p. 88.

　　②　市有住房（In Rem Housing）是产权归纽约市政府所有的房产。纽约市在 20 世纪六七十年代陷入城市危机，经济萧条、富裕人口迁往郊区、公共服务水平下降，贫困居民尤其是少数族裔比例上升，聚居在城市部分社区中，种族骚乱频发。受此影响以及社会治安状况的整体恶化，许多房产尤其是衰败社区的房产乏人问津以致租金下降乃至长期空置，而房东依然要为其缴纳房产税。为了不再交税，出现了各种弃置房产的手段：故意拖欠税款，因为纽约市规定逃税满三年其房产收归政府所有；甚至不惜纵火，既可以抛弃房产，还可以骗取保险公司理赔；也有租户主动纵火，以便让市政府优先为其安排更好的租屋。为杜绝逃税，纽约市规定只要逃税一年其房产即收归政府所有，结果反而刺激了房东逃税，因为原本逃税三年才能彻底抛弃房产，现在只需要一年。参见 David Arsen, "Property Tax Assessment Rates and Residential Abandonment: Policy for New York City," *The American Journal of Economics and Sociology*, Vol. 51, No. 3（Jul. 1992），pp. 361-377；Bruce Bender, "The Determinants of Housing Demolition and Abandonment," *Southern Economic Journal*, Vol. 46, No. 1（Jul. 1979），pp. 131-144。

于哥伦比亚大学，此前租住在里弗赛德大道旁的一间公寓，在 1983 年以 12.5 万美元买下了哈莱姆的一栋联排别墅，因为他们相信这里终将成为中产阶级的新社区。[①] 到 1985 年，政府加快了出售哈莱姆市有房产的步伐，曾被用于校舍的一栋哥特式建筑以 250 万美元出售给开发商，后者将其改造为"豪华合作式住房"并以每套 15 万美元的价格出售。[②]1980—1982 年间，哈莱姆房地产交易数量呈上升趋势，1983—1984 年间，当地房产每笔平均成交价格从 5 万美元增至 11 万美元。进入 20 世纪 90 年代，哈莱姆的复兴势头更趋明显，不仅居民中的黑人比例在下降，而且家庭收入的平均值有了较大增长，受教育水平也大为改善。[③] 在布鲁克林也出现了这一现象，20 世纪 60 年代，许多专业人士移居布鲁克林古老的褐砂石建筑中，阻止城市更新运动拆除这些老建筑，他们居住的布鲁克林褐砂石建筑区如同苏荷区一样，渐渐经历了复兴过程，从被人废弃的不毛之地变成了富人居住的社区。1971 年的调查显示，这里的居民以白人为主，大多家庭富裕，人均收入超过纽约市平均水平，99.9％的居民拥有高中学历，超过 60％曾接受大学教育。[④] 绅士化是城市更新

---

① Lee A. Daniels，"Townhouses in Harlem Attracting Buyers," *New York Times*, August 21, 1983.

② Kirk Johnson，"Suddenly, The Barrio is Drawing Buyers," *New York Times*, June 2, 1985.

③ 孙群郎、黄臻:《纽约哈莱姆区的绅士化及其影响》,《求是学刊》2011 年第 6 期。

④ Suleiman Osman, *The Invention of Brownstone Brooklyn: Gentrification and the Search for Authenticity in Postwar New York*, New York: Oxford University, 2011, pp. 11-12.

运动之外另一条拯救中心城市的道路，与后者不同的是，绅士化是居民自主的行动，很少甚至没有政府的参与，是与郊区化同时发生的改变城市空间结构的城市现象。①

（四）绅士化对中心城市复兴的意义

休斯敦街和西百老汇大街的交汇处是格林威治村和苏荷区的分界线，倘若今天的游客站在这里举目四望，一定会发现两侧的景象大相径庭。北面的格林威治村虽曾以其古朴典雅的褐砂石老建筑闻名遐迩，但如今映入眼帘的却是高耸的住宅楼和街边的人工草坪；而向南望去，苏荷则是另一番风景，密集的街道通向四方，零星的老树拥抱着低矮的旧房，历史仿佛依然停留在这里。

苏荷和下东区等地发生的上述变革是典型的绅士化。自20世纪五六十年代以来，美国许多中心城市都经历了类似过程。尽管对绅士化尚存争论，但学术界对其基本内涵已取得共识。城市土地研究所的调查显示，1975—1979年间，美国88个人口在15万以上的中心城市，经历某种程度的绅士化的城市，其比例由65%上升至86%。② 此后美国虽遭遇经济危机而绅士化现象有短暂停滞，但危机过后很快又

① Suleiman Yusuf Osman，"The Birth of Postmodern New York：Gentrification，Postindustrialization and Race in South Brooklyn，1950-1980，"Ph. D. Dissertation，Harvard University，2006.

② 孙群郎、常丹丹：《美国内城街区的绅士化运动与城市空间的重构》,《历史研究》2007年第2期。

重新开始。与苏荷类似，英国小镇布什米尔斯也通过艺术走上了复兴道路。这座小镇邀请艺术家将沿街店铺美化一番，吸引了游客关注，也吸引了中产阶级入住。[1] 在澳大利亚的悉尼，中心商务区及其周边的老工业区也在走苏荷区的复苏道路，将古老的厂房转变为居住区，以吸引艺术家入住。1979 年，悉尼中心城市的一栋老仓库变成了公寓住房，掀起了悉尼绅士化运动的大幕。20 世纪七八十年代，悉尼的艺术家和音乐家们逐渐将中心城市的老厂房和维多利亚时代的旧宅变成工作室和房租低廉的住房，到 20 世纪 90 年代，这些住房的价格已然节节攀升，许多富有的居民更愿意将家安在这里。尽管有所争议，有学者将悉尼的绅士化称作"苏荷综合征"。[2]

绅士化对中心城市复兴的作用，最直观地体现在城市景观的改善上。率先来到苏荷区的艺术家们身体力行，通过自己的创意改变了破败萧条的社区景观，随后而来的中产阶级继续修缮原有的居住环境。与此同时，各种酒店、画廊和精品店纷纷涌现，公共空间较之以前大为整洁。而地价的不断上升吸引了投资者的目光，大笔资金随之而来，带来了更大规模的修缮。人口和房产价值的增加、以中产阶级为主的居民结构和社区环境的改善，共同降低了犯罪率，营造了浓厚的人文氛围，完善了公共服务，同时也创造了更多就业

---

[1]　Sara Smyth, "High Street Brought Back to Life by Art: Boarded-up Shops in Recession-hit Town Painted over So They Look Like They Are Still in Business," *Daily Mail*, August 31, 2013.

[2]　Wendy S. Shaw, "Sydney's SoHo Syndrome? Loft Living in the Urbane City," *Cultural Geographies*, Vol. 13, No. 182, pp. 182–206.

机会。居民之间关系也更为融洽，街头文化丰富多彩，这就是利兹所谓"解放性的城市"，即绅士化促进了社区居民之间的团结，为他们提供了相互影响的机会。① 就苏荷区而言，艺术对社区复兴产生了不可替代的作用，不仅直接创造了经济机会和商业价值，而且从整体上改善了居住环境，为其进一步发展奠定了基础。

更为重要的是，绅士化是中产阶级入住中心城市的运动，具备专业技能的中产阶级的到来，进一步促进了中心城市经济结构的转变。二战以后，美国经济发生了深刻转型，从以制造业为主要动力的工业经济向以服务业为主的后工业经济转变。伴随这一转变而来的是许多新兴的高技术城市，它们以高技术产业、通讯、金融服务、大众传媒等为主导产业，如加州的硅谷、亚拉巴马州的亨茨维尔以及得克萨斯州的奥斯汀等，都是此类后工业城市。与此同时，许多传统中心城市也经历了经济结构的调整，如纽约市，制造业不断搬出，新型产业相继落户。1977—1989 年，法律咨询、广告以及投资银行等金融业提供了 27.1 万个工作岗位，医疗保健、教育等提供了 52.7 万个就业机会，娱乐、旅游和文化产业也贡献了 6.8 万个岗位。② 不仅如此，二战后纽约大都市区逐渐成长为全球性城市，成为国际政治经济文化的权力中心。为数众多的大型企业将总部设在

---

① Lees L., "A Re-appraisal of Gentrification: Towards a Geography of Gentrification," *Progress in Human Geography*, Vol. 24, No. 3, pp. 389–408.

② Matthew P. Drenan, "The Decline and Rise of the New York's Economy," in John Hull Mollenkopf and Manuel Castells（eds.）, *Dual City*, 1991.

纽约，曼哈顿地区尤为密集。1986 年，在全美最大的十家持有外国存款的银行中，就有六家的总部位于纽约市。① 与世界其他国家和地区的密切往来使得企业的经营和管理更为复杂多样，非专业人员不能胜任，而且很多事务需要紧急处理或当面处理，而居住在郊区的白领工作者很可能无法满足企业运营的需要。绅士化运动改变了这一切，中产阶级搬入中心城市居住，大幅降低了通勤时间，能够满足现代企业管理之所需，他们的到来提高了房租，拉动了消费，丰富了城市社会生活，从而促进了城市走向复苏。

　　绅士化是 20 世纪城市变迁大潮中的一股新兴力量，是多元化城市发展道路中的一支。当代社会科学的发展为城市复兴提供了更多的理论视角，产生了新的认识，人的因素得以凸显，人成为当代城市发展的最重要推动力量，而非物质条件，满足人的需求而非追求 GDP 增长才是城市化、城市发展的核心。美国社会学家莎伦·祖金以纽约市为例研究了艺术与城市的关系，其中也包括苏荷区。她认为，苏荷吸引中高收入者的魅力在于其由厂房转变为住房的统楼房，并将这种转变称作"生产的艺术模式"（Artistic Mode of Production），这种模式的出现得益于美国人越来越多的休闲时间和更为"精妙"（Sophisticated）的消费方式。② 因此，中心城市的复兴和发展可以通过文化来引导，而不必以促进 GDP 为唯一参照对象。正如美国学者伊丽莎白·克丽丝所言，当代经济发展的核心

---

① Paul L. Knox and Peter J. Taylor（eds.），*World Cities in a World-System*，p. 187.
② Sharon Zukin，*Loft Living*，p. 176.

要素是人，艺术对于经济的重要性正是通过其对人的影响而产生的，"艺术和文化在经济发展中的重要性尽管研究成果不多，但在城市、区域乃至全球经济中正迅速成长为一股支配性的力量"。[①]绅士化正是艺术促进城市复兴的典范。

但绅士化的弊端也非常明显。如同苏荷区绅士化所揭示的那样，绅士化最初是本地居民的自发行为，试图改变居住环境。但经过改善的社区却吸引了开发商的关注，资本投入空间改造，提升了社区环境质量，吸引中产阶级迁入。但这一过程也导致房价上涨，原有居民反而无力负担，只得搬离绅士化社区，重新寻找新的落脚之处。因此，绅士化往往伴随着明显的过滤机制，贫困居民被过滤，留下的是较高收入的中产阶级。在人口的过滤中，社区的文化多样性也减少了，绅士化社区最初所标榜的多元文化、传统风貌和历史遗存逐渐消失。

更为严重的是，与传统社区不同，绅士化社区有明显的私有化倾向，即社区只对本社区居民开放，其内部设施不与外部人群共享。特别是绅士化背后有越来越多政府政策的支持，这种私有化不但更加明显，也愈加显现出城市治理的不公平和发展的不均衡。开发商创造出一种准军事化的空间，这里有高高的围墙，有时安装着带电栅栏，还有武装警卫和使用通行证件的大门，保护住宅、商业和公司远离外部世界的危险。这样的地方被统称为门禁社区。门禁社区传统上是由其物理属性来定义的，如美国学者塞斯·洛将其定义为

---

① Elizabeth Curris, "Bohemia as Subculture; 'Bohemia' as Industry: Art, Culture, and Economic Development," *Journal of Planning Literature*, Vol. 23, No. 4, p. 380.

由围墙、栅栏或者灌木丛覆盖的土坡环绕起来的住宅区；^①也有学者定义为有围墙和栅栏包围的、外人进入受限的住宅区，由法律协定将居民和一套共同的行为准则和集体管理责任联系起来。^②

这样一来，空间私有化成为城市发展的主要趋势，很大程度上改变了城市空间的使用以及城市社会的性质。在一些高密度的城市或土地面积较小的地方，门禁社区往往只包含小型公园及娱乐设施；有些大型门禁社区包含的设施更加多样，居民在社区内就能满足大部分的日常需要。尽管在某些情况下也存在中低收入的门禁社区，但是大多数门禁社区由高收入居民居住，这样就有效地将富人孤立在高度排外的空间里。因为这些地方只有少数有经济能力的人才能进入，空间变得私有化，从而限制了城市人口的行动自由，并通过将大量未知的"他人"或"他们"排除在"我们"的安全空间之外，加深了社会两极分化。

本章小结

20 世纪 70 年代以来，在新政自由主义衰微、联邦政府干预弱

---

① Seth Low, *Behind the Gates*：*Security and the Puisuit of Happiness in Fortress America*, New York：Routledge, 2003, p. 12.

② Rowland Atkinson, and Sarah Blandy, "International Perspective on the Enclavism and the Rise of Gated Communities," *Housing Studies*, Vol. 20, No. 2（2005）, pp. 177-186.

化的背景下，面对内城经济衰退和老旧社区的衰败，地方政府寻求与资本建立合作关系，振兴城市经济，吸引和留住人口，尤其是代表后工业发展方向和具有较高消费能力的中产阶级。同时，由于人口规模的减少和衰退空间的增加，房地产价格下降，城市政府倾向于和私有企业合作来将复兴衰败社区，既可以吸引和留住中产阶级，又能重新提升土地价格吸引投资、增加税收，最终达到城市复苏的目标。从参与者的角度看，城市治理的核心是处理政府即权力、企业即资本和社会即民众三者间的关系，因此上述转变的本质，是地方政府的同盟者从社会变成企业，治理也就变成以市场为主导、政府和市场结成伙伴关系的城市联盟机制。[1] 这样的治理逻辑之下，城市要抑制衰败，实现发展，只得放松市场管制，提供激励机制，引导私人资本为城市创造出具有竞争力的空间结构，并不断维持和更新对企业的吸引力。

这一治理策略持续至今。鲁道夫·朱利安尼于 1994 年当选市长，负责城市规划的市长顾问直言，"毫无疑问，本届政府最重视的是经济发展"。[2] 继任者迈克尔·布隆伯格欢迎富人来到纽约，"他们是缴纳大笔税款的人，他们是把钱花在商店和餐馆里的人，他们是撬动经济腾飞的人……倘若全世界的亿万富翁都能来到纽约，那

---

[1] David Harvey, "From Managerialism to Entrepreneurialism: The Transformation in Urban Governance in Late Capitalism," *Geografiska Annaler. Series B*, *Human Geography*, Vol. 71, No. 1（1989）, pp. 3-17.

[2] David W. Dunlap, "Taking City Planning in a New Direction," *New York Times*, April 24, 1994.

真是上帝的礼物"。^① 此言与斯塔尔的"有计划的收缩"如出一辙。纽约经济进入长期繁荣期，人口普查区地区专员指出，"在 20 世纪 60 年代末和 70 年代初的萧条中，全国感冒而纽约得了肺炎；在 80 年代初的萧条中，全国感冒而纽约只是打个喷嚏"。^② 20 世纪 90 年代初的萧条中，纽约也是类似表现，"9·11"事件后也很快恢复了发展。城市治理机制的转变随即改变了城市空间改造的策略。20 世纪 70 年代之前，无论是城市更新还是后来的示范城市计划，为中低收入群体提供负担得起的住房都是空间改造的重要考量。尽管纽约市在城市更新期间也推动了高等教育发展和大型文化设施建设，但住房问题始终是空间改造的重要考量。但 20 世纪 70 年代以后，纽约市政府在空间改造方面扮演的角色发生了显著变化。

首先，中低收入群体的住房需求在市政府的政策议程中被边缘化。20 世纪 80 年代的科赫政府如此，20 世纪 90 年代的朱利安尼政府也是如此。朱利安尼直到 2001 年才宣布四年间投资六亿美元建造和维护可负担住房，^③ 布隆伯格在 2003 年发布了"新住房市场计划"（New Housing Marketplace Plan），现任市长白思豪在 2014 年发布了"新住房建设十年计划"，许诺斥资 410 亿美元新建 8 万套可负担住

---

① Michael Howard Saul, "Mayor Bloomberg Wants Every Billionaire on Earth to Live in New York City," *Wall Street Journal*, September 20, 2013.

② Blake Fleetwood, "New York City Economy Prospered amid Nationwide Recession of '80," *New York Times*, January 21, 1981.

③ Elisabeth Bumiller, "In Annual Address, Giuliani Pins His Legacy on Education Proposals," *New York Times*, January 9, 2001.

房，并对 12 万套住房实施价格控制。但这些计划都鼓励通过公私合作的方式建设更多的可负担住房，把希望寄托在联邦资助、债券和慈善组织等不尽可靠的资金来源上，对于纽约市政府应该扮演的角色则没有清晰的定位。可以说，直至今日，纽约市仍缺乏一个可靠、可持续的方式来满足城市对可负担住房的需求。

其次，政府越发依靠私人资本的力量来推动经济与空间转型。随着纽约市政府逐步减少对房地产市场的干预，资本填补了这一空白，市场成为 20 世纪 80 年代以来纽约城市空间改造的基本逻辑，绅士化、假日市场都是市场逻辑和资本逐利的表现。市政府对于经济增长的追求，使得资本更加积极地介入纽约城市空间的改造中，在市政府减税降费等激励措施的影响下，将空间改造为能够创造利益的场所。

如此一来，私人资本高度介入城市空间改造，空间越来越被资本用来追逐利润，社会福利却没有引起纽约市政府的足够重视。资本的目的是利益最大化，依靠市场逻辑必然带来资本的掠夺式积累，这种以市场为原则、重视公私伙伴关系的治理策略依然无法扭转资本重视效率、忽视正义的倾向，不但没有解决原来的社会问题，反而使社会问题不断加深，"几乎一夜之间，承载美国社会希望的城市复兴变成了一种新型的城市危机"。[1]

---

[1] Richard Florida, *The New Urban Crisis: How Our Cities Are Increasingly Inequality, Deeping Segregation, and Failing the Middle Class-and What We Can Do about It*, New York: Basic Books, 2017, p. 35.

结语　纽约的经济转型与空间转型

纽约无疑是当代最具代表性的全球城市，从荷兰人在大西洋沿岸建立的贸易港口，到掌控着全球金融与商务脉动的顶级全球城市，纽约用了三个世纪的时间。作为全球金融和文化之都，纽约在国际贸易、金融服务、航运和创新创意产业等方面具有鲜明的引领和示范作用，凭借遍及全球的经济文化网络高居全球城市体系的顶端。然而，纽约成为全球城市的道路并不顺利，经历了从衰败到复兴的复杂历程。

从 19 世纪前期成为美国的首位城市，纽约逐渐成为美国乃至全球经济、文化和创新中心。然而去工业化从 20 世纪前期开始影响纽约，制造业的外迁也带动人口和商业离开纽约、迁往郊区，以制造业为主的纽约市走向萧条，以来自美国南部和中南美洲移民为主的外来人口在纽约城市人口中的比例不断升高。随着就业和人口流失，城市收入不断下降，贫困人口的增加则导致城市开支上涨。进入 20 世纪 60 年代以后，纽约如同美国北部许多制造业城市一样，陷入经济萧条、基础设施破败、族裔矛盾尖锐的困境中。20世纪70年代更是遭遇财政危机，几乎破产，在州政府的紧急援助下才得以渡过难关，在此期间街头混乱、大停电的报道不时见诸报端，甚至纽约市警察局自发印制了一份小册子提醒市民和游客注意安全，并将其取名为"欢迎来到恐怖之城"（Welcome to the Fear City），封面印上了可怕的骷髅头。不过混乱很快过去，20世纪80年代以来，纽约走上复兴道路，服务业尤其是生产者服务业取代制造业成为经济支柱，纽约市政府严格执行争议不断的"零容忍"犯罪政策，纽约市与纽约大都市区联动发展，再度成为富有活力和吸引力的大都会。

实际上，纽约的经历并不独特，从衰败到复兴是第二次世界大战后许多国际大都市的共同经历。20世纪中期以后，发达经济体的中心城市普遍经历了经济结构和空间结构的双重转型。经济结构的去工业化即服务业取代制造业成为城市经济的支柱，以及空间结构的大都市区化即涵括中心城市与郊区的大都市区取代城市，城乡一体化成为城市化的主要形式。在这一过程中，中心城市在经济、社会等多方面陷入困境，城市危机久治不愈，一度被学术界认为无可挽回。但中心城市在大都市区内的核心地位并未丧失，并且从20世纪80年代中期开始，在多方面呈现复兴势头，在经济、社会、文化等多个领域形成新的特征。在城市转型方面，美国可谓典型。美国城市空间结构在第二次世界大战前后发生了重大变动：城市化速度放缓，人口和经济活动向郊区扩展，囊括中心城市及其周边郊区的多中心型大都市区取代传统的单核中心型城市，成为美国城市发展的新模式，美国城市进入新城市化时期。到 20 世纪 40 年代，美国已经从一个城市国家发展为大都市区国家，大都市区人口超过总人口的 50% 并继续增加，大都市区化成为 20 世纪美国城市和人口最主要的发展趋势。但同时，传统的中心城市却深陷衰败和危机，尤其是二战后，城市与郊区在人口、就业、财富分配和经济结构等方面发展失衡，城市富裕人群大量迁往郊区，零售业和制造业随之向郊区大规模迁移，导致城市基础设施破败，公共服务水平下降，贫困和犯罪等种族、社会问题严重。

事实上，经济—空间结构转型是 20 世纪世界范围内的普遍现象。不仅发达国家在二战前后出现大都市区化的发展趋势，20 世纪 80 年代以来，这一趋势在包括我国在内的发展中国家也日益明朗。在城市转型的背景下，城市如何摆脱困境、成功转型、重现活力是亟待解决的重大理论和现实问题。作为当代顶尖全球城市的纽约，其发展历程、从衰败到复兴的转型无疑为这一问题的解决提供了正反两方面的参照。当前我国正处于城市化深入发展的关键时期，促进各类城市协调发展、增强中心城市辐射带动作用、优化城市空间结构、改造提升中心城区功能是城市化合理发展和建设新型城镇化的题中应有之义。战后纽约从衰败到复兴的经验和教训，其参考价值不言而喻。

本书以第二次世界大战后的纽约为主要研究对象，横向上将其置于 20 世纪美国城市的经济—空间双重转型的框架中，从中心城市空间变迁以及去工业化的产业转型升级出发加以理解；纵向上关注联邦政府和地方政府的发展举措，在纽约从衰败到复兴的发展历程中总结经验、深化认识。

工业化是美国城市化的根本动力机制，20 世纪初城市化完成后，工业城市成为美国城市的主导，即城市的经济、社会和空间结构以工业为中心组织起来。然而，去工业化导致制造业大规模离开城市，服务业在国民经济中的比重上升，并且成为城市，尤其是区域和全球中心型城市的支柱产业。20 世纪末以来，西方国家再工业化方兴未艾，在技术进步推动下，高技术制造业重回城市，引起城市经济的再度调整。去工业化是二战后纽约衰落的根本动因。纽约市在 19 世纪后期成为美国典型的制造业城市，成衣制造、印刷出版和五金制造构成了城市经济的支柱，但随着去工业化的推进，纽约市遭遇制造业空心化，曾经的经济支柱不复存在，城市经济向后工业转型，生产者服务业逐渐成为纽约经济新的基础。二战后，纽约的衰败从根本上看是经济转型引发的种种问题。

去工业化引发的经济结构转型必然在空间上有新的需求，原本适应工业化而出现的城市空间不再适应后工业化，而后工业化必然催生新的与之相应的空间，由此带来了城市空间结构的变化——原有空间结构失效，继而被改造为新的空间。从外部看，西方国家在完成城市化后普遍进入新阶段，即城市化重心转向郊区，城市布局从高度集中转为相对分散；城市空间结构从单中心向多中心过渡，形成新的区域资源配置；城市与郊区的区别淡化，两者从分离走向统一，形成大都市区（或被称作大都市郡、城市群、组合城市等）

这一新的一体化地域实体。从内部看，纽约市尤其是曼哈顿的空间形态主要形成于工业化期间，当制造业离开后，这些空间失去了原有的功能，成为废弃的土地或者被"占地者"擅自改变用途。这样的空间无法满足后工业经济的需求，带来种种社会问题，城市空间的改造势在必行。

在 1860—1910 年的半个世纪中，纽约制造业产值从 1.59 亿美元增加到 15 亿美元，成为无可置疑的工业重镇，并呈现出中小型企业居多、以轻工业为主和在曼哈顿集聚等特征。与美国其他地区相比，作为制造业中心的纽约，其去工业化进程开始更早，甚至在第一次世界大战前就已初露端倪。尽管二战期间的国防需求和战后初期的经济繁荣刺激了制造业发展，但终究未能扭转去工业化的趋势。与此同时，美国城市化进入大都市区化的新阶段，重心转移到郊区，纽约亦然。制造业和零售业离开曼哈顿，迁往地价低廉、交通便捷的郊区，曾经繁忙的港口冷清下来，哈德逊河畔的货运铁路上也没有了火车的身影，最终被拆除。人口郊区化更是势不可挡，私人汽车的普及拓展了美国人的出行范围，两次世界大战之间纽约市全面完善其道路交通网络，新建园林大道通向怀特普莱恩斯（White Plains）等纽约州北部地区和东面的长岛，使得人口迁往郊区更为便捷。在纽约大都市区内，1956 年纽约市的制造业占大都市区制造业的 57%，到 1985 年已下降至 31.8%。与之相应的，则是中心城市服务业的发展。生产者服务业特别是 FIRE 和高技术产业向纽约市集中，其就业率在 20 世纪 90 年代后期几乎达到全美平均就业率的三倍。纽约州审计署公布的数据显示，2013 年，纽约市证券行业从业者高达 16.3 万人，是私人部门就业量的 5%，缴纳税收 38 亿美元。随着全球经济结构的调整和纽约服务业的兴起，这里对企业总部的吸引力进一步凸显。1963 年，世界 500 强企业中有 147 家总部坐落于纽约市，即使在纽约深陷财政危机的 1978 年仍有 104 家留在纽约市。经济结构转型反映在社会结构上，是职业构成的变化。白领服务业就业人口占就业总人口的比例从 1951 年的 21.7% 增加到 1984 年的 49.4%，蓝领服务业从 11.6% 下降到 9.9%；1950 年，制造业就业人数占总就业人数的 29%，1987 年下降到 10.5%，同期生产者服务业则从 28.3% 上升到 46.1%，两者差距明显。服务业的崛起和制造业逃离在空间组织形态上同样有所体现。曼哈顿下城和中城一直以来是高层办公区，二战后这一特征更加突出和明确。高技术产业在当代纽约经济中同样占有一席之地，尤以硅巷为代表。这里集中了通信、网络、数字传媒和生物科技等领域的企业。在 20 世纪 90 年代网络经济的热潮中，硅巷吸引了大量风险投资，也诞生了许多身价不菲的高技术企业。转型推动下的纽约经济持续繁荣长达 20 余年，2006 年 10 月失业率一度低至 4.1%，达到历史最低水平。

纽约的郊区也有了明显增长，出现了多个次中心。随着中心城市的衰败，大规模郊区化在 20 世纪 50 年代形成风潮，1950—1970 年间，大约 160 万人离开城市，纽约五区除了斯塔滕岛人口均有所下降。20 世纪 80 年代，纽约经济走上复苏通道，但增长最快的地区不是传统的核心区曼哈顿，而是曼哈顿以北 50 英里处和以东 75 英里处。在去工业化和人口外迁的带动下，二战以后纽约大都市区的地域范围不断扩大。1950 年，根据人口普查局的定义，纽约大都市区以纽约市为中心，包括纽约州的九个县和新泽西州的八个县，正式名称为纽约及新泽西东北部标准大都市区（New York-Northeastern New Jersey SMA）。1981 年并入了新泽西州伯根县，1990 年人口普查局确认了纽约—北新泽西—长岛联合大都市统计区，横跨纽约、新泽西、宾夕法尼亚和康涅狄格四个州、覆盖 27 个县，总人口超过 2200 万。这意味着包括纽约市在内，更大范围内的多个中心城市和郊区之间建立起了更为密切的经济关系，纽约的辐射带动能力更强了。与此同时，美国东北部的多个大都市区相互作用、共同发展，形成了地理学家简·戈特曼所谓大都市连绵带（Megalopolis），即"多种要素的高度集聚并以多核心的区域结构体现出来"，纽约大都市区则是其核心之一。不过与 19 世纪末相比，纽约市对其郊区的政治影响力已然下降，大都市区内的郊区，大多已不再是单纯的"卧城"，而是成为具有多元功能的次中心，独立性更强，因此合并周边四区的情形也几乎不可能再次发生。由此，各级政府层层叠加，碎片化程度有增无减，加剧了大都市区协同治理的难度。

从荷兰和英国在大西洋畔的港口到独立后美国的贸易中心城市，纽约在 19 世纪 30 年代伊利运河通航后真正成为美国的首位城市，并在工业化推进之下成为全国性的制造业中心。凭借坚实的经济基础，纽约在 20 世纪初赶超伦敦成为全球经济和金融中心，但去工业化和大都市区化使纽约市一度萧条，甚至在 1975 年濒于破产。20

世纪 80 年代以后，纽约在经济转型带动下再度复兴，无论影响力还是城市形象，当代纽约市都是一座全球城市，堪称全球金融中心、创意中心和时尚之都。作为顶尖全球城市，纽约市的经济和空间转型过程激烈、结果显著。20 世纪 80 年代纽约走出经济萧条与财政危机，20 世纪 90 年代虽然有短期萧条，但经济长期向好的态势非常明显，生产者服务业、高技术企业和互联网经济蓬勃兴盛。即便是"9·11"事件重创股市和金融市场，纽约经济也很快走出危机，继续在全球市场中扮演着关键角色。2008 年次贷危机再次冲击纽约，许多华尔街大金融机构宣布破产，到 2009 年逐步走出危机。纽约虽然通过经济与空间转型适应了去工业化的冲击，但在 21 世纪，纽约依然面临着许多挑战。转型带来了不均衡发展的问题，贫者愈贫、富者愈富，经济结构调整创造了大量高收入就业岗位以及低端的服务业岗位，形成了二元化的劳动力市场。纽约市的确走出了萧条和衰败，但这座城市已经不属于许多原来的居民，那个曾经张开怀抱容纳中低收入者的城市已经一去不复返了。当代纽约是一座富裕繁荣、但不属于中低收入群体的城市。

通过考察 20 世纪尤其是第二次世界大战后纽约的转型历程，我们可以得到以下几点认识：

首先，经济结构和空间结构的双重转型既是近百年来美国城市经济—社会走向的基本特征，也是其决定性因素。纽约所在的东北部曾经是美国工业化的先驱，但 20 世纪尤其是二战以来却经历了去工业化的剧烈冲击，制造业产值和就业量双双下降。伴随企业外迁，商业活动和人口也离开中心城市，导致中心城市经济地位下降、辐射带动作用有所削弱。但部分中心城市随着服务业尤其是生产者服务业的发展，在 20 世纪 80 年代后再度复苏，在整个大都市区中依然发挥着强劲作用，是区域经济一体化中不可缺少的一环甚至就是中心环节。纽约就是典型，其以 FIRE 为代表的生产者服务业不但服务美国经济，也构成了全球经济网络的指挥中心，纽约市不但是区域性，也成为全球性的经济和信息中心。

其次，经济结构与空间结构相互影响，产业结构调整的影响在城市的空间结构上也有明显体现，空间结构也会影响产业结构调整。自美国工业化以来，中心城市是制造业的主要空间依托，但到 20 世纪二三十年代以后，城市发展接近饱和、基础设施老化，制造业集中在城市中，其成本高于收益，因此选择逃离，迁往成本较低的郊区甚至发展中国家和地区。在这种情况下，中心城市与郊区功能发生部分置换。中心城市的服务和管理中心特征日益明显，以新的角色带动周边地区的发展，而郊区成为新的制造业和商品零售业中心，部分办公、管理类行业也迁往郊区。多种经济要素在中心城市和郊区的重新分布：一方面，融合中心城市与郊区的大都市区这一全新的城市化地域实体在区域经济中的地位凸显；另一方面，中心城市内部的空间结构有所调整，工业化塑造的空间被打破和再造。纽约的历史告诉我们，通过改造城市空间结构，可以为经济转型提供新的机遇。

第三，城市的经济—空间结构转型波及了广泛的范围，不同阶层的城市居民都受到影响，因此城市政策离不开社区居民的积极参与，也不能完全无视市场的力量。纽约市的城市政策经历了不同模式的变迁，从完全依赖政府、开发商和规划专家，到逐步制度化地引入社区居民的参与；从政府高度参与，到发挥市场的基础性作用。两相比较，政府主导的空间改造更具规划性，规模更大；市场主导下的空间改造虽然更有针对性，但往往失于公平，且规模较小。社区参与城市政策也摆脱不了内在的矛盾，那就是社区利益千变万化，难以形成合力，更难以与城市共同利益形成最大公约数。这使得社区自身很难形成连贯的、与自身有关的诉求，城市政策也很难全面有效地回应不同社区的需求。

　　总之，从纽约的转型经历可以透视美国区域经济结构和产业结构同步变化的内在规律和主要特征，也可以了解全球城市的复杂发展历程。全球城市是网络空间中的一个节点，这个节点必然有自身的行政边界，但从功能的角度看，全球城市又是没有边界的，或者说至少边界是有弹性的。造成这种弹性边界的，是城市经济结构与空间结构的转型。透过纽约市从战后衰败到今日顶尖全球城市的发展路径，可以看到两个关键因素，那就是推动经济结构转型升级和拓宽城市发展的空间范围。我国的全球城市建设，尤其是上海市建设成为具有世界影响力的社会主义现代化国际大都市的战略愿景的实施，可以借鉴70年来纽约市的经验、避免其教训。循着这个思路，我们还可以对其他全球城市进行比照，从中寻求某些规律性认识，为我国城市发展提供有益借鉴。

参考文献

一、英文专著

1. A. Scott Henderson, *Housing and the Democratic Idea*：*The Life and Thought of Charles Abrams*, New York：Columbia University Press, 2000.

2. Alain Touraine, *The Post-Industrial Society*：*Tomorrow's Social History*, New York：Random House, 1971.

3. Alan Altshuler, et al, eds., *Governance and Opportunity in Metropolitan America*, Washington D. C.：National Academy Press, 1999.

4. Alice Goldfarb Marquis, *Art Lessons*：*Learning from the Rise and Fall of Public Arts Funding*, New York：Basic Books, 1995.

5. Allen J. Scott, *Social Economy of the Metropolis*：*Cognitive-Cultural Capitalism and the Global Resurgence of Cities*, New York：

Oxford University Press, 2008.

6. Alphonso Pinkney, Roger R. Woock, *Poverty and Politics in Harlem: Report on Project Uplift, 1965*, New Haven: College and University Press, 1970.

7. Andrew R. Highsmith, *Demolition Means Progress: Flint, Michigan, and the Fate of the American Metropolis*, Chicago: University of Chicago Press, 2016.

8. Anthony Flint, *Wrestling with Moses: How Jane Jacobs Took on New York's Master Builder and Transformed the American City*, New York: Random House, 2011.

9. Arlene Davila, *Barrio Dreams: Puerto Ricans, Latinos, and the Neoliberal City*, Berkeley: California University Press, 2004.

10. Arnold R. Hirsch, *Making the Second Ghetto: Race and Housing in Chicago, 1940–1960*, Chicago: University of Chicago Press, 1998.

11. Arnold R. Hirsch, Raymond A. Mohl (eds.), *Urban Policy in Twentieth-Century America*, New Brunswick, N. J.: Rutgers University Press, 1993.

12. Arthur J. Vidich ed., *The New Middle Classes: Life-Styles, Status Claims and Political Orientations*, London: Macmillian Press, 1995.

13. Arthur M. Schlesinger, Jr., *A Thousand Days: John F. Kennedy*

in the White House, New York: Fawcett Premier, 1965.

14. Arthur M. Schlesinger, Jr., *The Cycles of American History*, New York: Mariner Books, 1999.

15. Barbara Blumberg, *The New Deal and the Unemployed: The View from New York City*, Lewisburg, Pa.: Bucknell University Press, 1979.

16. Barry Bluestone, Bennet Harrison, *The Deindustrialization of America*, New York: Basic Books, 1984.

17. Bernard J. Frieden, Lynne B. Sagalyn, *Downtown, Inc.: How America Rebuilds Cities*, Cambridge, Mass.: MIT Press, 1991.

18. Bernard J. Frieden, Marshall Kaplan, *The Politics of Neglect: Urban Aid from Model Cities to Revenue Sharing*, Cambridge, Mass.: MIT Press, 1977.

19. Brian D. Goldstein, *The Roots of Urban Renaissance: Gentrification and the Struggle over Harlem*, Cambridge, Mass.: Harvard University Press, 2017.

20. Brian Silverman, *New York City for Dummies*, Hoboken: Wiley Publishing, Inc., 2007.

21. Carl Smith, *Urban Disorder and the Shape of Belief*, Chicago: University of Chicago Press, 2007.

22. Charles Brecher and Raymond D. Horton, *Power Failure: New York City Politics and Policy since 1960*, New York: Oxford University

Press, 1993.

23. Charles Sellers, *The Market ReVolution: Jacksonian America, 1815—1846*, New York: Oxford University Press, 1992.

24. Chester Rapkin, *The South Houston Industrial Area: a Study of the Economic Significance of Firms, the Physical Quality of Buildings, and the Real Estate Market in an Old Loft Section of Lower Manhattan*, New York: City of New York City Planning Commission-Department of City Planning, 1963.

25. Christopher Klemek, *The Transatlantic Collapse of Urban Renewal: Postwar Urbanism from New York to Berlin*, Chicago: University of Chicago Press, 2011.

26. Christopher Mele, *Selling the Lower East Side: Culture, Real Estate and Resistance in New York City*, Minneapolis: University of Minnesota Press, 2000.

27. Cleveland Rodgers, *Robert Moses: Builder for Democracy*, New York: Holt, 1952.

28. D. Bradford Hunt, *Blueprint for Disaster: The Unraveling of Chicago Public Housing*, Chicago: The University of Chicago Press, 2009.

29. Daniel Bell, *The Coming of Post-Industrial Society: A Venture in Social Forecasting*, New York: Basic Books, 1973.

30. Daniel T. Rodgers, *The Work Ethic in Industrial America*,

1850–1920, Chicago: The University of Chicago Press, 1974.

31. David E. Harrell, Jr., et al, *Unto a Good Land: A History of the American People*, Grand Rapids: Wm. B. Eerdmans Publishing Co, 2005.

32. David Goldfield (ed.), *Encyclopedia of American Urban History*, Thousand Oaks, CA: SAGE Publications, 2006.

33. David Halle (eds.), *New York and Los Angeles: Politics, Society*, Chicago: University of Chicago Press, 2003.

34. David Harvey, *The Condition of Postmodernity: An Inquiry into the Origins of Cultural Change*, London: Wiley-Blackwell, 1991.

35. David Ley, *The New Middle Class and the Remaking of the Central City*, New York: Oxford University Press, 1996.

36. David Oshinsky, *Bellevue: Three Centuries of Medicine and Mayhem at America's Most Storied Hospital*, New York: Doubleday, 2016.

37. David Rusk, *Cities without Suburbs: A Census 2010 Perspectives*, Washington D. C.: Woodrow Wilson Center Press, 2013.

38. Derek S. Hyra, *The New Urban Renewal: The Transformation of Harlem and Bronzeville*, Chicago: University of Chicago Press, 2002.

39. Diana Klebanow, *Urban Legacy: The Story of America's Cities*, New York: New American Library, 1977.

40. Douglas S. Massey, Nancy A. Denton, *American Apartheid:*

Segregation and the Making of the Underclass, Cambridge, Mass.: Harvard University Press, 1994.

41. Edgar M. Hoover, Raymond Vernon, *Anatomy of a Metropolis: The Changing Distribution of People and Jobs within the New York Metropolitan Region*, Cambridge, Mass.: Harvard University Press, 1959.

42. Edward Ewing Pratt, *Industrial Causes of Congestion of Population in New York City*, New York: Columbia University, Green & Company Agents, 1911.

43. Edward Glaeser, *Triumph of the City: How Urban Spaces Make Us Human*, London: Pan Books, 2011.

44. Edward R. Schmitt, *President of the Other America: Robert Kennedy and the Politics of Poverty*, Amherst, Mass.: University of Massachusetts, 2011.

45. Edward Robb Ellis, *The Epic of New York City: A Narrative History*, New York: Basic Books, 1966.

46. Edwin G. Burrows and Mike Wallace, *Gotham: A History of New York City to 1898*, New York: Oxford University Press, 1999.

47. Eric Fure-Slocum, *Contesting the Postwar City: Working Class and Growth Politics in the 1940s Milwaukee*, Cambridge: Cambridge University Press, 2013.

48. Federal Works Agency, *Final Report of the WPA Program*,

1935–1943, Washington, D. C.: Government Printing Office, 1946.

49. Frances Milton Trollope, *Domestic Manners of the Americans*, London: Printed for Whittaker, Treacher, & Co., 1832.

50. Francois Weil, *A History of New York*, New York: Columbia University Press, 2004.

51. Gary Bridge and Sophie Watson (eds.), *A Companion to the City*, London: Wiley-Blackwell, 2000.

52. Gavin Wright, *Old South, New South: Revolutions in the Southern Economy since the Civil War*, New York: Basic Books, 1986.

53. Genevieve Fabre, Michel Feith (eds.), *Temples for Tomorrow: Looking back at the Harlem Renaissance*, Bloomington: Indiana University Press, 2001.

54. Gerard R. Wolfe, *New York, a Guide to Metropolis: Walking Tours of Architecture and History*, McGraw-Hill Education, 1994.

55. Gunnar Myrdal, *Challenge to Affluence*, New York: Random House, 1967.

56. Gwendolyn Wright, *Building the Dream: A Social History of Housing in America*, Cambridge, Mass: The MIT Press, 1983.

57. Harold Mayer and Richard Wade, *Chicago: Growth of a Metropolis*, Chicago: University of Chicago Press, 1973.

58. Henri Lefebvre, *The Production of Space*, Oxford, UK: Blackwell, 1991.

59. Henry Ford, *My Life and Work*, New York: Doubleday, 1922.

60. Hilary Ballon, Kenneth T. Jackson (eds.), *Robert Moses and the Modern City: The Transformation of New York*, New York: W. W. Norton & Company, 2008.

61. Howard P. Chudacoff (ed.), *Major Problems in American Urban History*, Lexington: D. C. Heath, 1993.

62. Indermit S. Gill, Homi J. Kharas, *An East Asian Renaissance: Ideas for Economic Growth*, Washington D. C.: The World Bank, 2007.

63. Jack Newfield, *Robert Kennedy: A Memoir*, New York: Penguin Group, 1988.

64. Jacob Riis, *How the Other Half Lives*, New York: Penguin Books, 1997.

65. James Colgrove, *Epidemic City: The Politics of Public Health in New York City*, New York: Russell Sage Foundation, 2011.

66. Jameson W. Doig, *Empire on the Hudson: Entrepreneurial Vision and Political Power at the Port of New York Authority*, New York: Columbia University Press, 2001.

67. Jane Holtz Kay, *Asphalt Nation: How the Automobile Took Over America and How We Can Take It Back*, Berkeley: University of California Press, 1997.

68. Jane Jacobs, *The Death and Life of Great American Cities*, New York: Vintage Books, 1992.

69. Janet Abu-Lughod, *Before European Hegemony*: *The World System A. D. 1250–1350*, New York: Oxford University Press, 1989.

70. Janet L. Abu-Lughod, *New York*, *Chicago*, *Los Angeles*: *America's Global Cities*, Chicago: University of Minnesota Ress, 2000.

71. Janet L. Abu-Lughod (ed.), *From Urban Village to East Village*: *The Battle for New York's Lower East Side*, Cambridge, Mass.: Blackwell Ltd., 1994.

72. Jared N. Day, *Urban Castles*: *Tenement Housing and Landlord Activism in New York City*, *1890–1943*, New York: Columbia University Press, 1999.

73. Jay M. Stein, (ed.), *Classic Readings in Urban Planning*: *An Introduction*, New York: McGraw-Hill, 1995.

74. Jeanne R. Lowe, *Cities in a Race with Time*, New York: Random House, 1961.

75. Jeff Kisseloff, *You Must Remember This*: *An Oral History of Manhattan from the 1890's to World War II*, New York: Harcourt, 1989.

76. Jeffery S. Adler, *Yankee Merchants and the Making of the Urban West*: *The Rise and Fall of Antebellum St. Louis*, Cambridge: Cambridge University Press, 2002.

77. Jerald E. Podair, *The Strike That Changed New York*: *Blacks*, *Whites*, *and the Ocean Hill-Brownsville Crisis*, New Heaven: Yale

University Press, 2004.

78. Jill Jonnes, *South Bronx Rising: The Rise, Fall and Resurrection of an American City*, New York: City University of New York Press, 1991.

79. Joanne Reitano, *The Restless City: A Short History of New York from Colonial Time to the Present*, New York: Routledge, 2010.

80. Joe William Trotter Jr., *The Great Migration in Historical Perspective: New Dimensions of Race, Class, and Gender*, Bloomington: Indiana University Press, 1991.

81. Joe W. Trotter Jr. and Kenneth L. Kusmer (eds.), *African American Urban History: The Dynamics of Race, Class and Gender since World War II*, Chicago: University of Chicago Press, 2009.

82. Joel Garreau, *Edge City: Life on the New Frontier*, New York: Anchor Books, 1991.

83. Joel Schwartz, *The New York Approach: Robert Moses, Urban Liberals, and Redevelopment of the Inner City*, Kent: Ohio State University Press, 1993.

84. Jon C. Teaford, *The Rough Road to Renaissance: Urban Revitalization in Urban America, 1940–1985*, Baltimore: The Johns Hopkins University Press, 1992.

85. John F. Bauman, Roger Biles and Kristin M. Szylian (eds.), *From Tenements House to the Taylor Homes: In Search of an Urban Housing Policy in Twentieth Century America*, University Park,

Pennsylvania: Pennsylvania State University Press, 2000.

86. John F. Long, *Population Decentralization in the United States*: *Special Demographic Analysis*, Washington, D. C.: U. S. Government Printing Office, 1981.

87. John England, *Retail Impact Assessment*: *A Guide to Best Practice*, London: Routledge, 2012.

88. John H. Mollenkopf, *The Contested City*, Princeton: Princeton University Press, 1983.

89. John H. Mollenkopf, *A Phoenix in the Ashes*: *The Rise and Fall of the Koch Coalition in New York City Politics*, Priceton: Princeton University Press, 1994.

90. John Mollenkopf and Manuel Castells (eds.), *Dual City*: *Restructuring New York*, New York: Russell Sage Foundation, 1992.

91. John Murphy, *The Eisenhower Interstate System*, New York: Chelsea House, 2009.

92. John R. Logan, Todd Swanstrom, *Beyond the City Limits*: *Urban Policy and Economic Restructuring in Comparative Perspective*, Philadelphia: Temple University Press, 1990.

93. John Rennie Short, *Global Metropolitan*: *Globalizing Cities in a Capitalist World*, London: Routledge, 2004.

94. John V. Lindsay, *Journey into Politics*: *Some Informal Observations*, New York: Dodd, Mead and Company, 1967.

95. Joshua Freeman, *Working-Class New York*: *Life and Labor since World War II*, New York: New Press, 2000.

96. J. Paul Mitchell（ed.）, *Federal Housing Policy and Programs*: *Past and Present*, CUPR Press, 1985.

97. June Manning Thomas, Marsha Ritzdorf（eds.）, *Urban Planning and the African American Community*: *In the Shadows*, Thousand Oaks, C. A.: SAGE Publications, 1997.

98. Katherine S. Newman, *No Shame in My Game*: *The Working Poor in the Inner City*, New York: Vintage Books, 1999.

99. Kenneth Fox, *Metropolitan America*: *Urban Life and Urban Policy in the United States*, *1940–1980*, Houndmill: Macmillan, 1985.

100. Kenneth T. Jackson（ed.）, *The Encyclopedia of New York City*, New Haven: Yale University Press, 2005.

101. Kevin J. Christiano, *Religious Diversity and Social Change*: *American Cities*, *1890–1906*, Cambridge, UK: Cambridge University Press, 2007.

102. Kevin Michael McAuliffe, *The Great American News Paper*: *The Rise and Fall of the Village Voice*, New York: Charles Scribner's Sons, 1978.

103. Kim Phillips-Fein, *Fear City*: *New York's Fiscal Crisis and the Rise of Austerity Politics*, New York: Metropolitan Books, 2017.

104. Lance E. Davis and Douglas C. North, *Institutional Change*

and American Economic Growth, New York: Cambridge University Press, 1971.

105. Laura W. Hill and Julia Rabig（ed.）, *The Business of Black Power: Community Development, Capitalism, and Corporate Responsibility in Postwar America*, Rochester: University of Rochester, 2012.

106. Lawrence J. Vale, *From the Puritans to the Projects: Public Housing and Public Neighborhoods*, Cambridge, Mass.: Harvard University Press, 2000.

107. Lewis Mumford, *The Highway and the City*, Dublin: Mentor Books, 1963.

108. Lynne A. Weikart, *Follow the Money: Who Controls New York City Mayors?* Albany: State University of New York Press, 2009.

109. Maria Moreno Carranco, *The Socio/Spatial Production of the Global: Mexico City Reinvented through the Santa Fe Urban Megaproject*, VDM Verlag Dr. Müller, 2010.

110. Marilyn T. Williams, *Washing "the Great Unwashed": Public Baths in Urban America, 1840–1920*, Kent: Ohio State Univeristy Press, 1991.

111. Mark Abrahamson, *Global Cities*, New York: Oxford University Press, 2004.

112. Marshall Berman, *On the Town: One Hundred Years of Spectacle in Times Square*, New York: Verso, 2006.

113. Martha Biondi, *To Stand and Fight: The Struggle for Civil Rights in Postwar New York City*, Cambridge, Mass.: Harvard University Press, 2006.

114. Martin Kenney, eds., *Understanding Silicon Valley: The Anatomy of an Entrepreneurial Region*, Stanford: Stanford University Press, 2000.

115. Margaret E. Crahan, Alberto Vourvoulias-Bush, and Robert D Hormats. eds., *The City and the World: New York's Global Future*, Council on Foreign Relations Press, 1997.

116. Margaret P. O'Mara, *Cities of Knowledge: Cold War Science and the Search for the Next Silicon Valley*, Princeton: Princeton University Press, 2015.

117. Mark L. Gelfand, *A Nation of Cities: The Federal Government and Urban America, 1933–1965*, New York: Oxford University Press, 1975.

118. Matthew Gandy, *Concrete and Clay: Reworking Nature in New York City*, Cambridge, Mass.: The MIT Press, 2003.

119. Michael E. Stone, *Shelter Poverty: New Ideas on Housing Affordability*, Philadelphia: Temple University Press, 1993.

120. Michael Indergaard, *Silicon Alley: The Rise and Fall of a New Media District*, New York: Routledge, 2004.

121. Michael J. Lacey (ed.), *The Truman Presidency*, Cambridge,

UK: Cambridge University Press, 1989.

122. Michael N. Danielson and Jameson W. Doig, *New York: The Politics of Urban Regional Development*, Berkeley: University of California Press, 1983.

123. Michael Laguerre, *Urban Multiculturalism and Globalization in New York City: An Analysis of Diasporic Temporalities*, New York: Palgrave Macmillan, 2003.

124. Mike Davis, *City of Quartz: Excavating the Future of Los Angeles*, New York: Verso, 2006.

125. Mike Wallace, *Greater Gotham: A History of New York City from 1898 to 1919*, New York: Oxford University Press, 2017.

126. Miriam Greenberg, *Branding New York: How a City in Crisis was Sold to the World*, New York: Routledge, 2008.

127. Nancy Pindus, Howard Wial, Harold Wolman (eds.), *Urban and Regional Policy and Its Effects*, Vol. 3, Washington D. C.: Brookings Institution Press, 2011.

128. National Advisory Commission on Civil Disorders, *The Kerner Report*, Princeton: Princeton University Press, 2016.

129. National Endowments for the Arts, *Economic Impacts of Arts and Cultural Institutions*, Washington, D. C.: National Endowments for the Arts, 1981.

130. Neil Smith, Peter Williams (eds.), *Gentrification of the City*,

London: Routledge, 2007.

131. Nicholas Dagen Bloom, *Public Housing That Worked*: *New York in the Twentieth Century*, Philadelphia: University of Pennsylvania Press, 2008.

132. Noel A. Cazenave, *Impossible Democracy*: *The Unlikely Success of the War on Poverty Community Action Program*, Albany: State University of New York Press, 2007.

133. Normal Tyler et al., *Historic Preservation*: *An Introduction to Its History*, *Principles and Practice*, New York: Norton & Company, 2009.

134. Patrick Geddes, *Cities in Evolution*: *An Introduction to the Town Planning Movement and to the Study of Civics*, London: Williams and Norgate, 1915.

135. Paul L. Knox and Peter J. Taylor (eds.), *World Cities in a World System*, Cambridge, UK: Cambridge University Press, 1997.

136. Paul Peterson, *City Limits*, Chicago: University of Chicago Press, 1981.

137. Pearl Janet Davies, *Real Estate in American History*, Washington D. C.: Public Affairs Press, 1958.

138. Peter Hall, *The World Cities*, New York: World University Press, 1967.

139. Peter Marcuse and Ronald van Kempen (eds.), *Globalizing*

Cities：*A New Spatial Order*? London：Blackwell Publishing Ltd，2000.

140. Philip Meranto（ed.），*The Kerner Report Revisited*：*Final Report and Background Papers*，Chicago：University of Illinois Press，1970.

141. Ram A. Canan and Carl Milofsky（eds.），*Handbook of Community Movements and Local Organizations*，London：Springer，2008.

142. Richard Florida，*The Flight of the Creative Class*：*The New Global Competition for Talent*，New York：Harper Collins，2007.

143. Richard Florida，*The New Urban Crisis*：*How Our Cities Are Increasingly Inequality*，*Deeping Segregation*，*and Failing the Middle Class and What We Can Do about It*，New York：Basic Books，2017.

144. Richard Florida，*The Rise of Creative Class*：*And How It's Transforming Work*，*Leisure*，*Community and Everyday Life*，New York：Basic Books，2002.

145. Richard Plunz，*A History of Housing in New York City*，New York：Columbia University Press，2016.

146. Richard C. Wade，*The Urban Frontier*：*The Rise of Western Cities*，*1790–1830*，Cambridge，Mass.：Harvard University Press，1959.

147. Robert A. Beauregard，*Atop the Urban Hierarchy*，New York：Rowman & Littlefield，1989.

148. Robert A. Beauregard，*Voices of Decline*：*The Postwar Fate of U. S. Cities*，New York：Routledge，2003.

149. Robert A. Beauregard, *When American Became Suburban*, Minneapolis: University of Minnesota, 2006.

150. Robert A. Caro, *The Power Broker: Robert Moses and the Fall of New York City*, New York: Alfred Knopf, 1975.

151. Robert A. M. Stern, Thomas Mellins, David Fishman (eds.), *New York 1960*, New York: W. W. Norton & Company, 2000.

152. Robert B. Faribanks, Kathleen Underwood (eds.), *Essays on Sunbelt Cities and Recent Urban America*, College Station, TX: Texas A & M University Press, 1990.

153. Robert Lewis (ed.), *Manufacturing Suburbs: Building Work and Home on the Metropolitan Fringe*, Philadelphia: Temple University Press, 2004.

154. Robert M. Fogelson, *Downtown: Its Rise and Fall, 1880–1950*, New Heaven: Yale University Press, 2001.

155. Robert M. Fogelson, *The Fragmented Metropolis: Los Angeles 1850–1930*, Berkeley: University of California Press, 1993.

156. Robert Moses, *Public Works: A Dangerous Trade*, New York: McGraw-Hill, 1970.

157. Robert S. McElvaine (ed.), *Encyclopedia of the Great Depression*, New York: Thomas Gale Group, 2004.

158. Roberta Brandes Gratz, *The Battle for Gotham: New York in the Shadow of Jane Jacobs and Robert Moses*, New York: Bold Type Books, 2011.

159. Rodger E. Alcaly and David Mermelstein（eds.）, *The Fiscal Crisis of American Cities：Essays on the Political Economy of Urban American with Special Reference to New York*, New York：Vintage, 1977.

160. Roger Waldinger, *Still the Promised City? African-Americans and New Immigrants in Postindustrial New York*, Cambridge, Mass.：Harvard University Press, 1996.

161. Ronald Lawson（ed.）, *The Tenant Movement in New York City, 1904-1984*, New Brunswick, NJ：Rutgers University Press, 1986.

162. Ronald Reis, *The New York City Subway System*, New York：Chelsea House, 2009.

163. Roy Lubove, *Progressives and the Slums：Tenement House Reform in New York City, 1890-1917*, Pittsburgh：University of Pittsburgh Press, 1962.

164. Roy Lubove, *Twentieth-Century Pittsburgh：Government, Business and Environment Change*, Vol. 1, Pittsburgh：University of Pittsburgh Press, 1969.

165. Sam Bass Warner Jr., *Streetcar Suburbs：The Process of Growth in Boston, 1870-1900*, Cambridge, Mass：Harvard University Press, 1978.

166. Samer Bagaeen, Ola Uduku（eds.）, *Beyond Gated Communities*, London：Routledge, 2015.

167. Samuel Zipp, *Manhattan Projects：The Rise and Fall of Urban*

Renewal in New York, New York: Oxford University Press, 2010.

168. Sanford D. Horwitt, *Let Them Call Me Rebel*: *Saul Alinsky, His Life and Legacy*, New York: Vintage Books, 1992.

169. Saskia Sassen, *Cities in a World Economy*, London: Pine Forge Press, 2000.

170. Saskia Sassen, *The Global City*: *New York, London, Tokyo*, Princeton: Princeton University Press, 2001.

171. Seth Low, *Behind the Gates*: *Security and the Puisuit of Happiness in Fortress America*, New York: Routledge, 2003.

172. Sharon Zukin, *Loft Living*: *Culture and Capital in Urban Change*, New Brunswick, NJ: Rutgers University Press, 1989.

173. Stanley L. Engerman and Robert E. Gallman (eds.), *The Cambridge Economic History of the United States*, Vol. II, Cambridge, UK: Cambridge University Press, 2000.

174. Stephen J. Vicchio, *Abraham Lincoln's Religion*: *An Essay on One Man's Faith*, Eugene, OR: Wipf & Stock Publishers, 2018.

175. Stephen Thernstrom, *Poverty and Progress*: *Social Mobility in a Nineteenth Century City*, Cambridge, Mass.: Harvard University Press, 1964.

176. Suleiman Osman, *The Invention of Brownstone Brooklyn*: *Gentrification and the Search for Authenticity in Postwar New York*, New York: Oxford University, 2011.

177. Sven Beckert, *The Monied Metropolis：New York City and the Consolidation of the American Bourgeoisie, 1850–1896*, Cambridge, U. K.：Cambridge University Press, 2001.

178. Themis Chronopoulos, *Spatial Regulation in New York City：From Urban Renewal to Zero Tolerance*, London：Routledge, 2013.

179. Theodore Francis Jones（ed.）, *New York University, 1832–1932*, New York：New York University Press, 1933.

180. Thierry Noyelle（ed.）, *New York's Financial Markets：The Challenges of Globalization*, New York：Routledge, 1989.

181. Thomas Bender, *Toward an Urban Vision：Ideas and Institutes in 19th Century America*, Baltimore：The Johns Hopkins University Press, 1982.

182. Thomas Kessner, *Fiorello. H. La Guardia and the Making of Modern New York*, New York：Penguin Books, 1989.

183. Thomas W. Hanchett, *Sorting Out the New South City：Race, Class, and Urban Development in Charlotte, 1875–1975*, Chapel Hill：University of North Carolina Press, 1998.

184. Tim Butler, *Gentrification and the Middle Class*, Aldershot：Ashgate Publishing Ltd., 1997.

185. Timothy J. Botti, *Envy of the World：A History of the U. S. Economy and Big Business*, New York：Algora Publishing, 2006.

186. Vincent J. Cannato, *The Ungovernable City：John Lindsay and*

His Struggle to Save New York, New York: Basic Books, 2002.

187. Virginia Schomp, *Life in Victorian England: The City*, New York: Marshall Cavendish, 2011.

188. William Cronon, *Nature's Metropolitan: Chicago and the Great West*, New York: W. W. Norton and Company, 1992.

189. William Julius Wilson, *The Truly Disadvantaged: The Inner City, the Underclass, and Public Policy*, Chicago: University of Chicago Press, 1987.

190. William Labov, *The Social Stratification of English in New York City*, Cambridge, Mass.: Cambridge University Press, 2006.

191. William Leuchtenburg, *Perils of Prosperity, 1914–1932*, Chicago: The University of Chicago Press, 1958.

192. William Sites, *Remaking New York: Primitive Globalization and the Politics of Urban Community*, Minneapolis: University of Minnesota, 2000.

193. Zane Miller, *The Urbanization of Modern America: A Brief History*, New York: Harcourt, 1973.

二、英文论文

1. Alexander von Hoffman, "A Study in Contradictions: The

Origins and Legacy of the Housing Act of 1949," *Housing Policy Debate*, Vol. 11, No. 2, pp. 299–326.

2. Alexander von Hoffman, "High Ambitions: The Past and Future of American Low-Income Housing Policy," *Housing Policy Debate*, Vol. 7, No. 3 (1996), pp. 423–446.

3. Alfred Marshall, "Some aspects of competition," The Address of the President of Section F—Economic Science and Statistics—of the British Association, at the Sixtieth Meeting, held at Leeds, in September, 1890, *Journal of the Royal Statistical Society*, Vol. 53, No. 4 (Dec. 1890), pp. 612–643.

4. Annette Steinacker, "Economic Restructuring of Cities, Suburbs, and Nonmetropolitan Areas, 1977–1992," *Urban Affairs Review*, Vol. 34, No. 2 (1998), pp. 212–240.

5. Andrew Needham, Allen Dieterich-Ward, "Beyond the Metropolis: Metropolitan Growth and Regional Transformation in Postwar America," *Journal of Urban History*, Vol. 35, No. 7 (2010), pp. 943–969.

6. Andrew T. Simpson, "Health and Renaissance: Academic Medicine and the Remaking of Modern Pittsburgh," *Journal of Urban History*, Vol. 41, No. 1 (Jan. 2014), pp. 19–27.

7. Arnold Fleischmann, Joe R. Feagin, "The Politics of Growth-Oriented Urban Alliance: Comparing Old Industrial and New Sunbelt

Cities," *Urban Affairs Review*, Vol. 23, No. 2（Dec. 1987）, pp. 207–232.

8. B. T. McGraw, "The Housing Act of 1954 and Implications for Minorities," *Phylon*（*1940–1956*）, Vol. 16, No. 2, 2nd Qtr., 1955, pp. 171–182.

9. Beatriz Garcia, "Deconstructing the City of Culture: The Long-term Cultural Legacies of Glasgow 1990," *Urban Studies*, Vol. 42, No. 5–6（2005）, pp. 841–868.

10. Bernard R. Gifford, "New York City and Cosmopolitan Liberalism," *Political Science Quarterly*, Vol. 93, No. 4（Winter 1978–1979）, pp. 559–584.

11. Bret A. Weber, Amanda Wallace, "Revealing the Empowerment Revolution: A Literature Review of the Model Cities Program," *Journal of Urban History*, Vol. 38, No. 1（Jan. 2012）, pp. 173–192.

12. Brian D. Goldstein, "The Search for New Forms: Black Power and the Making of the Postmodern City," *Journal of American History*, Vol. 103, No. 2, pp. 375–399.

13. Brian J. L. Perry, "Ghetto Expansion and Single-Family Housing Price: Chicago, 1968–1972," *Journal of Urban Economics*, Vol. 3, No. 4（Oct. 1976）, pp. 397–423.

14. Charles Abrams, "The Subsidy and Housing," *The Journal of Land & Public Utility Economics*, Vol. 22, No. 2（May 1946）, pp. 131–139.

15. Charles Abrams, "What Makes or Destroys a Neighborhood?" *American Journal of Economics and Sociology*, Vol. 19, No. 3 (Apr. 1960).

16. Charles Brecher and Raymond D. Horton, "Retrenchment and Recovery: American Cities and the New York Experience," *Public Administration Review*, Vol. 45, No. 2 (March-April 1985), pp. 267–274.

17. Charles E. Olken, "Economic Development in the Model Cities Program," *Law and Contemporary Problems*, April 1971, pp. 205–226.

18. Cheol-Sung Lee, "International Migration, Deindustrialization and Union Decline in 16 Affluent OECD Countries, 1962–1997," *Social Force*, Vol. 84, No. 1 (Sept. 2005), pp. 71–88.

19. Chris Hamnet, "Social Polarisation in Global Cities: Theory and Evidence," *Urban Studies*, Vol. 31, No. 3 (1994), pp. 1612–1621.

20. Claude S. Fischer, "Toward a Subcultural Theory of Urbanism," *American Journal of Sociology*, Vol. 80, No. 6 (May 1975), pp. 1319–1341.

21. Congressional Budget Office, "The Causes of New York City's Fiscal Crisis," *Political Science Quarterly*, Vol. 90, No. 4 (Winter 1975–1976).

22. Dani Rodrik, "Premature Deindustrialization," IAS School of Social Science Working Paper, No. 107 (Jan. 2015).

23. Daniel Bluestone, "Chicago's Mecca Flat Blues," *Journal of the Society of Architectural Historians*, Vol. 57, No. 4 (Dec. 1998), pp. 382–403.

24. Daniel T. Lichter, Glenn V. Fuguitt, "Demographic Response to Transportation Innovation: The Case of Interstate Highway," *Social Force*, Vol. 59, No. 2 (1980), pp. 492–512.

25. David Arsen, "Property Tax Assessment Rates and Residential Abandonment: Policy for New York City," *The American Journal of Economics and Sociology*, Vol. 51, No. 3 (Jul. 1992), pp. 361–377.

26. David Harvey, "From Managerialism to Entrepreneurialism: The Transformation in Urban Governance in Late Capitalism," *Geografiska Annaler. Series B, Human Geography*, Vol. 71, No. 1 (1989), pp. 3–17.

27. David Ward, "The Progressives and the Urban Question: British and American Response to the Inner City Slums, 1880–1920," *Transactions of the Institute of British Geographers*, Vol. 9, No. 3 (1984), pp. 299–314.

28. Dianne Creagh, "The Baby Trains: Catholic Foster Care and Western Migration, 1873–1929," *Journal of Social History*, Vol. 46, No. 1 (Fall 2012), pp. 197–218.

29. Dick Netzer, "The Economy of the New York Metropolitan Region, Then and Now," *Urban Studies*, Vol. 29, No. 2 (Apr. 1992),

pp. 251-258.

30. Don Goldstein, "Uncertainty, Competition, and Speculative Finance in the Eighties," *Journal of Economic Issues*, Vol. 29, No. 3, pp. 719-746.

31. Douglas Koritz, "Restructuring or Destructuring? Deindustrialization in Two Industrial Heartland Cities," *Urban Affairs Quarterly*, Vol. 26, No. 4 (Jun. 1991), pp. 497-511.

32. Douglas S. Massey, Jonathan Rothwell, Thurston Domina, "The Changing Bases of Segregation in the United States," *The Annals of American Academy of Political and Social Science*, Vol. 626, Nov. 2009, pp. 74-90.

33. Edward E. Leamer, "Trade, Wages and Revolving Door Ideas," NBER Working Paper No. 4716, April 1994.

34. Edward L. Glaeser, David Mare, "Cities and Skills," *Journal of Labor Economics*, Vol. 19, No. 2 (Apr. 2001), pp. 316-342.

35. Edward L. Glaeser, Matthew G. Resseger, Kristina Tobio, "Urban Inequality," NBER Working Paper No. 14419, 2008.

36. Edward M. Gramlich, "The New York City Fiscal Crisis: What Happened and What is to be Done?" *The American Economic Review*, Vol. 66, No. 2 (May 1976), pp. 415-429.

37. Edward Muller, "Industrial Suburbs and the Growth of Metropolitan Pittsburgh, 1870-1920," *Journal of Historical Geography*,

Vol. 27, No. 1（2001）, pp. 58–73.

38. Elizabeth Strom, "Converting Pork into Porcelain: Cultural Institutions and Downtown Redevelopment," *Urban Affairs Review*, Vol. 38, No. 1（Sept. 2002）, pp. 3–21.

39. Eric Olin Wright, Bill Martin, "The Transformation of the American Class Structure, 1960–1980," *American Journal of Sociology*, Vol. 93, No. 1（Jul. 1987）, pp. 1–29.

40. Evan P. Bennett, "Highways to Heaven or Roads to Ruin? The Interstate Highway System and the Fate of Starke, Florida," *The Florida Historical Quarterly*, Vol. 78, No. 4（Spring 2000）, pp. 451–467.

41. Fredric Miller, "The Black Migration to Philadelphia: A 1924 Profile," *The Pennsylvania Magazine of History and Biography*, Vol. 108, No. 3（Jul. 1984）, pp. 315–350.

42. Genevieve Giuliano, Kenneth A. Small, "Subcenters in the Los Angeles Region," *Regional Science and Urban Economics*, Vol. 21, No. 2（Jul. 1991）, pp. 163–182.

43. Gideon Bolt, "Combating Residential Segregation of Ethnic Minorities in European Cities," *Journal of Housing and the Built Environment*, Vol. 24, 2009, pp. 397–405.

44. Graeme Thomson, "The Art and Science of Experiential Leadership: Culture at the Core of Process Change Success," *Journal of Business Strategy*, Vol. 31, No. 4, pp. 85–89.

45. Harley Browning and Joachim Singelmann, "The Transformation of the U. S. Labor Force: The Interaction of Industry and Occupation," *Politics and Society*, Vol. 8, No. 3–4 (Sept. 1978), pp. 481–509.

46. Harvey Molotch, "The City as A Growth Machine: Toward A Political Economy of Place," *American Journal of Sociology*, Vol. 82, No. 2 (Sep. 1976), pp. 309–332.

47. Hyunjoon Lim, "Is Korea Being Deindustrialized?" Bank of Korea Economic Papers, Vol. 7, No. 1.

48. J. Van Weesep, R. Van Kempen, "Economic Change, Income Differentiation and Housing: Urban Response in Netherlands," *Urban Studies*, Vol. 29, No. 6 (1992), pp. 979–990.

49. James T. Patterson, "A Conservative Coalition Forms in Congress, 1933–1939," *Journal of American History*, Vol. 52, No. 4 (Mar. 1966), pp. 757–772.

50. John Friedmann, "The World City Hypothesis," *Development and Change*, Vol. 17, No. 1 (Jan. 1986), pp. 69–83.

51. John Friedmann, Goetz Wolff, "World Class Formation: An Agenda for Research and Action," *International Journal of Urban and Regional Research*, Vol. 6, No. 3 (Sept. 1982), pp. 309–344.

52. John F. Kain, John M. Quigley, "Housing Market Discrimination, Homeownership, and Savings Behavior," *The American Economic Review*, Vol. 62, No. 3 (Jun. 1972), pp. 263–277.

53. John L. Puckett, Mark Frazier Lloyd, "Penn's Great Expansion: Postwar Urban Renewal and the Alliance between Private Universities and the Public Sector," *The Pennsylvania Magazine of History and Biography*, Vol. 137, No. 4 (Oct. 2013), pp. 381–430.

54. John L. Tierney, "II War Housing: The Emergency Fleet Corporation Experience," *The Journal of Land & Public Utility Economics*, Vol. 17, No. 3 (Aug. 1941), pp. 303–312.

55. Joshua Drucker and Edward Feser, "Regional Industrial Structure and Agglomeration Economies: An Analysis of Productivity in Three Manufacturing Industries," *Regional Science and Urban Economics*, Vol. 42, No. 1–2 (Jan. 2012), pp. 1–14.

56. Karen A. Kopecky, Richard M. H. Suen, "A Quantitative Analysis of Suburbanization and the Diffusion of Automobile," *International Economic Review*, Vol. 51, No. 4 (Nov. 2010), pp. 1003–1037.

57. Kevin Fox Gotham, "A City without Slums: Urban Renewal, Public Housing, and Downtown Revitalization in Kansas City, Missouri," *The American Journal of Economics and Sociology*, Vol. 60, No. 1 (Jan. 2001), pp. 285–316.

58. Lees L., "A Re-appraisal of Gentrification: Towards a Geography of Gentrification," *Progress in Human Geography*, Vol. 24, No. 3, pp. 389–408.

59. Leo F. Schnore, Gene B. Petersen, "Urban and Metropolitan

Development in the United States and Canada," *The Annals of American Academy of Political and Social Science*, Vol. 136, March 1958, pp. 60–68.

60. Leonard P. Curry, "Urbanization and Urbanism in the Old South: A Comparative View," *Journal of Southern History*, Vol. 4, No. 1 (Feb. 1974), pp. 43–60.

61. Lizabeth Cohen, "Buying into Downtown Revival: The Centrality of Retail to Postwar Urban Renewal in American Cities," *The Annals of the American Academy of Political and Social Science*, Vol. 611, May 2007, pp. 82–94.

62. Marilyn Gittell, "Decentralization and Citizen Participation in Education," *Public Administration Review*, Vol. 33, October 1972, pp. 669–686.

63. Marsha Ackermann, "Buried Alive! New York City in the Blizzard of 1888," *New York History*, Vol. 74, No. 3 (1993), pp. 253–276.

64. Martin Kohli, "Health Care Industry and the New York City Labor Market," *Monthly Labor Review*, September 2009.

65. Megan Roby, "The Push and Pull Dynamics of White Flight: A Study of the Bronx between 1950 and 1980," *The Bronx County Historical Society Journal*, Vol. 45, No. 1 & 2 (Spring/Fall 2008).

66. Michael B. Teitz, Karen Chapple, "The Causes of Inner-City Poverty: Eight Hypotheses in Search of Reality," *CityScape: A Journal*

of Policy Development and Research, Vol. 3, No. 3（1998）, pp. 33–70.

67. Miles Finney, "L. A. Economy: A Short Review," *Cities*, Vol. 15, No. 3（1998）, pp. 149–153.

68. Monetary Authority of Singapore, "Singapore's Services Sector in Perspective: Trends and Outlook," MAS Occasional Paper No. 5, May 1998.

69. Nathaniel Baum-Snow, "Did Highways Cause Suburbanization?" *The Quarterly Journal of Economics*, Vol. 12, No. 2（May 2007）, pp. 775–805.

70. Norman Williams, Jr., "The Evolution of Zoning," *American Journal of Economics and Sociology*, Vol. 15, No. 3（Apr. 1956）, pp. 253–264.

71. Paavo Monkkonen, "Deindustrialization and the Changing Spatial Structure of Hong Kong, China," *Inter Disciplina*, Vol. 2, No. 2（Jan.–Apr. 2014）, pp. 315–337.

72. Paul Krugman, "Domestic Distortions and the Deindustrialization Hypothesis," NBER Working Papers, No. 5473.

73. Paul Krugman and Anthony J. Venables, "Globalization and the Inequality of Nations," *The Quarterly Journal of Economics*, Vol. 110, No. 4（Nov. 1995）, pp. 857–880.

74. Paul Davidoff, "Advocacy and Pluralism in Planning," *Journal of the American Institute of Planner*, Vol. 31, November 1965,

pp. 278–279.

75. Peter Marcuse, "The Beginnings of Public Housing in New York City," *Journal of Urban History*, Vol. 12, No. 4 (Aug. 1986), pp. 353–390.

76. Randolph B. Campbell, "Population Persistence and Social Change in Nineteenth Century Texas: Harrison County, 1850–1880," *Journal of Southern History*, Vol. 48, No. 2, pp. 185–204.

77. Raymond Vernon, "The Product Cycle Hypothesis in a New International Environment," *Oxford Bulletin of Economics and Statistics*, Vol. 41, No. 4 (Nov. 1979), pp. 255–267.

78. Richard M. Dalfiume, "The 'Forgotten Years' of the Negro Revolution," *The Journal of American History*, Vol. 55, No. 1 (Jun. 1968), pp. 90–106.

79. Richard E. DeLeon, "The Urban Antiregime: Progressive Politics in San Francisco," *Urban Affairs Review*, Vol. 27, No. 4 (Jun. 1992), pp. 555–579.

80. Richard M. Flanagan, "The Housing Act of 1954: The Sea Change in National Policy," *Urban Affairs Review*, Vol. 33, No. 2 (Nov. 1997), pp. 265–286.

81. Richard L. Morrill, "The Negro Ghetto: Problems and Alternatives," *The Geographical Review*, Vol. 55, No. 3 (Jul. 1965).

82. Robert E. Rowthorn, "Productivity and American Leadership,"

Review of Income and Wealth, Vol. 38, No. 4 (Dec. 1992), pp. 475–496.

83. Robert Rowthron, Ramana Ramaswamy, "Deindustrialization: Causes and Implications," IMF Working Papers, No. WP/97/42, April 1997.

84. Rosalind Tough, Gordon D. MacDonald, "The New York Metropolitan Region: Social Force and the Flight to Suburbia," *Land Economics*, Vol. 37, No. 4 (Nov. 1961), pp. 327–336.

85. Rowland Atkinson, and Sarah Blandy, "International Perspective on the Enclavism and the Rise of Gated Communities," *Housing Studies*, Vol. 20, No. 2 (2005), pp. 177–186.

86. Sam Bass Warner, Jr., "If All the World Were Philadelphia: A Scaffolding for Urban History, 1774–1930," *The American Historical Review*, Vol. 74, No. 1 (Oct. 1968), pp. 26–43.

87. Samuel E. Trotter, "A Study of Public Housing in the United States," *The Journal of Finance*, Vol. 13, No. 3 (Sep. 1958), pp. 429–430.

88. Stephen M. David, "Leadership of the Poor in Poverty Program," *Proceedings of the Academy of Political Science*, Vol. 29, No. 1 (1968), pp. 86–100.

89. Stephen Robertson, Shane White, Stephen Garton, Graham White, "This Harlem Life: Black Families and Everyday Life in the 1920s and 1930s," *Journal of Social History*, Vol. 44, No. 1 (Fall

2010）, pp. 97–122.

90. Stephen R. Weissman, "The Limits of Citizen Participation: Lessons from San Francisco's Model Cities Program," *Political Research Quarterly*, Vol. 31（Mar. 1978）, pp. 32–47.

91. Steven S. Saeger, "Globalization and Deindustrialization: Myth and Reality in the OECD," *Weltwirtschaftliches Archiv*, Vol. 133, No. 4（1997）, pp. 579–608.

92. Sukti, Dasgupta, Ajit Singh, "Manufacturing, Services and Premature Deindustrialization in Developing Countries: A Kaldorian Analysis," UNU-WIDER Working Paper, No. 2006/49.

93. Sylvia C. Martinez, "The Housing Act of 1949: Its Place in the Realization of the American Dream of Homeownership," *Housing Policy Debate*, Vol. 11, No. 2, pp. 467–487.

94. Tom Adams Davies, "Black Power in Action: The Bedford-Stuyvesant Restoration Corporation, Robert F. Kennedy, and the Politics of Urban Crisis," *Journal of American History*, Vol. 100, No. 3（Dec. 2013）, pp. 736–760.

95. Wendell E. Pritchett, "Which Urban Crisis? Regionalism, Race, and Urban Policy, 1960–1974," *Journal of Urban History*, Vol. 34, No. 2（Jan. 2008）, pp. 266–286.

96. Wendy S. Shaw, "Sydney's SoHo Syndrome? Loft Living in the Urbane City," *Cultural Geographies*, Vol. 13, No. 182, pp. 182–206.

97. William Karlin, "New York Slum Clearance and the Law," *Political Science Quarterly*, Vol. 52, No. 2（Jun. 1937）pp. 241–258.

98. Xing Zhong, Terry N. Clark and Saskia Sassen, "Globalization, Producer Services and Income Inequality across US Metro Areas," *International Review of Sociology*, Vol. 17, No. 3（2007）, pp. 385–391.

三、英文学位论文

1. Aaron Peter Shkuda, "From Urban Renewal to Gentrification: Artists, Cultural Capitals and the Remaking of New York's SoHo Neighborhood, 1950–1980," Ph. D. Dissertation, The University of Chicago, 2010.

2. Allen Dieterich-Ward, "Mines, Mills and Malls: Regional Development in the Steel Valley," Ph. D Dissertation, University of Michigan, 2006.

3. D. J. Merkowitz, "The Segregating City: Philadelphia's Jews in the Urban Crisis1964–1984," Ph. D Dissertation, University of Cincinnati, 2010.

4. Elizabeth Weinstein, "The Congestion Evil: Perceptions of Traffic Congestion in Boston in the 1890s and 1920s," Ph. D Dissertation of University of California, Berkeley, 2002.

5. Gail Garfield Schwartz, "Industrial Accommodation in New York City: The Women's And Children's Undergarment Industry," Doctoral Dissertation, Columbia University, 1972.

6. George Myers III, "A Case Study of African American Health: The Role of Urban and Health Planning in Detroit, Michigan, 1940–1970," Ph. D Dissertation, the University of Michigan, 1999.

7. Jody H. Schechter, "An Empirical Evaluation of the Model Cities Program," B. A. Dissertation, University of Michigan, 2011.

8. Judith Anne Davidson, "The Federal Government and the Democratization of Public Recreational Sport: New York City, 1933–43," Ph. D Dissertation, University of Massachusetts, 2005.

9. Kimberly M. Jones, "Pittsburgh Ex-Steel Workers as Victims of Development: An Ethnographic Account of America's Deindustrialization," Ph. D Dissertation of University of Pittsburgh, 2003.

10. Marci Reaven, "Citizen Participation in City Planning: New York City, 1945–1975," Ph. D Dissertation, New York University, 2009.

11. Mariel P. Isaacson, "Pittsburgh's Response to Deindustrialization: Renaissance, Renewal and Recovery," Ph. D Dissertation, City University of New York, 2014.

12. Patricia E. Malon, "The Growth of Manufacturing in Manhattan,

1860-1900：An Analysis of Factoral Changes and Urban Structure，"
Ph. D Dissertation，Columbia University，1981.

13. Stanley Penkin，"The Lower Manhattan Expressway：The Life
and Death of a Highway，" M. A. Thesis，Columbia University，1968.

14. William Vickery，"The Economics of Negro Migration，1900-
1960，" Ph. D Dissertation，University of Chicago，1969.

四、中文专著

1.［美］保罗·诺克斯、［美］琳达·迈克卡西:《城市化》，顾
朝林、杨兴柱、汤培源译，科学出版社 2009 年版。

2.［美］丹尼尔·贝尔:《后工业社会》，彭强编译，科学普及出
版社 1985 年版。

3. 丁则民主编:《美国通史第 3 卷：美国内战与镀金时代》，人
民出版社 2002 年版。

4. 何顺果:《美国边疆史：西部开发模式研究》，北京大学出版
社 1992 年版。

5. 洪文迁:《纽约大都市规划百年：新城市化时期的探索与创
新》，厦门大学出版社 2010 年版。

6.［法］克洛德·列维-斯特劳斯:《遥远的目光》，邢克超译，
中国人民大学出版社 2007 年版。

7. ［美］赖特·米尔斯：《白领——美国的中产阶级》，杨小冬等译，浙江人民出版社 1987 年版。

8. 李庆余、周桂银等：《美国现代化道路》，人民出版社 1994 年版。

9. 梁启超：《新大陆游记》，社会科学文献出版社 2007 年版。

10.［美］刘易斯·芒福德：《城市文化》，宋俊岭、李翔宁、周鸣浩译，郑时龄校，中国建筑工业出版社 2009 年版。

11.［美］迈克尔·桑德尔：《民主的不满：美国在寻求一种公共哲学》，曾纪茂译，江苏人民出版社 2012 年版。

12.［美］乔治·兰克维奇：《纽约简史》，辛亨复译，上海人民出版社 2005 年版。

13. 孙有中、翟峥、张春波：《美国文化产业》，外语教学与研究出版社 2007 年版。

14. 谢国荣：《民权运动的前奏——杜鲁门当政时期美国黑人民权问题研究》，人民出版社 2010 年版。

15. 王旭：《美国城市发展模式：从城市化到大都市区化》，清华大学出版社 2006 年版。

16. 王旭：《美国城市化的历史解读》，岳麓书院出版社 2003 年版。

17. 王旭主编：《美国城市经纬》，清华大学出版社 2008 年版。

18.［美］西摩·马丁·李普塞特：《一致与冲突》，张华青译，上海人民出版社 1995 年版。

19.［法］亚历山大·德·托克维尔：《论美国的民主》(上卷)，曹冬雪译，商务印书馆 2012 年版。

20. 张京祥：《西方城市规划思想史纲》，东南大学出版社 2005 年版。

21. 周振华：《崛起中的全球城市——理论框架及中国模式研究》，上海人民出版社 2008 年版。

五、中文论文

1. 付成双：《试论美国工业化的起源》，《世界历史》2011 年第 1 期。

2. 高建伟：《美国土地征收中的"公共利益"》，《美国研究》2011 年第 3 期。

3. 韩宇：《美国"冰雪带"现象成因探析》，《世界历史》2002 年第 5 期。

4. 胡锦山：《美国中心城市的"隔都化"与黑人社会问题》，《厦门大学学报（哲学社会科学版）》2007 年第 2 期。

5. 李工真：《纳粹德国知识难民在美国的"失语性"问题》，《历史研究》2008 年第 6 期。

6. 李莉：《罗伯特·泰勒之家：美国战后高层公共住房发展史的典型个案》，《史学理论研究》2013 年第 2 期。

7. 梁茂信：《当代美国大都市区中心城市的困境》，《历史研究》2001 年第 6 期。

8. 林广：《从人口流变看纽约市哈莱姆贫民区的成因》，《华东师范大学学报（哲学社会科学版）》1997 年第 6 期。

9. 孟海泉：《内战以后美国南部租佃制的形成》，《世界历史》2009 年第 1 期。

10. 孟美霞、张学良、潘洲：《跨越行政边界的都市区规划实践——纽约大都市区四次总体规划及其对中国的启示》，《重庆大学学报（社会科学版）》2019 年第 4 期。

11. 孙群郎、常丹丹：《美国内城街区的绅士化运动与城市空间的重构》，《历史研究》2007 年第 2 期。

12. 孙群郎、黄臻：《纽约哈莱姆区的绅士化及其影响》，《求是学刊》2011 年第 6 期。

13. 王旭：《1975 年纽约市财政危机》，《华中师范大学学报（人文社会科学版）》2011 年第 3 期。

14. 王旭：《"莱克伍德方案"与美国地方政府公共服务外包模式》，《吉林大学社会科学学报》2009 年第 6 期。

15. 王旭：《美国传统工业大州"去工业化"（1950—1990）：以宾夕法尼亚州为中心的考察》，《世界历史》2016 年第 4 期。

守 望 思 想　　逐 光 启 航

迈向全球城市

——二战后纽约的转型与复兴

李文硕 著

责任编辑　李佼佼
营销编辑　池　淼　赵宇迪
封面设计　甘信宇

出版：上海光启书局有限公司
地址：上海市闵行区号景路 159 弄 C 座 2 楼 201 室　 201101
发行：上海人民出版社发行中心
印刷：上海盛通时代印刷有限公司
制版：南京理工出版信息技术有限公司

开本：720mm × 1000mm
印张：28　　字数：282,000　　插页：2
2021 年 12 月第 1 版　　2021 年 12 月第 1 次印刷
定价：88.00 元
ISBN：978-7-5452-1934-0 / F·1

图书在版编目(CIP)数据

迈向全球城市：二战后纽约的转型与复兴 / 李文硕著 . —上海：光启
书局，2021.12
ISBN 978-7-5452-1934-0

Ⅰ . ① 迈… Ⅱ . ① 李… Ⅲ . ① 城市建设－研究－纽约
Ⅳ . ① F299.712.9

中国版本图书馆 CIP 数据核字（2021）第 259844 号

本书如有印装错误，请致电本社更换 021-53202430